中国高等教育发展逻辑研究

陈　伟　著

科学出版社

北　京

内 容 简 介

本书基于国际比较的研究理路，遵循高等教育与本土国情的结构耦合逻辑，遵奉转识成智的学术使命，具体针对大学治理、大学与政府之间的关系、高等学校之间的结构关系、教师与大学之间的关系等重要问题，以比较研究、总体解析西方高等教育发展逻辑及其历史智慧为基础，深入探究高等教育发展的中国逻辑和实践智慧。

本书适合从事高等教育研究的学者、博士及硕士研究生以及高等院校、教育行政部门的管理者阅读参考。

图书在版编目（CIP）数据

中国高等教育发展逻辑研究 / 陈伟著. -- 北京 : 科学出版社, 2025. 1. -- ISBN 978-7-03-079795-7

Ⅰ. G649.21

中国国家版本馆 CIP 数据核字第 2024L6V524 号

责任编辑：彭婧煜　乔艳茹 / 责任校对：张亚丹
责任印制：赵　博 / 封面设计：义和文创

科学出版社出版
北京东黄城根北街 16 号
邮政编码：100717
http://www.sciencep.com
固安县铭成印刷有限公司印刷
科学出版社发行　各地新华书店经销
*
2025 年 1 月第　一　版　开本：720×1000　1/16
2025 年 6 月第二次印刷　印张：18 1/4
字数：368 000

定价：158.00 元

（如有印装质量问题，我社负责调换）

目　录

绪论　探索本土智慧 解析中国逻辑

中华人民共和国成立 70 多年、改革开放 40 多年来，始终坚持以人民为中心的发展思想，坚持立足本国国情探索现代化动力机制和战略，并为发展中国家提供走向现代化的中国启示；积极倡导文明交流互鉴，打破西方“文明冲突论”对人类文明的桎梏、对后发国家和地区的误导，从而促使“中国式现代化”逐渐形成。[①]中国的实践清晰表明，“世界上既不存在定于一尊的现代化模式，也不存在放之四海而皆准的现代化标准”。[②]在此过程中，高等教育发展的“中国式现代化”特征日益明显。高等教育发展的中国式现代化道路，不是简单延续我国历史文化的母版，不是简单套用马克思主义经典作家设想的模板，不是其他国家社会主义实践的再版，也不是国外现代化发展的翻版[③]。高等教育发展的中国式现代化研究，以迅速崛起的“高等教育发展的中国研究”为基础，具体讨论高等教育发展的中国模式[④]、中国道路[⑤]、中国特色[⑥]等，进而深入探讨中国经验、中国理论、中国逻辑等。综观这些论题，由于中国高等教育实践的探索性和未完成性，中国模式、中国道路的研究尚难定论，且易因过于强调理论的规范性而流于刻板；中国道路的研究，仍需从政治话语中梳理出高等教育的独立逻辑；中国特色研究，易流于宽泛、笼统；中国经验的总结、“中国故事”的讲述，易流于写实，较难凸显学理特征；高等教育的中国逻辑、中国理论研究，学理性强，但仍然缺乏足够丰富的实践素材，仍待深入推进。为了既规避上述学术概念和论题研究中的现实不足又为之奠定学理基础、提供素材支撑，非常有必要在找出其共同支点的基础上，研究和总结高等教育发展的中国智慧，解析中国逻辑。高等教育发展的中国智慧抛弃仰视西方的卑微心态、修正俯视西方的傲慢情

---

① 黄群慧. 中国式现代化道路新在哪里[N]. 人民日报, 2022-10-10(17).

② 高举中国特色社会主义伟大旗帜，奋力谱写全面建设社会主义现代化国家崭新篇章[N]. 人民日报, 2022-07-28(01).

③ 蒋天伦，胡大平. 中国式现代化的文明意蕴[J]. 理论视野, 2022, 272(10): 48-53.

④ 郑文，陈伟. 我国高等教育发展的多维特色：中国模式探索[J]. 教育研究, 2012, 33(07): 71-76.

⑤ 别敦荣，李家新. 高等教育发展的中国道路[J]. 高等教育研究, 2018, 39(12): 9-17.

⑥ 柳友荣，范笑仙. 高等教育的“中国特色”：应然性与实践理路[J]. 江苏高教, 2019(05): 1-8.

绪，立足于平视西方的中和理性立场，放眼全球且又扎根本土，超越西方经验和中国特色的二元对立、跨越实践经验和学术理论的两维界限，探讨中国高等教育如何在“古今”“中西”的交会路口，以复数的方式层积中国高等教育发展的碎片化经验，富有智慧地寻求发展之道、做出发展抉择、赢得发展成效。反思和总结高等教育发展的中国智慧，能为确立中国高等教育发展的道路自信、理论自信、制度自信、文化自信奠定坚实的学理基础。①探索高等教育发展的本土智慧，有助于深入解析中国高等教育发展逻辑。

第一节　国际比较：探索本土智慧解析中国逻辑的重要路径

习近平在《决胜全面建成小康社会 夺取新时代中国特色社会主义伟大胜利——在中国共产党第十九次全国代表大会上的报告》中指出，“中国特色社会主义道路、理论、制度、文化不断发展，拓展了发展中国家走向现代化的途径，给世界上那些既希望加快发展又希望保持自身独立性的国家和民族提供了全新选择，为解决人类问题贡献了中国智慧和中国方案”。在《高举中国特色社会主义伟大旗帜 为全面建设社会主义现代化国家而团结奋斗——在中国共产党第二十次全国代表大会上的报告》中，习近平指出：“科学社会主义在二十一世纪的中国焕发出新的蓬勃生机，中国式现代化为人类实现现代化提供了新的选择，中国共产党和中国人民为解决人类面临的共同问题提供更多更好的中国智慧、中国方案、中国力量，为人类和平与发展崇高事业作出新的更大的贡献！”对于中国和世界的改革与发展问题，中国不仅提出中国方案，而且还贡献中国智慧；方案是面向实践的具体对策和措施、制度安排和组织建构等，智慧则是贯穿诸种方案的创新性策略，是指导、引领诸种方案的思想和理念、精神和灵魂。高等教育，既是中国改革与发展的重要内容，更是顺利推进改革、快速推进发展的重要支撑。中国高等教育的改革与发展，不但以纲要、规划、政策等方式与时俱进地提出了许多中国方案，而且积淀了日益丰富的中国智慧，值得深入研究和系统总结。②

① 陈伟，郑文，吴世勇．高等教育研究重心的偏移及其矫正[J]．教育发展研究，2021, 41(05): 45-52.

② 陈伟．高等教育发展的中国智慧：历史生成与本体界定[J]．高教探索，2022(01): 7-13.

一、中国高等教育发展智慧的国际背景

（一）危机和变革中的西方无力提供中国方案

自鸦片战争以来，西方一直是发达、先进的代名词，西方高等教育一直是中国学习和借鉴的对象。随着西方资本主义的崛起、世界市场的形成以及西方文明的世界性传播，“过去那种地方的和民族的自给自足和闭关自守状态，被各民族的各方面的互相往来和各方面的互相依赖所代替了。物质的生产是如此，精神的生产也是如此”[①]。尽管国际交流与借鉴非常广泛，但西方既不能永远、持续不断地为中国高等教育的改革与发展提供中国方案，也无力提供完整的中国方案。

西方社会及其高等教育一直处于变化之中，“加速社会”进一步诱发西方高等教育的变革[②]；变动不居的西方无法提供解决中国问题的稳定方案。世界一直在发展变化，任何人都不可能两次踏进同一条河流。特别是随着人类社会进入近代历史时期，“一切等级的和固定的东西都烟消云散了，一切神圣的东西都被亵渎了，人们终于不得不用冷静的眼光看他们的生活地位和他们的相互关系”[③]。马克思的这段话，精要地描述了 19 世纪欧洲的发展，工业革命与资本主义的结合彻底颠覆了旧欧洲，并让新欧洲成为现代世界秩序的主要奠基人；通过继承并发扬这种新秩序，以美国为首的西方世界逐渐在全球占据主导地位。在此过程中，西方成为世界学术的中心，西方大学模式成为世界各国高等教育移植借鉴的对象、追赶发展的标杆。进入 20 世纪之后，特别是 20 世纪的最后三十多年，全球化的趋势把西方的优势地位推向了至高无上的神坛。但是，物极则必反、荣极则必辱，高居神坛之上的西方高等教育，在从未停止脚步的历史长河中不时地遭遇解构、面临变革，因此，以西方为参照的后发国家和地区必须谨慎调适西方高等教育的位置。

西方高等教育并非一直处于理想状态和黄金时期，而是不时陷入发展的危机与困境之中，既无意也无力提供高等教育发展的中国方案。在最近的七十年间，西方高等教育至少遭遇了两次危机与困境。一次发生在二战后。美国高等教育哲学家约翰·S. 布鲁贝克发现，“用阿诺德·托恩比的话来说，

① 中共中央马克思恩格斯列宁斯大林著作编译局. 马克思恩格斯选集（第一卷）[M]. 2 版. 北京：人民出版社, 1995: 276.

② 王建华. 加速社会视野中的大学[J]. 高等教育研究, 2021, 42(07): 35-44.

③ 中共中央马克思恩格斯列宁斯大林著作编译局. 马克思恩格斯选集（第一卷）[M]. 2 版. 北京：人民出版社, 1995: 275.

最近数十年的美国高等教育一直处在'艰难时期'。如果借用莎士比亚的话来描述，那么20世纪60年代和70年代的美国高等教育便是我们学术界'大为不满'的'冬天'"。二战后高等教育的大众化发展、反对越南战争情绪的增长以及种族平等问题、性别平等问题相继出现、交相激荡的后果是，广大学生日益"感到高等教育已失去了它的可靠性"。这已是超越了关于伙食、住宿等问题的抱怨，"学生集中抨击的是高等教育本身的性质和组织结构"，"社会和职业界已经对高等教育的可靠性产生了怀疑"，进而对高等教育的合法性提出了疑问和挑战。[①]另一次发生在21世纪初期。受新自由主义、绩效评估法则等的影响，传统的、经典的高等教育准则逐渐失去其现代意义。在德国，大学"卓越计划"不但直接推动了柏林洪堡大学的改革，而且从精神和制度上促使德国大学告别"洪堡原则"，校长由学术精英向政治精英转变，大学日益加强与第三方评价机构的联系，不断提升院长和系主任的实际权力，逐渐放弃纯粹学术的理念以便与大学外的研究机构合作建立独立的综合研究院等——这些改革表明，德国大学内部竞争加剧、大学科层治理被强化、以教授为核心的大学自治特征正在逐步减弱。[②]受西方经济政治体制固有弊病的牵制，以及日益撕裂的西方社会的影响，以2008年美国的金融危机为标志，全球化的趋势遭遇"逆全球化"[③]的挑战，世界进入了发展的"新周期"[④]。2008年的金融危机，直接影响了政府的财政投入、外界对大学的捐赠，导致西方著名大学捐赠基金收益的锐减。比如，金融危机当年，英国大学捐助基金损失至少2.5亿英镑[⑤]，哈佛大学捐赠基金缩水80亿美元[⑥]。大学与工业界日益密切的关系，并不能从根本上解决其财政的窘境，反而更加深受发展经费不稳定的困扰。不时出现的危机和困境，使得西方高等教育的价值和效益面临质疑，西方大学的治理方式和运行模式遭遇拷问，各类学术活动的绩效评估倾向和竞争主义潮流越来越无力重振大学昔日的威信，西方学术生产方式和知识生产效益被批判为"失去灵魂的卓越"[⑦]。2020年暴发的新冠疫情可能会进

---

① 约翰·S. 布鲁贝克. 高等教育哲学[M]. 3版. 王承绪, 郑继伟, 张维平, 等译. 杭州: 浙江教育出版社, 2001: 1.

② 王世岳, 蒋凯. 告别"洪堡"："卓越计划"下的洪堡大学改革[J]. 教育研究, 2019, 40(11): 91-99.

③ 马佳妮. 逆全球化浪潮下全球留学生教育的特征、挑战与趋势[J]. 教育研究, 2020, 41(10): 134-149.

④ 汪晖, 王湘穗, 曹锦清, 等. 新周期: 逆全球化、智能浪潮与大流动时代[M]. 沈阳: 辽宁人民出版社, 2017: 序言.

⑤ 金融危机使英国大学捐助基金损失至少2.5亿英镑[J]. 世界教育信息, 2009(01): 9-10.

⑥ 金融危机导致哈佛大学捐赠基金缩水80亿美元[J]. 世界教育信息, 2009(01): 8.

⑦ 哈瑞·刘易斯. 失去灵魂的卓越: 哈佛是如何忘记教育宗旨的[M]. 侯定凯译. 上海: 华东师范大学出版社, 2007: 1-16.

一步强化这个“新周期”，从此，“事物破碎了，中心不复存在”。[①]

西方高等教育不断遭遇批判，无力提供具备信用、声誉及效用保证的中国方案。哈佛大学前校长德里克·博克发现，美国的大学教授们，尤其是人文学科的教授们，出版了《走向封闭的美国精神》[②]《废墟中的大学》[③]等著作，毫不避讳地将自己的学术锋芒指向顶尖的研究型大学[④]。2018 年 10 月，劳伦斯·巴考在就职哈佛大学校长时的演说中感叹道：“当下，美国高等教育正面临着巨大的挑战。在我人生中第一次，人们对送孩子上大学的价值产生了质疑。在我人生中第一次，人们对高等教育是否值得公众的支持产生了质疑。在我人生中第一次，人们对大学是否对国家长远发展有益产生了质疑。这些问题迫使我们发问：高等教育对一个国家贡献了什么？”[⑤]西方高等教育的内部批判，可看作自我反省，能折射其中存在的缺陷和不足，能部分地反映其所面临的危机与困境。[⑥]

西方学者对西方高等教育的批判性认知，似乎在告诫中国，西方高等教育正在逐渐被新兴发展动向和趋势所代替，并不值得全盘照搬。理查德·霍顿认为，QS 世界大学排名、上海的软科世界大学学术排名、泰晤士高等教育世界大学排名是世界大学排行榜中最受关注的“三大巨头”，此外就是《美国新闻与世界报道》（U.S. News & World Report）的世界大学排名。简单的比较研究表明“三大巨头”各有特点，其中泰晤士高等教育世界大学排名过分依赖收入数据，软科世界大学学术排名重点关注早已过时或年代久远的诺贝尔奖或菲尔兹奖获得者，QS 世界大学排名则依据其调查数据。尽管各大排名都有各自特点，但它们之间也有共同点。比如，泰晤士高等教育世界大学排名和 QS 世界大学排名都大量使用师生比等数据作为排名参考，但这类数据在事实上并没有他们想象中的那么具有说服力；三大排名都优先关注北半球的学校和机构，并使得大部分上榜机构来自西欧和北美，与其他地区不

① 马歇尔·伯曼. 一切坚固的东西都烟消云散了——现代性体验[M]. 徐大建、张辑译. 北京：商务印书馆, 2003: 113-114.

② 艾伦·布鲁姆. 走向封闭的美国精神[M]. 缪青，等译. 北京：中国社会科学出版社, 1994.

③ 比尔·雷丁斯. 废墟中的大学[M]. 郭军译. 北京：北京大学出版社, 2008.

④ Bok D. Our Underachieving Colleges: A Candid Look at How Much Students Learn and Why They Should Be Learning More[M]. Princeton: Princeton University Press, 2006: 1-2.

⑤ 哈佛大学新校长劳伦斯·巴科就职演讲：你接受的教育，决定了你人生的高度[EB/OL]. (2018-10-20) [2024-06-16]. https://mp.weixin.qq.com/s?__biz=MzAxOTE1OTc2MQ==&mid=2649983609&idx=2&sn=a1c606a4f3c8e51d92784504818ad0bc&chksm=83cc65c7b4bbecd183308cfe84431deebe26b452fdeac6ce8f5bb0c6f87f20d864d7348b3748&scene=27.

⑥ 蒋凯. 全球化时代的高等教育：市场的挑战[M]. 北京：北京大学出版社, 2013.

成比例。如果将目光向全球扫描则会发现，一种新的全球科学与学术平衡力量正在崛起，这种平衡力量不但与卓越的“旧堡垒”渐行渐远，而且正在稳步向东方移动。例如，在过去20年，中国大学的研究能力迅速增长：工程学、物理学和计算机科学等正在成为中国的强项；在物理科学和工程学的出版物数量排名方面，前30名中有27所中国大学、2所日本大学、1所新加坡大学；在数学和计算机科学排名方面，前30名中有28所中国大学、1所韩国大学和1所新加坡大学。上述所有新的变化表明，西方高等教育并非世界高等教育发展的唯一或最佳，而中国的影响力，特别是中国大学的影响力正在迅速上升。在此背景下，必须辩证地坚持两大观点、立场。其一，“西方”并不是中国高等教育的未来，并不能成为中国高等教育发展的终极目标；其二，可基于开放、兼容并蓄的观点，以“西方”作为方法。具体而言，西方高等教育理论的发展脉络可为中国高等教育研究的本土化建设提供可资借鉴的思想资源。从知识特征看，以美国为代表、专业化和学术性并重的西方社会科学理论和定量研究方法是当前高等教育研究的主流理论和主流方法；从知识来源看，西方高等教育研究的重要人物、领军大学、重要文本、重大问题和重要制度构成了世界高等教育学科的知识史。虽然不能照搬西方高等教育的理论与实践，但不能回避、无视西方高等教育的理论与实践；中国高等教育研究要以客观理性的态度对待西方高等教育理论，并在“理论的旅行”中建立与西方高等教育话语体系的对话关系。①

不过，西方一些学者善意提醒中国，西方国家甚至有许多不宜学习借鉴之处。凯瑟琳·莫曼认为，由于美国拥有许多极负盛名的大学，因此发展中国家的教育决策者和主管部门倾向于将这些顶尖大学视为最佳实践的典范；中国就是这种典型的发展中国家，中国大学的改革通常以美国的高等教育模式为模板，但是，并非美国高等教育的所有要素都值得采用，中国在实施改革之前应仔细考虑适当性。具体而言，最需要中国警惕、不适合中国学习和移植借鉴的美国高等教育要素有：高等教育质量的一维定义；仅将正式出版物作为唯一合法的学术成果形式；旨在区分和定义卓越的等级排名；求大求全、越大越好的倾向；对公共产品的经费资助方式。②美国大学排名以及据此而出现的诸多“世界一流大学”，也许与大学本身的办学质量密切相关，

① 文雯，吴玥. 以“西方”作为方法——建设有中国特色高等教育话语体系的知识论维度和方法论立场[J]. 清华大学教育研究, 2023, 44(04): 1-10.

② Chapman D W, Cummings W K, Postiglione G A. Crossing Borders in East Asian Higher Education[M]. Dordrecht: Springer, 2010: 127-144.

但也不能排除其作为大学“治理术”的特征。早在20世纪初的美国，高等教育场域经历了从“封建割据”到“全国市场”的结构转型。与此转型相关联，全国的大学和学院都置于同样的天平、按照同样的尺度被评价，由此而遴选出来的“一流大学”就成为关键性的、可通约的符号资本。在美国联邦政府相对缺位的情况下，民间自发制造大学排名就获得了广阔的社会空间；统计文化的流行、科学计量学对高等教育评价的渗透，为大学排名提供了必需且精细的技术基础；高等教育的大众化和普及化、高度重视高等教育的新中产阶级的崛起与壮大、大众媒体发育成熟并对一流大学的广泛宣传，为大学排名奠定了媒体平台、开发了需求市场。[①]美国的大学排名日益盛行，深刻影响了包括中国在内的所有发展中国家。为了规避先发国家的问题和效果不明的影响，在长期深受欧洲高等教育哲学和模式影响的非洲，越来越关注如何自主发展高等教育、如何把基于本土知识的生产系统纳入并彻底改造目前由欧洲模式所主导的知识生产主流体系，以便跳出“深受‘信用卡综合征’剥削的贫困”[②]，有效推进非洲的非殖民化。在中国，如果从中华人民共和国成立70多年来的情况看，大致经历了“在学苏中模仿”“在恢复中重建”“在开放中繁荣”“在创生中自信”四种实践样态[③]、四个发展阶段，所展示的恰是跳出西方影响、探索中国道路的过程。在后两个阶段，即进入改革开放之后，中国教育的自主探索、创生发展特征日益明显，中国教育学研究和创新的中国特色日益明显，逐渐从以中国式教育学为目标的建设阶段（1978—1981年）进入以中国特色教育学为目标的建设阶段（1982—1984年），再进入以中国教育学本土化为目标的建设阶段（1985—2000年），进而进入以中国教育学为目标的建设阶段（2001年至今）[④]。

中西方的致思路径虽然都追求认知的普遍性，且两者之间紧密相关甚至可相互促进，但受文化差异的影响，中西方的致思路径存在明显的差异，呈现为不同的认知图式与心智模型。具体而言，西方的致思路径是抽象寻本，即通过分解事物或现象的构成要素，寻求事物或现象的本质，而中国的致思路径是取象比类，即通过寻找两个或两个以上事物或现象间的相似性，通过类比发现规律。从比较的角度看，抽象寻本是一种定义思维，而取象比类是

---

① 孙碧. 谁是一流？——大学排名作为“治理术”的美国起源[J]. 外国教育研究, 2022, 49(08): 115-128.

② Kariwo M, Gounko T, Nungu M. A Comparative Analysis of Higher Education Systems[M]. Rotterdam: Sense Publishers, 2014: 1-7.

③ 朱德全, 杨磊. 教学论发展70年：实践样态与逻辑路向[J]. 教育研究, 2019, 40(09): 14-28.

④ 侯怀银. 新中国成立以来教育学的发展历程及启示[J]. 中国教育科学（中英文）, 2020, 3(02): 50-62.

一种非定义思维；抽象寻本是分析性思维，而取象比类是相似性思维；抽象寻本是基于对话的论证思维，取象比类则是基于体验的感悟思维。[①]差异化的致思方式，会导致差异化的行动逻辑和实践模式，相应地，也就决定了西方高等教育对于中国高等教育而言，存在着可移植借鉴的阈限。

（二）中国的历史积累与现实发展足以孕育中国智慧

深厚的文化土壤和悠久的教育传统是孕育高等教育发展的中国智慧的历史基础。回首历史、立足现在、直面未来，在时间中比较研究不同的空间、在空间中理解时间的不息流转，则可明晰中国教育文化传统的历史价值和现实意义，厘清中国丰厚文化土壤对高等教育变革与发展所提供的营养价值。习近平指出，“人类已经有了几千年的文明史，任何一个国家、一个民族都是在承先启后、继往开来中走到今天的……”。[②]“当代中国是历史中国的延续和发展，当代中国思想文化也是中国传统思想文化的传承和升华，要认识今天的中国、今天的中国人，就要深入了解中国的文化血脉，准确把握滋养中国人的文化土壤。”[③]“在5000多年文明发展中孕育的中华优秀传统文化，在党和人民伟大斗争中孕育的革命文化和社会主义先进文化，积淀着中华民族最深层的精神追求，代表着中华民族独特的精神标识。”[④]“要加强对中华优秀传统文化的挖掘和阐发，使中华民族最基本的文化基因与当代文化相适应、与现代社会相协调，把跨越时空、超越国界、富有永恒魅力、具有当代价值的文化精神弘扬起来。要推动中华文明创造性转化、创新性发展，激活其生命力，让中华文明同各国人民创造的多彩文明一道，为人类提供正确精神指引。”[⑤]“只有坚持从历史走向未来，从延续民族文化血脉中开拓前进，我们才能做好今天的事业。”[⑥]源远流长的历史、底蕴深厚的教育传统，是解决具体问题的策略智库，也是积淀发展智慧的思想源泉；是中国发展的财富，也是世界进步的财富。

---

① 李润洲. 抽象寻本与取象比类——两种思维方式的比较及其教育[J]. 高等教育研究, 2021(09): 79-85.

② 习近平. 在纪念孔子诞辰 2565 周年国际学术研讨会暨国际儒学联合会第五届会员大会开幕会上的讲话[EB/OL]. (2014-09-24)[2024-06-05]. https://www.gov.cn/xinwen/2014-09/24/content_2755666.htm?ivk_sa=1023197a.

③ 习近平. 在纪念孔子诞辰 2565 周年国际学术研讨会暨国际儒学联合会第五届会员大会开幕会上的讲话[EB/OL]. (2014-09-24)[2024-06-05] https://www.gov.cn/xinwen/2014-09/24/content_2755666.htm?ivk_sa=1023197a.

④ 习近平. 在庆祝中国共产党成立 95 周年大会上的讲话[M]. 北京：人民出版社, 2016: 13.

⑤ 习近平. 在中国文联十大、中国作协九大开幕式上的讲话[M]. 北京：人民出版社, 2016: 15-16.

⑥ 习近平. 在纪念孔子诞辰 2565 周年国际学术研讨会暨国际儒学联合会第五届会员大会开幕会上的讲话[EB/OL]. (2014-09-24)[2024-06-05]. https://www.gov.cn/xinwen/2014-09/24/content_2755666.htm?ivk_sa=1023197a.

广阔的实践土壤和丰富的实践探索是孕育高等教育发展的中国智慧的现实基础。具体而言，中国高等教育通过持续快速发展、超大规模扩张、效率效益效能齐头并进、从后发外生到先发内生的转变，在事实上孕育了高等教育发展的中国智慧。

第一，中国高等教育实现了持续快速发展。从发展历史看，中国高等教育尽管历经曲折起伏，但已经实现了重大发展。2017 年 10 月 18 日，习近平在中国共产党第十九次全国代表大会上做了题为《决胜全面建成小康社会 夺取新时代中国特色社会主义伟大胜利》的报告并指出，“经过长期努力，中国特色社会主义进入了新时代，这是我国发展新的历史方位”。以 2017 年提出“新时代”为界，如果从 1861 年 1 月（咸丰十年十二月）由恭亲王奕䜣和文祥奏请、1862 年正式开办清末第一所官办外语专门学校京师同文馆算起，神州大地上由官方组建专门的机构并正式、主动地学习西方的历史，至此不足 160 年；以 1895 年天津中西学堂的创建为标志、以大学和学院为组织支撑的中国现代高等教育发展史，至此仅 120 多年；摆脱政治运动和阶级斗争束缚、重新建基于“尊重知识、尊重人才”政策（邓小平，1977 年 5 月 24 日）的中国现代高等教育发展史，至此仅 40 年；进入高等教育大众化阶段（2002 年）的中国现代高等教育发展史，至此不足 20 年。在最长也莫过于 120 余年的中国现代高等教育发展史中，在重新获得发展活力的 40 年间，在规模快速扩张的近 20 年间，中国高等教育承载了众多的梦想，也发生了剧烈的变革，在人类高等教育发展史中开辟了一个独具中国特色的新时代。

自近代以来，中国面对“数千年未有之变局”①，在种种阵痛中放弃传统，转而学习借鉴西方，并以浓缩时间的方式实现空间的追赶和超越。斯蒂芬·佩里说：“中国在 40 年内实现了经济现代化，而美国花了 100 年，英国花了 200 年。”②凭借丰富的想象力、强劲的创造性，现代意义上的中国高等教育在百余年的时间里迅速“重演”、基本完成西方高等教育近千年的发

① 同治十一年五月，李鸿章《复议制造轮船未可裁撤折》论述道：“欧洲诸国百十年来，由印度而南洋，由南洋而东北，闯入中国边界腹地，凡前史之所未载，亘古之所未通，无不款关而求互市，我皇上如天之度，概与立约通商，以牢笼之，合地球东西南朔九万里之遥，胥聚于中国，此三千余年一大变局也。”“历代备边，多在西北，其强弱之势，客主之形，皆适相埒，且犹有中外界限。今则东南海疆万余里，各国通商传教来往自如，麇集京师及各省腹地，阳托和好之名，阴怀吞噬之计，一国生事，诸国构煽，实为数千年未有之变局……”参见：刘东. 近代名人文库精萃：李鸿章、胡林翼、张之洞[M]. 西安：太白文艺出版社，2012: 118.

② 孙微. 英国 48 家集团俱乐部主席斯蒂芬·佩里谈改革开放：中国成功靠的是运用科学方法[N]. 环球时报，2018-05-25(07).

展历程，在改革开放之后的 40 余年间快速跨越西方自 17 世纪近代科学兴起[①]以来 300 多年的高等教育变革历程，在 21 世纪最初的 20 年间迅速跨越西方工业革命以来 200 多年的高等教育发展历程，跻身世界一流高等教育行列。针对类似中国的发展状况，在西方已出现“社会加速理论”，即认为，社会加速已然成为当前资本主义发展的显著特征，并具体表现在科技加速、社会加速、人的生活节奏加速等方面；理应建构后资本主义的技术-社会平台、夺取社会技术的领导权、以“共鸣”对抗资本主义社会加速造成的异化，从而以“加速”超越资本主义、迈向后资本主义的“未来社会”。[②]社会加速理论的重要代表人物哈特穆特·罗萨认为，随着全球化的不断发展，技术压缩的“时间正在逐步压缩和摧毁空间”，甚至消弭了空间。[③]“变迁的速率本身改变了，使得态度和价值，时尚和生活风格，社会关系与义务，团体、阶级、环境、社会语汇、实践与惯习（habitus）的形式，都在以持续增加的速率发生改变。”[④]“社会加速”在中国引发了一个非常重要的现实命题：“加速时代如何成就大学的卓越？”[⑤]而中国的持续快速发展，从正面为之提供了富有中国特色的答案。

第二，中国高等教育实现了超大规模的扩张。就高等教育的在学总规模而言，从中华人民共和国成立时的 11.7 万增长到 2019 年的 4002 万，扩张了 341 倍；与 1978 年的 228 万相比较，到 2019 年扩张了 16.6 倍；与 2000 年的 1229 万相比较，到 2019 年扩张了 2.26 倍；与 2010 年的 3105 万相比较，到 2019 年扩张了 0.29 倍。就高等教育的毛入学率而言，从 1949 年的 0.26% 增长到 1978 年的 2.7%、2000 年的 12.5%、2010 年的 26.5%、2019 年的 51.6%。[⑥]2002 年中国高等教育毛入学率超过 15%，进入高等教育大众化阶段；2019 年中国高等教育毛入学率超过 50%，正式跨入高等教育普及化阶段，中国高等教育实现了“从选拔性考试到适应性选才”的历史性跨越[⑦]，服务

---

① 理查德·S. 韦斯特福尔. 近代科学的建构：机械论与力学[M]. 彭万华译. 上海：复旦大学出版社, 2000.

② 孟献丽. 社会加速理论视域下的当代资本主义批判[J]. 世界哲学, 2022(02): 30-38.

③ Rosa H. Social acceleration: ethical and political consequences of a desynchronized high-speed society[J]. Constellations, 2003, 10(1): 3-33.

④ 哈特穆特·罗萨. 新异化的诞生：社会加速批判理论大纲[M]. 郑作彧译. 上海：上海人民出版社, 2018: 16.

⑤ 王建华. 加速时代如何成就大学的卓越[J]. 江苏高教, 2020(04): 7-15.

⑥ 2019 年全国教育事业发展统计公报[EB/OL].(2020-05-20)[2024-02-20]. http://www.moe.gov.cn/jyb_sjzl/sjzl_fztjgb/202005/t20200520_456751.html.

⑦ 潘懋元. 从选拔性考试到适应性选才——高等教育普及化阶段试行“套餐式”招生模式的设想[J]. 高等教育研究, 2021(09): 1-4.

全民的终身教育体系逐渐建成[①]。

第三，中国高等教育实现了效率、效能、效益的齐头并进。教育“投入-产出”的比例，表征的是教育发展效率。中国高等教育的投入相对较低，但产出的规模大、产出的质量日益提升，因此效率高。改革开放以来，中国国内生产总值（gross domestic product，GDP）的增速一直很高，但是，与西方国家相比较，中国教育的投入低、产出高。以2005—2015年为例，中国教育总投入的GDP占比（在4.6%—5.3%的区间波动并呈现出增长趋势）总体上低于经济合作与发展组织（Organization for Economic Cooperation and Development，OECD）国家的平均值（在5.2%—6.3%的区间波动）、低于欧盟国家的平均值（在4.9%—5.9%的区间波动），中国公共教育支出的GDP占比（在2.7%—3.9%的区间波动并基本保持增长趋势）一直低于OECD国家的平均值（在4.3%—5.4%的区间波动）、欧盟国家的平均值（在4.0%—5.5%的区间波动）；不过中国极为重视教育，因此中国公共教育支出在总公共支出中的占比（14.6%—16.3%），总体高于OECD平均值（11.1%—13.2%）、欧盟平均值（9.5%—12.1%）。[②]教育发展的目标达成度，表征的是教育效能。中国高等教育的发展有着“集中力量办大事”[③]的文化传统和制度优势，目标达成能力强、达成度高；许多“五年计划”的目标，特别是中国高等教育大众化、普及化的目标，都是提前、超标完成，因此效能高。教育服务的有用性，表征的是教育效益。中国高等教育的发展，一直强调为国家服务、为社会服务、为人民服务，服务意识和服务能力强劲，极好地助力中国经济、政治、社会实力以及国际地位的快速提升，助力中华民族的伟大复兴，因此效益高。

第四，中国高等教育正在从后发外生向后发内生再向先发内生转变、从赶超向引领转变。相对于西方发达国家而言，中国自晚清以来的很长时期里一直处于后发状态，中国近代高等教育是在放弃传统（以书院等为组织支撑、以科举制度为人才培养选择的制度支撑）的基础上，通过向西方学习借鉴而逐渐形成的，具有典型的外生特征。起步阶段的后发、外生特征，在后续发

---

① 陈伟，郑文，吴世勇．“构建服务全民终身学习的教育体系”的三重逻辑[J]．华南师范大学学报（社会科学版），2022(01): 61-71, 206.

② 黄河，黄志成．教育扩张和经济周期下教育经费投入的特征与趋势——基于2008—2018年《经合组织教育概览》的比较分析[J]．外国教育研究，2020, 47(03): 79-93.

③ Tsai W-H, Liao X M. Concentrating power to accomplish big things: The CCP's Pishi System and operation in contemporary China[J]. Journal of Contemporary China, 2017(3): 297-310.

展过程中逐渐被淡化、转变和消解。首先，虽然总体的高等教育制度框架属于外生，但是，凭借源远流长且同化能力强劲的文化教育传统，在晚清、民国，乃至在中华人民共和国成立之后的曲折探索中，在高等教育系统的某些局部，不断地内生出饱含中国智慧的具体制度，从而在生成方式上形成了“总体制度外生、局部制度内生”的格局。其次，中国在晚清时的教育救国，在20世纪最后20年逐渐向科教兴国转变，进而向建设高等教育强国提升，中国高等教育在国际发展时序上逐渐形成“总体上后发，但局部或阶段上先发”的格局。因此可以说，古今中西各类元素的融会、整合，助推了中国高等教育的两大发展：一是从后发外生状态逐渐向后发内生状态转变，进而再向先发内生状态攀升；二是中国高等教育逐渐从单纯的追随、赶超逐渐向自主发展、引领发展转变。

中国高等教育在局部或阶段中的先发、内生，有许多具体表现。表现之一是，中国高等教育系统在世界高等教育中的地位日益提升；中国越来越多的顶尖大学在全球大学排行榜中的排名不断前移，要素齐备、功能强大且有担当和服务精神的中国特色高等学校体系逐渐形成。2017年教育部发布的《教育部关于“十三五”时期高等学校设置工作的意见》（教发〔2017〕3号）规定，“探索构建高等教育分类体系。以人才培养定位为基础，我国高等教育总体上可分为研究型、应用型和职业技能型三大类型。研究型高等学校主要以培养学术研究的创新型人才为主，开展理论研究与创新，学位授予层次覆盖学士、硕士和博士，且研究生培养占较大比重。应用型高等学校主要从事服务经济社会发展的本科以上层次应用型人才培养，并从事社会发展与科技应用等方面的研究。职业技能型高等学校主要从事生产管理服务一线的专科层次技能型人才培养，并积极开展或参与技术服务及技能应用型改革与创新”。“积极探索建立不同类型高等学校的拨款标准、质量评估、人事管理、监测评价等管理制度，充分发挥资源配置和政策引导作用，逐步形成不同类型高等学校之间各安其位、相互协调，同类型高等学校之间有序竞争、争创一流的发展格局。”姜大源认为，由于高等职业教育具有鲜明的中国特色、职业特色以及原创特色，因此中国教育走向世界且能够对世界做出贡献的，很可能首先是中国的职业教育，尤其是中国的高等职业教育。[①]另外，源自苏联的技工教育，在中国逐渐发展，并在技工学校之上逐渐新建了高级技工学校、技师学院，其中技师学院通过平行并列、交叉互补等方式，与高等职

① 姜大源. 论中国高等职业教育对世界教育的独特贡献[J]. 中国职业技术教育, 2015(36): 10-18.

业技术院校、应用技术本科院校建构起密切的沟通衔接关系，实现了技工教育的中国创新、积淀了技能人才培养的中国智慧。

表现之二是，在新冠疫情全球流行时，中国高等教育进一步探索创新了其发展战略。党的十九届五中全会做出的战略抉择是，加快构建以国内大循环为主体、国内国际双循环相互促进的新发展格局。在此发展格局中，中国高等教育正式迈入普及化阶段，统一性与多样性并存，高等学校的教学模式、教育治理方式、教育国际化等方面既面临新的挑战也获得了新的改革发展机遇；对此，中国具体围绕高等教育普及化阶段的高等学校如何适应新兴信息技术的发展、如何应对常态与应急状态下教育治理模式的转变、如何创新教育国际化模式以应对“逆全球化”的挑战等论题，以建设高质量高等教育体系为核心目标，及时确立起后疫情时代新的改革与发展任务。①新冠疫情冲击下，适切的高等教育发展战略不仅保证中国取得了胜利，而且还展示了制度和文化优势，强化了国家认同和制度自信。贾永堂等对武汉地区部分高校6589名大学生在抗击新冠疫情背景下的国家认同状况的调查表明，大学生对自身角色定位和社会责任感有着较高的认同；认同民族精神和传统文化价值在抗疫中的作用，对抗疫期间新闻媒体话语能力的不足表示关切；认同政府抗疫的应对措施及其体现出的制度优势、发展绩效和卓越成就，对疫情带来的国内外挑战有所认知并对中国未来发展保持较大信心。②

表现之三是，在新技术革命的背景下，中国高等教育发挥后发优势，在追赶的同时实现率先发展。技术发展最前沿、最巨大的变革，就在于人工智能的快速发展；而人工智能的发展，既给教育带来了全新机遇，也带来了挑战。“人工智能+教育”的出现，首先能够赋能教育，即利用人工智能替代重复性的教育劳动以减轻教师负担、优化教育管理流程、开展伴随式的教育诊断，从而最大限度地提升教育效率。其次能够创新教育，即打破标准化的教育体系，采用全流程的因材施教、精准化的教育治理和全景式的教育评测以助力实现教育的个性化定制。最后是重塑教育，即突破学校、班级、学科的边界，推动教育从“去标准化”阶段迈向“去制度化”阶段。③在重塑教育领域，杨进认为，在工业4.0背景下的技术发展呈现出互操作性、虚拟化、权力下放或分散、实时能力、服务导向、模块化等本质特征；这些特征对劳

① 钟秉林，南晓鹏. 后疫情时代我国高等教育发展的宏观思考[J]. 教育研究，2021, 42(05): 108-116.

② 贾永堂，商守卫，陶鹏，等. 抗击新冠肺炎疫情背景下武汉地区大学生的国家认同：现状与启示[J]. 高等教育研究，2021, 42(07): 92-98.

③ 曹培杰. 人工智能教育变革的三重境界[J]. 教育研究，2020, 41(02): 143-150.

动力市场、企业内部劳动组织和劳动者技能的影响，乃至于对整体的职业结构产生深刻的影响。中国作为相对于欧美而言的后发国家，充分发挥后发优势，全面发展以能力为本位的基础教育、适时变革职业教育教学模式、动态改造高等教育、建构服务全民终身学习的教育体系和学习型组织——这些努力有助于中国及时培养适应工业 4.0 需要的人才。①

当今世界的技术发展异常迅猛、技术的影响力广泛而强劲。美国学者尼尔·波兹曼认为，技术与人的关系亦敌亦友。技术带来进步、促进物质的繁荣，但是，技术垄断会对人类社会的文化、宗教、传统和心理产生巨大影响甚至造成破坏，不受控制的技术发展会带来严重恶果，缺乏道德根基的技术会破坏某些心理过程和社会关系、消解人类生存的价值所在。从历史和逻辑相统一的角度看，人类的技术发展会历经三个阶段，即从早期的工具运用阶段，进入技术统治阶段，最终进入技术垄断阶段；与此相对应，会出现三种人类文明，即工具运用文明、技术统治文明、技术垄断文明。在工具运用文明阶段，技术总体可控，主要服务、从属于社会和文化；在技术统治文明阶段，技术试图攻击和取代文明，但尚未达到撼动社会和文化的地步；到了技术垄断文明阶段，技术至上主义盛行，并在无形之中吞噬传统的世界观、价值观，甚至导致集权主义的技术统治。在技术垄断到来之前的工具运用阶段、技术统治阶段，信息控制机制通过法庭、学校、家庭、政党、国家和宗教帮助人驾驭技术；但到了技术垄断阶段，抵御信息泛滥的多重堤坝和闸口土崩瓦解，技术的垄断力量难以被社会和文化所驾驭。②中国高等教育的发展，要直面并合理处理技术对社会和文化的双刃剑作用，既要利用好现代技术促进高等教育的发展，还要通过改革与调整高等教育系统，使之在促进技术技能积累、规范技术的价值等方面发挥其应有的作用，还要在警惕、防止技术垄断并消除技术垄断所导致的恶果等方面发挥预警者、调控者作用。辩证应对技术的双刃剑作用，其实也是积累高等教育发展之中国智慧的途径之一。

二、中国高等教育发展智慧的逻辑内涵

从理论上看，高等教育发展的中国智慧，是高等教育的发展规律与中国

① 杨进. 工业 4.0 对工作世界的影响和教育变革的呼唤[J]. 教育研究, 2020, 41(02): 124-132.

② Neil Postman. 技术垄断：文明向技术投降[M]. 蔡金栋，梁薇译. 北京：机械工业出版社, 2013.

的发展实践相结合而形成的，以推进中国高等教育改革与发展为目标，在表达风格和实践方式上皆具中国特色的诸种思想和理念、模式和道路、战略和战术、对策和措施等理智成果的系统耦合、聚类集成、整体升华。

第一，高等教育发展的中国智慧，是典型的理智成果，但同时具有强劲的实践特征，是理论与实践的结合。高等教育发展的中国智慧，是针对中国高等教育的发展实践和发展经验，按照"理想类型"（马克斯·韦伯）所做出的理性总结。就其特征而言，它是合规律性与合目的性的统一，因此既符合普适性规律，又能满足中国本身的发展目标要求，重在解决中国教育"培养什么人、怎样培养人、为谁培养人"的根本问题①；它是高等教育内部关系规律和外部关系规律的统一，因此既符合中国高等教育系统本身的发展需求，也符合中国整体改革发展的需求；它是理论与实践的统一，因此既遵循理论自洽性要求，又具有实践操作性特点；在呈现方式上它能够同时满足学理研究和政策操作两个方面的要求，因此既能够以规律和逻辑的形式予以精要表达，又能够以政策和政令措施的方式予以实践落实。高等教育发展的中国实践，孕育高等教育发展的中国智慧；中国高等教育的发展研究，揭示高等教育发展的中国智慧。

第二，高等教育发展的中国智慧，是典型的国际比较产物，同时具有强劲的本土特征，是全球规律与本土特色的有机结合。世界各国、各民族，都有可能形成具有自身特色的高等教育发展智慧。高等教育发展的中国智慧，应该是全球主义与中国特色的统一，因此既符合高等教育本身的总体发展趋势，也适应高等教育发展的中国国情，是对中国高等教育发展理念的实践落实、对中国高等教育发展经验的理性升华，是对中国高等教育发展理论之实践特性的张扬、对中国高等教育发展政策之正向价值的提炼。高等教育发展的中国智慧，既是中国高等教育通过长期的正反两个方面的发展实践而积淀形成的理性结晶，也是中国高等教育研究者通过观察本国实践、反思本国问题、探索理论矛盾、洞察学术趋势、建构未来图景而积累形成的，且在表达形式上符合学理要求的理智结论，它是实践探索和理论研究通过长期、有机的互动而积淀形成的本土性理智成果。

第三，高等教育发展的中国智慧，目前的形态可能具有未完成性，但在指导改革与发展上已彰显其有效性。中国高等教育发展智慧的理想状态应该是形式精练、内容全面系统、体系完整圆满、功能强大且有效，但这

① 王鉴. 论教育根本问题解决的中国智慧[J]. 杭州师范大学学报（社会科学版）, 2022, 44(06): 66-72.

种理想状态只能不断接近，目前尚未完全达到。从现实看，中国高等教育发展智慧仍未提炼、抽象为表达形式精练、内部关系自洽的高等教育发展的中国理论，具有不成熟性、未完成性，尽管如此，它已经能够超越实践的简单总结，触及高等教育发展规律的某些部分、某些内容；它的内容虽然仍显零散，至今尚无系统化的知识结构，但它有着明显的实践结构和思想结构，且已经能够从某些侧面、在某些领域揭示出中国高等教育改革与发展的成功之道，甚至还能指出中国高等教育未来发展的路径和前途。高等教育发展的中国智慧，也许还不能够推广应用到世界其他国家和地区，还不能够被广大发展中国家和地区成体系地学习借鉴，但它在神州大地上已经确切地证明其有用性和合理性，并展示出其理性自觉和实践探索的创新特征。

第四，高等教育发展的中国智慧，具有与“中国经验、中国方案、中国道路、中国逻辑、中国模式、中国特色”等各不相同的概念个性。从实践上看，基于高等教育发展的中国经验、中国方案，逐渐形成高等教育发展的中国道路；从理论上看，高等教育发展的中国模式是高等教育发展的成熟形态和理想类型；从规律层面看，高等教育发展的中国逻辑，贯穿于高等教育发展的中国道路、中国模式之中，且是对中国道路、中国模式内在必然性的实践归纳和理论总结。高等教育发展的中国智慧，立足于高等教育发展的中国经验、中国道路，围绕高等教育发展的中国模式，根据高等教育发展的中国逻辑，彰显高等教育发展的中国特色、中国创新，因此，对高等教育发展的中国智慧进行实践积累和理论总结，可逐渐层积为高等教育发展的中国模式，有助于具体揭示高等教育发展的中国特色。

讨论高等教育发展的中国智慧，定位客观、立场中立、态度理性平和。与直接探讨高等教育发展的中国道路相比较，研究中国智慧可防止就事论事，更具学理特征；与直接探讨高等教育发展的中国模式相比较，研究中国智慧可防止失之呆板，且更具灵活性；与直接探讨高等教育发展的中国特色相比较，研究中国智慧可避免脸谱化研究，且内容更具体；与直接探讨高等教育发展的中国理论相比较，研究中国智慧可防止“为理论而理论”“为理论而找理论”式的研究急躁症和学术功利主义，因此态度谨慎，立场理性。捕捉、总结高等教育发展的中国智慧，“若排云雾而顿见太清。若登泰山而所视廓如也”；漠视、抛弃高等教育发展的中国智慧，则会导致中国高等教育的发展实践与学术研究似“以折锥探地而浅地。以屋漏窥天而小天”（《六祖坛经》）。以探究高等教育发展的中国智慧为基础，进而探寻高等教育发展的中国逻辑，其实就是中国教育研究不断确立现代性，并通过摆脱多元现代性与现代性批判的双重变奏、内生性与外源性的双重张力、学科特色与形塑气象的双重主题等两重纠缠而超越现代性，有助于从哲学上促进中国教育哲学的自我确证、自我认同。[①]

三、中国高等教育发展智慧的时代价值

“文章合为时而著，歌诗合为事而作”（白居易·《与元九书》）；“笔墨当随时代”（清初石涛），为文旨在载道。清醒认识中国高等教育的改革发展症结、理性分析中国高等教育的狂飙猛进、深刻反省中国高等教育发展进程中的问题和不足，其实就是在研究探索、梳理提炼高等教育发展的中国智慧，具有丰富的现实意义和时代价值。

第一，积淀高等教育发展的中国智慧，有助于科学、合理地解决高等教育发展的中国问题。高等教育发展的中国问题，可以从哲学和实践两个层面进行理解。在哲学层面，它指的是中国高等教育改革与发展中尚待梳理和阐释的矛盾关系，是高等教育基本原理研究和哲学研究的对象。在实践层面，高等教育发展的中国问题有两类指陈，一是中国高等教育发展的困难、挫折或失误，二是中国高等教育发展的战略目标和未来期待。实践层面的中国高等教育“问题”，是高等教育中层理论研究的对象。从目前的研究动态看，有关实践层面的发展走向、战略目标等方面的“问题”广受关注，在中国高等教育发展的困难、挫折及失误等方面尽管“问题”不少，但亟待进一步研究与反思。

列举一个并未引起注意但可能非常重要的案例。中华民族拥有崇尚读书和学习的传统，改革开放以来也一直高举“尊重科学、尊重知识、尊重人才”的旗帜，但是为什么改革开放以来至少出现了两次“读书无用论”思潮？第一次出现在改革开放初期，特别是在20世纪80—90年代，“造导弹不如卖茶叶蛋，拿手术刀不如拿剃头刀”，收入体制上的脑体倒挂，导致了绝对的“读书无用论”，学生辍学、学者和大学教师下海经商不乏其人。第二次出现在高等教育扩招之后。随着就业期望与就业现实之间的歧出，人们不再偏激地抛弃受教育机会，也不再盲目地迷信所有受教育机会，而是通过深入地思

① 高伟. 自我的寻求：中国教育哲学的自我认同[J]. 教育研究, 2020, 41(05): 27-38.

考“什么知识最有价值”[①]、“什么教育最有价值”[②]等问题，全面甄别教育机会的价值；通过日趋理性的怀疑与拷问，基于有用和实用等价值旨趣，借助选大学、选专业、选择上学的地域等“用脚投票”的方式，抛弃装饰性的知识和教育机会，从而诱致相对意义上的“读书无用论”。以新时期的农民为例，在他们的高等教育价值观中，虽然并非简单地认同或反对读书“无用”或“有用”，但他们肯定会依据子女所读大学的文凭价值来判断读大学“有用”或“无用”，而且也不可否认，随着教育“有用”或“无用”这个问题被提出，“读书无用论”思想肯定已经出现，并且部分地折射了中国农村社会的教育信誉危机。[③]以这两次“读书无用论”为视角原点，可以深度认识、详细梳理高等教育发展的目标与使命、难题与症结、战略与策略，也可以据此进而理解中国高等教育的政策变革和实践选择。这一切，恰好是构筑中国高等教育发展智慧的重要内容和基本途径。

第二，研究高等教育发展的中国智慧，有助于调整和优化中国高等教育研究和实践的视角。晚清之前，地理意义上的中国，一直习惯于“站在东方俯视世界”，“天朝心态”强劲；晚清以来，因连续的、多方面的失败，转而积淀形成了“站在东方仰视世界”的积习，学习和借鉴、追赶和竞争是其主题；理性研究、深度梳理高等教育发展的中国智慧，则是“立足中国平视世界”“立足本土观察全球”。从“俯视”到“仰视”再到“平视”的视角转换，既是中国与世界的关系调整的必然结果，也是中国高等教育发展智慧逐渐生成的逻辑前提，这有助于梳理、借鉴高等教育发展的普遍规律和世界经验，总结、积累高等教育发展的本土经验，更重要的是，能够基于全球性视野向内审视本土性行动、基于本土化需求有效甄选全球性经验、基于地方性教情精当提炼普遍性规律。以独立自主为前提，以平衡传统与现代、西方经验和东方传统的关系为基础的中国高等教育发展智慧，有助于探索、开启高等教育发展的中国道路，“这是一条从本国国情出发确立的道路。中国立足自身国情和实践，从中华文明中汲取智慧，博采东西方各家之长，坚守但

① 石中英. 什么知识最有教育价值[J]. 教书育人, 2009(19): 28-29；夏剑. 教育学史上知识价值问题的回顾与反思[J]. 教育理论与实践, 2016, 36(16): 3-6；李天航. 对“什么知识最有价值”的再思考[J]. 课程教学研究, 2017(07): 27-29, 43.

② 刘泽云. 上大学是有价值的投资吗——中国高等教育回报率的长期变动（1988—2007）[J]. 北京大学教育评论, 2015, 13(04): 65-81, 186.

③ 刘焕然, 朱新卓. 读大学“有用”还是“无用”——新时期农民高等教育价值观的扎根理论研究[J]. 高等教育研究, 2021(10): 45-52.

不僵化，借鉴但不照搬，在不断探索中形成了自己的发展道路”①。基于“平视”的视角观察西方、处理东西方关系，有助于超越零和博弈的思维方式，超越塞缪尔·亨廷顿“文明冲突论”所未能解决的文明冲突，实现文明对话、探索构建全球秩序；只有基于“平视”的视角处理东西方关系，方能基于中国传统智慧资源，尝试构建出“文化冲和说”，即推动不同文化、文明之间的“交冲”“激荡”而实现动态的分化、演替、汇合、互生的律动，产生“激荡中的平衡力和创造力”，在相互接触、渗透、兼容、均衡的“多元互济”“一多不分”中最终和合而成崭新的文化形态，共同实现彼此的升华。②“文化冲和”，才是中国高等教育研究和实践赖以调整和优化的思想利器。

第三，研究高等教育发展的中国智慧，有助于优化中国高等教育研究和实践的范式。中国高等教育的发展实践和理论研究，有两种值得关注的范式：一是“在中国论中国”。基于这种范式，研究探索高等教育发展的中国问题、建构中国特色的“高等教育学”，成就巨大，但也存在不足，即中国的研究和实践并不一定自觉基于国际比较和全球视野，需要防止陷入“就中国论中国”的狭隘的中国中心主义窠臼。二是“借西方论中国”。据此，比较高等教育学科在王承绪③、潘懋元④等老先生的关心下而得以建构，比较高等教育研究的学术、借鉴、咨政功能尤受重视，得到了充分发挥⑤。但是，蔡元培发现，“吾国今日之大学，乃直取欧洲大学之制而模仿之，并不自古之太学演化而成也”⑥。因此晚清以来西方与中国之间客观存在的“先进-落后”关系，使中国有关高等教育的研究一直习惯于以西方作为知识、思想和方法的源泉，若其走向极端则滑向西方中心主义。无论是“在中国论中国”还是“借西方论中国”的范式，都属于情境评价，都是基于可见的经验而做出的价值判断、理论建构以及行动选择，存在着局限性。探究高等教育发展的中国智慧，其实就是尝试协调平衡、统筹融合上述两种范式，兼取两者之长而抛弃两者之短，从而形成“立足中国，放眼全球”的中国中心观。这种中国中心观，超越情境评价，升华为终极评价，兼具本土性和世界性两大特性。所谓

① 习近平. 共担时代责任 共促全球发展[N]. 人民日报, 2017-01-18(003).

② 于小植. 从“文明冲突论”走向“文化冲和说”——构建“人类命运共同体”的中国智慧[J]. 清华大学学报（哲学社会科学版）, 2023, 38(01): 19-29, 218.

③ 王承绪. 比较高等教育引论[J]. 外国教育, 1983(06): 10-19.

④ 潘懋元. 比较高等教育的产生、发展与问题[J]. 上海高教研究, 1991(03): 29-36.

⑤ 徐辉. 士志于道，不舍昼夜——回忆王承绪先生关于比较教育研究几个重要问题的看法[J]. 比较教育研究, 2010, 32(09): 4-8.

⑥ 张圣华. 蔡元培教育名篇[M]. 北京: 教育科学出版社, 2007: 234.

本土性，即在研究的出发点、立足点和着眼点上，坚持以中国为中心，从中国高等教育问题出发，恪守中国立场[①]，而不是教条地运用世界的甚至是西方的所谓“普遍规律”来规制中国高等教育改革与发展，力防西化倾向和自我殖民倾向。所谓世界性，即在研究和评价的视角上，坚持全球视野，抱持走向世界的胸襟，从中国的特殊性走向世界的普遍性，力防狭隘的民族主义。“立足中国，放眼全球”的中国中心观，有助于挖掘、梳理高等教育发展的中国智慧；只有基于“立足中国，放眼全球”的中国中心观，才有可能清楚探究、科学厘定高等教育发展的中国智慧。

第四，研究高等教育发展的中国智慧，有助于校正中国高等教育研究和实践的目标。1978 年开始的改革开放政策，使得中国与世界的关系，特别是中国在世界中的角色得到了持续不断的调整：在改革开放之初，重新打开国门的中国仅是国际体系的适应者和融入者，之后变为参与者和完善者，再后来又努力成为国际体系改革的倡导者和引领者[②]，成为人类命运共同体的重要建设者。在此背景下，中国高等教育的发展，日益呼唤从追随西方向自主发展转变，从“按照他者的标准建设成为世界一流”向“重建新时代的新规则以确立新标杆、形成新模式、实现新跃进”转变。基于上述发展逻辑，回应实践界“扎根中国大地办大学”的需求，扎根中国大地开展高等教育研究，尝试在高等教育研究的哲学基础、价值指向、主体立场、方法体系等方面转换研究范式，推进中国特色、中国风格、中国气派的高等教育研究。哲学社会科学的特色、风格、气派，是发展到一定阶段的产物，是成熟的标志、实力的象征、自信的体现。按照立足中国、借鉴国外，挖掘历史、把握当代，关怀人类、面向未来的思路，挖掘高等教育发展的中国智慧，体现中国特色、中国风格、中国气派，在建设实践中坚持“体现继承性、民族性；体现原创性、时代性；体现系统性、专业性”，这其实就是促使中国高等教育的研究范式从追随模仿向自主创新转变。

第五，研究高等教育发展的中国智慧，有助于走出西方中心主义的阴霾。西方中心主义，本是西方人观察中国的习惯性视角[③]，冲击—反应观、现代化模式、帝国主义模式以及立足于西方看中国的“中国中心观”模式，都是

---

① 刘铁芳. 教育研究的中国立场[J]. 湖南师范大学教育科学学报, 2020(01): 1-7.

② Zhang Y Y. China’s opening up: Idea, process and logic[J]. Social Sciences in China, 2019(02): 134-151.

③ Rambures D D. The China Development Model: Between the State and the Market[M]. New York: Palgrave Macmillan, 2015: 47-70.

其具体表现。[①]随着西学向中国的输入、传播，西方中心主义立场逐渐成为某些国人的研究惯习；其特征是，以西方为模板、以理解和掌握西方的经验和逻辑为重心，从西方的视角和立场思考中国的问题、指引中国的出路，以使中国成为西方为最高目标。“这种思维假设：发达国家拥有最完善的制度体系，因此，这种体系同样可以灌输到其他国家，而不考虑每个国家不同的文化特征和历史条件”。事实上，“这种在不考虑基本权利关系和文化差异条件下进行的制度灌输，不仅其本身是无效的，而且事实也毫不留情地证明：这种做法是反生产力的”[②]。对此，刘东警示道，“必须警惕这样一种本质主义的倾向：一旦谈论起大学，总是贪图省事不假思索地以不变应万变——误以为只要从西方文明的源头略加寻索，就准能在那里找到必然预制好的万应良药来；甚至，即使很显然当代西方本身在教育实践中已经把那些理念弃而不用了，也仍然刻舟求剑地认为：只要能坚持表现得比西方还要西方，就一定会医治好当代中国的大学”[③]。

唯西方是从的研究倾向，不但存在于高等教育系统层面和院校层面，而且渗透到基层的学术组织之中和学科、专业层面，深刻影响着人才培养的定向和科学研究的方法。在法学界，著名学者苏力发现了一些熟视无睹的问题，并且不惜笔墨、语重心长地给予阐述，其痛心之状、忧虑之情，有如旷野呼告：

> “在当今，尤其是中国法学院，法律和制度的学习和研究太容易失去社会历史语境，失去针对性，既不针对困扰人的一般性难题，也不考虑具体时空地理。原本针对具体时空中具体问题创造、衍生发展出来的法律、制度和原则成了答案、成了信条，然后就成了教条，只能遵循和恪守，最多略加演算和演绎，却不能生动鲜猛地刺激当下中国法律人创造性地思考和应对他们面对的复杂难题。但问题（question）会有答案，难题（problem）则没有，只能解决，创造性地解决，更多时候则只能应对，也就是‘耗’，但这时问题就成了，怎么‘耗’？对于现代以来的中国来说，如果失去了具体针对性，不关心具体时空中的那个难题，仅抽象讨论法律制度，或讨论抽象的法律和制度，自然就说不出什么道理。没有问题，又没有道理，就一定枯燥乏味，就一定说不出历史中国法律制度的正当性

① 肖文明. 宏大叙事的探寻与中国中心观的再思考[J]. 学术研究, 2016(05): 71-77, 177.

② 卡瓦基特·辛格. 不纯洁的全球化[M]. 吴敏, 刘寅龙译. 北京: 中央编译出版社, 2005: 147.

③ 刘东. 谓我心忧[M]. 深圳: 海天出版社, 2018: 88.

和必要性。遇上近代来自西方的说出了它们自身某些道理的理论之际，旁边还有令人眼晕的西方的经济繁荣，就很容易自惭形秽，'月亮是外国的圆'了。"[①]

"如霍姆斯所言，就实践而言，人注定是地方性的。既然我生活在这片古老的土地上，我就想展示，也自觉有责任展示，有着沉重肉身而不是仅有灵魂或思想的一些人，我们的先人，在这片特定土地上，在这块后来才被称为中国的土地上，为了活下去，为活得稍稍好一些，以什么样的智慧或'极精炼的愚蠢'（罗素语），一代代合作、演进和积累，造就了如此的中国。我力求展示，即便在一些人特别是某些今人看来的野蛮或愚蠢，也不是全然没有理由和根据的，或是不正当的。一个群体的长期'愚蠢'，从功能主义视角看，很可能就是他们在生存的具体情境中被逼出来的唯一选项，因别无选择，所以是智慧。制度是否智慧其实可以以种群的生存来判断。在大致同等条件下，再怎么矫情，你也不能说一个'败家子'智慧吧！即便你可以夸奖，比方说戈尔巴乔夫，有善良的情怀。也因此，真正实践性的制度智慧是很难解说的，甚或就不需要解说。'梓匠轮舆能与人规矩，不能使人巧。'[②]这也就是'道，可道，非常道''大音希声，大象无形，道隐无名'[③]的道理。"[④]

"今天的学人很难首先察觉已融入日常生活的那些规矩和制度，更难经此想象性重构当初催生这些制度的、那些曾令这片土地上的人们生离死别刻骨铭心的难题。这些难题并没完全消失，至今仍以各种方式潜伏或隐匿在我们身边。"[⑤]

在当今中国高等教育的实践工作和理论研究中，在中国高等教育学习和借鉴西方时，仍不能完全排除西方化、自我殖民化等不良倾向的影响。这类不良影响，往往仰赖一些并未明言但强劲地潜存于思想意识之中的逻辑假设。具体而言，逻辑假设之一是，中国传统教育已经全面落后，即认为中国传统教育体系已经不适应现代社会，缺乏民主和科学的传统，因此在废弃中国教育传统的同时，必须全盘学习和借鉴西方的高等教育。逻辑假设之二是，中

① 苏力. 大国宪制：历史中国的制度构成[M]. 北京：北京大学出版社, 2018：序言.

② 杨伯峻. 孟子译注[M]. 北京：中华书局, 1960: 326.

③ 朱谦之. 老子校释[M]. 北京：中华书局, 1984: 3, 171.

④ 苏力. 大国宪制：历史中国的制度构成[M]. 北京：北京大学出版社, 2018：序言.

⑤ 苏力. 大国宪制：历史中国的制度构成[M]. 北京：北京大学出版社, 2018：序言.

国缺乏自己的高等教育传统，即认为高等教育肇始于西欧、发展于欧洲、辉煌于美国且盛行于当世，但中国传统教育并无“初等—中等—高等”之别，中国教育传统中的“小学”“大学”，并不能与西方教育体系相对应，因此只能全盘地向西方学习和借鉴。逻辑假设之三是，中国高等教育一直没有学习到、彰显出西方高等教育的精髓，即认为无论是中国学习和借鉴西方高等教育的早期，还是历经百年学习和借鉴之后的今天，中国高等教育一直不能真正彰显出西方高等教育的学术自由、大学自治、教授治校、学术中立等精髓；若以西方的精神、原则、标准及体系等来衡量、评估，中国高等教育至今仍然不能达到西方的要求，因此必须继续全盘地学习和借鉴。这些基于“想象的西方”而形成的逻辑假设，缺乏实践佐证，且从反面表明，西方化的思想倾向和研究方式，深受“依据西方定目标”“对比西方查问题”“参照西方找出路”等刻板模式的桎梏。抛弃西方化倾向，深度研究高等教育发展的中国智慧，其实是“立足中国定目标”“立足本土查问题”“融汇古今中西找出路”，是“在中国”“面对中国问题”、基于中国国情、探讨“中国对策”，是通过理性地观察、融入并扬弃西方的现代性，把握高等教育在发展过程中出台融中华文化之精粹与西方文化之优长于一体的“中国方案”的历史必然性和现实可能性[①]。江泽民于 1992 年 10 月 12 日在党的十四大报告《加快改革开放和现代化建设步伐，夺取有中国特色社会主义事业的更大胜利》中指出，“在社会主义的发展道路问题上，强调走自己的路，不把书本当教条，不照搬外国模式，以马克思主义为指导，以实践作为检验真理的唯一标准，解放思想，实事求是，尊重群众的首创精神，建设有中国特色的社会主义”。

第六，积淀高等教育发展的中国智慧，有助于积淀、增强高等教育研究的理论自信。真正的理论自信，来源于科学协调、合理处理高等教育发展的时代性与民族性矛盾。在庞扑看来，时代性与民族性作为两个维度同时存在，但所指迥异。具体而言，时代性的判断标准是先进和落后，民族性的判断标准是共同与差异；对于时代性问题，要用先进取代落后；对于民族性问题，则要防止用共同取代差异。[②]在时代变革面前探索高等教育发展的中国智慧，既有助于深入理解、谨慎处理时代性与民族性之间的差异，还有助于深度推进两者的融会，针对时代性问题做出民族性回答，因应时代性发展实现民族

① 张雄，朱璐，徐德忠. 历史的积极性质：“中国方案”出场的文化基因探析[J]. 中国社会科学, 2019(01): 4-21, 204.

② 庞扑. 文化的民族性与时代性[M]. 北京：中国和平出版社, 1998.

性进步，在保障民族个性的同时，通过改革发展以保持世界范围内的先进性。

表征理论自信的理论成果则是，成功建构起中国特色高等教育研究的学科体系、学术体系、话语体系。其中，学科体系是基础，为此应“突出优势、拓展领域、补齐短板、完善体系，坚持问题导向和需求导向，聚焦世界百年未有之大变局，聚焦新时代坚持和发展中国特色社会主义伟大事业，聚焦实现中华民族伟大复兴的历史进程，科学谋划学科布局”。学术体系是核心，是学科体系、话语体系的内核和支撑，加快构建中国特色高等教育研究的学术体系就是要“善于融通古今中外各种学术资源，坚持问题导向，着力提升原创能力和水平”。话语体系是学术体系的反映、表达和传播方式，是构成学科体系的网上纽结，“要善于提炼标识性概念，打造易于为国际社会所理解和接受的新概念、新范畴、新表述，引导国际学术界展开研究和讨论”。①中国高等教育发展智慧的全面提炼和体系化成型之日，就是中国特色高等教育研究的学科体系、学术体系和话语体系建成之时，也就是中国高等教育研究夯实理论自信之时。

第二节　结构耦合：本土智慧的生成逻辑

在热切呼唤高等教育发展的中国智慧之时，有两个必须回答的前提性问题。问题之一是，中国高等教育的改革与发展，既然可以学习和借鉴西方高等教育的经验，为什么还必须立足于本土，探索和激活高等教育发展的中国智慧？或者说，为什么仅仅依赖于高等教育发展的西方逻辑仍然不足以解决中国高等教育的发展问题、不足以保证中国高等教育完成自己的使命？问题之二是，凭什么能够肯定，一定存在高等教育发展的中国智慧？换言之，为什么必然能够生成高等教育发展的中国智慧？这两个问题看似彼此分离，实则关联密切，二者的共同点在于，必须清晰阐释、深度厘清高等教育发展之本土智慧的生成逻辑及其实践意蕴。②

《中共中央关于党的百年奋斗重大成就和历史经验的决议》指出，一百年来，党领导人民进行伟大奋斗，在进取中突破，于挫折中奋起，从总结中提高，积累了宝贵的历史经验——从政治角度看，是“坚持党的领导”“坚持人民至上”“坚持统一战线”；从奋斗策略角度看，则有“坚持理论创新”

---

① 谢伏瞻. 加快构建中国特色哲学社会科学学科体系、学术体系、话语体系[J]. 中国社会科学, 2019(05): 4-22, 204.

② 陈伟. 高等教育发展的中国智慧：生成逻辑和实践意蕴[J]. 高教探索, 2022(02): 5-12.

"坚持独立自主""坚持中国道路""坚持胸怀天下""坚持开拓创新""坚持敢于斗争""坚持自我革命"。凝聚中国智慧，是中国共产党百年奋斗策略的核心和精髓，也是中国高等教育发展策略的核心内涵。

一、中国高等教育发展智慧生成的结构性前提

为什么能够且必然能够生成高等教育发展的中国智慧？这个问题的彻底解答，既要立足中国的本土国情，还要立足于世界高等教育变革与发展的逻辑和规律；这个问题的合理解答，有助于保证中国高等教育研究不仅"在中国"而且是"中国的"，从而防止文化殖民和西方崇拜，增强中国自信。

（一）逻辑前提之一：多元文明共存

伯顿·克拉克认为，世界高等教育的权力结合模式主要有欧洲大陆模式、英国模式、美国模式以及日本模式等。[①]这一学界熟知的观点，隐藏着一个亟待厘清的思想误区，即认为高等教育与民族国家（nation-state）密切相关，不同民族国家可能会形成不同的高等教育发展模式、管理模式。但问题的关键在于，民族国家本身仍在不断变革甚至遭遇解构。黄裕生教授认为，民族国家自诞生起就一直面临自身主权的合法性问题，原因在于，民族的民族性及其所拥有的实力都无法为其成为一个主权实体提供正当性的理由；民族性只能为民族国家提供现实性，而不能保证它成为具有内在正当性的现代国家，并在实践上导致以民族国家为基础建构起来的国际体系实则是充满冲突与不确定性、不值得期待的世界体系。民族国家的前途在于走出合法性危机，接受新国家观的洗礼与人民的授权委托，实现民族国家人民化、民族国家获得人民国家（people's state）身份，从而使得现代国家同时具有民族身份与人民身份。有观点认为，欧洲主要是民族国家，其国家人民化主要就是民族国家的人民化；中国、印度等东方国家都不是"民族国家"，而是"文明国家"，因此要实现的是由"文明国家"向人民国家的转变。但从根本上讲，欧洲和东方都是"文明国家"，或者说，可以把除了类型文明之外基于更丰富、更具体的民族要素的认同而确立起来的族群共同体称为厚的民族共同体，而把单纯基于对一种类型文明的认同与接受而形成的一个族群共同体称为薄的民

---

① 伯顿·R. 克拉克. 高等教育系统——学术组织的跨国研究[M]. 王承绪，徐辉，殷企平，等译. 杭州：杭州大学出版社，1994: 137-143.

族共同体。这意味着，基于类型文明的民族基础建立起来的国家既可以被视为一种非单一民族的民族国家，也可以被视为类型文明的国家，也就是人们通常所说的“文明国家”。[①]因此，与其从民族国家的视角观察世界，不如基于民族国家近三百年来的变化进程及变革趋势，基于“人民国家”的政治判断、按照“文明国家”的文化判断，从文明的角度理解世界及其变革。考量基点从“民族”向人民的转变、观察视角从“民族”向文明的转变，值得高等教育研究借鉴。

高等教育是人类文明的重要内容，也是人类文明发展到一定阶段和水平的产物。“文明”一词，由英国17世纪启蒙思想家霍布斯最早使用，并经伏尔泰、黑格尔、斯宾格勒、汤因比等人的相继发展而形成了文明理论。文明的起源时间界定尽管尚无定论，但形成了对文明的内涵共识——“一种文化一旦达到了文字已在很大程度上得到使用，人文科学和自然科学已有某些进步，政治的、社会的和经济的制度已经发展到至少可以解决一个复杂社会的秩序、安全和效能的某些问题这样一个阶段，那么这个文化就应当可以称之为文明”[②]。文明，是人类社会的政治、经济、文化、宗教等诸种因素的综合和总和；古代文明深受地理、气候的影响，现代文明则日益深受制度、教育、文化创新的影响。

对文明数量特征的认识和判断[③]，影响高等教育系统的数量特征的认定。极少人坚持一元文明论，而持多元文明观者中，最有影响力但也引发了争议的是亨廷顿的七种或八种文明说，即认为，世界上主要形成了中华文明、日本文明、印度文明、伊斯兰文明、西方文明、拉丁美洲文明、东正教文明以及可能的非洲文明。[④]一元文明论者认为，只存在或只能存在单一的文明、单一的高等教育模式；多元文明观者认为，文明的复数特征与高等教育在各国、各民族、各地区的多样化样态之间存在着正相关关系，且本土文明和文明的本土化决定本土教育[⑤]。庄泽宣等认为，自然环境、教育设施与“民族性、经济力与社会组织”，都是基于本土文明研究本土教育的基点。[⑥]

① 黄裕生. 现代国家的双重身份与未来可能的世界体系的建构原则——一个纯理论的分析与猜想[J]. 清华大学学报（哲学社会科学版），2023, 38(01): 1-18, 218.

② 爱德华·麦克诺尔·伯恩斯，菲利普·李·拉尔夫. 世界文明史（第1卷）[M]. 罗经国，陈筠，莫润先，等译. 北京：商务印书馆，1995: 26.

③ 李淑梅，宋扬，宋建军. 中西文化比较[M]. 苏州：苏州大学出版社，2016: 8.

④ 塞缪尔·亨廷顿. 文明的冲突与世界秩序的重建[M]. 周琪，刘绯，张立平，等译. 北京：新华出版社，1998: 31.

⑤ 涂又光. 文明本土化与大学[J]. 高等教育研究，1998(06): 8-10.

⑥ 庄泽宣，陈学恂. 民族性与教育[M]. 上海：商务印书馆，1938: 序言.

对文明之间互动关系特征的认识，决定不同高等教育系统之间的关系认定。文明冲突论——以亨廷顿[①]、早期的费正清[②]为代表，认为是先发的文明引领、决定后发者，后发者只有搬用先发者的成就、重演先发者的道路才会有前途和出路；西方文明通过“冲击—反应”模式，推进了后发民族和国家（包括中国）的变革与发展，因此是后发地区高等教育学习和借鉴的对象。文明交流融合论——以费正清的门生保罗·柯文的“中国中心观”（即从中国而不是从西方的视角，多学科、全视域地研究中国）[③]、许美德的“文明的对话”[④]等为代表，认为文明之间虽有冲突，但交流与融合是总体趋势和发展大势，本土文明生成本土的教育发展智慧，多样化的高等教育之间必然且必须互相交流借鉴发展的智慧。

对多元文明之间的价值比较与判断，决定不同高等教育系统之间的价值认定。“西方文明优越论”[⑤]、“基督教世界—基督教世界之外的基督教国家或东正教国家—伊斯兰世界”自上而下的等级体系[⑥]，为西方文明的世界传播乃至军事征服营造了文化心理优越感[⑦]，甚至还得到了马克思主义“理性的狡猾”式辩证认可——西方文明以“恶”的方式客观上推动了后发者的进步[⑧]。由于认为多元文明之间只存在先进与落后、优越与落伍的区分方式，这类观点强调，不同高等教育系统之间必须保持等级秩序明显、“中心—边缘”地位明晰的关系，当今世界的高等教育模式都应从发达的西方国家移植和借鉴。此外，在中国存在“华夏文明优越论”[⑨]。这为历史上的“夷夏之辨”和“中央大国”心态提供了理论根据，并在洋务运动、戊戌变法时期为

---

① 塞缪尔·P. 亨廷顿. 变化社会中的政治秩序[M]. 王冠华, 刘为, 等译. 上海: 上海人民出版社, 2015;塞缪尔·亨廷顿. 文明的冲突[M]. 周琪, 刘绯, 张立平, 等译. 北京: 新华出版社, 2017.

② 费正清. 剑桥中国晚清史：1800—1911 年（上、下）[M]. 中国社会科学院历史研究所编译室译. 北京: 中国社会科学出版社, 1985.

③ 叶哲铭. 在“西方中心”与“中国中心”之间——论《剑桥中国晚清史》中费正清的史学研究模式[J]. 杭州师范学院学报（社会科学版）, 2005(06): 79-84; 保罗· 柯文. 变动中的中国历史研究视角[M]//朱政惠. 美国学者论美国中国学. 上海: 上海辞书出版社, 2009; 闵韬. 保罗·柯文等美国学者关于费正清“冲击—回应”模式的争论[D]. 上海: 华东师范大学, 2011.

④ 许美德, 潘乃容. 东西方文化交流与高等教育[M]. 南京: 南京师范大学出版社, 2003.

⑤ 诺贝特·埃利亚斯. 文明的进程[M]. 王佩莉, 袁志英译. 上海: 上海译文出版社, 2013: 1; 布鲁斯·马兹利什. 文明及其内涵[M]. 汪辉译. 北京: 商务印书馆, 2017: 9, 13.

⑥ Baumer F L V. The conception of Christendom in renaissance England[J]. Journal of History of Ideas, 1945(2): 132.

⑦ 卢兆瑜. 14 世纪初期东征理论家与西欧文明优越意识的建构[J]. 史学集刊, 2018(04): 14-17, 4.

⑧ 李毅嘉. 卡尔·马克思和西方文明优越论[J]. 东岳论丛, 2005(02): 136-141.

⑨ 陈朝云. “华夏文明优越”: 中国近代化进程中的羁绊[J]. 河南师范大学学报（哲学社会科学版）, 2000(04): 53-58.

守旧者所坚持的“中学为体，西学为用”等保守教条提供了理论支撑，甚至使得辜鸿铭在“西风东渐”之际仍有信心抛出“儒家文明救西论”[①]，也使得国粹主义即便到了改革开放日益深入的今天仍会以新的形式不断复苏。与上述两种优越论不同，多元文明的类型差异论强调，多元文明之间虽然可能有先进与落后之分但无优劣之别，基于不同文明而生成的多样化高等教育模式、道路及实践智慧之间只存在且必然存在类型差异，找准符合本土文明实际情况的高等教育发展模式和道路、提炼出与本土文明相契合的高等教育发展智慧，不但具有必然性，而且具有现实性。

从发展趋势看，多元文明冲突论被广泛批判，而多元文明交流融合论、多元文明价值的类型差异论，不但得到越来越多的事实佐证，而且得到越来越多的价值主张和理性论证；以此为基础而生成的高等教育本土化和民族性日益受到重视，不同文明间高等教育的依附关系逐渐成为被批判和解构的对象（表0-1）。就目前中国而言，政治、经济、文化和社会等及其所构成的本土文明，不仅遗传了本土传统的中华文明，还融汇了“西学东渐”而来的西方文明、马克思主义以人类的解放和自由全面发展为主旨的文明，它们之间的交流耦合共同生成中国特色社会主义文明；中国新生的本土文明必然要求建构新的高等教育类型。

表 0-1　文明与高等教育之间的关系

比较项目	对立性回答	
文明的数量特征	单一论	多元论
多元文明的互动关系	冲突，先发者引领、宰制后发者	交流、融合
多元文明的价值比较	优劣之别	类型之异
文明对高等教育的影响	仅存在以先发者为载体、唯一的高等教育模式，且它能承载高等教育的普遍规律	存在多样化高等教育模式，不同文明中都有本土化的高等教育发展逻辑和发展智慧

（二）逻辑前提之二：“高等教育-本土文明”的结构性契合

高等教育本身所具有的相对独立性，是高等教育可与本土文明实现结构性契合的基础。在马克思主义的社会形态理论模型中，由生产力和生产关系

① 唐慧丽，夏箐. 儒家王道政体优越论——论辜鸿铭的政治文明观[J]. 湖州师范学院学报，2016，38(11)：53-56.

构成的生产方式支撑起经济子系统（经济基础），政治和法律等构成政治子系统（上层建筑），其他则是构成社会意识形态的文化子系统（其中包括大学、学院等高等教育机构），各子系统相互独立又彼此关联。涂又光先生基于“力、利、理”“三 li 说”，依次对政治、经济以及文化（包含高等教育）等三个领域进行区分[①]；潘懋元先生基于教育与政治、经济、文化之间的对应性，提出了“两条教育基本规律”，“一条是教育与社会关系的规律，即教育的外部关系规律；一条是教育内部诸因素关系的规律，即教育的内部关系规律”。[②]重视高等教育相对于文明的其他要素而言“在其外”的逻辑特征，有助于彰显高等教育系统崇尚学术自由和自治的精神特征，也表明高等教育不但可与本土经济社会相契合、具有区域性和地方性，而且还能跨越时间、空间及地域文化限制，具有世界性[③]。

高等教育兼具的科学性、社会性和人文性（表 0-2），则是高等教育能与本土文明实现结构性契合的关键。首先，高等教育所具有的科学性，为大学镶嵌到文明诸要素之中提供了本体性支撑。17 世纪左右西方近代科学的发展[④]，使得西方大学逐渐摆脱宗教化知识的束缚，走出自 14 世纪以来长达两百多年的衰退[⑤]；19 世纪以来西方科学按照学科分化的方式实现快速发展，从根本上导致现代大学的崛起；五四运动以来“赛先生”与“德先生”一起启蒙中国，促使现代大学在中国快速成长。对高等教育而言，“知识就是材料”[⑥]；对现代大学而言，科学才是根基。

表 0-2　高等教育的多元特性

特性	内容	内涵	规则	目标	走向	陷阱
科学性	科技研究 生活	科学研究 技术创新 开发与应用	全球化	世界水平	现代化	学术拜物教，“出版或死亡”，学术 GDP

① 涂又光. 文明本土化与大学[J]. 高等教育研究, 1998(6): 8-10.

② 潘懋元. 教育基本规律及其在高等教育研究与实践中的运用[J]. 上海高教研究, 1997(02): 3-9.

③ Gouldner A W. Cosmopolitans and locals: Toward an analysis of latent social roles. Ⅰ[J]. Administrative Science Quarterly, 1957: 2 (3): 281-306; Gouldner A W. Cosmopolitans and locals: Toward an analysis of latent social roles. Ⅱ[J]. Administrative Science Quarterly, 1958, 2(4): 444-480.

④ 理查德·S. 韦斯特福尔. 近代科学的建构：机械论与力学[M]. 彭万华译. 上海：复旦大学出版社，2000: 1-24.

⑤ 王承绪. 英国教育[M]. 长春：吉林教育出版社, 2000: 99-108.

⑥ 伯顿·R. 克拉克. 高等教育系统——学术组织的跨国研究[M]. 王承绪，徐辉，殷企平，等译. 杭州：杭州大学出版社, 1994: 11-12.

续表

特性	内容	内涵	规则	目标	走向	陷阱
社会性	国内社会生活	作为单位的中国大学	本土化	本土模式	现代化	迷失自我、文化殖民
	国际社会生活	作为学术共同体的学术生活	全球化	国际交流合作	现代化	封闭保守、渐趋落后
人文性	精神生活	哲学、宗教、文学、史学等	本土化	本土模式	现代化	迷失自我、文化殖民

注：表中部分思想的参考来源是：涂又光．文明本土化与大学[J]．高等教育研究，1998（06）：8-10．

其次，高等教育的社会性昭示了大学镶嵌到文明诸要素之中的社会路径。在涂又光先生看来，大学的社会性具体表现在，它既包含有国内社会生活部分，也包含有国际社会生活部分。①具体而言，大学的国际社会生活部分其实是要求遵守国际学术共同体的规则和要求②，包括尊重同行评议，坚持“科学无国界”、学术中立等；而大学的国内社会生活部分，因时间、空间差异而各不相同，比如，欧洲中世纪的大学和学院往往作为教权与王权纷争中的“第三方力量”，以投机的方式通过博弈赢得特许权；而在我国，中华人民共和国成立之后的高等学校则在较长时期里一直按照制度化的精英主义和单位制度的逻辑而运行③，此后随着中国逐渐进入“后单位制”时代，年轻的、新聘任大学教师不再如同老教师那样享受“单位人”身份，而是逐渐转变为“后单位人”，即在制度性维度转变为“社会人”，在文化维度转变为“自我企业家”④，接受年薪制聘任和严苛的绩效考核。高等教育日益强劲的社会特性，一方面导致社会变革的任何风暴都会刮进大学，并诱致学术生活变革；另一方面使得高等教育有机会被全面镶嵌入社会生活的各个领域。

最后，高等教育的人文性，为大学镶嵌到文明诸要素之中提供了象征性价值支撑。人文性是教育的本性和天性。“教，上所施下所效也；育，养子使作善也。”（东汉许慎《说文解字》）从教育发展史看，教育的人文性最早得到突显。古希腊的雅典城邦强调，要培养身心既美且善的合格公民；中国儒家经典《大学》强调，“大学之道，在明明德，在亲民，在止于至善”。

① 涂又光．文明本土化与大学[J]．高等教育研究, 1998(06): 5-7.

② 林培锦．西方学术共同体的形成及其与同行评议的关系[J]．福建师范大学学报（哲学社会科学版），2012(05): 162-166.

③ 赵炬明．精英主义与单位制度——对中国大学组织与管理的案例研究[J]．北京大学教育评论，2006(01): 173-191.

④ 王宁．后单位制时代，“单位人”转变成了什么人[J]．学术研究, 2018(11): 46-54, 177.

涂又光先生认为，中国高等教育的总规律不在“别处”，就在《大学》中；其中，“明明德”在于修养人格整体，“亲民”即高等教育与社会发展的最佳关系，“至善”是教育发展的最高追求。[①]从教育理念看，人文主义流派经久不衰。新人文主义是德国高等教育模式崛起、柏林洪堡大学构建的思想根基。即便是在科学主义盛行的今天，推崇人文主义、彰显人文性的力度和程度仍被看作评判大学的精英价值、发展水平和世界一流特性的重要指标。大学重在治学，但治学并不仅限于追求科学，还在于其闪烁着人文的光辉，因此，“‘治学’，即对高深学问的探求，是一种生活方式”。唯此，大学才能成为“世俗化的教会”。[②]

唯有不隶属于政治、经济、文化和社会等各类系统，高等教育才能超然于其外、维持自身的自由和独立；只有兼具政治、经济、文化和社会等各类系统所包含的人文性和社会性，并以其独特的科学性为依凭，高等教育才能镶嵌入其中，并作为“第三只眼”客观、冷静、公正地开展研究、提供服务。超然于其外以保持独立和自由、镶嵌于其中并通过“人才培养-科学研究-服务社会”等方式，发挥教育子系统在社会系统中的“模式维持”功能[③]、彰显教育系统的文化价值，进而为社会提供多元一体化服务，就是高等教育与本土文明之间保持结构性契合的总体特征。

二、中国高等教育发展智慧生成的结构化过程

伯顿·克拉克认为，“根本的变化意味着结构的变化，在任务和权力非常分散的系统里尤其如此……许多自上而下的改革过早夭折的另一个重大原因是这些改革没有触动从事实际操作的底层结构”。[④]基于结构分析方法，中国高等教育与本土文明之间的动态关系，可用“结构耦合—结构坍塌—结构重塑”的逻辑单元给予理论概括。其中，结构耦合是历史基础，也是逻辑起点；结构坍塌是逻辑进程中的异化，是对逻辑起点的“否定”，是中国高等教育发展过程中的断裂、转型与变迁；结构重塑是逻辑终点，它是对此前

---

① 董云川，张琪仁. 明德、新民与至善——涂又光先生“中国高等教育总规律”的释解[J]. 岭南师范学院学报, 2015, 36(02): 27-28, 43.

② 约翰·S. 布鲁贝克. 高等教育哲学[M]. 3 版. 王承绪，郑继伟，张维平，等译. 杭州：浙江教育出版社, 2001: 138-139.

③ Talcott P, Gerald M P. The American University[M]. Cambridge: Harvard University Press, 1973: 10-25.

④ 伯顿·R. 克拉克. 高等教育系统——学术组织的跨国研究[M]. 王承绪，徐辉，殷企平，等译. 杭州：杭州大学出版社, 1994: 262-263.

的“否定之否定”，并在逻辑上开启新一轮“高等教育-本土文明”之间的结构性契合。在中国高等教育与本土文明百余年的互动过程中，“结构耦合—结构坍塌—结构重塑”的逻辑过程具体呈现在高等教育的不同发展阶段、各个具体领域和环节中，也不断呈现在高等教育螺旋式上升、波浪式前进和偶然的停滞、倒退等不同状态中，并逐渐积淀了高等教育发展的中国智慧。

（一）结构耦合

高等教育与本土文明之间的结构耦合，终极目标在于形成基于高等教育与本土文明等各类要素的制度结构。从制度生成的角度看，高等教育、本土文明，分别有其制度系统；如果从更大的制度系统看，高等教育、本土文明则各为相对独立的“制度构件”，只有通过特定的整合机制，把这些“制度构件”融会进新的制度系统之中，并凝聚形成完整的“制度结构”“结构化制度”，才能称之为实现了结构耦合。

高等教育与本土文明的结构耦合，存在于三个层次。一是大学和学院等各类高等教育机构、人类各种知识形态的文明成果、从事知识操作的教师和学生等要素，耦合形成高等教育的内部循环系统；二是高等教育内部循环系统与政府、市场、社会等各方力量、各类利益相关者，耦合形成高等教育运行系统；[①]三是特定高等教育运行系统不仅与本土文明之间耦合，还与世界文明耦合，从而形成可内外交流借鉴的高等教育宏观系统。

中国高等教育与本土文明的耦合，主要通过纵向历时态和横向共时态两个维度的逻辑链条得以实现。从纵向历时态看，作为中国近代高等教育得以生成的历史基础和文化前提，传统教育与本土文明的历史耦合肇始于夏商周初创学校体系之时，历经五千多年文明史，于两宋达至巅峰、在晚清面临危机；贯穿历史的内在逻辑线索则是“教育—考试—人才培养与选拔—社会治理与发展”[②]——其逻辑内涵是，借助“禅让制—世官制—九品中正制—科举

---

① 陈伟. 省域高等教育系统的崛起：动力分析和路径选择[J]. 高等教育研究, 2017, 38(11): 39-45.

② 教育的社会治理与发展价值同样得到了国际组织的认可。比如，由“教育的未来”国际委员会提交、联合国教育、科学及文化组织（简称“联合国教科文组织”）于 2021 年发布的报告《一起重新构想我们的未来：为教育打造新的社会契约》号召世界各地的政府、机构、各类组织和公民，共同为教育订立一份有助于为所有人创造和平、公正和可持续的未来的“新社会契约”，具体提议从教学法、课程、教学、学校和生活各领域中的学习五个维度革新教育，并呼吁通过加强研究、强化全球团结和国际合作以有力推动新的教育社会契约。该报告强调，借助个人与集体的勇气、领导力、坚韧、创造力和关怀，人类能够改变发展的路径、改造教育，从而建立公正、公平和可持续的未来。参见：联合国教科文组织. 一起重新构想我们的未来：为教育打造新的社会契约[M]. 北京：教育科学出版社, 2022.

制”等历时性制度安排，依托“四书五经”等经严格遴选的知识，在太学、书院等各类教育组织中，通过对学生的“规训”和“被规训”了的学生，进而实现对社会的规训①、促进社会治理与发展。从横向共时态看，中国高等教育与本土文明的耦合，宏观上依赖于“‘经济结构+政治结构+社会结构+文化结构’—职业结构—教育结构”的结构关系逻辑，在教育系统中则依赖于“高等学校结构—学科专业结构—课程结构—知识结构”的逻辑，进而实现高等教育的外部关系、内部关系之中和之间的结构耦合。中国教育与本土文明在历史横断面的结构耦合，是近代高等教育产生之后逐渐赢得存续合法性的现实基础，贯穿于中国现代高等教育生成、变迁、转型的全过程。

基于高等教育与本土文明之间的结构耦合，可做出以下理论推论。一是本土高等教育的非他律，即“镶嵌于特定社会结构之中的我，就是我，绝不是他者，也绝不可能成为他者”——他国、他民族的高等教育即使非常完美、先进，也只可学习借鉴，不可能整体照搬为本土所用，本土高等教育也不可能完全变成他者。二是本土高等教育的必然律，即“我可能主动或被动地改革与发展，但因社会结构性力量的作用，我必然成为我，并不会通过改革与发展而变为他者”。晚清张之洞等改良派坚持“中体西用”的文化主张即缘于此。三是本土高等教育的必须律，即“我可以学习和借鉴他者，但因社会结构性需求，我必须成为我自己”。异化为他者的代价太大，在短期内会导致社会结构紊乱、社会秩序消解，清末民初以“全盘西化”等为基础、旨在救亡图存的教育发展尝试即为明证；从长远看，则会导致本土文明的消失，世界上除中国之外其他文明古国的文化断裂即为明证。四是本土高等教育的发展律，即“我将随着外部结构因素以及自身结构特征的时空拓展，不断调整高等教育对政治、经济、文化、社会的结构性镶嵌”。

（二）结构坍塌

高等教育与本土文明之间的结构关系出现解构、脱钩、脱耦、歧出，就意味着陷入了结构坍塌；结构坍塌，是高等教育服务乏力、相关文明的存续陷入困顿的关键因素。主要有两类原因导致结构坍塌。一是要素变异，包括单要素变异、多要素变异、诸要素的复合性连锁变异等。高等教育以及政治、经济、文化、社会等，都是结构性契合关系中的要素，都可能发生变异并导致复合性连锁变异。二是要素之间关系的非结构化、去结构化，或者说要素

① 华勒斯坦，等. 学科·知识·权力[M]. 刘健芝，等编译. 北京：生活·读书·新知三联书店，1999: 130-153.

之间的结构关系发生变异。

晚清以来中国教育变革的最大痛点和难点在于，传统教育与本土文明两个方面同时出现了要素变异和要素之间的关系变异，并且导致非常复杂的结构坍塌。在此背景下新生的中国高等教育，自其与本土文明之间的结构初构之时起，就面临着传统结构坍塌、新的结构尚未成型的双重难题，并引发了诸多具体的问题。比如，传统教育系统无法适应已经变化的政治、经济、社会结构之需，从而造成新旧之间的矛盾；在教育领域，先后向日本、法国、美国、苏联等多个国家试错式地学习和借鉴，无法与政治、经济、社会结构变革的中国特色相配套，从而造成世界经验与中国国情之间的矛盾；通过借鉴西方和内部变革而构建的“新教育”无法适应新近变革的政治、经济、社会结构之需，从而导致教育变革理念、方案上改良与革命之间的矛盾；教育系统的变革节奏无法与政治、经济、社会结构的变革节奏相配套，从而导致变革节奏上领先与滞后的矛盾；教育领域着眼于局部的零散借鉴，无法与政治、经济、社会结构的整体性变革相配套，从而造成变革过程中局部与整体之间的矛盾；自19世纪晚期以来急剧且频繁的高等教育变革，无法与急剧且频繁的政治、经济、社会结构变迁相配套，从而诱发变革方式上稳定与发展之间的矛盾；等等。由于存在着复杂的结构坍塌，尽管中国高等教育已有不少先发、原创甚至领先之处，但仍被认为且也自认为整体发展水平落后于西方发达国家，仍需追赶与超越。

（三）结构重塑

超越结构坍塌、结构脱耦并重新实现结构耦合，是结构重塑的使命。从“要素—结构—系统”的逻辑关系看，中国高等教育与本土文明之间的结构重塑主要有三条途径。

一是要素重构。要素变异导致结构坍塌，要素重构带来结构重塑。文明系统中单个领域中的改革，比如政治变革、经济改革、文化革新、社会建设等，以及高等教育系统本身的改革，都属于要素重构。要素重构的范围有广窄之分，可能是要素中的某些部分重构，也有可能是某些要素的整体重构；要素重构的程度有大小、深浅之别，可以分别表现为局部、表层的改良，或全面、深刻的变革乃至革命。值得注意的是，不恰当的要素重构是滋生高等教育弊病的症结之所在。比如，高等教育虽可率先通过内部变革而重构，但政治、经济等要素却因其复杂性而难以同步重构，从而导致要素重构的非协同性；为了回应政治改革、经济增长或危机等问题，在变革条件尚不成熟时强势推行高等教育改革，则有可能导致要素重构过度的刚性化。

二是结构重整。以原有的要素或已实现了重构的诸要素为基础，对其结构关系重新进行整合。改革开放以来，中国以经济改革为历史和逻辑的起点，与文化教育领域的改革调整相配套，进而适时调整政治、社会建设等领域，梯度推进结构重整。在此40多年间，中国高等教育系统通过规模扩张、招生-就业体制改革、人才培养模式改革、院校办学自主权调整等方式，进行系统内的结构重整；同时，高等教育系统以传统的人才培养功能为基础，以迅速强化的科学研究、社会服务功能为催化剂，促进“高等教育-本土文明”之间的结构重整。

三是流程再造。以要素重构为基础，并且服务于结构重整，对要素之间关系的运转流程重新进行梳理和塑造。由此而涉及的内容非常广泛。以高等教育管理权力的重新分配为例，其中需重构的流程问题有：从高等教育的权力内容看，高等教育的举办权、管理权、办学权如何划分，分别归谁所有？从高等教育的权力程序看，由谁掌握什么权力，能否以及如何授权？高等学校的办学自主权如何界定？在目前中国则需要具体思考，如何在“放管服”的改革中，优化政府与高等学校之间、高等学校之间、高等学校与教师之间、教师与学生之间的权力关系？此外，高等教育的经费资源、学科资源等从哪里获得，如何优化分配方式？高等教育的文化权力如何形成，学术权力如何认定及归谁所有、由谁行使？高等教育与社会的关系，特别是高等教育影响社会流动和地位升迁的机制，如何适时调整和重新界定？

高等教育系统结构重塑的动力至少来源于三个方面。一是社会变革。基于军事斗争的政制更替，以及在同一体制下的政治变革、经济改革，都会导致社会变革，进而引发职业结构的变迁。政治变革、经济变革既能直接影响又能借助职业结构变革的传导而间接影响高等教育系统的结构重塑。二是高等教育改革与发展。高等教育系统本身不但深受环境的影响，而且因其“基因”的遗传和变异而能够直接推进高等教育的变革与发展。以学科和专业为依托，高等教育系统通过学术基层组织可能微小的变化，逐渐累积成强大而坚韧的变革动力。三是科技发展。蓬勃发展的人工智能是延伸人的身体机能的重要手段、增强人机协同的有效方式、引发智能生产倍增的新型载体、变革社会关系与结构的驱动力。教育系统必然会或主动或被动地把握人工智能驱动下教育系统的核心价值取向，准确定位创新人才培养的教育目标，聚焦人工智能驱动下教育系统的关键要素，从大规模个性化学习、重塑知识观及教学创新模式、未来教师教育及专业发展等维度，探索建构实现教育目标的实践路径，并基于人工智能驱动下教育系统的结构性变迁，科学治理教育生态系统。[①]科技发展在重塑高等教育系统结构方面的影响力日益强劲。

三、中国高等教育发展智慧生成逻辑的结构化实践

中国现代高等教育在晚清的动荡格局中初创以来，一直以改革谋求发展，甚至在百余年间不惜步入改革"多动症""盲动症"陷阱。在此过程中，存在一些看似微小，实则能够左右改革且长期没有得到清晰厘定、有效解决的难题。比如，如何学习和借鉴别国高等教育的发展经验？如何挖掘和利用传统教育资源？如何认识和评价百余年间中国高等教育通过全局性、阶段性质变所推进的改革与发展？如果从中国高等教育发展智慧的生成逻辑角度看，这些问题分别关涉"高等教育-本土文明"之间的结构耦合、结构坍塌及结构重塑，值得进行新的理论分析，也能揭示出新的实践意蕴。

（一）碎片化学习借鉴与"高等教育-本土文明"的结构耦合

基于高等教育与本土文明之间的结构耦合逻辑，理应重视如下实践规律。一要坚持价值评判的内在律。在高等教育发展的起步阶段，即在缺乏全球化交往和国际竞争的条件下，不同文明中的高等教育缺乏相互比较的机会；在高等教育发展的理想阶段，即在各国、各民族高等教育相互独立地平行发展的条件下，不同高等教育之间则没有必要进行竞争性比较。高等教育的原初状态和"理想类型"共同表明，不同文明中的高等教育并不仅仅只有强弱、高下之分，还有高等教育与本土文明的适应性之别，因此考评各国、各民族高等教育的标准，不仅要有全球范围通行的发展标准，还要有高等教育与本土文明之间的结构性契合度。二要坚持改革发展的自在律。各国都有特定的文化教育传统、文明发展状态，都需要按照自身的内部特质，思考和探索自己的高等教育发展模式；发展模式可以借鉴，但不可复制和照搬。必须扎根中国大地办教育，坚持高等教育发展的中国自信，坚信高等教育发展的中国道路、中国模式、中国气派，坚守自主改革和独立发展。三要坚持适应性变迁的开放律。必须根据高等教育内外部结构性要素的变化，适时拓展中国高等教育的结构性镶嵌关系，坚持因时而变、与时俱进，以开放心态，成海纳

① 顾小清，蔡慧英. 预见人工智能的未来及其教育影响——以社会性科幻为载体的思想实验[J]. 教育研究, 2021, 42(05): 137-147.

百川、兼收并蓄之势。

自初创以来就向西方学习和借鉴的高等教育发展惯性，一方面有力地促进了中国高等教育的快速发展，另一方面则可能干扰价值评判的内在律、改革发展的自在律、适应性变迁的开放律在中国的落实。纵览中国高等教育百余年的学习和借鉴史，虽然在不同时期有不同的主要学习对象，但整体借鉴几乎都不可能，即便是在全面学习苏联时期，中国仍然保持着自身的特色，因此碎片化学习和借鉴才是常态。以碎片化学习借鉴为基础，以局部改革为起点，进而从点到面、从局部到整体的发展方式，在资源约束、舆论环境准备不足等情况下有其合理性，但也有其与日俱增的风险。其中最大的风险在于，容易导致中国高等教育丧失通过整体设计和系统变革以降低发展成本、彰显后发优势的机会。碎片化学习借鉴走向异化的逻辑步骤是：面向国外找寻追赶、超越对象——通过国际国内比较找出关键指标和核心数据——集中全部力量进行精准追赶、局部超越。举全国之力建设“世界一流大学”、全民崇拜诺贝尔奖、学术界集体追捧“不出版则死亡”的游戏规则等，稍有不慎都有可能引爆上述风险、诱致发展异化。

高风险的碎片化学习借鉴可能导致两大不良后果。一是结构错配。仅重视指标和数据本身，而不关注指标和数据在高等教育系统中、在“高等教育-本土文明”结构关系中的作用，导致这些指标和数据失去文明结构序列的支撑、异化为散乱无序的统计符号，难以通过结构耦合彰显其结构性力量、助力高等教育与本土文明的实质性耦合。二是价值悬置。被抽离了结构序列的关键指标和核心数据，在本国、本民族、本地区高等教育系统内部会导致“没有高等教育的高等教育改革和发展”，或者说“不就高等教育奢谈高等教育”。在高等教育的国际比较视域中，向他者的学习借鉴极易从作为改革发展的手段和途径异化为目标和目的，进而诱致中国高等教育的双重“身份迷失”——追赶、超越了先发者某些关键指标和核心数据的中国高等教育很难据此拼凑成为先发者本身，且由于“高等教育-本土文明”的结构性障碍，“我们成不了别人”；在匆忙追赶、超越先发者的关键指标和核心数据的过程中，中国高等教育容易淡化“高等教育-本土文明”的结构关系维护，极易面临“我们不是自己”“我们不是最好的自己”的尴尬。因此有必要发挥中国“集中力量办大事”的制度优势，通过整体设计和宏观调控，防范结构错配、价值悬置等问题，把对先发者的碎片化学习借鉴纳入到中国高等教育与本土文明的结构耦合洪流之中。

（二）传统资源挖掘与“高等教育-本土文明”的结构坍塌

从历史、哲学及现实的维度看，中国高等教育都有其鲜明的民族传统①；源远流长、持续辉煌且根深蒂固的文化教育传统，在“睁眼看世界”后曾逐渐沦为被抛弃的对象，在近代民族危亡时曾是激励民族主义的良药，在民族复兴过程中又成为强化民族自信的载体。从中国高等教育发展智慧生成逻辑的角度看，特别是从“高等教育-本土文明”的关系在百余年间持续不断地遭遇结构坍塌的角度看，有两大实践问题值得深究。

一是中国的文化教育传统如何从“传统的存在”转化为“传统资源”。其要旨在于如何促使文化教育传统顺利实现向现代的转化②；其难点在于，在“传统教育-传统文明”之间出现了结构坍塌、“文明”的要素完成了从传统到现代的全新更换的条件下，如何通过文化批判、文化选择等机制，把教育传统中的有用部分转化为现代教育资源，如何通过在发展实践中实现增殖、促进增殖，进而将传统教育资源转化和升华为现代教育资本。

二是中国文化教育传统如何从历史记忆中的教育传统资源转化为现实的高等教育资源。中国传统教育以政治-伦理型人文知识为主，没有为自然科学留出足够的地盘，没有基于实证方法的科学研究，社会服务主要局限于政治领域的“货与帝王家”，没有学制分化、缺失学科分化，因此与现代高等教育存在着质的差异。中国教育传统资源的现代转化，不仅仅是知识层面的传承，更重要的使命在于，从已经坍塌了的传统文明中把它剥离出来，镶嵌、契合到现代文明之中，实现与现代中国本土文明的结构耦合。

中国文化教育传统从传统的存在向现代的资源的转化，现实途径有两条。一是借名，比如，传统的“书院”之名被借用于指陈实施通识教育或学术精英教育的校内二级单位。借名的特点是，有其名而无其实、有其名而不求其实，且多是名留而神逝。二是借实。弃名而责实，形变而神留。比如，高考招生制度大量承继了传统科举的精髓，坚持“考试-人才选拔”体系的要旨，甚至在今天高举破“五唯”（唯分数、唯升学、唯文凭、唯论文、唯帽子）大旗之时仍有其存在的合理性。无论是借名还是借实，文化教育传统从逝去的存在向现代新生的资源转化，有主动的、有意识的，也有下意识的、不自觉的；有积极的、成功的，也有泥沙俱下、糟粕不避的。明晰结构坍塌的背景特征、紧扣“高等教育-本土文明”结构重塑的现实要求，才能理性处

① 陈国峰. 高等教育的民族传统：三个维度的思考[J]. 高等教育研究, 2014, 35(07): 1-8.

② 陈国峰. 论高等教育民族传统的创造性转化[J]. 高等教育研究, 2020, 41(01): 9-17.

理、合理扬弃文化教育传统。

（三）阶段性调整与“高等教育-本土文明”的结构重塑

中国高等教育的百余年发展史，历经多次阶段性调整，进行了多次全局或部分的阶段性质变。自19世纪末以来，在创建京师大学堂等机构的基础上，为了回应19世纪末推广“新教育”、1905年废除科举制度所带来的结构坍塌，蔡元培在民国初期主持制定中国近代高等教育的首部通令《大学令》、1916年出掌北京大学并学习德国以推动大学改革、1928年建立中央研究院并出任院长以学习法国等，是中国高等教育的第一次阶段性调整，是中国传统教育向现代教育的整体性、全局性质变。中华人民共和国成立后，1952年前后学习苏联、实施院系调整，是第二次阶段性调整，是解构民国时期通过学习英国、美国等而构建起来的高等教育体系并转而学习苏联以构建社会主义高等教育体系的整体性、全局性质变。针对“文化大革命”时期的教育坍塌，改革开放之后中国高等教育进行了第三次阶段性调整，并以阶段性部分质变的方式，很好地适应了中国从以阶级斗争为纲向以经济建设为中心转变的改革走向，并日益突显以人民为中心的新时代发展要求。

由于政治、经济等关键因素的变化迅速而激烈，百余年间高等教育持续不断的调整和质变急迫而匆忙，往往是在上一轮“高等教育-本土文明”的结构重塑尚未完成之时，又推动新的结构脱耦甚至坍塌、要求实现新的结构重塑。这就导致中国高等教育与本土文明两类要素的变革较为频繁，而且两者之间的结构关系往往以“除旧迎新”的方式进行重塑，而不是以“改旧迎新”的方式进行调整优化，破得多而立得少、破得太频繁而立得不成熟欠深入。结构重塑的上述特点，既是中国高等教育获得快速发展的重要契机，也可能是诱发诸种问题、造成发展型亢奋和亢奋型发展的症结之所在，需要谨慎处理。

第三节 转识成智：探究本土智慧、解析中国逻辑的学术使命

中国高等教育改革与发展逻辑的普适特征，仍待世界范围内的检验；中国高等教育改革与发展理论的正确与否，仍需实践检验、仍待时间考验。虽然暂时不能确证中国已经形成了既能折射本国发展道路也能适合他国借鉴的逻辑、既能解释自己也具有国际影响力的理论，但能够确信的是，中国已经

积累形成了具有中国特色、富有实践成效的高等教育发展的中国智慧。中国高等教育取得重大成就之时，亦是深入反思中国高等教育的发展经验、总结失败教训进而理性分析其发展规律、提炼其发展智慧之际。梳理、阐释高等教育发展的中国智慧，势在必行，且刻不容缓。

研究本国高等教育的发展智慧，是世界各国特别是后发国家改革与发展高等教育的必然要求，也是各国高等教育研究的重要使命。与中国相类似，日本自19世纪以来，面对西方的入侵而进行革新图强，自明治维新以来一直学习和借鉴西方，并积极进行本土创新。在高等教育领域，通过“高等教育的日本改造”，不但在实践领域实现了日本高等教育的发展，而且在理论研究领域也实现了本土原创。比如，日本学者天野郁夫的《高等教育的日本模式》，通过借鉴阿什比和马丁·特罗的理论，提出日本高等教育的“二元、二层构造论”和现代日本大学分类理论，从而建构形成了具有日本特色的高等教育学说。①

中国高等教育研究正处于蓬勃发展的阶段，中国高等教育研究队伍的知识生产规模、效率非常惊人；但不可否认，有识者对中国高等教育研究的知识生产效益（包括现象归纳和阐释、理论建构与原创、实践指导和引领等）提出了更高的期望，希望中国高等教育研究的知识生产能够彰显其理性研究和理论反思的综合功用，彰显其引领、服务于实践的现实功能，最终使高等教育研究的功用从“知识”层次提升到“智慧”境界——如果从字面上借用佛教的用语，这种期望就是实现“转识成智”；如果按照尼古拉斯·麦克斯韦（Nicholas Maxwell）的说法就是“From Knowledge to Wisdom”②。把有关中国高等教育事实、现象和过程的认识、理解，积累为经验、梳理为知识，进而转化提升为智慧，就是中国高等教育研究的“转识成智”。③

一、何谓“转识成智”

“转识成智”，本是佛教术语④；扬弃其佛教语义、借用其符号句法关系

---

① 天野郁夫. 高等教育的日本模式[M]. 陈武元译. 北京：教育科学出版社，2006；胡建华，周川. 日本高等教育研究二十年[J]. 高等教育研究，1994(01): 18-27.

② Maxwell N. From Knowledge to Wisdom: A Revolution for Science and the Humanities[M]. London: Pentire Press, 2007.

③ 陈伟. 转识成智：中国高等教育研究的学术使命[J]. 高教探索，2022(03): 8-14.

④ 陈红兵，刘昱辰. 淤泥定生红莲——《坛经》智慧[M]. 郑州：海燕出版社，2015: 87.

和语用意义，“转识成智”概念可彰显中国高等教育研究的以下三大目标。

一是实现从常识到理论的转化。从事中国高等教育研究的研究者，必须借助跨学科的知识、理论及研究方法，面对中国高等教育问题开展研究，发现高等教育发展的中国智慧，梳理出中国高等教育发展理论。从逻辑上看，旨在建构高等教育发展理论的中国高等教育研究，既有理论研究，也有实践研究。邓晓春等认为，根据认识论的原则，高等教育研究分为高等教育基础理论研究和高等教育应用研究；根据研究范围，分为宏观、中观、微观高等教育研究；根据研究时间跨度，分为长期性高等教育发展战略研究、中期性高等教育发展规划研究和短期性高等教育计划研究；根据工作性质，分为高校教学研究、高校科学研究工作研究、高校思想政治教育工作研究、学校体育卫生工作研究、高校生产劳动及社会实践活动的研究、高校后勤工作研究；根据学科性质，分为高等工程教育研究、高等农业教育研究、高等医药教育研究、高等师范教育研究、高等理科教育研究；根据教育层次，分为研究生教育研究、本科教育研究、专科教育研究；等等。[①]李均“以研究对象为标准，把高等教育研究分为以高等教育理论为对象的研究和以高等教育现象为对象的研究”，这是第一层次；“对以高等教育理论为对象的研究和以高等教育现象为对象的研究进一步分类”，这是第二层次；“对高等教育实践研究和高等教育理论研究再做进一步的分类”，这是在第二层次分类标准的基础上，按有关标准进行的第三层次的分类。[②]从现实的研究状况看，不少“高等教育研究”，常识性重于学术性、操作性重于理论性、实践性重于学理性。过于强劲的实践性特征，甚至使得苏联学者格穆尔曼将高等教育研究划分为一般理论研究、局部的理论研究、具体专题的研究、技术设计研究、细则研究等类型；日本学者甚至将高等教育研究直接划分为“正规的教育研究”“实践研究”“常识性研究”等类型。[③]尽管高等教育研究的层次各异、类型繁多，但从总体目标上讲，都必须基于实践，凝练理论、积累知识。在《认识与兴趣》（*Erkenntnis und Interesse*）一书中，哈贝马斯从认识论视角划定了认识兴趣的三个层次范畴：对应于科学技术、表现出“工具理性”特征的“技术的认识兴趣”；对应于社会交往、表现出“交往理性”特征的“实践的认识兴趣”；对应于理论的自我反思、表现出“批判理性”特征的“解放的认

① 邓晓春，王华春. 高等教育研究的组织与管理[M]. 沈阳：辽宁大学出版社，1991: 15-19.

② 李均. 中国高等教育研究史[M]. 广州：广东高等教育出版社，2005: 5-8.

③ 胡建华，陈列，周川，等. 高等教育学新论[M]. 南京：江苏教育出版社，1995: 420-421.

识兴趣”。[①]要想超越“高等教育研究”常识性重于学术性、操作性重于理论性、实践性重于学理性等初级阶段并彰显批判理性，要想将常识层次的高等教育思考，转化、提升到理论层次的高等教育研究，从“技术的认识兴趣”拓展到“实践的认识兴趣”，进而提升到“解放的认识兴趣”，必须依赖于深度、系统的思考，但更需要依赖于方法科学、理路严谨、价值定向正确的高等教育研究。思考与研究，既有联系，也有区别；思考可总结出常识，但只有研究才能使思考建基于理性、把常识归纳为理论，只有研究才能从学理上保证学以致用与学以致学（智库研究）之间的平衡、协同、共进（表 0-3）。

表 0-3　思考与研究的比较

比较项目	思考	研究
社会特征	本能、业余，有重复	专业、专门，原创
过程特征	个性化、非程序性	程式化、程序性
结果特征	思想 经验	学术成果（理论研究） 智库成果（应用研究）
逻辑特征	辩证逻辑（如《道德经》）	形式逻辑+辩证逻辑
方法特征	反思	归纳、演绎等
知识特征	原初性质的“立法”和建构	原创；阐释、建构
例证	孔子《论语》 朱熹《四书章句集注》 柏拉图《理想国》 卢梭《爱弥尔》	亚里士多德的《工具论》《物理学》《形而上学》《伦理学》《政治学》；杜威《民主主义与教育》

二是实现从所知到所用，特别是向有效运用的迁移。对于高等教育的相关知识、理论及实践，所知总是远远多于所用，口头讨论交流层面上的运用总是多于实践操作上的有效应用，高等教育研究层面的理论运用总是多于高校教学领域的实践应用，因此，中国高等教育研究必须尽可能多地将所知迁移到有效运用上——其实，这也正是目前倡导“新文科”的主旨，即淡化学科建构倾向、强化规律探索以回应时代需求。[②]

三是实现从知识到智慧的升华。现代社会，是数据（data）社会，数据主义把传统的学习金字塔彻底翻转[③]；数据的序列化、意义化，则成为信息

① 哈贝马斯. 认识与兴趣[M]. 郭官义, 李黎译. 上海: 学林出版社, 1999: 46.

② 樊丽明. “新文科”: 时代需求与建设重点[J]. 中国大学教学, 2020(5): 4-8.

③ 尤瓦尔·赫拉利. 人类简史: 从动物到上帝[M]. 林俊宏译. 北京: 中信出版集团, 2017: 333.

（information）；在信息爆炸式增长的时代，唯有被内化为知识（knowledge）的高等教育信息才是有效信息；主体所掌握的高等教育知识多寡已经不能成为决定高等教育研究者水平之高低的根本标准，甚至已经不再是最重要的标准，善于依赖数据、基于信息、善用理智能力进而提炼出高等教育智慧者——换言之，能打通“数据—信息—知识—智慧”的升华链条者，才是最高水平的高等教育研究者，才能超越前人生产的“高等教育理论知识”，进而生产出最具效用的“高等教育智慧”。这是中国高等教育研究中最令人期待的境界，即“转识成智”。

二、该转何识

在中国高等教育研究追寻“转识成智”境界的过程中，可供转化之“识”众多且复杂，且分别作为隐性知识、显性知识，从不同方面影响中国高等教育研究者的知识体系、思想体系及观念体系、价值体系，甚至导致中国高等教育研究者因“识见”太多、太杂而总是面临着多元价值冲突。面对复杂、多元的“识”，中国高等教育研究既要能分门别类、清晰梳理，又要能兼容并蓄、统筹融合，最终通过合理转化而为我所用。

面对复杂、多元的“识”，首先，要把中国传统的本土资源进行现代转化。以《礼记·学记》为肇始，中国不断层积自己的教育思想传统和教育实践经验。比如，刘铁芳认为，可“以唐诗气象培育中国少年”。中国自古有“诗言志”之说；从理论上讲，“古典诗教敞开个体成人的基本范型”。诗教，可以在引导个体打开经典诗篇的过程中涵养价值，激发意志，调理性情，变化气质。而唐诗，作为中国文学史上的丰厚历史财富之一，是契合儿童发展、能够给予儿童以开阔气象的重要精神资源，可培养孩子对世界的审美感知，让个体在潜移默化之中成为世界之人、成为有世界的人，进而让唐诗作为一种生命的文本得到欣赏、体会，能够融入儿童生命之中，滋养个体以开阔的唐诗气象，年少个体也在无形之中进入中华民族活泼不已的生命长河，一点点化入民族文化精神的命脉。因此，刘铁芳认为，“唐诗之教乃是作为蒙以养正的教育实践方式之典范”。①事实上，不仅儒家有自己的教育思想和理念，道家、佛家等也都有其独具特色且富有成效的教育思想、理念及实践方式。②传

① 刘铁芳. 唐诗之教：以唐诗气象培育中国少年[J]. 高等教育研究, 2021(12): 21-32.
② 丁钢. 中国佛教教育：儒佛道教育比较研究[M]. 成都：四川教育出版社, 2010.

统教育思想的现代转化，是中国教育仍待回答的重大问题；传统教育思想在高等教育系统中的转化和应用，更是值得深度挖掘和探讨的时代命题。

其次，要继续加强西学知识的东方转化。鸦片战争之后的百余年历史，其实也是批判、反思中国教育思想传统和实践积累的历史，同时是西方的教育学知识和理论、理念和经验逐渐影响甚至在某些方面替代传统、影响中国教育变革的历史。在中国高等教育研究自 1980 年以来快速发展的历史中，通过翻译而进入中国的西方高等教育理论发挥了知识论基础、方法论基础等多方面的作用①。据相关研究的统计，在《高等教育研究》（华中科技大学、中国高等教育学会高等教育学专业委员会主办）杂志 1998—2007 年所发表的论文中，引用排名前 24 位的著作中，王承绪先生的 3 本译著《高等教育哲学》、《高等教育系统——学术组织的跨国研究》及《高等教育新论——多学科的研究》分别名列第一位、第二位、第十一位。②龚放教授以中文社会科学引文索引（Chinese Social Sciences Citation Index，CSSCI）2000—2004 年的教育研究论文为分析对象，这些论文引用最多的 30 本译著中，王承绪先生有 5 本译著入围。龚放教授在当时甚至预言，“下一个五年如果再作 CSSCI 数据统计分析，一定会有更多的王老及其学生的译著进入被引最多的译著行列”。“时隔两年，在 2005—2006 年教育学论文引用最多的 53 本外国著作中，王老及其弟子翻译的外国高等教育名著果然有 11 本入围，如果加上先生所译杜威的经典名著《民主主义与教育》，就有 12 本，占入围总数的 22.64%。在被引最多的前八名中竟有一半，在被引最多的前五名中居然有 3 种！”③以王承绪先生等为代表的老一辈比较教育研究者，在 20 世纪的最后 20 年间，通过译介西方高等教育名著，奠定了中国高等教育研究的雄厚基石；进入 21 世纪之后，中国高等教育亟须进一步思考，如何按照拿来主义的原则促使西方高等教育理论因时而变地转化为中国思想——这个问题虽然一直被研究和探讨，但至今仍未完成。

再次，要促进现实经验的理论升华。中国高等教育研究的现实经验和实践素材，根植于当前中国大学和学院的实践探索，直接来源于中国高等教育的实践问题。与所有社会科学研究一样，高等教育研究应当以问题为导向，

① 陈伟. 学海勤耕百年灯——王承绪先生的比较教育研究[J]. 教育研究, 2011, 32(4): 55-59.

② 易高峰，刘盛博，赵文华. 《高等教育研究》研究热点及其知识基础图谱分析[J]. 高等教育研究，2009, 30(10): 74-80.

③ 龚放. 中国教育研究领域学者、论著影响力报告——基于 2005—2006 年 CSSCI 的统计分析[J]. 复旦教育论坛, 2009, 7(02): 35-45.

但这个问题更多的应是中国的实践问题、理论问题，即使是以引介西方为主的研究，最终也应以中国问题为起点和终点，即使不能直接与中国进行比较，也应坚持“心中比”的原则——“‘心中比’，比的不是简单的数据或指标，而是比思路、比模式、比方向”①。正如马克思所言：“主要的困难不是答案，而是问题。因此，真正的批判要分析的不是答案，而是问题。”②基于现实实践的问题，往往是时代最真实的呼声、社会最强烈的表达；面向问题的现实经验，才是理论研究的生命力源泉。

值得注意的是，在中国的许多历史时期，大学和学院的地方性探索先于中央、先于政府的政策指导，大学和学院的实践在许多时期先于理论的研究，换言之，在中国，特别是在改革开放的早期，在某些重大政策突破、变革创新领域，政策出台、理论创新滞后于大学和学院的改革实践——但幸运的是，政策的缺席、理论的留白，为大学和学院的自主改革和创新性探索留下了必要的空间。因此在中国，不能认为只能由政策指引大学和学院的变革、只能由中央政府指令地方政府推进高等教育变革，不能认为只能由理论指导高等教育实践。③充分尊重、深入梳理高等教育的中国改革与发展，既是科学精神的体现，也是实事求是精神的基本要求，更是梳理和总结高等教育发展的中国智慧的必由之路。

最后，要保证实践预期得到合理关照。人类的最伟大之处，就在于对未来进行有理想、有目的的建构。改变世界，不能靠自然本能，而应依赖于有理想、有目的的主观预期。正如恩格斯所说：“动物仅仅利用外面的自然界，单纯地以自己的存在来使自然界改变；而人则以他所引起的改变来迫使自然界服务于他自己的目的。”④马克思认为，“在蜂房的建筑上，蜜蜂的本事还使许多以建筑师为业的人惭愧。但是，使最拙劣的建筑师和最巧妙的蜜蜂相比显得优越的，自始就是这个事实：建筑师在以蜂蜡构成蜂房以前，已经在他的头脑中把它构成。劳动过程结束时得到的结果，已经在劳动过程开始时，存在于劳动者的观念中，所以已经观念地存在着”。⑤基于主体的实践

① 徐辉. 士志于道不舍昼夜——回忆王承绪先生关于比较教育研究几个重要问题的看法[J]. 比较教育研究, 2010, 32(09): 4-8.

② 中共中央马克思恩格斯列宁斯大林著作编译局. 马克思恩格斯全集（第一卷）[M]. 2 版. 北京：人民出版社, 1995: 203.

③ 罗纳德·哈里·科斯, 王宁. 变革中国：市场经济的中国之路[M]. 徐尧, 李哲民译. 北京：中信出版社, 2013.

④ 恩格斯. 自然辩证法[M]. 中共中央马克思恩格斯列宁斯大林著作编译局编译. 北京：人民出版社, 2015: 145.

⑤ 马克思. 资本论（第一卷）[M]. 郭大力, 王亚南译. 北京：人民出版社, 1963: 172.

预期而推进高等教育改革，是中国高等教育发展的重要特征。与此相关，中国公共教育政策的制定大体有两种类型，分别为问题导向和理想导向。陈学飞以“985 工程”的政策过程为案例，详细分析了这种带有明显的理想导向性政策制定的特征，即它的政策目标往往长远而宏大，能够起到宣传引导、鼓舞人心、推动社会前进的作用，但在执行中常常也会产生意想不到的问题。[①]鉴于理想导向型政策可能存在的问题与不足，理论导向的教育政策经验研究被认为是不可忽视的选择。所谓理论导向的教育政策经验研究，是指基于对实然的教育政策现象的经验认知，运用相关理论或提炼本土概念和分析框架对现象加以解析，从而在发展政策理论的过程中揭示教育政策现象的真相、性质和规律。[②]政策分析所操作的相关知识，无论是蕴含在政策文本之中还是在政策理论之中，都日益成为不可忽视的高等教育研究的知识。

面对由中国传统、西学知识、现实经验和实践预期等多个方面共同构成的众“识”（图 0-1），特别是面对待转化之“识”的繁杂、凌乱，研究者往往因难以梳理清楚其类别、考量其权重、平衡其关系而陷入迷惘、步入误区，因小失大者有之、顾此失彼者有之，故步自封因循守旧者有之、追寻他者而迷失本我者有之。因此，必须破除识障。为此，一要平衡“西方中心”与“中国中心”两种立场[③]，既破除盲目西化倾向又破除因循守旧（保守）倾向，并协调外来思想与本土传统思想的关系；二要平衡理论与实践两种力量，既破除本本主义又破除经验主义，并协调高等教育的理论演绎与实践探索之间的关系；三要平衡重点与全面两个方面，既要坚持本质主义的方法论，重视并紧扣可比较可定量的关键要素，又要合理把握竞争主义的原则，在全面重视整体均衡发展的基础上，抓好与国际竞争、国家竞争密切相关的核心指标和竞争要素。

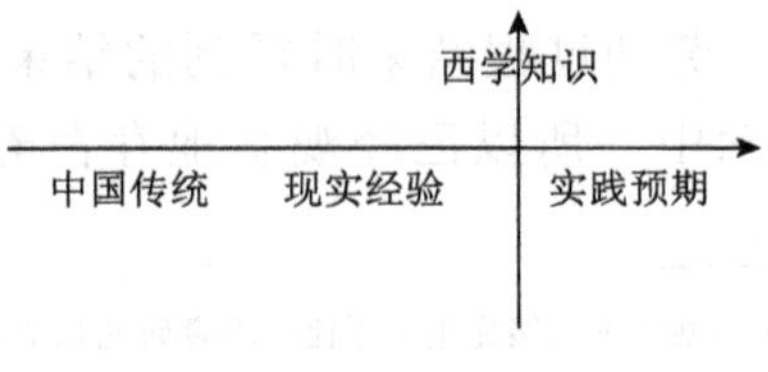

图 0-1　中国高等教育研究可供操作的知识

① 陈学飞. 理想导向型的政策制定——“985 工程”政策过程分析[J]. 北京大学教育评论, 2006(01): 145-157.

② 陈学飞, 茶世俊. 理论导向的教育政策经验研究探析[J]. 北京大学教育评论, 2007(04): 31-41, 184.

③ 叶哲铭. 在“西方中心”与“中国中心”之间——论《剑桥中国晚清史》中费正清的史学研究模式[J]. 杭州师范学院学报（社会科学版）, 2005(06): 79-84.

三、如何转识

面对高等教育研究中复杂、多样的知识，中国高等教育研究者、实践者为什么坚信能够将它转化、提升为智慧？有哪些具体策略可以帮助它富有成效地进行转化？

首先，要挖掘并运用中国文化传统基因中强大的融合、同化能力，以强化中国高等教育研究中转识成智的动力机制。文化转换、文明融合能力，是中华民族在历史上成功保持自身延绵不绝、持续繁荣的关键。上古时期，本为各氏族部落彼此交流、互相融合的动乱时代；夏商时期，特别是到了春秋战国时期，既是诸侯纷争之时，更是文化交流与文明融合的关键时期；秦汉时期，首次实现了“车同轨、书同文、行同伦”，文明融合的雏形初现；经魏晋南北朝激烈的战争动乱和胡汉文明的冲突融合，中国迎来了以隋唐宋为代表、以科举考试为核心制度、以书院为组织依托的崭新的文化教育发展高峰；经鸦片战争以来长达百余年的战乱和中西冲突，中国曾深陷历史的泥淖，但最终在20世纪下半叶迎来了民族复兴的新契机。在外来文化与本土文化的每一场冲突中，本土族群即便在军事上遭遇了失败，也往往能够在文化上赢得胜利——蒙古族建立的元朝、以女真族为主所形成的满族建立的清王朝，皆为明证。正是基于强劲的文化融合能力，在遭遇西方侵略却又不得不向西方学习之时，中华民族经过多次试错，最终选择了马克思主义，并坚持把马克思主义与中国的革命、建设相结合，坚持马克思主义的中国化。对外来文化的强劲融合、同化能力，恰是中国高等教育面对中国传统、西学知识、现实经验和实践预期等多元知识之时，灵活且实事求是地转其识而成其智的文化基因。

其次，仍要学习、借鉴西方高等教育研究的理论和方法，以夯实中国高等教育研究中转识成智的理智基础。中国高等教育研究的转识成智，重点在于如何“转”；转识成智的过程，其实就是针对高等教育的事实和现象、问题与实践，逐渐接近智慧的境界，因此“转”的关键性支点在于开展、推进高等教育的理论研究和科学探索。由于以大学和学院为组织载体的高等教育最早产生于欧洲、最先传播于美洲等地，因此与中国高等教育实践晚于西方的情况相一致，中国高等教育研究也在总体上晚于西方，学习、借鉴西方是不可回避的捷径。

自12世纪西欧产生大学和学院以来，不少高等教育的管理者、实践者，最初是基于工作的需要，零星地思考高等教育的具体问题。早期最受关注的是教学问题。比如，1215 年罗伯特 · 库尔松（Robert Curzon）在对巴黎大学的课程设置问题进行探索后提出了一些颇具研究意味的观点："拉丁语的学习应通过钻研文法来实现，逻辑是构成教育的主要部分。有关亚里士多德的新旧逻辑应作为教育的核心，但其《形而上学》和其他有关自然哲学的著作理应禁止在大学传授……"[①]随着时间的推移，有关大学和学院的研究，逐渐进入理论研究者的视野。捷克教育家夸美纽斯在 1632 年出版的《大教学论》第三十一章中提及："我们的方法原不涉及大学里的学习，但是我们也没有理由不去说我们对于这种学习所持的见解和希望。"[②]到了 18 世纪晚期，有关大学、学术等方面的研究逐渐成为欧洲尤其是德国学者的理论焦点之一。德国近代哲学家和教育思想家伊曼努尔 · 康德，作为西方大学教育学讲座的创始人之一，在母校柯尼斯堡大学多次主讲教育学、阐发自己的教育思想和学说，对西方大学教育学研究的发展产生了深刻的影响。[③]1798 年康德出版著作《学部冲突》，具体讨论"哲学部与神学部的冲突""哲学部与法学部的冲突""哲学部与医学部的冲突"等问题。[④]

事实上，西方教育学科的发展对中国高等教育研究至少在两个方面产生了重要影响。其一，向中国输入丰富的西方教育思想。在马克思主义理论及其教育思想传入中国之前，康德哲学及其教育思想就已经传入中国，并产生了重要影响；康有为、严复、梁启超、王国维、蔡元培等人在 19 世纪后半叶至 20 世纪前半叶，积极引进、传播康德哲学及其教育思想，并结合当时中国的具体国情，努力将其转化为中国教育改革和发展的思想资源。[⑤]陈独秀、杨贤江等早期马克思主义者对西方教育思想，特别是对美国学者杜威等的思想，进行了详细的介绍；这些努力，从政治的角度看，是早期马克思主义者革命实践的有机组成部分，而从教育的角度看，则为 20 世纪初中国教育的现代化注入了新的思想源泉，为改造中国教育积累了知识、更新了观念。[⑥]中国早期出版的高等教育研究著作，主要以借鉴西方、译介西方为主，孟宪承的《大学教育》即为明证。[⑦]即便是到了 20 世纪 80 年代，约翰 · 亨利 · 纽曼、

---

① 黄福涛. 欧洲高等教育近代化——法、英、德近代高等教育制度的形成[M]. 厦门: 厦门大学出版社, 1998: 20.

② 夸美纽斯. 大教学论[M]. 傅任敢译. 北京: 人民教育出版社, 1984: 243.

③ 肖朗. 康德与西方大学教育学讲座的开设[J]. 华东师范大学学报（教育科学版）, 2003(01): 74-81, 96.

④ 李秋零. 康德著作全集（第 7 卷）[M]. 北京: 中国人民大学出版社, 2008: 3-111; 张岂之, 谢阳举. 西方近现代大学理念评析[J]. 高等教育研究, 2003(04): 1-8.

⑤ 肖朗. 康德与中国近代教育思想[J]. 教育研究, 2003(10): 62-68.

⑥ 高益民, 符定梦. 中国早期马克思主义者对外国教育的介绍与传播[J]. 比较教育研究, 2022, 44(02): 16-24.

⑦ 孟宪承. 大学教育[M]. 上海: 商务印书馆, 1934.

亚伯纳罕•弗莱克斯纳、布鲁贝克等西方学者及其思想、著作，仍然不断被翻译成中文，其中由王承绪先生等翻译、浙江教育出版社出版的“汉译世界高等教育名著丛书”最为著名。其二，影响了中国教育学科的发展。近代中国模仿西方国家，依托国立大学设立教育研究机构、开展教育研究，落实教育学术研究与教育专业人才培养相互促进、共同发展的现代办学理念。[①]近代的教育学科率先在清末优级师范学堂和民国初年教会大学崛起，后借鉴日本、美国的教育体制而形成了以国立高等师范和综合性大学为主体的“双轨学制”，并最终形成了以教会大学、私立大学、独立教育学院和独立师范专科学校为辅助的“多元化”格局。[②]其中，“教会大学的师资从最初由牧师兼职发展到教育专业教师；课程设置趋于实用化、本土化，逐渐从理论走向实践，从课堂走向社会；教学方法强调多样化、科学化，积极开展教学实习和教育测量；培养人才注重博专结合等”，这些做法均开风气之先，促进了中国教育学科的发展，并对中国教育现代化产生了重要影响。[③]

最后，要梳理和总结中国高等教育研究的成就及经验，以优化中国高等教育研究中转识成智的现实杠杆。魏徵的《谏太宗十思疏》阐述道，“求木之长者，必固其根本；欲流之远者，必浚其泉源”。[④]高等教育研究和学科建设的中国智慧，只能基于中国的历史和国情、中国的探索与实践，遵照中国的逻辑和规律而生成。探索中国高等教育发展智慧的历史，是从鸦片战争失败之时起步，至今将近 200 年，至少可以分解为三个阶段：1911 年之前基于清王朝的政治框架而进行的改良式探索；1949 年之前的新民主主义探索；1949 年之后的社会主义探索——其中又大致经历了三个阶段，即中华人民共和国成立初期的 17 年探索、“文化大革命”十年的曲折探索、改革开放以来的快速发展。有关中国高等教育发展的探索，取得了非常明显的成就。具体而言，一是出版越来越具专业性的研究成果。与中华人民共和国成立之前学习和借鉴欧美不同的是，自主探索与创新的特征日益明显。潘懋元早在 1957 年就在《学术论坛》上发表了《高等专业教育问题在教育学上的重要地位》；1983 年潘懋元出版《高等教育学讲座》，1984 年主编出版《高等教育学》。自此之后，中国高等教育研究成果逐渐步入快速增长的阶段。二是形成独立的学术机构和学者队伍。1978 年 5 月 27 日，厦门大学高等教育科学研究室

① 肖朗, 王有春. 近代中国国立大学教育研究机构综论[J]. 高等教育研究, 2012, 33(08): 82-92.

② 肖朗, 项建英. 学术史视野中的近代中国大学教育学科[J]. 社会科学战线, 2009(09): 200-207.

③ 肖朗, 项建英. 近代教会大学教育学科的建立与发展[J]. 高等教育研究, 2005(04): 84-89.

④ 刘昫. 旧唐书（卷 71）[M]. 北京: 中华书局, 1975: 2551.

（现为厦门大学教育研究院），作为中国即将推行改革开放政策时的第一个高等教育研究机构，率先成立。1979 年厦门大学联合国内八个单位发起筹备全国高等教育研究会，并于 1983 年正式成立中国高等教育学会。1993 年全国高等教育学研究会成立。2004 年教育部办公厅发布的《教育部办公厅关于进一步加强高等教育研究机构建设的意见》，进一步助推中国高等教育研究机构的繁荣。三是从学科建制的角度建立了相对独立的高等教育学。在中国，学科不仅具有知识论意义和学科领域划分功能，更具有确认学术地位、分配学术资源、培养和建构学术梯队进而赢得学术合法性的功能。任何学术领域，要想赢得相对独立的地位、获得必备的学术资源，必须纳入特定学科范畴，或者干脆成为独立的学科。1981 年厦门大学招收了中国第一个高等教育学专业的硕士研究生；1983 年国务院学位委员会公布的学科专业目录把高等教育学正式列为教育学的二级学科。①

中国高等教育研究的发展理路，与西方有很多不同之处，其中最大的不同之处在于，中国以学科建制为依托，而西方仅仅把高等教育作为研究领域。尽管高等教育研究的学科化倾向确实存在不足，但通过学科建制的方式促进中国高等教育研究，并不是中国的“问题”或“失误”，也不是中国的妄自尊大或“学术早熟”，更不应因为与西方的发展理路存在差异而妄自菲薄，反而恰是中国高等教育研究得以快速成长、迅猛发展的重要原因，因此可称之为中国高等教育学科建设的智慧！

四、转成何智

中国高等教育研究，到底应该追求什么样的发展智慧？转识成智，到底应该将知识转化、升华成什么样的智慧？研究和实践的主体在追求、体悟、探索、拥抱智慧时应该防止出现哪些偏差和失误？

第一，要全面、系统地重视高等教育的理论智慧和实践智慧。这是对高等教育发展智慧所涵括的内容在外延方面的规定。从根本上讲，知识本身有着类别和形态的差异，但不同类别和形态的知识之间并不应该出现价值的差等和地位的差异。智慧，是对知识的凝练和升华，是纯粹的知识与现实的效用之间、普遍性知识与地方性需求之间的完美结合。有必要以开放的心态，转化多样化的知识以形成形态各异的高等教育发展智慧，并防止对多元高等

① 李均. 中国高等教育研究史[M]. 广州：广东高等教育出版社, 2005: 21-26.

教育发展智慧做出轻重有别甚至畸重畸轻的研究和梳理。从实践上看，高等教育发展的中国智慧，既包括高等教育发展的理论智慧，也包括实践智慧。理论智慧，以理性认识和思维为根基，以理论范式为形式。实践智慧，则可能表现为两种形态，一是直接产生于实践、在实践中有成效但尚未得到理论升华的实践经验总结——可以表现为地方的（而非中央统一部署）、高校自主生成的（或者说是民间的，而非政府统一部署）、非专业的、原初状态下的工作经验和生活智慧，属于低阶的实践智慧；二是根基于理论且面向实践、上升到理性层次的智慧——这是高阶的实践智慧。

毛泽东认为，“通过实践而发现真理，又通过实践而证实真理和发展真理。从感性认识而能动地发展到理性认识，又从理性认识而能动地指导革命实践，改造主观世界和客观世界。实践、认识、再实践、再认识，这种形式，循环往复以至无穷，而实践和认识之每一循环的内容，都比较地进到了高一级的程度。这就是辩证唯物论的全部认识论，这就是辩证唯物论的知行统一观”①。按照毛泽东实践论的观点，理论和实践的关系可以分解为两个环节，其中，“从实践到理论”的环节，属于理论生产的环节，适用归纳法，即从个别到一般——这是从低阶的实践智慧中生成理论智慧的过程；“从理论到实践”的环节，属于理论应用的环节，适用演绎法，即从一般到个别——这是基于理论智慧，彰显高阶的实践智慧的过程。“低阶的实践智慧—理论智慧—高阶的实践智慧”，是“从实践到理论”“从理论到实践”两个环节的三个节点，是构成知行合一的逻辑路径。

对于教育理论与教育实践之间的关系，叶澜认为，要针对教育理论与教育实践脱离的问题，把研究重心集中到教育领域和主体（教育理论研究人员和直接从事教育实践的人员）身上，分析其在理论与实践关系上呈现的状态，发现其认识上和行为上的盲点和误区，让“思维在断裂处穿行”②，让教育理论与教育实践的“转化融通在合作研究中生成”③。对于中国高等教育研究而言，则具体面临以下两大挑战：在“从实践到理论”的过程中，以追随、盲从为特征的理论照搬仍待消解，以理性的反思和阐释为基础的理论建构亟待加强，对理论智慧的重视不够；在“从理论到实践”的过程中，理论的权威不足、理论对实践的影响乏力的情况亟待改变，生成理论智慧的低阶的实

① 毛泽东. 毛泽东选集（第1卷）[M]. 2版. 北京：人民出版社, 1991: 296-297.

② 叶澜. 思维在断裂处穿行——教育理论与教育实践关系的再寻找[J]. 中国教育学刊, 2001(04): 1-6.

③ 叶澜. 转化融通在合作研究中生成——四论教育理论与教育实践的关系[J]. 教育研究, 2021, 42(01): 31-58.

践智慧和彰显理论智慧之实践功用的高阶的实践智慧都发育不够。与此相关联，中国高等教育研究的使命在于，围绕高等教育发展的现象，直面并总结其低阶的实践智慧，挖掘、梳理其理论智慧，进而探讨、彰显其高阶的实践智慧。虽然不能漠视低阶的实践智慧的原创性、探索性价值，但如果仅仅依赖于低阶的实践智慧，则会导致中国高等教育发展研究陷入“就实践谈实践”式的经验总结和低水平重复、政策盲从等境地；如果对高阶的实践智慧抱有过度的自信，则可能导致中国高等教育在重视“从理论到实践”的智库研究时，产生理论的傲慢；如果对理论智慧抱有过高的自信，则可能导致“从实践到理论”的学理研究异化为“就理论谈理论”的书生意气。

事实上，中国学术传统中历来存在重视“从理论到实践”、相对轻视“从实践到理论”的倾向，或者说存在重实践智慧、相对忽视理论智慧的倾向；由于文化传承源远流长、延绵不绝，因此以民众生活、基层实践为基础的低阶实践智慧发展充分，而以理论为基础的高阶实践智慧相对发育较晚。这导致中国学术研究缺乏足够深厚的纯学术传统、相对忽视“学以致学”的价值，与之相对应，以“学以致用”为目标的传统源远流长且十分深厚。由于深受“士农工商”的等级化价值倾向的影响，以道德为支撑的政治行政领域的事务，在社会地位上高于经济事务，“正其谊不谋其利，明其道不计其功”（《汉书·董仲舒传》），因此在学以致用的传统中，致“政治之用”远重于致“经济之用”，更何况“经济”一词在中国传统中本为“经邦济世”之义，重心并不在现代意义的经济活动之上。这意味着，学以致用的传统，其实是以“学以资政”为核心。中国学术界非常认同马克思的一句话，即“哲学家们只是用不同的方式认识世界，而问题在于改变世界”。[①]中国学术界之所以高度认同这个论断，其背后的原因，不仅仅在于马克思主义是当前中国的指导思想，更在于它与中国的传统思想相契合，即极为重视和持续追求“学以致用”“学而优则仕”，相对忽视“学以致学”“知识本身就是目的”，并认为这是空谈心性，会误国误民。因此，中国高等教育研究的深化和提升，不仅仅需要通过彰显其智库功能，或者说发挥其“改造世界”的功能而获得自身存续的政治合法性，更必须通过彰显其阐释世界的功能，或者说发挥其“认识世界”的功能，进而从根本上赢得其赖以存续的学术上的合法性。中国高等教育研究往往在实践之后亦步亦趋地追随，根本原因不在于中国高等教育研究

① 中共中央马克思恩格斯列宁斯大林著作编译局.马克思恩格斯选集（第一卷）[M]. 2 版. 北京：人民出版社，1995: 75.

相对忽视实践、不愿意服务于实践或面对实践消极怠工，而在于中国高等教育研究与实践保持如此紧密的关系，以至于过于重视“学以致用”而相对弱化“学以致学”，太急于回应现实而没有基于理性做出充分观察、审慎批判和深度反思。“只在此山中，云深不知处”的混沌状态，既容易迷失自己，也容易丧失理论对实践而言的威望。

第二，要探究、提炼具有整体性特征的中国高等教育发展智慧。中国高等教育发展研究，旨在厘清发展事实、理清发展现象、解析发展问题、展现发展逻辑、探寻发展规律，但是，并非所有的研究成果都能够达到揭示逻辑和规律的境界，而“转识成智”的研究目标，就是定位于整体地揭示现象背后的逻辑、事实背后的规律。这是对中国高等教育发展智慧研究及研究所得到的“智慧”，在理论解释广度方面的要求。

为了克服日益盛行的碎片化研究所造成的不良影响，必须探索、提炼具有整体性特征的中国高等教育发展智慧。信息社会的重要特征是快速、便捷、变动不居。这些特征使得“要么出版要么死亡”“不出版则死亡”（publish or perish）的学术游戏规则，在定量评价、绩效考核等制度安排的变相激励下，异化为“尽量多地出版短篇论文，尽量少甚至不出版长篇著作”的学术选择。受此影响，高等教育研究的知识生产模式，日益走向快捷化（面向热点即时写作、即时发表，相对忽视长时段问题的研究，尽量避免需要长时期投入的论题）、轻量化（小论题，重时事评论、轻理论建构）、短篇化。这些变化，高度适应了当前学术评价者对高等教育研究的需求特点、体现了需求侧的变革趋势，但是，也导致高等教育研究界的知识碎片化、损害了高等教育研究界知识生产的体系化，亟须改变。

为了囊括纷繁复杂的高等教育问题，必须探索、提炼具有整体性特征的中国高等教育发展智慧。由于待研究的高等教育问题众多、高等教育研究成果丰富且观点繁杂，中国高等教育研究既要梳理诸种问题、诸家观点，还要找到诸种问题、诸家观点的共同基点，并在多元问题、观点中做出优先性选择、进行系统性整合。正如著名的高等教育哲学家布鲁贝克曾强调的，“关键的哲学问题并不是寻求各种答案的共同基点，而是寻求各种问题的共同基点”。[①]这是高等教育哲学研究的基本要求，也是中国高等教育发展智慧探索的必然要求。

① 约翰·S. 布鲁贝克. 高等教育哲学[M]. 3 版. 王承绪，郑继伟，张维平，等译. 杭州：浙江教育出版社，2001: 11.

第三，要探究、提炼具有根本性特征的中国高等教育发展智慧。这是对中国高等教育发展智慧研究及研究所得到的“智慧”，在理论解释深度方面的要求。

理论与实践之间存在着逻辑的距离；从实践到理论的抽象、从理论到实践的行动，都需要跨越理论与实践之间的逻辑距离，并且，前者强调基于实践做出深度的理论理解，后者强调基于理论做出深度的实践应用。这两种深度，都是理论研究成果的深度阐释能力、深度指导能力的具体体现。为了跨越从理论到实践的逻辑距离，中国日益强调高等教育研究的智库功能；为了保证从实践到理论的深度跨越，美国学者德雷斯尔（Dressel）和梅休（Mayhew）强调，高等教育研究只有经过“资料搜集—事实描述—理论形成”三个阶段之后，才能走向成熟。①当然，这三个阶段的跨越，极具挑战性，而且，高等教育发展的中国经验能否彰显出中国高等教育发展的理论智慧、能否转化为中国高等教育发展的实践智慧，有很多的判断标准，比如，是否符合历史与逻辑相统一的规律、是否契合时间与空间相耦合的要求、是否有实践的成效和历史进步价值，等等。不过值得注意的是，中国高等教育发展的理论智慧和实践智慧的判断标准，不能一味坚持是否符合西方的标准与要求，因为西方尽管先发，它的标准和要求仅是对西方实践的理性总结和理论归纳，不能成为放之四海而皆准的真理；也不能一味遵照某种特定理论的标准与要求，因为理论是灰色的，而实践之树常青；也不能狭隘地遵循特定人物（某些领导人、某些精英人物、英雄人物等）的标准和要求，因为任何个人的意见，都有可能只是独断而非规律。

第四，要探究、提炼具备有用性特征的中国高等教育发展智慧。这是对中国高等教育发展智慧研究及研究所得到的“智慧”，在理论使用效度方面的要求，其中就需要彰显出中国高等教育发展智慧研究的本土有用性。

习近平 2018 年在北京大学师生座谈会上的讲话中提出，中国高等教育要“形成更高水平的人才培养体系”，且“人才培养体系必须立足于培养什么人、怎样培养人这个根本问题来建设，可以借鉴国外有益做法，但必须扎根中国大地办大学”②。与此相关联，中国高等教育的研究，虽要有全球视野，但更需要坚持扎根中国大地。在研究选题及其目标定位上，要关心中国

① Dressel P L, Mayhew L B. Higher Education as a Field of Study: The Emergence of a Profession[M]. San Francisco: Jossey-Bass Publishers, 1974.

② 习近平. 在北京大学师生座谈会上的讲话[N]. 人民日报, 2018-05-03(002).

问题。以他国高等教育为研究对象的外国高等教育史、比较高等教育研究，即便在研究中不直接探讨中国问题，也必须坚持“心中有”的初心，要“心中有中国”、要能为中国高等教育发展提供镜鉴。在理论建构上，要符合中国逻辑，要基于中国本身，而不是基于某些抽象的、刻板化的认识和理解。在学术评价体系上，要满足中国需求，对学术影响力的评价则要符合中国国情。在话语体系上，要坚持中国风格的表述逻辑。接受了西学教育并研究“中国教育改造”的学者陶行知强调，“我曾下了一个决心，凡是为外国教育制度拉东洋车的文字一概删除不留，所留的都是我所体验出来的。所以我所写的便是我所信的，也就是我所行的”。①这才是“中国教育改造”的应有态度，才是中国高等教育研究的应有立场，才是“转识成智”的众妙之门。

第五，要探究、提炼面向未来的中国高等教育发展智慧。作为后发者的中国高等教育，必然面临着先发者的同步发展挑战、补课与创新的双重发展挑战、以规模扩张为主的高速发展挑战、与经济发展不对称的超前发展挑战，存在着传统与现代的“时空错位型”发展、已有发展基础与新的发展功能之间的“结构功能错位型”发展、以先发者为参照的目标定位与自身作为后发者的实际需求之间的“人我不分型错位”发展，存在着不同区域高等教育、不同教育类型、不同教育阶段、户籍人口与外来流动人口子弟之间的高等教育失衡发展，存在着外延式增长挑战内涵式发展、行政力量挑战学术权力、资本力量挑战教育规律、境外引进的高等教育资源与本地经济社会不相适应、高等教育供给不足与过度教育同时并存等畸变发展，但不可忽视的是，面向未来，中国可以而且必须通过“借助榜样激励而获得发展动力”“通过地区交流而实现资源借用”等多种途径，彰显后发优势，达成“后发而先至”的高质量发展目标。②

综观纷繁复杂的发展模式，根据发展时间的先后顺序可划分出“先发—后发”两种类型，根据创新源泉可划分出“内生—外生”两种类型；综合“发展顺序、创新源泉”两个维度，可划分出四类发展模式（图 0-2），其中，先发内生型、后发外生型是两种自然形成的发展模式，具有客观必然性，而后发内生型则是后发者以学习借鉴为基础、以自主创新为动力的理想状态，先发外生型则是先发者在逐渐落后的情况下向此前的后发者反向学习和追赶，这两种类型都属于主动发展和主体性建构。中国高等教育通过制度创新，

① 陶行知. 中国教育改造[M]. 北京：线装书局，2018: 3.

② 陈伟. 论高等教育的迟发展效应——以 1978—2008 年间的广东为例[J]. 复旦教育论坛，2009, 7(06): 5-8.

逐渐具备以后发外生型发展模式为基础进而主动建构后发内生路径，形成后发内生型发展模式的潜力，并且，非常有必要在未来的发展实践中，将这种发展潜力转化为发展现实。

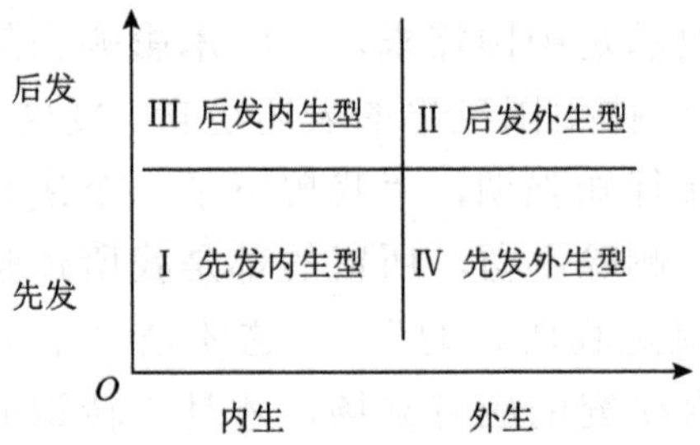

图 0-2　发展模式分类

中国高等教育所探索的后发内生路径，可以而且应该为中国高等教育强国的崛起、为促进世界学术中心向中国的转移，提供实践经验和解决方案。近代以来，与大国崛起相伴随，世界学术中心先是从法国转移到德国，后在 19 世纪末 20 世纪初从德国转移到了美国并且延续至今，英国一直保持着世界学术次中心地位。[①]随着中国作为大国的崛起，特别是随着中国高等教育的发展和世界一流大学建设项目的推进，随着中国的教育强国战略日益受到重视，中国式现代化不但客观上呼唤而且在事实上可以支撑中国高等教育推动世界学术中心向中国的转移。面对新的发展使命，此前国内有关高等教育发展的“补偿性增长论”[②]、“适应论”[③]、“理性论”[④]、“适度超前论”[⑤]等多种理论建构，都需要因时而变，以融入到中国式现代化的总体框架之中，都要与中国“教育—考试—人才培养与选拔—社会治理与发展”总体发展逻辑[⑥]同频共振。需要深入探究中国高等教育的后发内生发展模式，以便为优

① Ben-David J. Centers of Learning: Britain, France, Germany, United States[M]. New York: McGraw-Hill Book Company, 1977: 5.

② 房剑森. 论我国高等教育的补偿性增长[J]. 高等教育研究, 1996(04): 27-32.

③ 刘志文, 邹晓平. 论高等教育外部关系规律理论的科学性——与《理性的视角：走出高等教育“适应论”的历史误区》商榷[J]. 教育研究, 2013, 34(11): 57-64,72; 杨德广. 高等教育“适应论”是历史的误区吗——与展立新、陈学飞商榷[J]. 北京大学教育评论, 2013, 11(03): 135-148; 展立新, 陈学飞. 哲学的视角：高等教育“适应论”的四重误读和误构——兼答杨德广“商榷”文[J]. 北京大学教育评论, 2013, 11(04): 150-172.

④ 王洪才. 论高等教育“适应论”及其超越——对高等教育“理性视角”的理性再审视[J]. 北京大学教育评论, 2013, 11(04): 129-149.

⑤ 赵庆年, 孙登林. 用发展的观点看高等教育的“适度超前发展”[J]. 理工高教研究, 2003(01): 18-21.

⑥ 陈伟. 高等教育发展的中国智慧：历史生成与本体界定[J]. 高教探索, 2022(01): 7-13.

化高等教育发展理论提供新的地方经验；需要确立起促使世界学术中心向中国转移的高等教育发展目标，以便为升级中国高等教育发展理论提供新的定位。这才是中国高等教育研究的最高使命，才是中国高等教育发展研究的最大智慧。

第四节 研 究 设 计

一、研究立意

从西方历史看，大学和学院是在欧洲中世纪自发形成的，意大利半岛上的萨莱诺医学院、博洛尼亚大学，法国的巴黎大学，以及英国的牛津大学、剑桥大学皆为例证。①这表明，大学和学院的萌芽或起源与政府意志并无直接关联。但是政府的天然特性是管理和秩序，它必然会与大学之间产生联系；随着民族国家的出现和现代政府的崛起，特别是随着大学和学院在现代社会中的作用日益强劲、价值日益提升，政府必然会与大学和学院（或者说高等教育）产生密切的关系，“政府-大学”的关系（可简称为“政学关系”“府学关系”），逐渐成为一个非常重要的理论话题。随着现代政府日益强调从管理、控制向治理转变，政学关系的核心问题逐渐凝练为“高等教育治理”命题。

在中国，政府是改革与发展的决策枢纽。为了彰显政府的治理功能和发展价值，在神州大地上，一直以放权为杠杆支点，积极推进现代政府的职能转变。作为政府职能转变与优化的最新成就，2015 年 5 月 12 日国务院召开的全国推进简政放权放管结合职能转变工作电视电话会议首次提出“放管服”改革的概念，2020 年 5 月 22 日国务院总理李克强在 2020 年国务院《政府工作报告》中提出“放管服”改革向纵深推进。“放”即简政放权，中央政府下放行政权，减少没有法律依据和法律授权的行政权，厘清多个部门重复管理的行政权；“管”即放管结合，政府部门创新和加强监管职能，利用新技术新体制加强监管体制创新；“服”即优化服务，减少政府对市场的干预，将市场的事推向市场、由市场决定，减少对市场主体过多的行政审批等行为，降低市场主体的市场运行的行政成本，促进市场主体的活力和创新能力。为了持续推进经济发展、促进社会良性运行，同时积极优化现代政府的行政方式，中国政府一方面加强绩效管理、保证政绩可见，另一方面促进多元共治、

① 雅克·韦尔热. 中世纪大学[M]. 王晓辉译. 上海：上海人民出版社，2007: 32-33.

保证决策可行且易接受。

在中国，自古以来就有崇学传统；由于近两百年间中国的发展跌宕起伏，特别是由于20世纪50年代之前百余年中国的发展历经曲折，中国教育在被迫抛弃传统的基础上，通过学习西方，被动且快速地移植和借鉴西方教育。西方教育尽管在中国不时面临水土不服、“文化休克”甚至诱致各类“发展病”，但具有强大学习能力的中华民族，通过教育与国家、学校与政府之间关系的良性耦合，取得了诸多重大发展成就。中华人民共和国成立以来，随着政府职能的转变与优化、政府治理方式的科学化和合理化，政府和大学同时成为中国创新发展的动力站，政学关系的优化、政学力量的耦合成为保证中国实现快速发展、优质发展、高质量发展的重要法宝，成为彰显中国高等教育发展智慧的核心内容。因此，从实践意义上讲，基于中国高等教育发展成就而逐渐形成的政学关系，极具中国特色、非常值得关注；以此实践为基础而形成的、以借鉴西方为前提但又不同于西方的高等教育发展的中国智慧，非常值得运用比较研究方法，放眼全球和人类高等教育发展历史，同时明晰中西方治理思想的差异①，立足中国国情、扎根中国大地，做出深入的理论总结和学术梳理。

二、概念界定

为了设定中国高等教育发展智慧的研究语境，除了此前界定了“高等教育发展的中国智慧”“政学关系”等概念的逻辑内涵之外，还需要界定“大学”“高等教育”等常用概念。

在中文语境下，大学和学院往往被认为是高等教育（或者说第三级教育）最为通行的组织机构；在英文语境下，大学一词可直接对应university，但学院一词，可对应者众，比如有，faculty，college，school，academy，institute，等等。②在中国，高等学校被称为“大学”或“学院”，是有政策界定的。具体而言，高职、高专院校只能称为“学院”；在本科层次，根据《普通本科学校设置暂行规定》，从办学规模看，“称为学院的，全日制在校生规模应在5000人以上。称为大学的，全日制在校生规模应在8000人以上，在校研究生数不低于全日制在校生总数的5%”。当然，艺术、体育及其他特殊

① 张维为. 人民日报大家手笔：中国政治思想的政道传统[N]. 人民日报, 2017-12-04(19).

② 顾建新. “学院”考辨及翻译[J]. 比较教育研究, 2004(11): 46-51.

科类或有特殊需要的学院，由教育部另行批准。从学科与专业看，“在人文学科（哲学、文学、历史学）、社会学科（经济学、法学、教育学）、理学、工学、农学、医学、管理学等学科门类中，称为学院的应拥有 1 个以上学科门类作为主要学科，称为大学的应拥有 3 个以上学科门类作为主要学科”。“称为学院的其主要学科门类中应能覆盖该学科门类 3 个以上的专业；称为大学的其每个主要学科门类中的普通本科专业应能覆盖该学科门类 3 个以上的一级学科，每个主要学科门类的全日制本科以上在校生均不低于学校全日制本科以上在校生总数的 15%，且至少有 2 个硕士学位授予点，学校的普通本科专业总数至少在 20 个以上。”此外，还有师资队伍、教学和科研水平、办学经费、领导班子，以及土地、建筑面积、仪器设备、图书、实习实训场所等基础设施方面的差异性规定。在本书中，为了表述简便，除某些特指外，其他都遵从中国语言环境中约定俗成的简称，把所有从事第三级教育的高等教育机构都称为“大学”。

与大学相对使用的则是“高等教育”一词。对“高等教育”概念，可从多学科维度理解其复杂的语义。从教育学视域看，高等教育既具备了教育的共性特征，但也有其区别于普通教育的个性内涵。就其作为社会性的培养活动的基本性质和根本任务而言，高等教育是建立在普通教育基础上的专业教育，以培养专门人才为目标；就其教育对象而言，高等教育所培养的人一般是身心已趋于成熟、年龄在 20 岁左右的全日制大学本科青年学生。[①]从高等教育哲学视域看，布鲁贝克认为，高等教育范畴有三个关键性含义，即高等教育实践的基本内容是知识和学问；高等教育实践基本内容常常是专门化程度较高的高深学问和高等知识；高等教育研究高深学问、探究高深知识的基本方式和主要途径有科学研究和教育教学，即对高深学问和高等知识的研究和传播。[②]从文化学视域看，就其一般内涵即教育的本质而言，高等教育指的是人类特有的超生物的社会遗传机制和文化适应方式；就其特殊内涵而言，高等教育是一种高深文化的遗传机制或高深文化适应方式，是一种人类文化的发展创新机制，或者说是遗传适应和进化创新有机结合、辩证统一的运行机制；同时又是一种文化批判、文化选择的机制和适应方式，或者说高等教育运行机制中内在地包含着文化选择和文化批判

① 潘懋元. 高等教育学讲座[M]. 2 版(增订本) 北京：人民教育出版社, 1985: 10-22.

② 约翰 · S. 布鲁贝克. 高等教育哲学[M]. 3 版. 王承绪, 郑继伟, 张维平, 等译. 杭州：浙江教育出版社, 2001: 2-3.

的基础机制。[①]从社会学视域看，高等教育可从其内涵和外延两个方面得到界定。就高等教育的内涵而言，它是共性和个性的统一。所谓共性，指它是培养人的社会活动，即教育；对于高等教育的个性，即高等教育的根本特征，文辅相教授认为主要表现在高等教育的学术性和职业性两个方面。前者强调的是广博和精深，后者所强调的是专门和实用。[②]就其个性而言，高等教育指的是教育阶梯中的层次和形式之一，是“高等”的教育，具体表现为，所授知识在层次水平上的“高等”、所处地位在教育体系上的“高等”、所能发挥的功能体现出来的“高等”（以柏林洪堡大学创立时所倡导的“通过研究进行教学”“教学与科研统一”等思想为标志）。就高等教育的外延而言，传统高等教育仅指正规大学教育和学院教育（19 世纪初的英国甚至没有把学院教育列入高等教育范围之中）；进入 20 世纪以后，在社会大发展对高等教育也提出了大发展的要求之后，在“终身教育”“继续教育”“实现教育普及化、大众化”等思想观念的推动下，高等教育的外延不断拓展，出现了纵向的层次分化、横向的形式多样化以及教育教学内容（学科）的多样化。从组织学视域看，高等教育必须从生态的高等教育环境、静态的高等教育结构、动态的高等教育行为、心态的高等教育信念等不同方面进行考察。[③]因此，高等教育，从广义的社会系统看，它是以大学、学院组织为依托的社会子系统；从高等教育的学科体系看，它是以高深知识为依托和载体、以操作高深知识为使命、以谋求人类福利为目标、承载特定伦理价值的特殊事业；从整体教育体系和学制安排的角度看，它是居于初等教育、中等教育之上的第三级教育。

三、研究框架

有关高等教育发展之中国智慧的研究，应立足于中国高等教育的问题以生成教育学话语。[④]可被纳入理论研究视域的高等教育问题，必然以高等教育现象为基础。现象，是客观、中立的存在，但也是复杂性的存在——不但高等教育现象本身纷繁复杂，而且对高等教育现象的评价也莫衷一是。客观、

① 何云坤. 高等教育的文化本质及其基本内涵——高等教育的本质存在与变革发展的本质规定问题研究系列论文之一[J]. 湘潭大学学报（哲学社会科学版）, 1998(04): 140-146.

② 文辅相. 中国高等教育目标论[M]. 武汉：华中理工大学出版社, 1995: 155.

③ 陈伟. 多学科视域中“高等教育”范畴研究之述评与新探[J]. 湘潭大学社会科学学报, 2001(01): 117-121.

④ 李江源. 教育问题：教育学话语“生成”的起点[J]. 四川师范大学学报（社会科学版）, 2018, 45(06): 79-88.

中立的现象，一旦被带有价值烙印的主体做出评判、给予遴选和排序，就会成为各具轻重缓急特征、值得进行理论研究和理性探究的问题，且由于问题复杂多变，中国高等教育发展的相关问题就会作为理论议题而组成宏大的“问题丛”。对于中国高等教育的“问题丛”，一方面实践领域会做出多样化抉择，另一方面在理论阐释和价值判断上会做出多样化回应，还值得注意的是，由于中国高等教育现象、问题如此新鲜、尚无定论，不少论题会成为无法获得确定破解的问题，或者是能以不同方式在不同历史时期做出不同回答的问题，从而在高等教育研究中成为常谈常新的问题；随着中国高等教育现象、问题的常谈常新，中国高等教育研究肯定会表现出越来越理性的特征，高等教育发展的中国智慧就会得到日益深刻的揭示。

可以运用高等教育的“内部关系—外部关系”分析框架，归纳、梳理中国高等教育的现象和问题。提出并论证“范式”理论的托马斯·库恩（Thomas Kuhn，1922—1996）指出，区分科学史的一个重要向度就是“内部史”和“外部史”的差异。主张内部史的科学史家，会倾向于把科学看成是一门独立的学科，科学家们理性地运用科学方法，解决边界清晰、内容明确的科学问题，且可以不管社会上发生什么事情，不涉及国王和总统、战争与和平、革命与改良、经济变迁和社会结构等问题。主张外部史的科学史家认为，科学家们期望摆脱社会或社会变迁影响的想法，是不切实际的，因为科学、科学家都存在于社会之中，是大社会的一部分，因此合理的科学史必然要关注科学的外部史。库恩认为，历史是由人类无法掌控的时代精神所创造的，范式、学术共同体等与时代精神一样，都在控制着科学家的理论和研究，因此在坚持“论从史出”的同时，必须尊重历史，充分倾听历史的呼声；但要注意，科学史并不是一堆逸事和年表的简单堆积，历史旨在阐释和理解，历史不仅必须呈现各种事实，而且必须用哲学思想来处理史料之间的联系。[①]

与库恩有关科学的“内部史”“外部史”观点相类似，潘懋元先生在教育研究领域提出了教育的内外部关系理论。他在1990年回忆道，“1980年我应原第一工业机械部教育局之邀，到湖南大学为当时该部所属高等院校领导干部教育科学研究班讲课，正式提出教育两条基本规律。一条是教育外部关系基本规律，指的是教育作为社会的一个子系统与整个社会系统及其它子系统——主要是经济、政治、文化系统之间的相互关系的规律，简称教育外

① Kuhn T. The history of science[C]//International Encyclopedia of Social Science(Vol. 14). New York: Browell Collier and Macmillian, 1968: 74-83; 黄光国. 社会科学的理路[M]. 北京：中国人民大学出版社, 2006: 142-143.

部规律；一条是教育内部关系基本规律，指的是教育作为一个系统，它的内部各个因素或子系统之间的相互关系的规律，简称教育内部基本规律。当时的表述是比较粗糙的，针对社会主义教育，前者表述为‘社会主义教育必须通过培养全面发展的人为社会主义的政治、经济的发展，生产力的发展服务’；后者表述为‘社会主义教育必须通过德育、智育、体育培养全面发展的人’”。[①]教育的内外部关系规律提出之后，引用不断，但也争论不断。如果抛开这些有关教育的内外部关系规律的内容之争，仅从方法论的角度看，这套理论是有其学术价值的。首先是因为，任何社会存在，都是社会关系的总和。高等教育的属性、功能和特征，只有在众多社会关系中才能获得界定、才能得到彰显。其次，从关系的角度看，高等教育发展的理论智慧和实践智慧，不仅仅在于高等教育本身该如何举办、如何发展——其中涉及中国高等学校之间的关系、大学与大学教师之间的关系、教师与学生之间的关系、师生与知识之间的关系，还在于甚至更在于，高等教育以及其中的大学和学院如何处理好与国家、政治、政府、社会、市场之间的关系——此即高等教育的主体间性问题。

本书拟重点完成三大任务。一是阐释“高等教育发展的中国智慧”论题的内容和性质、意义和价值；二是借用教育的内外部关系理论的方法论，从高等教育的内部关系、外部关系两个方面，探讨政学关系的中国智慧；三是以上述两个方面的研究与探索为基础，进而总体反思中国的政府与大学之间关系的内在特征和外显特征。

在高等教育的内部关系中，高等学校之间的关系、教师与大学之间的关系等是近年来中国高等教育改革与发展中的热点和难点，值得详细探究和反思；在高等教育的外部关系中，政学关系是重点，国家与教育、政府与学校、政治与学术之间的关系是其中不可回避的内容。有关高等教育的内部关系研究，实质上是高等教育发展的合规律性研究；有关高等教育的外部关系研究，实质上是高等教育发展的合目的性研究——当然，从更大的系统的视角看，高等教育与政治、经济、文化、社会之间的外部关系就会成为它的内部关系，因此同样涉及它的合规律性研究。高等教育的合规律性研究，重在追求高等教育本身的“内圣”，即探讨高等教育系统如何承诺并完成人才培养、科学研究及服务社会等职责的规律；高等教育的合目的性研究，重在彰显高等教育如何实现“外王”，即探讨高等教育如何承担起促进国家发展、民族振兴、

① 潘懋元. 教育外部关系规律辨析[J]. 厦门大学学报（哲学社会科学版），1990(02): 1-7, 38.

社会进步等外在使命，进而达成高等教育在国际竞争、国家竞争中胜出的总体目标。以高等教育内、外部关系的研究为基础，综合阐释高等教育发展的中国智慧，其实就是尝试全面展示中国高等教育如何以高等教育自主发展之“内圣”求国家赶超发展之“外王”的经验、逻辑及规律；这种理性研究的努力，其实就是通过探讨中国高等教育发展的实践智慧，进而拥抱和彰显中国高等教育发展的理论智慧（图 0-3）。

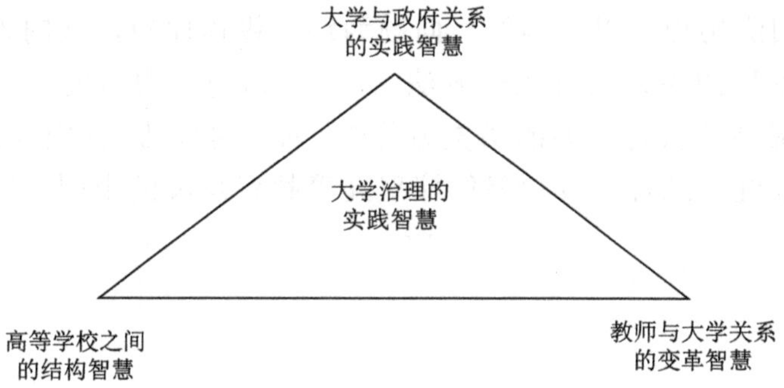

图 0-3　高等教育发展的中国智慧的研究框架

四、研究方法

为了顺利开展研究，重点运用文献分析法。立足于高等教育领域，既广泛借鉴并引证哲学、历史学、政治学、社会学等不同学科有关古今中外文明的研究文献，又重点借鉴并引证国内外的教育研究文献，尝试全面揭示高等教育发展之中国智慧的生成机理、核心内涵、基本特征及比较优势等。具体而言，重点参考三类文献：一是以中西比较为主旨的研究方法类文献；二是有关中西高等教育的研究文献；三是文明交流与文化比较类文献。依据这三类文献，通过迁移多层次的研究方法（包括哲学方法论、学科方法以及研究操作技术）[①]、借鉴研究观点、引证研究素材等，深化本研究。

为了深入推进本研究，拟综合运用历史研究法和比较研究法。高等教育发展的中国智慧，是具有空间限定的、相比较而言的独立存在，它尽管与高等教育发展的西方智慧有着密切的关联，但绝不能也不应是高等教育发展之西方智慧的翻版，也不应与高等教育发展的西方智慧保持依附关系；同时也

① 陈伟. 论王承绪的比较教育研究方法[J]. 比较教育研究, 2010, 32(09): 21-25.

应注意，西方高等教育开始发展的时间相对较早、世界影响广泛且任何后发高等教育都不可回避地从中学习借鉴，因此，研究高等教育发展的中国智慧，重要前提就在于如何厘清高等教育发展的西方智慧，并与之进行比较分析。这都要求，必须充分运用比较教育的研究方法，在与高等教育发展的西方智慧相互比较的基础上，分析、探讨高等教育发展的中国智慧。当然，仅仅运用比较研究方法，还不能深入回答本研究拟探讨的诸种论题。为此，拟借鉴《中外教育比较史纲》所倡导的“古为今用，洋为中用；立足中国，放眼世界；立足当今，回溯历史；以史为经，问题为纬；纵横比较，横向为主；有所侧重，不求全备”的中外教育比较方法[①]，统筹运用历史研究和比较研究的方法，紧扣中国高等教育发展的历史方位[②]，从“时间维度-空间维度-文化维度”等多元维度，综合比较和整体梳理高等教育发展的中国智慧。

① 张瑞璠, 王承绪. 中外教育比较史纲[M]. 济南: 山东教育出版社, 1997: 前言.
② 陈伟. 中国高等教育的历史方位: 分析维度和变迁趋势[J]. 高等教育研究, 2019, 40(03): 1-8.

第一章　大学治理的实践逻辑

不同类型的大学，在它们正在经历的制度变迁中表现出不同的张力，但它们所面临的核心的或共同的张力则都可以概括为：传统与现代、现实主义与理想主义、自治与尽责、稳定与变化[①]。其中，自治与尽责，甚至可以看作串联、贯通传统与现代、现实主义与理想主义、稳定与变化等所有其他问题的关键性线索，其根本原因则在于，自治（autonomy），是大学的权力（power），也是大学的权利（right）；是大学的理念（idea），更是大学的信念（belief）甚至信仰（faith）。信奉大学自治原则者认为，任何希望有效地界定其目标并且选择或发现实现其目标的方法的大学和学院，都必须具有充分的自主权。[②]唯有自治，大学才能排除外行的干扰、摆脱外在的控制，保持理性的自由和思想的独立，并使大学在实现自身薪火相传的同时，具备足够高深的学术能力、足够强劲的伦理决心，承担高等教育的责任、履行高等教育的使命，维护社会正义、促进经济发展、保证公共利益。[③]“自治是高深学问的最悠久的传统之一。”有了自治，大学就有了活力；“失去了自治，高等教育就失去了精华”。[④]

根据中西方的历史实践和现实情况，欧美国家的大学强调自治，大学自治也是西方高等教育研究界历久弥新的学术论题[⑤]。但与西方稍有差别的是，中国的大学，特别是 1949 年以来的大学，讨论的主要问题则是办学自主。大学治理领域的差异，分别彰显了西方和中国的发展智慧、展示了各自的发展逻辑。

---

① Fengqiao Y. Tensions within the changing Chinese higher education system[J]. Frontiers of Education in China, 2010, 5(4): 473-476.

② Schmidtlein F A, Berdahl R O. Autonomy and accountability: who controls academe? [M]//Philip G A, Patricia J G, Robert O B. American Higher Education in the 21st Century: Social, Political, and Economic Challenges(3rd edn.). Baltimore: The Johns Hopkins University Press, 2011: 69-87.

③ Goddard J. Reinventing the Civic University[M]. London: Nesta, 2009.

④ 约翰 • S. 布鲁贝克. 高等教育哲学[M]. 3 版. 王承绪，郑继伟，张维平，等译. 杭州：浙江教育出版社，2001: 31.

⑤ 祁占勇，闵怡博. 基于 WOS 数据库的近 10 年国外大学自治研究的知识图谱[J]. 黑龙江高教研究，2018, 36(11): 67-74.

第一节　大学“自治、自主”何以可能：理论的阐释

在高等教育发展史中，“以学术为业”①的学者们总是不断塑造出有关自身特权地位和神圣身份的“传奇”和“神话”，最大的例证就是，美国高等教育提炼、确立了“三 A 原则”，即学术自由（academic freedom）、学术自治（academic autonomy)、学术中立（academic neutrality）。作为大学组织文化的重要内容，这些“传奇”和“神话”在加强内部团结、抵抗外部压力方面一直发挥着重要作用。但问题在于，在学者们为自己塑造系列“传奇”和“神话”的同时，外部各种利益主体和强权力量却借助更为强劲的资源优势不断加强对高等教育活动的控制和规范。对此，英国学者哈罗德・珀金根据高等教育坎坷蹒跚的发展史精当地指出，高等教育历史发展的“中心主题是：自由和控制的矛盾关系”。在自由和控制、自治与他治、自主与尽责的矛盾对抗中，高等教育往往陷入被控制的尴尬状态：高等教育为了赢得更为丰富的资源，往往不得不以牺牲更多的自治、自主为前提。②为了规避这种饮鸩止渴式的尴尬，必须进而思考：高等教育系统在历史中究竟是如何争取自治、自主的？它应该如何在不断丰富自身资源的同时，又有效扩大自主权利？为了赢得和扩大自治、自主权利，高等教育系统究竟建立了何种防御体系和抗干扰机制？概而言之，高等教育自治、自主，在历史和逻辑两个方面何以可能？③

一、对大学自治的误解

大学自治尽管重要，且备受珍重，但对于大学自治，大学及由大学教授们所组成的学术界存在着“绝对化、极端化、理想化”的想法，这些想法甚至还诱致了有关大学自治的诸种误解。

误解之一，认为“大学自治的程度今不如昔”。对于西方，则认为中世纪时期的大学自治程度最高，最值得怀恋；对于中国，则认为民国时期的大

---

① 马克斯・韦伯. 学术与政治：韦伯的两篇演说[M]. 冯克利译. 北京：生活・读书・新知三联书店，1998: 17-53.

② 伯顿・克拉克. 高等教育新论——多学科的研究[M]. 王承绪，徐辉，郑继伟，等译. 杭州：浙江教育出版社, 2001: 26.

③ 陈伟. 高等教育自主何以可能?[J]. 现代大学教育, 2007(01): 13-18,110.

学自治程度最高，最值得欣赏。

误解之二，认为“大学自治的内容亘古不变”。即认为，大学自治有其超越时间和空间限制、永恒不变的内容，自古至今、国内国外都是一样；认为可以按照过去的大学自治方式为今天的大学建构自治体系，也可以按照相对先发的西方大学自治方式为相对后发的中国大学建构自治体系。唯其如此，不少学者往往根据西方的学者、管理者留传下来的论述，或者以不断传颂的中世纪为参照对象，确立今天的大学自治的标杆和参照。

误解之三，认为“大学自治内容万有”。即认为大学自治的内容包罗万象、涵盖一切，凡是与大学相关的各类事项都应该归大学自决。

误解之四，认为“大学自治功效万能”。即认为，只要有了全面的自治，大学就能够快速发展，且能作为“社会的良心”、发展的“动力站”发挥最大功用。

误解之五，认为“大学自治绝对无责”。即认为，大学的存在，占领着道德和知识意义上的制高点，大学自治即意味着大学可以排除任何外在的干扰，凭借自己在知识和道德意义上的制高权，不顾任何外在的使命召唤、责任担当、职能期待，按照大学所认定的发展目标，无所畏惧地自行其是。这类误解的核心要义在于认为：只有大学自治绝对无责，才能保证大学对社会的最大尽责。

误解之六，认为“大学自治我不如人”。即认为，大学源起于西方，西方大学建立起了更为健全、有力的自治机制，西方社会更加尊重和保护大学自治，而东方中国的专制主义传统不利于大学自治的建构，晚清以来教育与国家、学校与政府过度密切的关系不利于大学自治的存在和运行，中国大学本身相对缺乏自治的意识和能力。

大学自治的状态“今不如昔”、大学自治的内容“亘古不变”等误解，可能源于对理想化、超时空（超时代、超国别）的大学自治的想象。认为大学自治“今不如昔”的观点，其实源于大学研究的文本崇拜，具体表现为，对已经逝去的高等教育发展史的过度崇拜，对大学自治的现实状况整体地，也可能是盲目地怀疑与批判。而在“今不如昔”的文本崇拜中，在我国至少表现为对民国时期大学自治的无条件敬仰。比如，对蔡元培执掌北京大学时期“教授治校”的坚信，对抗战时期西南联大期间北京大学、清华大学、南开大学在民族危难之际三校合并却运行有序的崇拜，对这段时期许多教授的性格张扬甚至桀骜不驯但同时又学问高深的“传奇”不假反思、深信不疑。这类崇拜、不疑的背后，极有可能是情感左右了理性，情绪化判断压倒了逻辑的严谨推断。

对德国、英国等国的高等教育发展史中某些片段的传播与崇拜，则是诱致中国学者在判断中国大学自治状况时形成“我不如人”的文化自卑的重要根源。具体而言，一是对德国“文化国家观”支持下的大学自治的崇拜。在18世纪末到19世纪上半叶，随着德国古典哲学的发展渐至高峰，新人文主义取得了独尊地位。强调教育旨在帮助发展和实现个人全部潜能的新人文主义团体[①]，把“文化国家观”作为自己确立大学地位、改革学术生活方式、发展学术专业方面的思想基础和价值准则。在崇尚理性的新人文主义者看来，文化国家的理念强调，国家是文化的体现，国家和学术均以统一的理性原理为出发点，大学和国家共同服从于理性原则，二者互相结合、彼此依存；制度化的大学是以实践理性为目的的国家活动的构成要素，国家必须严格按照学术的原则、遵循理性的要求而运作；国家创办大学，主要不是为了让大学培养政府所需人员，而是要依靠大学的理性活动为国家的发展提供一种健康的文化氛围和坚实的理智基础，因此国家应当为科学活动提供保护和支持，国家的高等教育政策只能从理性原则出发，按照科学活动本身的规律运作，应该把大学本身看作目的，而非手段；对于大学而言，可以利用国家的保护，以享受自由、排除外部利益群体的干扰。在“文化国家观”中，大学及科学活动由于以国家利益为目标，因此享有崇高的地位；大学可以按照科学活动本身的要求，根据“为科学而科学”的原则开展活动，无须通过承担具体的社会功能以证明其存在的合法性，因而享有比较完全的自主。[②]

二是对英国大学拨款委员会支持下的牛津大学、剑桥大学自治的崇拜。20世纪之前英国对大学完全放任，没有管理机构，也较少给予财政拨款。第一次世界大战之后，国家资助教育、教育帮助国家发展的互动关系日益重要。1919年建立起来、由大学教授和学者组成的英国大学拨款委员会（University Grants Committee，UGC），直到1988年的70年时间里，一直在财政部、教育和科学部等政府部门与大学之间，扮演着“缓冲组织”（buffer organization）角色[③]，承担着拨款评估、决策咨询、协调管理的职能，有效缓冲了政府对

① 贺国庆. 德国和美国大学发达史[M]. 北京：人民教育出版社, 1998: 36-37.

② 陈学飞. 美国、德国、法国、日本当代高等教育思想研究[M]. 上海：上海教育出版社, 1998: 145-146; 胡建华. 费希特的大学论及其对19世纪初期德国大学改革的影响[J]. 清华大学教育研究, 2002(05): 65-70.

③ Clark B. Higher education as a self-guiding society[J]. Tertiary Education and Management, 1997, 3(2): 91-99; Moodie G C. Buffer, coupling and broker: Reflections on 60 years of the UGC[J] . Higher Education, 1983 (3): 331-347.

大学的直接管理，维护了大学的独立、自主和自由。[①]

但是，德国古典的高等教育模式及其据以赢得合法性的洪堡原则，本身已经备受冲击、渐行渐远了；作为英国大学自治的“缓冲器”的大学拨款委员会，自1979年5月撒切尔夫人领导的保守党重新上台执政起，遭遇了日益严重的危机，最终在1988年寿终正寝，取而代之的则是行政管理特征更强、政府大员和实业界人员比例更高的大学基金委员会。曾经作为大学自治之高峰和榜样的德国和英国，都不可避免地面临着大学自治边界缩减、权限缩小、运行日益遭遇政府调控等问题。

大学自治“内容万有”的误解的存在，至少可部分地归因为对大学自治与社会发展之间关系的认识出现偏差。大学自治“功效万能、绝对无责”等误解的存在，可归因为大学对自身能力和价值的自负、对自身发展风险及可能出现的学术腐败的无知。“大学自治绝对无责”的想法，更是荒谬无据。尤斯廷·P. 托伦斯认为，“大学自治的问题没有答案，因为自治概念本身是一个相对的概念”。[②]自治与他治相连接，自由与控制相依存、与责任相辅承。

二、大学据以赢得自治、自主的资源依据

历史告诉我们，高等教育自主，既非空穴来风，亦非空中楼阁，更不是不可实现的空想；面对各种要求尽责的压力，高等教育系统并非单纯地逆来顺受、委曲求全，而是凭借自身所拥有的独特资源——文化资源，通过多种策略性努力，在必要的范围内卓有成效地维护、捍卫了其自主地位和自由空间。

在彼德·布劳看来，一切社会关系都可以看作交换关系[③]，更准确地说，可以看作资源交换关系。高等教育与社会多元价值主体之间的互动关系其实也是一种资源交换关系：高等教育所拥有、可供给的资源是以知识为素材的文化资源；高等教育系统在提供专业服务时，必须以知识为基本材料，以知识的生产、传播、应用等操作实践为基本活动形式。伯顿·R. 克拉克认为，高等教育服务的“基本材料在很大程度上构成各民族中比较深奥的那部分文化的高深思想和有关技能。……在教授和教师的许多特殊活动中，我们可以找到的共同内容就是知识操作，只是发现、保存、提炼、传授和应用知识的

① 骆栋岩. 英国大学拨款委员会历史研究——基于教育中介组织的视角[D]. 上海：华东师范大学, 2011.

② 尤斯廷·P. 托伦斯. 学术自由与大学自治[J]. 教育展望, 1999(03): 47-48.

③ 彼德·布劳. 社会生活中的交换与权力[M]. 孙非, 张黎勤译. 北京：华夏出版社, 1988.

工作组合形式有所不同罢了。……不管我们的定义是广义的还是狭义的，知识就是材料。研究和教学是主要的技术”[①]。在高等教育与社会其他利益主体之间的资源交换关系中，高等教育往往利用其所拥有、可供给的文化资源，通过交换，获得经济资源、制度资源、社会资源等。

社会交换理论的研究表明，资源交换关系并非绝对平衡和均等，由于不同资源的相对权重互有差异，资源交换关系总是处于不平等状态。在资源交换关系中，影响资源相对权重，进而影响资源交换双方地位的因素主要有二。一是资源本身的重要性、稀缺性和不可替代性。在交换关系中，任何一方可供给资源越稀缺、越重要、越不可替代，而其必需资源越普遍、越不重要、越可替代，则它在资源交换过程中的地位就越高，控制能力就越强。二是资源的可交换性，即资源能适合多少种类型的交换关系、满足多少种类型利益主体的资源需求。资源的可交换性越强，资源拥有者就越能在社会交换中获得更多的选择机会和权力。

传统社会中，高等教育及其文化资源在重要性、稀缺性和可替代性方面远不如经济资源、制度资源。对此，马克思和恩格斯给予了经典论述：“人们首先必须吃、喝、住、穿，然后才能从事政治、科学、艺术、宗教等等；所以，直接的物质的生活资料的生产，因而一个民族或一个时代的一定的经济发展阶段，便构成为基础，人们的国家制度、法的观点、艺术以至宗教观念，就是从这个基础上发展起来的，因而，也必须由这个基础来解释，而不是像过去那样做得相反。”[②]这表明，文化资源在很长时期里都不是第一位和优先性的，它总是处于派生地位和非优先状态。受此影响，高等教育在其早期发展阶段主要处于寄生状态和依附地位。以史为证，中世纪之前处于萌芽状态的高等教育常常寄生和依附于宗教图腾、行政机构的教化功能；中世纪时期大学教育很大程度上依附于和寄生在基督教会。与此相适应，当时的教育工作者常由祭司、官吏、僧侣兼任。

由于文化资源在重要性、稀缺性和不可替代性方面没有优势，高等教育要想凭借文化资源减少尽责的压力、赢得更多自主，就必须拓展文化资源的可交换性。为此，高等教育在其发展历史中主要采取了两种策略：一是积极发展和大力展示文化资源的多重价值属性；二是不断扩大和有效增加文化资

① 伯顿·R. 克拉克. 高等教育系统——学术组织的跨国研究[M]. 王承绪, 徐辉, 殷企平, 等译. 杭州: 杭州大学出版社, 1994: 11-12.

② 马克思恩格斯全集（第 19 卷）[M]. 北京: 人民出版社, 1963: 374-375.

源的交换对象。

为了讨论清楚高等教育的价值问题，就必须具体探讨高等教育的属性。在有关教育价值的研究中，存在两大缺陷。一是只界定了教育的价值，如将教育价值划分为内在价值和外在价值[①]，或“认识论价值”和“政治论价值”[②]，但没有寻找到教育与利益主体之间构建价值关系的依据，即教育的价值属性。二是虽然有人尝试考察教育的价值属性，但较少专门挖掘教育（特别是高等教育）赖以获得价值属性的根据、载体和基础。事实上，高等教育价值属性的根据、载体和基础，就是它所拥有、可供给、能交换的文化资源。在高等教育发展史中，文化资源逐渐积淀了本体性、工具性以及象征性等多重价值属性。

一是文化资源的本体性价值属性。从本质上讲，知识仅是对自然、社会以及意识等主、客观世界运行规律的总结和反映，并不具有其他另外的意义；但是，一旦人类基于改造自然和社会以展示自身本质力量、满足自身各类需要的冲动，以相当的历史自觉突显知识的内在价值，并赋予知识以独立的品格和本体的意义，知识也就借助这个形而上的过程，进入了人类的价值-信仰体系，成为人类认识-实践活动的根本目标和本体性追求。英国红衣主教纽曼所谓的“知识本身即为目的”[③]的命题恰切地表达了知识的本体性价值属性。

把突显文化资源的本体性价值属性上升为人类社会核心活动的努力，肇始于中世纪晚期近代大学产生之初。当时许多学者以及工业革命时期诸多怀恋中世纪大学传统的思想家，一直有意无意地根据文化资源的本体性价值属性，努力规范大学的运作目标和高等教育的存在目的。比如，纽曼大胆地主张大学是保存和传播普遍性知识的场所，它的目的不能是发现或功利，而应是传播永恒真理；德国的威廉·冯·洪堡断言，大学的核心是知识发现；赫钦斯则主张，大学的本质是发展纯学术。

二是文化资源的工具性价值属性。罗伯特·金·默顿指出，“在科学被当作一种具有自身的价值而得到广泛的接受之前，科学需要向人们表明它除了作为知识本身的价值以外还具有其他的价值，以此为自身的存在进行辩护”。[④]在这里，科学“作为知识本身的价值”指的是科学这种核心文化资

① 冒荣. 教育的内在价值和外在价值[J]. 教育研究, 1992(02): 17-20.

② 约翰·S. 布鲁贝克. 高等教育哲学[M]. 3 版. 王承绪, 郑继伟, 张维平, 等译. 杭州: 浙江教育出版社, 2001: 13-23.

③ 约翰·亨利·纽曼. 大学的理想（节本）[M]. 徐辉, 顾建新, 何曙荣, 等译. 杭州: 浙江教育出版社, 2001: 20.

④ R. K. 默顿. 十七世纪英国的科学、技术和社会[M]. 成都: 四川人民出版社, 1986: 20-21.

源的本体性价值属性，科学具有“其他的价值”主要是指科学这种特殊文化资源的工具性价值属性，即高等教育及其文化资源本体性价值属性在实践过程中所展现出来的、能够用于改造自然、社会乃至人类自身的价值属性，是高等教育的原生功能（包括元功能和本功能）通过合目的地运用所形成的价值属性和所外显的价值含量。

文化资源的工具性价值属性主要通过胜任多种社会职责，如人才培养、科学研究以及面向产业、政府等对象的服务，不断得到展示和强化。不过在此过程中出现了一个引人深思的问题：文化资源的工具性价值属性得到了日益广泛的重视，而本体性价值属性渐遭忽视，甚至“在高等教育内部，人们追求知识主要是作为手段而不是目的”。为了达到新的平衡，布鲁贝克提出了一种符合美国国情但值得商榷的解决之道：“现实主义的认识论必须用实用主义的认识论作补充。这种方法大概可以使高等教育哲学的政治论和认识论之间达到最有效的和谐。”①

三是文化资源的象征性价值属性。容易遗忘、难以发现的是文化资源的象征性价值属性，但在高等教育规模日益扩大、地位日益上升的现代社会，象征性价值属性影响力的范围和强度日趋增长。文化资源的象征性价值属性根源于本体性、工具性价值属性，不过它的形成仅是以人们对高等教育和文化资源本体性价值属性的心理崇拜、对工具性价值属性的情感依赖为基础。人类学的研究表明，“符号和象征在组合中传递意义”。②在高等教育领域，教育机构借助学历、文凭等符号形式，对那些接受了一定程度高等教育者的学术水平和能力特征进行量度。由于这些用以量度的标尺能够传递某些独特的象征性意义，它们甚至逐渐实现了与被量度的高等教育的价值类同、获得了与社会利益主体直接进行价值认证和资源交换的能力。对于学历、文凭等所承载的象征性价值，社会公众已能接受，且常常以此为依据，在个体层面对人的智力、素养、能力等各类素质做出评价和评分等，进而分配其社会职业、等级荣誉、晋升机会等各种资源；在群体层面对拥有不同层次学历、文凭等的人员进行社会阶层划分，并借助高等教育这种“象征性财产”的代际传承，维护固有的社会分层。③由于高等教育及其文化资源的象征性价值属性日益引人注目，“筛选假设理论”甚至认为，教育与生产率之间，并不如

① 约翰·S. 布鲁贝克. 高等教育哲学[M]. 3 版. 王承绪，郑继伟，张维平，等译. 杭州：浙江教育出版社，2001: 24.

② 埃德蒙·利奇. 文化与交流[M]. 卢德平译. 北京：华夏出版社，1991: 108.

③ Hollowell P G. Property and Social Relations[M]. London: Heinemann Education Boods, Ltd., 1982: 169.

人力资源理论所认为的那样存在直接关系，而只存在间接关系；教育并不会必然提高个人的生产能力，作为一种特定信号，它仅具有标识个人学习能力的作用。①

为了进一步扩大文化资源的可交换性，高等教育系统不得不而且在事实上成功地利用文化资源的多重价值属性与多种利益主体构建起了资源交换关系。

高等教育适应多元价值期待、构建多重资源交换关系的努力开始于中世纪。中世纪晚期大学勃兴之初，世俗君主和城市当局就发现，大学的存在，是“一批不容忽视的经济上的主顾，并为培训顾问与官员们提供无与伦比的教育场所，还是造成赫赫声望的基础，因此（大学）罢课和分离出去的强硬方法不会不奏效”。②许多城市（如意大利的维切利、佛罗伦萨），为了挽留大学而不惜付出昂贵代价，如由城市供养学者。③随着世俗机构从大学获利日多，原本敌视、限制大学的教会也开始转变态度，并自 9 世纪开始逐渐调整其对教育和学校的政策，声称“假如教会扩大和管理人们的事务，那么它必须塑造和控制他们的心灵”。“教育必须掌握在教会之手。”④面对各方竞相控制的企图，中世纪大学采取两种方式赢取自主：一方面，大学通过与多元利益集团之间的斗争，加大参与社会生活的力度，强化对社会-政治生活的影响力，另一方面，大学通过与多元利益集团之间的“相互正当化”而形成共生共荣的发展关系。通过这些努力，大学获得了诸多权利甚至社会特权。13 世纪末的托马斯如此描述了巴黎大学的自主状态：在巴黎城内，已分化形成了三股力量，“第一，商人、手工业者和普通百姓，名为大城；第二，宫廷周围的贵族和大教堂，名为旧城；第三，大学生和教员们，名为大学”。⑤

中世纪就开始形成、以争取自主为目标的多样化生存策略，此后一直得到高等教育系统的沿袭和发扬光大。⑥自 18 世纪起，大学借助日益兴起的民族主义、国家主义运动，逐渐发展成为民族性、国家性社团，政府资助逐渐成为其主体性资源供给渠道；进入 20 世纪之后，市场力量和商业活动新增为

① 靳希斌. 从滞后到超前——20 世纪人力资本学说 • 教育经济学[M]. 济南：山东教育出版社, 1995: 65.

② 雅克 • 勒戈夫. 中世纪的知识分子[M]. 张弘译. 北京：商务印书馆, 1996: 63.

③ Cubberley E P. Readings in the History of Education[M]. Boston: Houghton Mifflin Company, 1920: 163-164.

④ S. E. 佛罗斯特. 西方教育的历史和哲学基础[M]. 吴元训，张俊洪，宋富钢，等译. 北京：华夏出版社, 1987: 153-154.

⑤ 雅克 • 勒戈夫. 中世纪的知识分子[M]. 张弘译. 北京：商务印书馆, 1996: 66.

⑥ 陈伟. 高等教育多样化发展的哲学思考[J]. 浙江大学学报（人文社会科学版）, 2003(5): 138-144.

大学赖以生存的重要资源渠道。毫无疑问，文化资源的交换对象得到了持续不断的扩大。

三、大学捍卫自治、自主的多元基础

文化资源的多重价值属性及其广阔的可交换性，为高等教育系统有效构筑据以赢得自主的多重基础提供了可能；而高等教育系统借助自身富有策略的努力，通过建构本体性基础、制度性基础以及社会心理基础，进而使这种可能转化成为现实。

首先，文化资源的资本化，是高等教育据以赢得自主的本体性基础。文化资本（culture capital）是法国思想家皮埃尔·布尔迪厄习惯使用的一个范畴，[①]它指的是具有增值能力的文化资源，或者说指的是文化资源所具有的增值潜力。文化资源及其符号化了的学术资格认证通过与社会职业、地位、特权等资源之间的对应与交换，逐渐如同资本一样拥有了增值能力，不但为社会而且也为受教育者带来明显的经济、社会效益。在此过程中，文化资源转换成为“文化资本”。

将文化资源转化甚至私有化为个体的文化资本，是高等教育系统及其教师得以生存和发展的重要秘密之一。早在中世纪，许多原本社会地位低下、四处流浪的知识分子，凭借文化资源的资本属性，通过两百多年的努力就较好地改善了其经济状况，还不失时机地为自己攫取了贵族性社会地位。自此之后他们甚至不再把自己同新兴的城市紧密联系起来，也不再把自己看作劳动者。高傲的巴黎知识分子吕特彪夫在路易九世时代宣称，“我不是手工工匠”[②]。从此，“大学成员已转到依靠封建的，确切地说领主的或也是资本主义的收入生活的社会阶层方面”[③]，教师成了富有的土地所有者，甚至变成了放高利贷者。大学教师的“金指环和博士四角帽，以及人们在‘正式集会’（conventus publicus）或‘开学’（inceptio）的日子献给他们的帽子，也日益变得不再是职务的标志，而成了荣誉的象征”[④]。文化资源的资本属性如此强大，甚至使得知识很快就“变成了占有与财富，变成权力的工具，

① 布尔迪厄. 文化资本与社会炼金术[M]. 包亚明译. 上海: 上海人民出版社, 1997: 192-201.

② 雅克·勒戈夫. 中世纪的知识分子[M]. 张弘译. 北京: 商务印书馆, 1996:151.

③ 雅克·勒戈夫. 中世纪的知识分子[M]. 张弘译. 北京: 商务印书馆, 1996:109.

④ 雅克·勒戈夫. 中世纪的知识分子[M]. 张弘译. 北京: 商务印书馆, 1996:111.

不复再是无私的追求”①。这些变化进而带来了不良影响，它使得“在西方国家，将有几百年之久的时间，不再有任何的知识劳动者。或者不如说，理应得到这一名称的是地方学校的无名教师”②。

同样是借助文化资源的资本增值属性，19 世纪以来的高等教育系统及其学术专业，在日益强调“专家治理”的社会中，发挥着突出的作用。③艾尔文·古德纳相信，产生了一个“作为文化资产阶级的新阶级”。在此过程中，“文化是资本的普遍化，而资本是私有化的文化”。“文化向资产的转变，资产的收入可以被私人占有或遗留下来，这种资产被古典政治经济学家称为‘资本’。资本是对文化的私人占有，是把文化共有圈作私有。”④可以相信，文化资源的资本化，为高等教育争取自主地位奠定了坚实的本体性基础。

其次，文化资源的学科规训实践，是高等教育据以保护自主的制度性基础。文化资源据以存在的载体是学科。在具有底重结构特征的大学组织中，“划分和组合学术活动的基本方式有两种：根据学科进行划分和组合及根据院校划分和组合”。而“主宰学者工作生活的力量是学科而不是所在院校”。⑤学科的分化必然导致研究领域的分化和狭窄化，这将导致以不同研究领域为依据的多种“学术部落”的形成。⑥日益分化的学科及依此而形成的“学术部落”是学者社群行使学术权力、展示学术权威的重要载体，因此也是高等教育赢得和捍卫自主权力的基本依托。

文化资源的重要传承方式是学科规训。在英语中，discipline 是指陈“学科”范畴的重要语汇之一，但通过进一步的语言分析可以发现，discipline 至少包括三重含义：一为学科、学术领域及其相关的课程；二为严格的训练或熏陶；三为纪律、规范、准则、戒律或约束。米歇尔·福柯曾从“知识-权力”之间关系的知识社会学思考出发，论述了名词性 discipline 所暗含的动词性“规训”意义——这是对 discipline 第一种含义与后两种含义之间关系的有力

① 雅克·勒戈夫. 中世纪的知识分子[M]. 张弘译. 北京：商务印书馆, 1996:112.

② 雅克·勒戈夫. 中世纪的知识分子[M]. 张弘译. 北京：商务印书馆, 1996: 108.

③ Brint S. In an Age of Experts: The Changing Role of Professionals in Politics and Public Life[M]. Princeton: Princeton University Press, 1994.

④ 艾尔文·古德纳. 知识分子的未来和新阶级的兴起[M]. 顾晓辉，蔡嵘译. 南京：江苏人民出版社, 2002: 30.

⑤ 伯顿·R. 克拉克. 高等教育系统——学术组织的跨国研究[M]. 王承绪，徐辉，殷企平，等译. 杭州：杭州大学出版社, 1994: 33-35.

⑥ Tony Becher. Academic Tribes and Territories: Intellectual Enquiry and Cultures of Disciplines[M]. London: Open University Press, 1989; 托尼·比彻. 学术部落及其领地：知识探索与学科文化[M]. 唐跃勤译. 北京：北京大学出版社, 2008.

反思。学术思想史的研究表明，“十九世纪思想史的首要标志就在于知识的学科化和专业化，即创立了以生产新知识、培养知识创造者为宗旨的永久性制度结构”。[①]因此，“知识-权力”关系可以转化为“学科-权力”关系。受此启发，戴维·R. 夏姆威等提出了一个生造词——disciplinarity，意指“学科规训”“学科规训制度”等，以综合性地表达 discipline 所包含的“学科、规训、建制”等多元内涵。他们主张，学科规训权力的构建，“其实是教育——准确地说是在教育实践方式的层次上——一些简单微小变化所带来的结果，这些变化从 18 世纪后期就开始出现”。其表现为三个方面：“一、定期举行严格考试；二、考试结果以分数评定等级；三、不断的书写工作，既有学生自己的书写习作，也有他人关于学生的和组织上围绕学生的各种书写工作。”从历史上看，1750 年到 1800 年之间，书写、考试、评分等“三种做法已经各循不同方式、不同的内在规则，给引介入高等精英教育的三种新教育场所去。这三种教育场所是研讨班（1760 年间在德国大学界开始）、实验室（法国大革命前在法国高等学府开始）、课室（1760 年间在苏格兰的格拉斯哥大学开始）。它们都是新发明，都已各自成为学术研究的焦点”。[②]概言之，在研讨班、实验室、课室等教育场所中，通过书写、考试、评分等方式，高等教育系统成功地构建起了学科规训制度、掌握了学科规训权力，构筑了针对外部干预而设的主动防御机制和抗干扰护体，标志着学术专业建构起了捍卫学术自由、维护自身利益从而赢得自主的制度性基础。[③]

最后，文化资源的象征化，则是高等教育据以强化自主的心理基础。高等教育以文化资源的本体性、工具性、象征性价值属性为基础，借助文化资源的资本特性和学科规训实践，成功获得了社会公众和威权力量的价值认可与心理认同。表现之一是，由高等教育机构经过特定程序发放的文凭等，最初旨在较为准确地表征持有者的学术水平，随后逐渐被当作诸种职业市场据以确认持有者个人的素质、能力的可信标尺，在降低职业劳动市场的人才识别成本、较好地匹配人才供求关系方面发挥着较大的作用。随着学历、文凭等的社会认同度日益提升，社会公众甚至产生了对它们的崇拜，并引发了“学历主义”弊病。表现之二是，大学等高等教育机构被当作“人类精神的殿堂”

① 华勒斯坦，等. 开放社会科学[M]. 北京：生活·读书·新知三联书店，1997: 8-9.
② 华勒斯坦，等. 学科·知识·权力[M]. 北京：生活·读书·新知三联书店，1999: 45-51.
③ 陈伟. 作为自由之翼的学科规训权力——论学术自由的本体性基础[J]. 清华大学教育研究，2002(06): 1-8.

"社会的良心""世俗化的教会"[①]，社会公众在尊重这些高等教育机构的同时也对它们提出了更高的道德期望。表现之三是，高等教育机构中的主要活动者——大学教师（特别是他们发展至成熟阶段的学术专业）甚至被"假定""误认"（当然，这种"误认"非常必要）和期许为应该坚持"普遍主义""非功利性"原则，能为社会公众带来福利并将为公众福祉而奋斗的特殊群体，大学教师逐渐变成了一种具有伦理标志意义的符号。[②]

文化资源的象征性价值属性，一方面使高等教育及其内部的实践者（教师和学生）拥有了神圣的身份特征、获得了某些社会特权（如学术自由），另一方面也迫使他们必须同时扮演"贤"和"圣"的角色——既要承担起研究高深学问、传播高等知识的使命，还必须义无反顾地担负着诸多道德职责和伦理使命。"贤""圣"兼顾的角色定位，有助于高等教育系统获得外部权威的价值认可、社会公众的心理认同，进而让高等教育获得有利于自身存在和发展的社会资本。所谓社会资本，实际上就是有利于实现特定主体实践目标的各种人际关系，"和其他形式的资本一样，社会资本是生产性的，是否拥有社会资本，决定了人们是否可能实现某些既定目标"。[③]社会资本的获得，使高等教育系统在近千年持续的社会变迁过程中，一直岿然不动，并在同一个名称下拥有足够的发展空间和增值潜力，从而为高等教育拥有和保护其自主地位提供了可靠的社会心理保证。

四、大学赢得自治、自主的资源基础

资源依赖理论的基本假设是，没有任何一个组织是自给自足的，所有组织都必须为了生存而与其环境进行交换。获取资源的需求产生了组织对外部环境的依赖。资源的稀缺性和重要性则决定组织依赖性的本质和范围，依赖性是权力的对应面。[④]从资源依赖理论的角度看，大学是教师和学生从事知识操作的场所，因此需要依赖政府、市场、社会给予政治和政策资源、经济和物质资源以及其他社会资源；大学对外在资源的依赖程度，直接决定大学

① 约翰·S. 布鲁贝克. 高等教育哲学[M]. 3 版. 王承绪，郑继伟，张维平，等译. 杭州：浙江教育出版社，2001: 138-146.

② Bennett J B. Collegial Professionalism: The Academy, Individualism, and the Common Good[M]. Phoenix: Oryx Press, 1998.

③ 詹姆斯·S. 科尔曼. 社会理论的基础（上）[M]. 北京：社会科学文献出版社，1999: 354.

④ 马迎贤. 资源依赖理论的发展和贡献评析[J]. 甘肃社会科学，2005(01): 116-119, 130.

能够获得、可以掌握的自治权力的大小。

社会交换理论认为，人类的一切行为都受到某种能够带来奖励和报酬的交换活动的支配，换言之，人类一切社会活动都可以归结为一种交换，人们在社会交换中所结成的社会关系也是一种交换关系。社会交换理论由霍曼斯创立，主要代表人物有布劳、埃默森等。布劳认为，使一般行为变为交换行为必须具备两个条件："一是该行为的最终目标只有通过与他人互动才能达到；二是该行为必须采取有助于实现这些目的的手段。"[①]由于自身所拥有的资源类型的有限性，在广义的社会场域中，大学和外部利益相关者之间形成了双向价值期待，即大学需要外部利益主体给予的物质、制度、权力等各类资源，以便保证大学本身的生存；而外部利益主体主要需要获得大学所提供的知识资源（进而可以发展为能够不断增值的学术资本），以便实现社会的稳定与发展。为了回应大学与外部利益相关者之间的双向价值期待，双方进行了资源交换。

随着大学自身的成长与发展，以及大学与社会之间关系的演变与进化，大学单方面地依赖宗教、政府等机构提供资源支撑的单向资源依赖情况已经不复存在，更普遍的情况则是，大学与外部利益相关者（包括政府、市场等）之间各自拥有自身的资源，且形成了日益普遍、强劲的资源交换关系。在此背景下，大学能否自治以及自治状态如何，取决于大学与外部利益相关者之间所交换的资源以及资源交换方式等情况。基于资源依赖的社会交换，往往会因为资源本身的价值不对等而导致交换双方权力分配的不平衡。爱德华·劳曼和戴维·诺克建立了基于资源部署（resource deployment）和资源动员（resource mobilization）的权力观点，用来解释他们所观察到的不平衡交易的矛盾现象。[②]资源部署战略是从提供资源的参与者角度来看待权力，认为权力来源于使别人按照你自己的利益使用你的资源，于是你控制了他们的行为；资源动员战略则是从资源的接受者角度来看待权力，即把权力看作从其他参与者手中获得资源来追求你的目标的能力——你控制了他们的资源而不是他们的行为。在资源交换过程中，任何一方可供给资源越重要、必需资源的可替代性越强、可利用资源越丰富，那么该方所拥有的权力就越大。大学发展史，其实同时也是大学所拥有的知识资源日益丰厚、日益重要、价值日益彰显的过程。

① 彼德·布劳. 社会生活中的交换与权力[M]. 孙非，张黎勤译. 北京：华夏出版社，1988.

② Laumann E O, Knoke D. The Organizational State[M]. Madison: University of Wisconsin Press, 1987; 戴维·贝赞可，戴维·德雷诺夫，马克·尚利. 公司战略经济学[M]. 武亚军总译校. 北京：北京大学出版社，1999: 603.

首先，大学所拥有的知识资源日益丰厚。在中世纪时期，大学的知识资源较为薄弱，但是大学在教权与王权两大权威之间的冲突和斗争中，凭借其第三方的身份，尽管弱小，但能极为巧妙、极具决定性意义地影响双方冲突和斗争的结果，而且大学借助与教会的深度合作（比如教师和学生都宣布自己的教士身份、大学中的神学部至高无上、大学教学中神学内容的教学最受关注等），赢得了较为明显的自治。随着高等教育的不断发展和日益繁荣，特别是德国在 19 世纪兴起的高等教育模式，强调“通过研究进行教学”“教学与研究相统一”“科学的统一”等理念，使研究成为大学的体制化职能之一，大学的知识创新能力日益增强，大学的知识资源日益丰厚。

其次，大学所拥有的知识资源日益重要。正如克拉克·克尔所说的，在当今时代，“知识不仅是权力，它也是金钱——而且从来不是这样既是权力又是金钱，而且大学教授超出所有其他群体拥有更多的知识”。[①]不仅大学已经从政府、产业界获得自身的合法性根据，政府、产业界也日益从大学获得合法性根据、获取赖以发展与创新的资源和支撑。用汉斯·惠勒的话来说，这就是“知识与权力的相互正当化”，“在这种关系里，权力使知识以及现有的知识生产模式合法化，与此同时，知识又被用来证明现有权力秩序是合法的”。[②]在大学所拥有的知识资源日益重要的同时，大学所必需的资源，来源日益广泛、多样。大学对单一的外部威权主体的依赖日益削弱，大学的重要性日益突显，大学的自治权力必然得到更有效的保障，甚至具备了扩大自治权力的可能。

最后，大学所拥有的知识资源价值日益彰显。大学所拥有、可供给和能用于交换的知识资源（文化资本），不仅基于“知识本身即目的”的纽曼精神而具有本体性价值，且进入了人类价值-信仰体系，成为人类认识-实践活动的根本目标之一，而且还基于“知识就是力量”的培根命题，具备了工具性价值，且日益成为社会稳定、经济发展的核心支撑，此外，它还基于文化人类学的象征论、经济学的筛选假设理论而使知识资源（文化资本）具备了象征性价值，并成为大学赢得社会声誉、获得公众信仰的基础。大学所拥有的知识资源兼具本体性价值、工具性价值、象征性价值，这有助于大学赢得自治。

---

① 克拉克·克尔. 高等教育不能回避历史——21 世纪的问题[M]. 王承绪译. 杭州: 浙江教育出版社, 2001: 155.

② 汉斯·惠勒. 知识生产的国际政治学与高等教育的未来[C]//露丝·海荷. 东西方大学与文化. 赵曙明译. 武汉: 湖北教育出版社, 1996: 15-16.

大学是否因为拥有知识资源（文化资本），就可以通过资源交换而获得自立、拥有自治？哈罗德·珀金并没有这种认识，反而认为，由于大学需要消耗由政府提供的财政资助、社会提供的各类资源，其必须且只能损失自己的自由和自治、接受外在的控制。他的“历史的观点”的“中心主题是：自由和控制的矛盾关系”。与此相关，大学在保持清贫以坚守自由与放弃自由以获取资助之间的摇摆，往往会导致一种“奇怪现象：当大学最自由时却最缺乏资源，当它拥有最多资源时则最不自由”[①]。与哈罗德·珀金的观点类似，加雷斯·威廉斯基于“经济的观点”同样认为，“不仅仅是谁付账谁点唱，而且付账的方式也是怎么唱的决定因素”。[②]这些观点似乎在证明，大学自治只能是外在利益相关者、外部威权力量的“恩赐、赠予”，而不是大学凭借自身的价值，凭借自己所掌握、能供给的资源（甚至资本），通过“交换”而获得——这些观点，不能说是错误，但至少能够被悠久的大学发展史中的无数事实、被现代大学的迅猛发展和强大贡献所证伪。事实已经证明，从资源依赖和社会交换的理论视角看，表面上看似乎是资源依赖导致大学面临着被控制，其实则是基于社会交换、基于大学和外部利益主体之间双向的资源交换，大学有能力、有实力为自己赢得自由和自治，而不是也不需要其他利益相关者、威权力量“施舍”或“赠予”自由和自治的权利（权力）。

五、大学自治、自主的域限

综上所述，可以肯定的是，高等教育作为一种必须依赖经济资源、制度资源但又具有独特社会价值和文化功能的组织系统，虽然总是面临着必须尽责的社会压力，但也在一定程度和范围内构建了其据以保护自主的主动防御机制和抗干扰屏障。尽责尽管不可避免，但自主也并非纯属梦想，亦非纯粹的被动给予甚至施舍。正是在自主和尽责的双向互动中，高等教育拥有了虽有限但真实的生存空间和发展机遇，赢得了自身存在和发展的合法性依据。

即便如此，也不能断然肯定，“由于交往资格和可供给资源属性的独立性，高等教育就一定能够与社会其他各类利益主体之间进行平行式的直接交

---

① 伯顿·克拉克. 高等教育新论——多学科的研究[M]. 王承绪，徐辉，郑继伟，等译. 杭州：浙江教育出版社，2001: 26.

② 伯顿·克拉克. 高等教育新论——多学科的研究[M]. 王承绪，徐辉，郑继伟，等译. 杭州：浙江教育出版社，2001: 79.

换”。[①]其实，至少是在到目前为止的历史发展过程中，虽然大学在某些时期（如西欧中世纪大学初创时期）获得了一系列的社会特权、在资源交换关系中拥有某些举足轻重的砝码，但值得注意的是，一方面，随着市场机制日益广泛地影响社会生活的各个角落，高等教育再也不能如同早期的大学那样与各类利益主体保持直接交换关系，如收取学生的学费和考试费。为了保证高等教育的社会公益性质、为了彰显和强化高等教育的非功利主义形象，大学越来越倾向于通过政府（包括教育主管部门）、大学的基金委员会等机构过滤自己与学生学费、考试费之间的直接市场关系，消减其中可能包含的功利主义色彩。虽然办学成本越来越高、经费越来越紧张，大学仍然想方设法地摆脱经济实体身份，单纯保持服务者角色。另一方面，高等教育从来没有与社会各类利益主体真正建立起平行式的交换关系，高等教育历来处于派生地位，它必须挣扎着通过取得社会威权力量的合法性认可而赢得生存资源和发展空间。根本原因在于，如前所述，高等教育所拥有、可供给的核心资源——文化资源，在历史的大多数时期处于劣势地位。高等教育和社会多元利益主体之间即使存在有平行式的平等交换，也只能说，它要么只是作为一种辅助形式在历史中昙花一现，要么作为理想目标仅供未来追求；综观其发展史，高等教育与社会之间的资源交换形式主要是等级垂直式和间接互动式。因此，高等教育的自主往往是有限的，高等教育常常处于从属、受控的不独立地位。

高等教育能否真正自主？如何才能实现完全自主？高等教育与各类利益主体之间完全自主、平等的平行式资源交换，在何种条件下才能建立起来？虽然无法预知何时才能出现这种理想状态，但可以肯定它必须依赖两大前提条件。其一，文化资源的工具性价值得到充分彰显，以知识为基础的社会架构日益普遍和稳定，高等教育机构的知识操作活动对社会的发展产生了越来越显著、直接但又有节制的影响。阿尔温·托夫勒认为，在人类历史舞台上饰演主角的因素先后是：暴力、金钱、知识[②]——用本书术语讲，即制度资源、经济资源、文化资源。如果托夫勒的观点是可信的，文化资源的功能和价值得到彰显之时恰是知识超越了暴力和金钱的影响、成为决定性资源之时，是知识饰演历史主角之时。其二，文化资源的本体性价值属性得到了社会公众和威权力量更为深刻的认同、更强有力的自觉捍卫，其象征性价值属性得到了更为理性、冷静的认识和利用，而非盲目地崇拜和追捧。

---

① 谢维和. 论教育与社会的资源交换[J]. 教育研究, 1994（12）: 25-29.

② 阿尔温·托夫勒. 权力的转移[M]. 刘江, 陈方明, 张毅军, 等译. 北京: 中共中央党校出版社, 1991.

第二节　大学自治：西方大学治理的历史和逻辑

大学自治尽管重要，但它并非一种绝对的理想化状态，而是根植于现实的具体选择，有其历史进化过程；大学自治的程度和方式亦非永恒不变，而是因时因地而变，且在特定的时空范围内有其具体的逻辑内涵；大学自治在中国的实践，不能完全以西方为参照和依据，有其立足于国情、教情的具体特色。

辨析、厘清有关大学自治的误解，一要坚持"由经入史"的原则。历史已成过去，考古难以还原过去，因此可借助书籍等文献资料去探讨历史。不过，"尽信书，不如无书"。高等教育研究界对于大学自治以"神话"一般的方式进行传诵，其依据就是各种被当作经典的"书"。问题的关键在于，不要尽信、轻信各类"经典的书"中对西方大学自治的描述和界定，而应回到历史本身去，实事求是地研究大学自治在不同时间（历史时期）、不同空间（国别）的具体状况。二要理解"历史层累"的形成机制、坚持"古史辨伪"的原则。虽言"尽信书，不如无书"，但若无书，则无以理解大学自治的历史演进和内在逻辑。如何穿透遥远的实践、虚构的文本，从中找到大学自治的真相？可以借鉴历史学家顾颉刚的"历史层累说"的历史研究方法。① 顾颉刚认为，在"层累地造成"历史（特别是有关历史演变的学说）的过程中，产生了许多基于传说性质的历史而设定的概念和理念，且由于时间久远已经无法通过"实物的证明"予以佐证，"我们既没有实物上的证明，单从书籍上入手，只有这样做才可得一确当的整理，才可尽我们整理的责任"。② 整理史料，就得将散见于各种文献中的有关记载，按其出现的先后顺序排列起来，然后看其演变的过程，并根据不同年代的时势去解释这种演变。这是顾颉刚的第一大操作方法，即"历史演进法"。在顾颉刚看来，对于古代的传说，信它就是愚，驳它就是多余，如果用自己的理性去解释，那也只是说勉强地编织了一些理由。所以，对待古史传说，他要求自己"能处处顺了故事的本质去研究，以发现它们在当时传说中的真相"。③与胡适相比较，"胡以研究历史的眼光和方法去研究故事；顾颉刚反其道而行，以研究故事的眼

① 葛兴苗. 顾颉刚"古史层累说"探析[D]. 保定: 河北大学, 2014.
② 顾颉刚. 古史辨（第一册）[M]. 上海: 上海古籍出版社, 1982: 60.
③ 顾颉刚. 古史辨（第一册）[M]. 上海: 上海古籍出版社, 1982: 86.

光和方法去研究历史。其次，便是胡法的根基在版本的源流；而顾法的根本在故事演变和角色塑造”。[①]这是顾颉刚的第二大操作方法，即用“故事的眼光”研究古史。对于历史中的许多“伪材料”，顾颉刚在《古史辨》第三册的自序中较为详尽地表达了他独特的处理方法，“许多伪材料，置之于所伪的时代固不合，但置之于伪作的时代则仍是绝好的史料：我们得了这些史料，便可了解那个时代的思想和学术。所以伪史的出现，即是真史的反映。我们破坏它，并不是把它销毁，只是把它的时代移后，使它脱离了所托的时代而与出现的时代相应而已。实在，这与其说是破坏，不如称为‘移置’的适宜”。[②]这是顾颉刚的第三大操作方法，即“伪史移置法”。借鉴历史学研究方法，借助“历史演进法”“用‘故事的眼光’研究历史”“伪史移置法”等具体方法，其实同样可以穿越历史的迷雾和文本的粉饰，梳理出大学自治的进化过程，批判地反思大学自治的本真。

一、西方大学自治的历史进路

从概念逻辑看，西方大学自治总是与学术自由等概念一起被人称颂。但深入其中的学理关系则可以发现，大学自治与学术自由等概念存在一定的区别。学术自由主要作为欧洲中世纪教授的封建特权而存在，旨在保证大学教授在教学和真理阐释方面的权威。[③]随着概念的演化和发展，学术自由更多地被视为学术人员履行使命的方式，很大程度上源自19世纪德国教学自由、学习自由和大学自治的概念。[④]学术自由并非无限自由，而是有其边界。一般而言，学术自由属于学术人员的个体性权利，而大学自治主要是学术机构之中的学者共同体的团体性权利；学术自由逻辑必然地要求以大学自治为保障，因此学术界往往将大学自治视为承载学术自由的组织形式，学术界希望借助大学自治以获得独立处理内部事务的自主空间，同时划定学术人员自由教学、研究、追求真理的区域和边界。随着高等教育市场化、竞争和绩效评估的强化，作为机构的大学必然赢得日益强劲的自治，但同时可能

---

① 许冠三. 新史学九十年[M]. 长沙: 岳麓书社, 2003: 203.

② 顾颉刚. 古史辨（第三册）[M]. 上海: 上海古籍出版社, 1982: 8.

③ Lenhardt G. Europe and higher education between universalisation and materialist particularism[J]. European Educational Research Journal, 2002(1): 274-289.

④ Goldstein S R. The asserted constitutional right of public school teachers to determine what they teach[J]. University of Pennsylvania Law Review, 1976(124): 1293-1357; Metzger W P. Profession and constitution: Two definitions of academic freedom in America[J]. Texas Law Review, 1987(66): 1265-1322.

会因大学机构的强大权力而削弱大学教师的学术自由权利。这是大学自治与学术自由的关系悖论。另外，大学自治也有其限度。一旦传统大学逐渐从“象牙之塔”转变为公共服务机构或独立法人，学术自由就会从特权转换为责任。学术虽无禁区，但大学课堂有其纪律要求，学术自由因此就会遭遇其边界。因此可以说，“自由、自治与自律”是现代大学治理体系的核心要素。①

从历史发展的维度看，哈罗德·珀金认为，“从中世纪大学到20世纪的大学，自治或自我管理一直是高等教育机构的思想体系中的一个重要成分”。②对于西方大学自治，至少有两种理解方式。一是历史起点论，即认为大学自治是西方大学治理在历史原初时期的一种方式和状态。比如，柳翔浩以历史社会学研究范式为研究视角，认为前工业文明、工业文明和后工业文明三种社会形态所形成的权力主导型社会治理模式、管理主导型社会治理模式和服务主导型社会治理模式，通过向大学场域的映射，导致大学治理走过了自治主导型、管治主导型、共治主导型三种治理模式接续转换的历程，形成了内在逻辑、制度逻辑、结构逻辑不断融合的脉络；其中，在自治阶段，内在逻辑规定大学的学术轴心，在管治阶段，制度逻辑规制大学的运作秩序，在共治阶段，结构逻辑实现大学的民主协商和权力制衡，三者共同形成和谐共生的治理生态。③“自治主导—管治主导—共治主导”分析框架，是通过将大学置于社会场域之中，讨论大学在诸种内外部利益主体的复杂关系下的大学治理问题；它不是一直以大学自治为中心展开讨论，而是仅把自治看作大学治理的一个起步阶段，当时的外部利益主体要么不关心教育（比如世俗王权），要么为了利用教育而赋予教育以特权（比如教会），因此能够认定，初创时期的大学和学院拥有非常全面的自治权利，随后却因为外部利益相关者日益广泛、深入地参与大学治理，大学治理向管治、共治转换。二是历史过程论，即认为大学自治一直存在于西方的大学治理体系之中，但它处于持续演化、不断变迁的历史过程之中，且呈现出不同的历史形态。比如，茹宁和闫广芬认为，大学自治的理论根基在于大学的知识本性，知识生产内蕴的个体性与社会性、合理性与合法性矛盾是大学自治制度存在的必要前提。知识的社会功用决定了大学自治的内在限度，国家能力的强弱则是大学自治的外部条

① 袁本涛，朱贺玲. 自由、自治与自律：现代大学治理体系的核心要素[J]. 北京教育（高教），2019(01): 29-33.
② 奥兰多·阿尔波诺兹. 高等教育中的自治与会计责任制[J]. 曾子达译. 教育展望，1992, 21(02): 64.
③ 柳翔浩. 转换与融合：大学治理模式的历史社会学分析[J]. 教育研究，2016, 37(07): 83-90.

件，内外因素的交互作用则决定了大学自治的三种历史形态，它们依次是特权自治、制度自治、责任自治。[①]茹宁和闫广芬的观点，概括了西方大学自治在不同历史条件下的特征。

从西方的大学发展史看，大学自治一直是大学治理的重要议题。大学自治，并没有随着外部利益主体（比如政府、市场等）对大学治理的介入、高等教育的发展而被管治、共治所替代，而是一直在自治的主题下，通过包括管治、共治等在内的诸种治理形式，因时而变地调整其治理方式。具言之，如果以自治为中心重点讨论自治的内容和实质，则可以发现，在西方大学发展史中，大学自治先后经历了“自决—自立—法治”三个阶段，或者说，在历史上先后出现了以“自决”“自立”“法治”为主导的大学自治模式。

（一）大学自决

自决（self-determination），即特定主体依据自己的意志处理诸项事务的方式或权利，以及根据这种方式或权利，主体可不受外部强制而确定自己的行动或状态。在德国古典哲学家康德看来，自决的核心特征在于：基于理性法则、遵循意志自由，做出自我决定——这是一个从“自由到自决”的逻辑过程。[②]自决，是民事纠纷最原始、最简单的处理方式，也是处理民族关系上一种常见的方式，即民族自决（national self-determination），当然也是大学产生初期实行自治的基本形式。

在 12 世纪左右西欧的许多新兴城市中，逐渐兴起了大学，不过数量可能更多的是学院。[③]初创时期的大学自治，具有明显的自决特征，而其赢得自决型自治权利和权力的依托，就是大学这种知识操作团体和师生组织方式，自创建伊始，就是以当时流行的行会为组织参照。“大学，无论是硕士的还是学生的，都仅仅是行会的一种特殊形式：大学的上升仅为十一世纪时期在欧洲城市中广泛盛行的巨大结社运动的一波而已。”[④]由于大学社团对行会建制的特殊偏好，甚至可以说，在 11 世纪，“大学”一词和“行会”一词，

① 茹宁，闫广芬．大学自治的条件与形态：知识的视角[J]．清华大学教育研究，2007(03): 15-21.

② 于福坚．从自由到自决：民族主义思想的发展脉络[J]．广西民族研究，2011(02): 31-39.

③ Cobban A B. The Medieval Universities: Their Development and Organization[M]. London: Methuen & Co. Ltd., 1975.

④ Rashdall H. The Universities of Europe in the Middle Ages(Vol. I)[M]. Oxford: the Clarendon Press, 1987: 151-152.

都被用来专指学生团体。[①]欧洲中世纪大学是建立在行会概念的基础之上的，而行会自治的出现又根植于欧洲中世纪普遍存在的城市自治的政治传统。当时的手工业者行会，其内部是由许多手工作坊所组成。在每一个手工作坊中，实行集权管理和等级化控制，师傅至高无上，是手工作坊的财产所有者和绝对的管理者，学徒则处于最底层，学成后还要以帮工身份免费为师傅工作一段时间，此后才能取得师傅资格、新开手工作坊。但在行会内部，不同手工作坊的师傅则按照“一人一票”的民主原则共治行会内部事务。在对外关系中，行会则集体保证产品规格和质量标准，同时集体对外谈判。概言之，行会的主要特征有：作为行会组织基层单位的手工作坊，实行“师傅—帮工—学徒”的等级控制和垂直管理；作为不同手工作坊主的师傅，在行会中则按照“一人一票”的原则，民主平等地自治；行会对外则进行专业垄断。内部自治、对外垄断的行会特性，在大学和学院中同样存在，并形成了伯顿·克拉克所谓的“行会权力”[②]。在学生大学时期，学生行会垄断自治权力；进入教师大学时代之后，则是学者行会垄断自治权力。不管是学生还是教师的垄断治理权力，大学在其初创时期实现的自治，其实都是原始性、原初性的自决。

大学在初创时期的自治权之所以具有自决特征，至少有两点原因。其一是权利（权力）内容的充分性。当时的大学通过向教会靠拢的身份依附策略、与教权和王权之间的刚性斗争策略、构建自身相对独立的知识基础的柔性独立策略以及知识与权力的相互正当化的合作共生策略，赢得了财产保全和人身自由神圣不可侵犯的充分民事权、有关大学师生事务的独立司法权、税役豁免权，以及罢教迁移、教师选拔、教育教学、学位授予等方面的学术自由权。[③]这些权利（权力）的获得以拥有特许状为标志，且在当时足以保证大学作为特殊的知识操作社团自决其内部事务。其二是权利（权力）运行的特殊性。中世纪时期的大学，尽管教师在身份上依附于教会、把服务于教会作为最高任务，但在社会关系的处理上，倾向于以教会庇护为前提，坚持孤立主义原则，坚守象牙塔，相对超然于社会，并借助特许状所保障的诸项特权，保证大学完全自主地决定自身存亡、去留及建设方向。中世纪大学是中世纪社会环境的产物，社团是中世纪特有的法律形式，其实质是特许

① 斯蒂芬·F. 梅森. 自然科学史[M]. 上海外国自然科学哲学著作编译组译. 上海：上海人民出版社，1977: 94.

② 伯顿·R. 克拉克. 高等教育系统——学术组织的跨国研究[M]. 王承绪，徐辉，殷企平，等译. 杭州：杭州大学出版社，1994: 126-128.

③ 陈伟. 论中世纪晚期西方大学和学者社群的社会特权[J]. 广东教育学院学报，2006(04): 47-52.

法人。中世纪大学的特许状不是近现代意义上大学与政府之间的契约，不是民法上的合同而是身份的认同协议，不是自由而是具有等级性的、脆弱的特许权[①]。这个阶段大学所享有的自决型自治权利，其实只是一种社团权利。

初建时期的大学坚持自决型自治，其合法性基础在于奉行“认识论”哲学。“强调认识论的人，在他们的高等教育哲学中趋向于把以‘闲逸的好奇’精神追求知识作为目的”[②]，坚持“知识本身即目的”“为科学而科学”的纯粹理性崇拜；坚持认为，“自治所以合理存在的根据必须是忠实于真理”[③]。在纽曼看来，知识是理智的东西，它能领会基于感觉但超越于感觉的事物，且与思考、概括相联系；知识之尊贵，在于它是起源于本身的一种科学或一种哲学的过程，它是精神的一种状态；知识不仅是达到某事物的手段及一种初级的艺术，更是一种目的，是以自身为追求目标的目的。纽曼的知识目的论有两层含义：其一，知识作为精神的一种状态，追求知识本身就是一种精神追求，而精神追求的最大目的也就在于精神本身；其二，以科学形式表征的知识，同时也是建基于善之上的权力，而善只能是目的不能是工具和手段，因此知识亦即目的本身。[④]以知识目的论为根基的“认识论”哲学，为初创时期的大学赢得合法性根据奠定了强有力的基础。

（二）大学自立

存在即合理，存在需要证明其合理性。大学产生之后，在“认识论”哲学的指导下，凭借自决权利（权力），通过强化知识基础、建构学术规范，孕育了日益丰厚的学术资本，从而使得大学本身的自治进化到了第二个逻辑阶段，即自立（self-supporting，self-reliance）。自立，包含了多层内涵，一为独立存在；二能自持自守，不为外力所动，亦无须依赖他者；三是可依靠自己的力量有所成就。大学能否自立以及自立程度的高低，取决于它们是否找到了自己据以主宰命运、实现自我独立的合法性存续的依据、合理化发展的支撑、合规律合目的地走向自我完善和提升的资源。“大学像其他人类组

---

① 覃红霞. 中世纪大学自治的误读与重释[J]. 高等教育研究, 2017, 38(06): 86-92.

② 约翰·S. 布鲁贝克. 高等教育哲学[M]. 3 版. 王承绪，郑继伟，张维平，等译. 杭州：浙江教育出版社, 2001: 13.

③ 约翰·S. 布鲁贝克. 高等教育哲学[M]. 3 版. 王承绪，郑继伟，张维平，等译. 杭州：浙江教育出版社, 2001: 35.

④ 单中惠，杨汉麟. 西方教育学名著提要[M]. 南昌：江西人民出版社, 2000: 262.

织——如教会、政府、慈善组织——一样，处于特定时代总的社会结构之中而不是之外。大学不是孤立的事物，不是老古董，不会将各种新事物拒之门外；相反，它是时代的表现，是对现在和未来都会产生影响的一种力量。”①在以自立为基石的自治阶段，大学一方面镶嵌到社会结构之中，另一方面与外部的利益相关者保持复杂联系，并坚持联邦主义原则，凭借自己所拥有的资源乃至资本，先后与教会、王权、产业界结盟，与外部利益主体之间彼此独立但又共同存在、共生发展。

从历史的角度看，大学最早是依持自身作为社团组织的政治资本、社会资本，通过与外部利益主体进行政治结盟而赢得自立。如前所述，13 世纪末的多米尼克修会修士、爱尔兰的托马斯发现，大学的师生与“大城”（包括商人、手工业者和普通百姓）、“旧城”（宫廷周围的贵族和大教堂）共治巴黎。②大学随后逐渐与国家、政府形成政治同盟。正如法国历史学家雅克·勒戈夫所发现的，德意志基于 1409 年颁布的“库特纳·霍拉”国王诏令，放弃建设位于捷克人居住区的布拉格大学，转而在莱比锡新创了一所大学，“这是中世纪历史的转折点，民族的大学诞生了，知识界适应了政治的模式”。③大学的民族化变革，同时就是大学的世俗化和去宗教化；通过这项变革，大学传授世俗知识、培养世俗专业人才、造就公务人员、服务新兴国家，进而削弱教会对大学的控制、降低自己对教会的依附。世俗化、去宗教化改革，其实表明大学已经具备了服务于世俗国家、赢得自立的知识资本，这是大学开拓新的生存空间的关键性一步。随着时间的推移，大学日益与外部利益主体在经济和社会发展领域进行结盟。据此亨利·埃茨科威兹和雷德斯多夫提出了著名的“大学-企业-政府”三螺旋理论④，在中国则具体化为“官产学研协同创新四维关系”⑤。大学与外部利益主体在经济、社会发展领域的结盟，彰显了大学在现代社会的自立之本。

大学以自立为特征的自治，既信奉高等教育的“认识论”哲学，更尊崇高等教育的“政治论”哲学，而且往往借助“认识论”“政治论”的多元复

① 亚伯纳罕·弗莱克斯纳. 现代大学论——美英德大学研究[M]. 徐辉，陈晓菲译. 杭州：浙江教育出版社，2001: 1.

② 雅克·勒戈夫. 中世纪的知识分子[M]. 张弘译. 北京：商务印书馆，1996: 66.

③ 雅克·勒戈夫. 中世纪的知识分子[M]. 张弘译. 北京：商务印书馆，1996: 129.

④ Leydesdorff L, Meyer M. The triple helix of university-industry-government relations[J]. Scientometrics, 2003, 58(02): 191- 203.

⑤ 庄涛，王桂东. 官产学研协同创新四维关系研究——基于三螺旋视角[J]. 技术经济与管理研究，2017(08): 27-32.

合型哲学基石赢得自身存在与发展的合法性。[①]在自立型大学的“认识论”哲学范畴里，它不再单纯坚持纽曼时代“知识本身即目的”的纯粹的知识目的论，而是崇尚德国柏林洪堡大学“教学与科研相统一”“通过研究进行教学”的弗莱克斯纳式的现代大学观，其中“学者和科学家们主要关心四件事情：保存知识和观念、解释知识和观念、追求真理、训练学生以‘继承事业’”[②]。根据这种“认识论”哲学，大学可以不断强化其知识基础和学术资本。但是，即便是弗莱克斯纳式现代大学观的“认识论”，仍然不足以保证大学的自立型自治，它还需要“政治论”哲学的支撑。在其“政治论”哲学范畴里，自立型大学不但彰显出“直接服务社会”的“威斯康星精神”，而且大学本身的组织也发生日益深刻的变化——“多元巨型大学”是其必然的选择，其基本特征是：尽管精神和理念统一且共享“大学”的名称，但内部组织复杂多元、松散联合，对外则尽量积极、全面地满足多元需求；新型的大学日益镶嵌到社会之中，“大学作为知识的生产者、批发商和零售商，不可避免地要向社会提供服务”，“大学的边界已经伸展到能够拥抱整个社会”。[③]从世界各国的大学看，“本科生生活力图追随英国式的（英国人为此尽了最大努力），并从历史渊源上追溯到柏拉图；人文主义者在这里经常可以找到共鸣。研究生的生活和研究追随德国式的（德国人曾经为此竭尽最大努力），从历史渊源上追溯到毕达哥拉斯；对所有这一切，科学家给予全力支持。‘较小的’专业（指比法律和医学专业小）和服务性活动追随美国的模式（因为美国模式最完善），并从历史渊源上追溯到智者，社会科学家最能与它产生共鸣。洛厄尔认为，他的最大兴趣在第一类，埃利奥特在第二类，詹姆斯·布赖恩特·科南特（James Bryant Conant）（1934—1954）属于发展的第三条路线，兴趣在于综合。……任何地方的大学，都无法超过英国尽量为本科生考虑、德国尽量为研究生和研究人员考虑、美国尽可能为公众考虑的目标——为了保持不易保持的平衡，越采取混合式越好”[④]。“多元巨型大学”的出现，揭示了现代大学追求自立的基本逻辑：以多样化的服务满足社会公众多元化的需求，折射了大学赖以实现自治的核心特征：以“认识论”和“政

① 约翰·S. 布鲁贝克. 高等教育哲学[M]. 3 版. 王承绪，郑继伟，张维平，等译. 杭州：浙江教育出版社，2001: 15.

② 亚伯纳罕·弗莱克斯纳. 现代大学论——美英德大学研究[M]. 徐辉，陈晓菲译. 杭州：浙江教育出版社，2001: 4.

③ Kerr C. 大学的功用[M]. 陈学飞，陈恢钦，周京，等译. 南昌：江西教育出版社, 1993: 80.

④ Kerr C. 大学的功用[M]. 陈学飞，陈恢钦，周京，等译. 南昌：江西教育出版社, 1993: 11-12.

治论”的复合型哲学基石谋求自立的资本。

（三）大学法治

大学的自治，始于以章程、特许状为基础的契约，成熟于依法治校的法治。[①]大学法治是以权力制约和权利彰显为关键特征的现代大学管理机制、组织方式和秩序状态；大学法治的价值既体现为理性化的形式性价值，也体现为彰显大学理性与自由的实体性价值。[②]

大学自治从中世纪以来的自决、自立进而发展演化为法治，受制于多种原因。除了世俗社会的民主化、法治化变革所带来的外在推动力之外，大学自决、自立所依赖的行会组织特性所天然具有的缺陷，也迫使大学自治方式做出现代变革。“不管怎样，行会思想，‘学者共和国’，仍然常常是教师们幻想中的‘天堂’……”[③]行会，是一种以本行业为范围、对外垄断、对内进行封闭式管理的特殊组织形式，而且，内部自治的目标往往就是对外垄断。这就使得从学者行会中脱胎而来的西方大学，在获得自治权利的同时不可避免地带有甚至有意强化行会组织的固有的弊端。布鲁贝克曾援引莫伯累的观点，认为“大学是学术行会，历史会使我们想起，由于行会自行其是，因此很容易带有某些弊端，如散漫、偏执保守、排斥改革”。[④]

克拉克·科尔（Clark Kerr）在《大学的功用》中对大学的行会性质做出了更为深刻、全面的批判和反思。他指出，“弗莱克斯纳总体上把大学看作‘常常是保守的机构，有时甚至是反动势力的堡垒’”。因为“在学术行业中，像其他许多行业一样，有一种‘行会思想’。行会孤立于社会，忠实于生产者主权而非消费者主权。它更多地遵守行会的规章制度而非及时适应大众的需要”。[⑤]行会的自利倾向，导致社会对行会特性的不满，并出现了两种变化。变化之一是，“历史有时绕过了‘行会’；有时破坏了行会；有时改造了行会；有时把行会一扫而光”。变化之二是，对行会的认识也出现了分化。克拉克·克尔认为，“教师个人，尤其是教师中政治上的自由派，对大学的看法常常分为‘行会’的观点和‘社会主义者’的观点。行会的观点主张自

① 谭胜. 我国高校章程建设的逻辑起点及其当前困境[J]. 现代教育管理, 2013(09): 11-15.

② 黄彬. 大学法治：价值证成、秩序追求与自由目的[J]. 教育发展研究, 2018, 38(Z1): 45-49, 66.

③ Kerr C. 大学的功用[M]. 陈学飞, 陈恢钦, 周京, 等译. 南昌：江西教育出版社, 1993: 70.

④ 约翰·S. 布鲁贝克. 高等教育哲学[M]. 3 版. 王承绪, 郑继伟, 张维平, 等译. 杭州：浙江教育出版社, 2001: 32.

⑤ Kerr C. 大学的功用[M]. 陈学飞, 陈恢钦, 周京, 等译. 南昌：江西教育出版社, 1993: 69.

决，抵制当局和理事们的影响；社会主义者的观点则主张为通常由当局和理事们所代表的社会服务”。①行会的相对封闭特征和自立自足倾向，一旦与学者行会内部的知识分化特性和缺乏统一性的状况结合在一起，很容易使得西方大学成为偏安社会一隅的“象牙之塔”。尽管学术界对克拉克·克尔的“多元巨型大学”观仍然存疑且有争论，比如，罗伯特·沃尔夫在其《大学的理念》一书中直言不讳地说，《大学的功用》采用“描述-庆祝”的表达方式，暴露了处于事实描述和标准化辩护之间的模糊的混合②；徐丹发现，克拉克·克尔所创立的，“既不是作为语汇的‘多元巨型大学’，也不是作为机构的‘多元巨型大学’，按照亚瑟·莱文的说法，克尔创立的是一种‘多元巨型大学的哲学’”③。但不可否认，克拉克·克尔在阐释“多元巨型大学”时，其实是对行会、行会式大学的诸种关键性特征做出了掷地有声的批判。

面对上述批判，随着大学的世俗性日益增强，随着大学与社会的关系日益密切，大学必须摆脱行会特性的不良影响，自觉按照现代社会的运行法则，进入法治的轨道。

18 世纪前后，国家主义的思想日益深入地影响大学的发展及其自治状况。但是，18 世纪及其之前的国家，多属于传统的帝国或王国；而 19 世纪之后则多为民族国家。“在十八世纪最后几十年间受到各国大多数知识分子赞同的，世界主义情感几乎完全被扼杀了。无论是在被征服的土地上，还是在受到威胁的国家里，拿破仑军队的胜利进军都激起了强烈的爱国主义，因此昔日的民族隔阂重新产生了。国家主义在欧洲战场上重新出现，而且成为十九世纪的国际政治中最有势力的因素之一。”④在国家主义兴起的背景下，拿破仑被看作为第一位把握控制大学系统的人，因此他在历史上彻底重建了当时法国的大学体系，并使其成为由国家管理的法国教育体系的一部分，并保持至今⑤。以民族为基本单元的现代国家，核心特征和总体趋势在于法治；法治文化是现代国家的必需品。⑥置身于现代民族国家之中的大学，自治的“理想类型”和基本模式只能是法治。

德国的教育法治进程极具代表性。可以说，是 18 世纪末的立法活动最终

① Kerr C. 大学的功用[M]. 陈学飞，陈恢钦，周京，等译. 南昌：江西教育出版社, 1993: 70-71.
② Wolff R P. The Ideal of the University[M]. New Brunswick: Transaction Publishers, 1992: 28-33.
③ 徐丹. 内在的崩溃：克尔“多元巨型大学观”述评[J]. 清华大学教育研究, 2007(06): 21-31.
④ 博伊德，金. 西方教育史[M]. 任宝祥，吴元训译. 北京：人民教育出版社, 1985: 325.
⑤ Kerr C. 大学的功用[M]. 陈学飞，陈恢钦，周京，等译. 南昌：江西教育出版社, 1993: 16.
⑥ 马怀德. 法治文化是现代国家必需品[N]. 新华日报, 2014-10-29(014).

从法律的高度确立了大学的公立性质。德国人素重立法，法律主义传统甚浓。受著名泛爱主义教育家约翰·伯恩哈德·巴士多的影响，普鲁士首相冯·齐多蒂兹设法使人们接受了1787年《学校法》，并设立了教育部，把全普鲁士学校都集中在国家控制之下。不久，政府又对所有古典学校的毕业生实行“毕业考试”（leaving examination），规定凡通过考试者都可直接升入大学。1794年颁布了国家教育法，使普鲁士教育由教会控制转变为接受国家管理。该法案宣布，大、中、小各级学校均为国家机构，没有国家许可任何人不得私自办学，学校应当始终服从政府的检查与审核。从此，教师成了国家的雇员，市政当局承担了全部管理责任，课程按照普鲁士的标准确定。这种国家主义化了的教育结构构成了现代化过程中德意志国家和民族特性赖以形成的基础。[①]德国“在1650—1800年期间教育发展过程中出现了三大基本趋势——国家控制的平稳扩张、世俗化进程的持续发展以及整个潮流的持续扩大”。[②]随着世俗国家对教会统治地位的取代，牧师也转而以国家的名义从事神职活动，神学部独占鳌头的状况日渐消失，教会法各分支的研究和教学活动渐被废弃，现代哲学和科学获得了极大解放并在大学中跃居首位。文化国家观的理念加上法治的制度安排，德国大学自治的法治传统最终得以确定。

美国大学自治体系的法治特征也很明显。[③]从《五月花号公约》（The Mayflower Compact）开始，“美国人尊重法律——美国人爱法律如爱父母——每个人从法律力量的增强中看到个人利益”，“不管一项法律如何叫人恼火，美国的居民都容易服从，这不仅因为这项立法是大多数人的作品，而且因为这项立法也是本人的作品。他们把这项立法看成是一份契约，认为自己也是契约的参加者”。[④]作为一项根深蒂固的文化传统，法治贯穿于美国高等教育的发展史、决定着其大学自治的特征，可以说“没有美国高等教育的法治，就没有高等教育的现有发展”。[⑤]支撑美国大学法治的因素有两个方面，一是美国大学治理的“外部法律”，即由外部机构制定和强制实施，其来源包括：联邦宪法；州宪法；由州和联邦政府颁布的各种法令；由州和联邦行政机构颁布的行政条例和规章；州普通法，由法官制订的法律，而不是源于宪

---

① S. E. 佛罗斯特. 西方教育的历史和哲学基础[M]. 吴元训，张俊洪，宋富钢，等译. 北京：华夏出版社，1987: 365-367.

② Paulsen F. German Education: Past and Present[M]. Lorenz T(translator). Wyoming: Kessinger Publishing, 2008.

③ 刘爱生. 论美国大学治理的法治性[J]. 重庆高教研究, 2015, 3(06): 45-50.

④ 托克维尔. 论美国的民主（上）[M]. 董果良译. 北京：商务印书馆, 1989: 302-303.

⑤ 姚云. 美国高等教育法治研究[M]. 太原：山西教育出版社, 2005: 1-2.

法、立法机构或行政机构的法律；外国与国际法，主要用于处理高等教育全球化的事务。二是美国大学治理的“内部法律”，即由大学自身为其治理所制定的法律，在大学运行中处于核心地位，构成了大学内部治理系统的基石，其法律来源包括：大学条例和规章；大学与教师、职工、学生、政府以及外部机构（诸如建设公司、供应者、来自私企的研究赞助者）等签署的合同；有时被称为“校园普通法”、即使成文也非正式文件的学术惯例[①]。由于有外部法律和内部法律共同发挥作用，因此基于法治的大学自治，并没有否定学术权威对学术事务的自治权限，而是通过对大学场域中的学术权威、政府、市场等三大基本权力的规范和协调，保证大学的自治、彰显大学的法治权威。

在日本，1999 年制订《独立行政法人通则法》时，国立大学的独立行政法人化问题被正式纳入政府的工作计划；2003 年 7 月《国立大学法人法》在国会获得通过，根据这一法律的规定，国立大学从 2004 年 4 月起建立国立大学法人制度。[②]这场改革的根本目的，就在于通过向国立大学引进市场竞争机制，使其向民营化方向发展，进而改变国立大学的“国立”性质，把它变为非国立机构。为此，政府大幅度放宽对国立大学预算、组织和人事等方面的限制，具体采取了扩大校外有识之士的参与、引进以第三者评价为基础的竞争机制、教职员身份的非公务员化等措施，以期创建自主自律、充满活力、具有国际竞争力的大学。这些目标和措施受到了文化教育派的强烈反对，认为国立大学法人化是最具欺诈性的语言，因为向国立大学引进市场机制，把大学作为追求利润的工具，就会从根本上否定大学教育与研究的特殊性，会伤及大学自治的基本理念和科学研究本身，所以应坚决反对国立大学独立行政法人化，并强烈呼吁，重新思考大学原本的使命。[③]尽管有文化教育派的反对，但也有研究认为，这场改革确实使得日本大学人事管理制度改革呈现出自主权增强等新的趋势和特点。[④]

法治，既强调形式意义的法治，即“依法治理”“依法办事”的治理方式、治理制度及其运行机制，更强调实质意义的法治，即强调“法律至上”“法律主治”“制约权力”“保障权利”的价值、原则和精神，因此它是对法

① 刘爱生. 美国大学中的学术惯例及其功能[J]. 中国高教研究, 2013(11): 67-70.

② 胡建华. 必要的张力：构建现代大学与政府关系的基本原则[J]. 高等教育研究, 2004(01): 100-104.

③ 尹力. 民营化与大学自主、学问自由之间的矛盾——日本国立大学“独立行政法人化”的主要内容[J]. 全球教育展望, 2003, 32(09): 66-70.

④ 张俊超. 从教授会自治到大学法人化——日本大学教师聘任制的改革趋势及启示[J]. 高等教育研究, 2009, 30(02): 99-104.

制的超越；法治，既强调法律制度的建设，更强调依法治理的实践落实；法治，在私权力领域强调“法无禁止即可为”，这是对私权自由的保障，在公权力领域则强调“法无授权即禁止”，这是对公权的约束和规范以防止公共权力腐败和主体僭越；法治，同样认可德治，但不限于德治；法治，承认人本身的能动作用，但反对人治，因此亚里士多德认为，“法治应当优于一人之治”。[①]

大学的法治型自治，基于以“认识论”哲学为根基的自决、以“认识论”和“政治论”哲学为根基的自立，但需在与内外部利益相关者的理性沟通、深度协调的基础上，以法律认可的方式实施法治。我国的高等学校是在“依通知行政”的管理体制中运行[②]，接受党政机关公文约束、行政审批及政府考评[③]。尽管如此，也必须基于公权视角，对大学场域中的各类权力进行审视，并承认在不同学科的语境下，大学存在不同的权力谱系与权力来源。具体而言，大学场域的公权力包括国家公权力、社会公权力和国际公权力[④]；同时，还要关注“有限政府”和“依法行政”的世界潮流及发展趋势，并尝试在大学与社会之间的“协调与张力模式”中寻求有机整合。[⑤]而且，由于教育国家主义的倾向日益明显，教育与国家、学校与政府的关系日益密切、复杂，因此，法治意义上的大学自治日益表现为政治行政管理中的“特别权力关系”。[⑥]对于这种特别权力关系，德国的保尔·拉班德（Paul Laband）认为其中不存在一般意义上的法律关系。因为法律关系是仅存在于主体和主体之间的关系，也就是人民与人民之间，或者人民与国家之间，而国家是一个封闭的、不可分割的主体，在该主体内，国家机关和公务员之间同属一体，因此，作为国家机关或准机关的学校，与学校内部的教师和学生之间并不存在一般意义上的法律关系，而仅是一种“特别的权力关系”。德国行政法学家奥托·麦耶（Otto Mayer）有两个观点值得关注。其一，特别权力关系表现为三大类型：公法之勤务关系（如公务员及军人与国家之关系）、公营造物之利用关系（如公立学校的学生与学校之关系，监狱受刑人与监狱之关系，

① 何勤华. 西方法学名著述评[M]. 武汉：武汉大学出版社, 2007: 21.

② 王留一. 论行政规范性文件司法审查标准体系的建构[J]. 政治与法律, 2017(09): 138-152.

③ 贺一松, 皮芳辉, 陈金霞. 高校办学自主权实证分析[J]. 高教探索, 2014(02): 24-29.

④ 伍海泉. 大学公权力：概念、溯源与治理——基于国家监察治理的视角[J]. 教育研究, 2020, 41(10): 82-91.

⑤ 祁占勇. 落实与扩大高校办学自主权的三维坐标——高校与政府、社会关系的重塑及内部治理结构的完善[J]. 高等教育研究, 2013, 34(05): 26-31.

⑥ 孙霄兵. 我国高等学校办学自主权的发展及其运行[J]. 中国高教研究, 2014(09): 9-15.

强制治疗的传染病患者与医院之关系）、公法之特别监督关系（如自治团体、特许事业、专门职业执业人员或公权力委托人，皆受国家之特别监督）；其二，基于特别权力关系，需要坚持“志愿不构成侵害”原则，即公务员进入国家机关、士兵加入部队、学生考入学校，视为对其管理的同意；基于特别权力关系的管理，不适用法律保留原则，不受司法之审查，即国家对学校采取的措施、学校对老师和学生采取的措施，不受法律的监督。①考虑到麦耶所说的特别权力关系实属法律“例外”状态、与现代国家的法治原则有着内在的冲突，乌勒（Ule）等对特别权力关系提出了修正，提出了著名的“基础关系与管理关系理论”。其基本观点是，在特别权力关系中，可区分基础关系与管理关系，基础关系包括身份上的关系，如相对人身份之设定、变更或终止（公务员任命、免职、命令退休，学生入学许可、退学、开除），以及财产上的关系（如薪俸、退休、抚恤）。在基础关系下，相对人和人民与国家关系无差别，有关基础关系的法规皆属于法律保留的范围，基础关系下的处分都可以向行政法院提请司法审查。管理关系是指行政机关为达到行政上的目的，指示其公务员作为组织的一部分而完成机关内部的勤务。在管理关系下允许行政权享受法的自由空间，因此所订立的规范不必经由法律授权，可以用行政规则来限制相对人的基本人权，管理关系下的处置可以通过内部申诉途径解决，不受法院的审查。②事实上，随着基本权利保障观念的兴起并日益成为法教义学的重心，制造法外空间的特别权力关系理论逐渐失去其影响。

在我国，关于大学法治，或者说大学的法人地位问题，谢少华在 2015 年坚持认为，即便有了《中华人民共和国民法通则》（简称《民法通则》）和《中华人民共和国高等教育法》（简称《高等教育法》）也不能一锤定音，仍有许多问题需要开展学术探讨，并形成了“证成”和“证伪”两大研究理路。其中，“证成”理路可分为两个分支：“公法人”学派的学者从国家意志、公共目的、依法设立以及独立权利能力四个维度，力证高校的主体地位和办学自主权；“事业单位法人”阵营的学者从非营利性和社会公益的视角，明证《民法通则》对高等院校法人归属的合理性。“证伪”理路则有三大研究取向：持“营造物”观点的学者视高等院校为国家公权力的附属物，否认高等院校具有法人地位；部分民法领域的学者从法人的特征（法人是团体，

① 哈特穆特·毛雷尔. 行政法学总论[M]. 高家伟译. 北京：法律出版社，2000: 114-119, 168-173.
② 孙霄兵. 我国高等学校办学自主权的发展及其运行[J]. 中国高教研究，2014(09): 9-15.

法人拥有独立的财产，法人能独立承担民事责任，法人能以自己的名义参加民事法律关系）或法人的法律特征（依法成立，有必要的财产或者经费，有自己的名称、组织机构和场所以及能够独立承担民事责任），比照作为事业单位法人的高等院校，基于是否拥有独立财产和能否独立承担民事责任两点质疑，部分否定高等院校法人属性的完整性；教育法学界有学者基于我国高等院校高度“行政化”的客观现实和高等院校办学自主权的有限性，在质疑和部分否定高等院校事业单位法人属性的基础上，尝试“证成”高等院校机关法人的法律地位。尽管仍有许多值得讨论的疑问，但要明确的是，我们不应按照过去的法律僵死地固化现代大学的治理，而应根据现代大学的发展需要，讨论法律、法治的变革。因此，谢少华认为，对于中国大学而言，“‘法人’的名称并不重要，其法律属性的清晰界定才是重点”。①上述争论所涉及的内容，恰是现代大学自治的精髓之所在。而从实践的角度看，大学法治，法律制度是其外形，绩效评价则是其内核；在此过程中，现代国家变成了旨在“寻求更具适应性和灵活性制度”的“评价型国家”（evaluative state）②。

二、西方大学自治的逻辑内涵

历史和逻辑相统一；历史变迁蕴涵着逻辑，而逻辑必须借助主体的理性认识和理论挖掘才能从历史中显现出来。阿什比发现，大学自治的内涵具有天然的模糊性③，学术界为大学自治做出的内涵界定多达十余种④。涵括并超越大学自治的诸种认识、清晰梳理大学自治的逻辑内涵，既需要从大学自治的历史进化过程中找出其变迁逻辑，也需要从历史变迁中挖掘其恒定不变的共性内涵。

自决、自立、法治作为西方大学治理的三个发展阶段、三种实践模式，在形成时间、核心特征、具体表现、价值基础等方面各具特色、互有差异（表 1-1），且在三者的历史变迁中彰显出了明显的内在逻辑联系。

---

① 谢少华. 高等教育重新定位与大学管理制度创新[J]. 教育研究, 2015, 36(11): 33-35.

② Neave G. The Evaluative State, Institutional Autonomy and Re-Engineering Higher Education in Western Europe[M]. Basingstoke: Palgrave Macmillan UK, 2012: 36-47.

③ Ashby E. Universities: British, Indian, African: A Study in the Ecology of Higher Education[M]. London: Weidenfeild & Nicolson, 1966: 290-295.

④ 谭晓玉. 西方大学自治的辨与变[J]. 天津市教科院学报, 2018(03): 37-44.

表 1-1 西方大学自治的历史进化特征

项目	自决	自立	法治
形成时间	大学和学院在欧洲中世纪的初创时期	大致开始于 14、15 世纪；受工业革命的影响，在大学和学院日益加深的世俗化进程中尤其盛行	大致开始于 18 世纪；此时国家主义日益盛行、国家的法治理念逐渐渗透到大学治理之中
核心特征	大学坚持孤立主义原则，向内凝聚、固守于象牙之塔，且多在宗教庇护下，相对超然于社会； 大学可自行决定自身的存亡、去留及建设方向	大学坚持联邦主义，先后与教会、王权、产业界结盟，与外部利益主体之间彼此独立但又共同存在、共生发展； 大学以开放的心态从时间、空间及精神等维度拓展研究的领域，并凭借其知识资本的“有用性”（包括本体性价值、工具性价值、象征性价值），可以保持自立（特别是物质上的自立），并赢得自治	坚持大学与广义社会之间的统合主义，大学镶嵌到社会整体中，属于公共事务，纳入法治范畴； 大学可用于社会交换的学术资本雄厚，且在“技术立国”的基础上形成了“教育救国”“教育强国”的潮流；同时，大学在社会的法治框架下相对自主地运行
具体表现	参照行会组织方式，拥有特许状，赢得了充分民事权、独立司法权、税役豁免权以及罢教迁移、教师选拔等学术自由权	在 13 世纪的巴黎，大学师生与“大城”（商人、手工业者和普通百姓）、“旧城”（宫廷周围的贵族和大教堂）形成三大支撑力量 传统的牛津大学、剑桥大学作为英国高等教育系统中的“自治”部分；英国成立大学拨款委员会赋予并保护大学的自主权	德国古典大学的兴起；美国“直接服务社会”的威斯康星精神盛行
价值基础	坚持“认识论”，信仰“知识本身即目的”的理念	坚持“认识论”“政治论”	以“认识论”“政治论”为基础，坚持“法人自治”“依法自治”

首先，三种大学自治模式在历史上依次主导、逐层“积淀”。自决、自立、法治重点关涉的治理领域各不相同。自决型大学自治模式，重点关注教学和人才培养领域；自立型大学自治模式，重点关注科学研究、知识创新；法治型大学自治模式，不可逆转地拓展了大学的社会服务职能。在历史变迁中，随着“教学—科研—社会服务”等大学职能的依次拓展，特别是随着“重科研轻教学”等各类学术漂移现象的出现，大学的权力重心不断地向新职能、新领域转移，与之密切关联的大学自治模式相应地依次占据核心地位、位居竞争重心，从而导致不同的大学自治模式作为历史主导者的接续转换——这意味着，三种大学自治模式之间并非前后替代，而是逐层“积淀”。“积淀”是大学组织和高等教育系统运行的重要历史特点①，模式“混合”是大学治

① 伯顿·R. 克拉克. 高等教育系统——学术组织的跨国研究[M]. 王承绪，徐辉，殷企平，等译. 杭州：杭州大学出版社，1994: 245.

理的基本特征[1]。比如在英国，古典大学采用的仍然是以教授行会和行政人员适度结合的内部自治结构，城市大学沿袭了外界董事与内部成员共同治理的“两院制”自治结构，“平板玻璃大学”内部则呈现出了网络状的“多元利益相关者共同治理”结构，“1992 后”大学采用的则是以董事会为中心的“一院制”治理结构。[2]从西方大学自治的历史进路中区分出“自决—自立—法治”三大实践模式，目的并不在于突显西方大学自治的历史断裂，而在于以逻辑的方式整体认识西方大学自治的历史进化；历史地看，西方大学自治的三种模式依次产生，但不是按照非此即彼的方式前后继替，也不是以一种杂乱无章、收纳一切的方式堆集形成“历史的垃圾箱”[3]，而是通过历史的积淀和层累，不断丰富西方大学自治的模式。

其次，三种大学自治模式在现实运行中各自相对独立地运行。自决、自立、法治三者仍会在大学治理的不同领域“各自为政”，且各自在不同领域保持其主导地位。具体而言，在大学最古老、最根本的治学领域，自决型大学治理方式的地位牢不可破，“教授治学”的信仰不可动摇；为了摆脱资源依赖，大学在物质领域的自立倾向以及相应的努力从未间断；而在处理师生关系方面，特别是在处理大学与社会、市场之间的关系时，法治模式具有决定性影响力。

最后，三种大学自治模式的总体变迁趋势是外部治理特征不断增强。传统的自决型自治模式逐渐弱化，旨在降低资源依赖的自立型自治模式日益迫切，旨在协调与外部利益相关者关系的法治型自治模式日益强化。基于这些变化趋势，从大学-社会的宏观关系看，大学治理正经历着“自治主导型、管治主导型、共治主导型三种治理模式接续转换的历程”[4]，自治仅在大学发展的早期占据主导地位，随后内部自治逐渐被外部管治所取代，或者说被外部管治、内外共治所先后主导。迈克尔·夏托克基于英国大学治理的经验事实，认为已经出现了学术主导型大学治理模式（academic-dominated form of university governance）和内外部利益相关者构成的社团主导型大学治理模式（corporate-dominated form of university governance），且在 20 世纪前后的百

---

① 姚荣. 高等教育治理范式演进的理想类型及其互动关系考察——基于公共领域中国家角色的分析[J]. 高等教育研究, 2018, 39(03): 13-23.

② 司俊峰. 英国大学自治样态的流变研究——基于“府学”关系变迁的视角[D]. 上海: 华东师范大学博士学位论文, 2017: 157-159.

③ 雅克·巴尔赞. 从黎明到衰落: 西方文化生活五百年, 1500 年至今[M]. 林华译. 北京: 中信出版社, 2018: xxi.

④ 柳翔浩. 转换与融合: 大学治理模式的历史社会学分析[J]. 教育研究, 2016, 37(07): 83-90.

多年发展中，社团主导型大学治理模式逐渐上升[①]，甚至使得大学在其演进过程中，从最早作为行会组织和学术法人组织，不可逆转地演变为社团法人组织、财团法人组织。[②]

从时间、空间及文化差异的角度看，“自决—自立—法治”的变迁逻辑展示了西方大学自治的阶段性质变和差异化模式；从历史的总体和逻辑的宏观角度看，西方大学自治在持续变迁的历史中却展示了其稳定不变的共性内涵。

第一，西方大学自治是基于学术自由的组织治理权。学术自由，是学术自治的前提和基础。“学术自由的合理性至少基于三个支点：认识的、政治的、道德的。大概最主要的是认识方面的。”不过，主要基于认识的使命而拥有存续合法性的学术自由，“不同于学术自治”，甚至与学术自治“在一些重要问题上相互冲突”。[③]具体而言，学术自由是教师治学的特权，而大学自治是对大学组织管理的模式设计和制度安排，各国、各地区可以而且应该多样化[④]；学术自由主要与以教师自决为基础的早期大学自治保持着逻辑上的同一性，因为自决的核心特征是基于理性法则、遵循意志自由以做出自我决定——这就是从“自由到自决”的逻辑过程。[⑤]但是，学术自由与大学自治虽有共同的起点，却在历史发展过程中逐渐分道扬镳，学术自由在逻辑上虽可贯穿于大学自治的始终，但与自立型大学自治、法治型大学自治之间并不存在不可或缺的联系，旨在自立、依赖法治的大学自治并不必然带来学术自由，日益精细化的现代大学治理不但不能必然为学术自由提供制度性保障，反而可能威胁、削弱学术自由——以近年来盛行的政府新公共管理改革为例，它尽管加强了高等学校的自治权，却并没有同时带来学术自由权的增进，反而因“效率至上”、“学术民主”以及“责任泛化”等逻辑的主导，大学自治权僭越其合法边界，加深了对学术自由权的钳制[⑥]。

第二，西方大学自治是根植于城市自治的集体自治权。从词源上看，自治的英文 autonomy 是古希腊语 autos（自己）和 nomos（法律）的结合，它

---

① Shattock M. Re-balancing modern concepts of university governance[J]. Higher Education Quarterly, 2002, 56(03): 235-244.

② 曹汉斌. 西方大学法人地位的演变[J]. 高等教育研究, 2005(10): 106-111.

③ 约翰·S. 布鲁贝克. 高等教育哲学[M]. 3 版. 王承绪，郑继伟，张维平，等译. 杭州：浙江教育出版社, 2001: 46.

④ Ashby E. Universities: British, Indian, African: A Study in the Ecology of Higher Education[M]. London: Weidenfeild & Nicolson, 1966: 293.

⑤ 于福坚. 从自由到自决：民族主义思想的发展脉络[J]. 广西民族研究, 2011(02): 31-39.

⑥ 刘强. 论大学自治权对学术自由权的僭越与回归[J]. 高校教育管理, 2019, 13(02): 101-107, 116.

既指个人的权利，也指古希腊城邦的政治自治。从历史上看，借助古希腊、古罗马城市与地方自治的制度遗产，在西欧封建时代的分散型权力结构中，以 9 世纪左右开始的欧洲城市复兴为契机，通过城市手工业者、商人等市民阶层与领主持续不断的流血斗争或花钱赎买，形成了以城市特许状为核心制度架构的城市自治制度体系①，使得欧洲中世纪“每个城市都是一个自治的市民社会”②。在此社会环境中，新兴的大学借鉴手工业者、商人的行会组织形式，以赢得自决型自治权利为历史起点，逐渐凝固形成西方大学自治传统。

西方大学自治通过与城市自治的政治传统保持结构性同构，至少获得三个方面的制度启示。其一，以群体作为自治的主体。从历史的角度看，西方的自治主要有两种类型：一是盎格鲁—撒克逊式以议会主权和人民主权为基础的“人民自治”；二是普鲁士式由地方政府分担国家行政事务的“团体自治”。③无论是“人民自治”还是“团体自治”，自治总是基于群体、通过群体且为了群体的社会理念。同理，在大学自治中，教师和学生、学术力量和行政力量、大学内部力量和外部力量，等等，通过社团化而组建形成西方大学发展史中行使大学自治权力的群体；从大致的时序看，以行会为组织依托的学者社群是最早的行权群体，随后出现了以校长为代表的行政力量，最后以美国为主要代表出现了包括校外利益相关者的大学董事会。其二，以共治作为自治的方式。1966 年美国大学教授联合会、美国教育理事会和大学董事会协会联合颁布了《学校和大学治理的联合声明》，总结了“共治”的两条原则，原则之一是“首创优先”，即大学组织重大事情的决策需要首创能力；原则之二是“首责优先”，即大学各组成群体在决策中的地位有所不同，谁对具体事务负有首要责任，谁就最有发言权。④其三，以集体自治权作为自治的权力载体。阿什比发现，“这些相互依存的社团（指大学——作者注）所需要的是集体自主权，就是每个社团依然享有各自的种种自主权，但对关键性重要事务共同采取一致行动”。以共治为重要形式的集体自主权，既对内自治，也对外参与相关社会事务。“只有这样，英国大学才能继续依靠政府基金，并通过集体努力，而有足够力量以获取完成社会职责所必需的条件（即大学自主权——笔者注）。”⑤在以共治为主要形式的集体自治权中，学

① 陈兆旺. 西欧中世纪城市自治的制度分析[J]. 甘肃行政学院学报, 2012(02): 69-82, 127-128.
② 詹姆斯 · W. 汤普逊. 中世纪晚期欧洲经济社会史[M]. 徐家玲，等译. 北京：商务印书馆, 1996: 174.
③ 黄东兰. 跨语境的“自治”概念——西方 · 日本 · 中国[J]. 江海学刊, 2019(01): 164-175.
④ 刘献君. 自治 · 共治 · 善治——大学治理的特征、方式与目标[J]. 探索与争鸣, 2015,(07): 45-47.
⑤ 阿什比. 科技发达时代的大学教育[M]. 滕大春，滕大生译. 北京：人民教育出版社, 1983: 61.

者社群从未真正独掌大学自治的权力，而是通过与大学相关的不同群体之间的博弈，形成影响大学治理的合力。为了科学表征大学治理的合力，阿什比以英国为例，构建了大学发展动力的动态模型：大学处于力学体系的动力学O点，加诸大学之上的博弈力量有三种：一是政府，具体施加者可能是内阁、国会、国务大臣或教育科学部官员；二是英国大学拨款委员会和一些帮助大学开展专业研究的学会；三是基于大学自身内部逻辑所产生的力量。①伯顿·克拉克构建了一个由国家、市场和学术组织组成的三角形协调模型，并据此总结了高等教育治理的三种理想类型：国家控制模式、学术自治模式和市场导向模式。②随着新公共管理变革背景下的大学内外部治理主体、治理机制的日益多元化、复杂化，伯顿·克拉克的三角形协调模式越来越难以解释国家、市场与学术三方的深度转型，无法全面阐释大学治理中不同治理行动者之间复杂、动态的耦合关系；有鉴于此，哈里·德波尔（Harry de Boer）等学者糅合多学科的研究视角，从国家规制、利益相关者引导、学术自治、管理自治和竞争等五个维度，建构了大学的“治理均衡器”（governance equalizer）。③西蒙·马金森（Simon Marginson）等学者跳出国家和民族的界限，提出了“全球-国家-地方高等教育解释框架”（Glonacal Agency Heuristic）。在这个解释框架中，用合成词glonacal指代global、national、local三个词，以示包含全球、国家、地方三个层次；agency一词有双重含义，既指陈了实体的组织或机构，又突显了人类的能动性。④“全球-国家-地方高等教育解释框架”从全球范围思考大学的共治以及与之密切相关的竞争和博弈。⑤

第三，西方大学自治是源自外部授权、旨在与环境共生的有限自治权。阿什比认为，大学是遗传与环境的产物。⑥弗莱克斯纳认为，大学像其他人

---

① 阿什比. 科技发达时代的大学教育[M]. 滕大春，滕大生译. 北京：人民教育出版社，1983: 51.

② Clark B R. The Higher Education System: Academic Organization in Cross-national Perspective[M]. Berkeley: University of California Press, 1983: 138-145.

③ Jansen D. New Forms of Governance in Research Organizations: Disciplinary Approaches, Interfaces and Integration[M]. Dordrecht: Springer, 2007: 130-137；王思懿. 从“三角协调”到“治理均衡器”：西方国家高等教育治理模式的现代转向[J]. 现代教育管理，2018(07): 112-117.

④ 李梦洋，蒋凯. 全球化时代高等教育的一面透镜——全球-国家-地方能动模型评析[J]. 现代大学教育，2019(06): 1-9, 112.

⑤ Marginson S, Rhoades G. Beyond national states, markets, and systems of higher education: A glonacal agency heuristic[J]. Higher Education, 2002, 43(3): 281-309.

⑥ 阿什比. 科技发达时代的大学教育[M]. 滕大春，滕大生译. 北京：人民教育出版社，1983: 138-139.

类组织一样“处于特定时代总的社会结构之中而不是之外”。①大学能够成为最具历史性的机构、历经千年而愈发兴盛，其原因不单纯在于大学通过知识操作而赢得的精神高贵象征，更是由于大学通过与外部利益相关者之间的密切互动、共生共荣而从外部威权获得其自治的授权许可；大学的自治权力，仰赖于外部利益相关者对大学之自然权利的认可，究其实则是社会公众的大学管治权利对大学所做出的让渡和授予。中世纪时期大学得以建立的特许状、大学毕业生所获得的教学许可证，是大学获得自决型自治的历史前提。随着历史的进化，给予大学以授权许可的外部威权先后有教会、世俗王权、民族国家、现代政府以及现代法律体系等。布鲁贝克甚至发现，“公众对自治的态度在整个历史上像月亮的盈亏一样变化着，当前大概是在亏的阶段”。②

自治权利源自外部授权和认可的历史属性，从逻辑上决定了“自治的限度”③是大学自治不可回避的难题。阿什比认为，对大学的干预（intervention）不可避免，因为在当今世界没有一所大学能够像一个独立的州或者自治区那样实现完全的自治。④布鲁贝克赞同的观点是，“传统的高等教育自治现在不是，也许从来都不是绝对的”。“完全的自治必然要求完全的经费独立。”⑤资源约束、经费依赖等问题，迫使大学努力协调学术自由与外部控制的关系、尽量兼顾大学自主与对外尽责的双重要求。权力的有限性也表明，大学自治并非单纯是一种精神信仰，而是一种具有边界、可量度、能评测的实际权力。对此权力，欧洲大学协会（The European University Association，EUA）近年来从组织自治、财政自治、学术自治、人事自治等四个维度（总计 38 项指标）（表 1-2）对欧洲诸国持续进行评测和排行。⑥其中，组织自治是指大学决定其内部组织和决策过程的能力，具体事项包括行政领导、决策机构、法律实

① 亚伯纳罕·弗莱克斯纳. 现代大学论——美英德大学研究[M]. 徐辉，陈晓菲译. 杭州：浙江教育出版社，2001: 1.

② 约翰·S. 布鲁贝克. 高等教育哲学[M]. 3 版. 王承绪，郑继伟，张维平，等译. 杭州：浙江教育出版社，2001: 33.

③ 约翰·S. 布鲁贝克. 高等教育哲学[M]. 3 版. 王承绪，郑继伟，张维平，等译. 杭州：浙江教育出版社，2001: 32；袁利平，杨洋. 现代欧洲大学自治及其限度[J]. 大学教育科学，2017(05): 45-52.

④ Ashby E. Universities: British, Indian, African: A Study in the Ecology of Higher Education [M]. London: Weidenfeild & Nicolson, 1966: 294；蒋凯，朱彦臻. 高校办学自主权的逻辑——阿什比的大学自治理论及其当代意义[C]//潘懋元，史秋衡. 中国高等教育评论（第 10 卷）. 北京：科学出版社，2018: 156-171.

⑤ 约翰·S. 布鲁贝克. 高等教育哲学[M]. 3 版. 王承绪，郑继伟，张维平，等译. 杭州：浙江教育出版社，2001: 33.

⑥ Estermann T. 欧洲大学自治的多维度剖析及实然样态[J]. 刘艳红，宋向楠，张李斌译. 高校教育管理，2017, 11(02): 1-8, 48.

体和内部学术结构；事实上，在所有的欧洲高等教育体系中，独立选拔、任命和罢免行政首长及决定其任期的能力并不能得到完全保证，在许多国家需要借助法律的指导和限制。财务自治是指大学独立管理资金和分配预算的能力，独立管理资金的能力有助于大学设定、实现其战略目标；欧洲的大学有相当一部分比例的资金是从国家以项目预算和打包拨款等方式获得的，项目预算的自由程度和资助周期的长短都是影响财务自治的重要因素。人事自治是指大学有能力按其认为合适的方式招聘教师、管理人力资源，这是大学自由决定人力资源管理相关事宜的能力体现，包括招聘、薪酬、解聘和晋升等；为了在全球高等教育环境中竞争胜出，大学必须能够不受外在干扰地聘请最合适的、优秀的学术和管理人员。学术自治是指一所大学独立管理其内部学术事务的能力，是大学决定学生入学、学术内容、质量保证、学位课程和教学语言等各种学术问题的能力；决定整体学生人数和设定录取标准的能力是机构自治的基本方面，另外，虽然学习地点的数量对大学的形象和财务状况有重要的影响，但是挑选学生的能力对于确保学生的学习质量、匹配好学生的学习兴趣与学校提供的课程等问题，至关重要。欧洲大学协会对奥地利、丹麦、芬兰、德国（勃兰登堡、黑森、北莱茵-威斯特伐利亚州）、冰岛、爱尔兰、挪威、波兰、瑞典、瑞士、比利时、捷克、爱沙尼亚、格鲁吉亚、意大利、拉脱维亚、卢森堡、荷兰、罗马尼亚、塞尔维亚、佛兰德斯（比利时）、克罗地亚、塞浦路斯、英格兰、法国、立陶宛、葡萄牙、苏格兰、斯洛伐克、斯洛文尼亚、西班牙和土耳其等欧洲国家和地区的大学自治状况，按照统一的指标体系，不断做出国别比较和结果排行。①

表 1-2　欧洲大学协会有关大学自治的测评维度

主要维度	具体指标
组织自治 （7 项指标）	行政首长的选拔程序 行政首长的选择标准 行政首长的职务解除 行政首长的任期 大学管理机构的外部成员 决定学术结构的能力 建立法律实体的能力

① https://eua.eu/component/tags/tag/13-institutional-autonomy.html.

续表

主要维度	具体指标
财政自治（11 项指标）	公共资助周期的长度
	公共资金的类型
	借钱的能力
	保持盈余的能力
	拥有建筑物的状况
	为攻读学士学位的国内/欧盟学生确定学费的权力空间
	为攻读硕士学位的国内/欧盟学生确定学费的权力空间
	为攻读博士学位的国内/欧盟学生确定学费的权力空间
	为攻读学士学位的非欧盟学生确定学费的权力空间
	为攻读硕士学位的非欧盟学生确定学费的权力空间
	为攻读博士学位的非欧盟学生确定学费的权力空间
人事自治（8 项指标）	高级学术人员的招聘
	高级行政人员的招聘
	高级学术人员的薪金
	高级行政人员的薪金
	高级学术人员的解雇
	高级行政人员的解聘
	高级学术人员的晋升
	高级管理人员的晋升
学术自治（12 项指标）	学生总人数的确定
	本科水平学生的招生程序
	硕士水平学生的招生程序
	学士水平课程（培养方案）的推介
	硕士水平课程（培养方案）的推介
	博士水平课程（培养方案）的推介
	学位课程（培养方案）的终止
	本科层次教学语言的选择
	硕士层次教学语言的选择
	质量保证机制的选择
	质量保证提供者的选择
	学位课程内容的设计能力

资料来源：http://www.university-autonomy.eu/.

在继承大学自治的传统、保证大学自治的权利（权力）方面，欧洲一直受人称颂。但从欧洲大学协会有关大学自治的评估指标体系及其折射的大学自治的内容来看，即使是现代欧洲的大学自治，也是有其限度的①，并且，

① 袁利平，杨洋. 现代欧洲大学自治及其限度[J]. 大学教育科学，2017(05): 45-52.

大学自治的目的主要在于保证大学能够自主地为社会尽责①，而不是让大学拥有足够充分的权利（权力）去谋求自己的垄断利益和高贵地位。欧洲大学协会强调，大学自治，是能力或才能、资格或地位的体现，而不是权利或权力，更不是特权。

西方大学的自治是与外部控制相对而言的，大学的外部控制状态是大学自治状态的镜像参照，可以从对应面整体折射大学的自治状况，大学自治与外部控制之间的关系是深入理解西方大学自治的重要切入点。事实上，在西方世界，大学自治与外部控制之间的关系呈现出多种可能性，据此形成了三种理论认识。

一是线性冲突论。针对政府等外在威权与大学之间的线性冲突，英国历史学家哈罗德·珀金提炼出了“自由与控制”的大学治理悖论：“当种种控制力量软弱分散时，大学知识之花就开得绚丽多姿；就大学需要资源维持办学，并因此依赖富裕、强大的教会、国家或市场支持而言，当种种控制力量强大时，大学在物质上就显得繁荣昌盛，但是这种力量可能——也的确常常——以各种有害于教学和研究自由的方式实行控制。因此便出现这种奇怪现象：当大学最自由时却最缺乏资源，当它拥有最多资源时则最不自由……”②对于政府与大学之间可能产生的线性冲突，德国积极借助理性的法则和力量予以防止。18 世纪末 19 世纪初的德意志相信，应当建立一个由有教养的人所组成的理性国家；有教养的人的培养离不开教育与科学；教育与科学能使国家建立在自由与文明的基础之上，并在此基础上改革与发展，最终变得强大——这就是著名的文化国家观。③这种观念对德国高等教育的影响在于，它强调理性是最高的原则；国家应该从经费上资助、在权威上服从、在运行中服务于理性，但不能控制理性；大学是蕴含理性的最佳场所，因此应把尊奉理性的方式迁移到尊奉大学的行动之中。受此影响，柏林洪堡大学创办人洪堡（Wilhelm von Humboldt）认为，政府的任何介入都会产生阻碍作用，因此脱离政府，大学会发展得更好。④

二是协调共生论。阿什比基于“学术生态学”的思维方式，认为能在“最

① The Declaration on Academic Freedom and Autonomy of Institution of Higher Education[EB/OL]. (1988-09-10) [2024-02-20]. http://www.ace.ucv.ro/pdf/lima.pdf.

② 伯顿·克拉克. 高等教育新论——多学科的研究[M]. 王承绪，徐辉，郑继伟，等译. 杭州：浙江教育出版社, 2001: 26.

③ 周丽华. 德国大学与国家的关系[M]. 北京：北京师范大学出版社, 2008: 201.

④ 陈洪捷. 德国古典大学观及其对中国的影响[M]. 北京：北京大学出版社, 2006: 198.

多资源”与“最大自由”之间发现新的可能性：外部干预与大学自治并非完全对立，只要实现内部、外部的平衡，更多的资源就不仅不会妨碍大学自治，甚至还能形成大学自治与外部干预的“共生”关系。①波斯蒂廖内（Postiglione）发现，创校于 1991 年的香港科技大学之所以能够在不到十年的时间里建成为亚洲前十名大学、进入世界一流大学之列，其成功之道在于五大因素：聘任高水平教师、拥有充分的自主权、治理结构完善、教授治学、资源充足。②这表明，与传统大学不同，充分的大学自主权、完善的治理结构（必要的控制）以及充足的资源之间，不但可以实现协同耦合，而且还能够助力新型大学的崛起。

三是共同强化论。曾在英国大学任教的芝加哥大学社会学教授爱德华·希尔斯（Edward Shils）在考察欧美多个国家的政府与大学关系后发现，一方面大学正朝着降低其办学自主权的方向运动，但另一方面政府与大学的关系变得越来越密切、越来越多样化，并且，随着科学技术和知识日益重要、越来越受到政府的重视，政府对大学，不但愿意给予更多的关注、投入更多的资源，也会提出更多的要求。③在此过程中，越来越多的政府愿意以长远的眼光看待大学发展、尊重大学的自治传统和学术使命、避免过于追求短期效益和透支学术资本④——这是大学自治与政府控制的权利同时得到强化的变革过程。

西方大学自治与外部控制之间在历史实践和理论认识上的多种可能性，表明它既非世界各国大学治理的发展顶点和历史终点，亦非全球大学治理的唯一出路，更没有为后发国家的大学治理提供别无他途的唯一选择；关于大学自治与外部控制之间关系的认识，线性冲突论逐渐被抛弃、协调共生论和共同强化论渐成共识，表明西方大学自治本身确实处于发展进化过程之中，并没有唯一、固定、成型的模式设定。西方大学治理的历史进路和内在逻辑，可以为中国提供可供横向比较的参照和可供有限借鉴的经验。

---

① 和震. 美国大学自治制度的形成与发展[M]. 北京：北京师范大学出版社, 2008: 13-14.

② Postiglione G A. The rise of research universities: The Hong Kong university of science and technology[C]// Philip G A, Jamil S. The road to academic excellence: the making of world-class research universities. Washington DC: The World Bank, 2011: 63-100.

③ Shils E. The Order of Learning: Essays on the Contemporary University[M]. New Brunswick: Transaction Publisher, 1997: 185-189；爱德华·希尔斯. 学术的秩序——当代大学论文集[M]. 李家永译. 北京：商务印书馆, 2007.

④ 阎光才. 识读大学：组织文化的视角[M]. 北京：教育科学出版社, 2002: 37-42.

第三节　办学自主：高等学校治理的中国实践逻辑

大学之道，古今一体、中西皆然，因此中国高等学校的办学自主（self-governance）能与西方大学自治（autonomy）在精神上彼此相通[①]；大学之治，古今有变、中西有异，西方崇尚的大学自治，与中国所提倡的高等学校自主办学制度和办学自主权，内涵并不相同，且对它们之间的关系形成了两种观点。[②]一是“本质区别论”，即认为“中国大学自主办学思想与西方大学自治思想有着本质的区别”。[③]二是“程度差别论”，即认为“虽然两者产生的历史背景不同，自主性的程度也有差别，但这不能说明它们本质的不同，也并不妨碍大学自治成为落实大学办学自主权可资利用的文化资源。恰恰相反，大学自治是大学办学自主权的一种价值积淀”。[④]“本质区别论”高度强调中西方大学之治在总体规律上的不可通约性，而“程度差别论”内含有“以西方为标杆”的追赶型发展态度。这两种观点从不同侧面阐述了东西方大学之治的关系特征。以此为基础，且立足于国情与教情，可以概括出“类型差异论”，即西方大学自治和中国的高等学校自主办学在本质上都是对大学治理问题的地方性回答，因此可在全球大学治理层面保持可通约性；但因治理内容的不同，自治程度在各国其实是不可比较的，且由于它们是关于不同情境下不同大学治理问题的不同回答，因此存在类型差异，即在逻辑上呈现为平行、并列关系，并不完全是“本质区别论”所呈现的不相关关系，也不完全是“程度差别论”所呈现的程度高低、水平高下、进化上的先进与落后等关系。

从“类型差异论”看，高等学校办学自主是大学自治的一般理念、普遍规律与中国特色的高等教育管理实践相结合的产物，彰显了中国特色大学治理的实践智慧，因此也得到了政府的重视和强调。2010 年温家宝总理在听取科教文卫体各界 10 位代表对《政府工作报告（征求意见稿）》的意见时曾说过，“一所好的大学，在于有自己独特的灵魂，这就是独立的思考、自由的

① 孙卫华，许庆豫. 差异与比较：我国高校办学自主权的思考——兼析地方高校办学自主权现状[J]. 浙江社会科学, 2017(04): 72-80, 158-159.

② 温红超. 高校办学自主权法律性质探析[J]. 高教探索，2019(07): 5-17.

③ 别敦荣. 中美大学学术管理[M]. 武汉：华中理工大学出版社, 2000: 84

④ 周光礼. 中国大学办学自主权 1949—2010：政策变迁的制度解释[J]. 中国教育法制评论，2011，9(01): 13-32.

表达。千人一面、千篇一律，不可能出世界一流大学。大学必须有办学自主权”[①]。中国国情，是决定高等学校自主办学的实践条件；中国语境，是理解高等学校自主办学的中国特色和实践智慧的话语支撑。国情和语境的差异，一方面决定了中西方实践的迥异，折射了西方大学自治、中国高等学校办学自主两者在权利（力）行使主体及对象、实践内容、问题的关键点及难题解决方式等方面的差异[②]，另一方面导致中西方语义与语用的歧出。比如，英文的 autonomy、self-governance 可分别直译为自主和自治[③]，但从中国语境下的语用角度看，上述翻译恰好颠倒过来了，即西方大学的 autonomy 事实上常被国人称为自治，而 self-governance 在中国实被称为自主，其含义接近 act on one's own，be one's own master，decide for oneself’s freedom，因此两者的所指不同、能指亦难完全吻合，需要基于语境进行语义重置[④]。

中国高等学校“自主办学”“办学自主权”等中国化的学术概念[⑤]和实践范畴[⑥]，有其内在的联系。其中，自主办学，是一种得到法律认可和规范的办学制度；基于自主办学制度，高等学校拥有办学自主权；办学自主权，是支撑自主办学的权利（或权力）。[⑦]由于中国高等教育的相对后发性和向外借鉴特征，中国高等学校的自主办学制度和办学自主权往往通过与西方比较的方式界定其内涵、定位其功能、划定其边界——这不失为一种可供选择、比较实用的路径，但如果把西方大学自治作为世界大学治理的最高标准和演化终点，则有削足适履、刻舟求剑之嫌，难以深刻认识、理性揭示中国高等学校自主办学在制度层面扎根中国大地的适应性变革，也难以彰显中国制度创新的理论内涵和世界意义。因此，有关高等学校自主办学的认识和理解，亟须综合运用国际比较、国情分析等手段，在思想领域正本清源、在实践领域返本开新。[⑧]

① 赵承. 用心听者，学到灵魂[EB/OL]. (2010-02-02)[2024-02-20]. https://www.gmw.cn/01gmrb/2010-02/02/content_1048268.htm.

② 蒋后强. 高等学校自主权概念研究[J]. 西南大学学报（社会科学版）, 2007(04): 117-123.

③ 姚金菊. 高等学校自主办学的法律分析[J]. 湖南师范大学教育科学学报, 2018, 17(04): 7-14.

④ 商红日. 政治发展话语的中国语境和语义重置[J]. 中国社会科学评价, 2020(02): 21-25.

⑤ 蒋后强. 高等学校自主权研究：法治的视角[M]. 北京：法律出版社, 2010: 21-22.

⑥ 蒋凯. 我国高校自主权变迁的逻辑[J]. 高教发展与评估, 2014, 30(02): 19-28, 97-98.

⑦ 黄宇骁. 自主办学制度的历史、现状与展望——基于《高等教育法》的分析[J]. 湖南师范大学教育科学学报, 2018, 17(04): 38-45.

⑧ 陈伟. 办学自主权：高等学校治理的中国创制[J]. 教育发展研究, 2022, 42(03): 51-60.

一、办学自主的论题生成

从“借鉴西方—自主创新”的维度看，在中国近现代高等教育的百年发展史中，高等学校管理制度历经“主要参照西方大学自治—曲折探索集中管理制度—创新中国自主办学制度”三个发展阶段。

首先是主要参照西方大学自治的阶段。其开始于中国近代大学的初创之日，结束于中华人民共和国成立之时。在这个阶段，以书院为组织载体、以科举制度为人才培养与选拔机制的中国传统教育制度逐渐被抛弃，通过借鉴西方而形成的“新教育”迅速取而代之。其中，教会大学利用其法外治权，直接且广泛地搬用其母国的大学自治制度，但其办学目标逐渐适应中国需求，从早期的“借学布道”向“教育为本”转变[①]；清末建立起来的官办大学，随着西学西制的日益兴盛、清王朝被推翻而在民国被改造为国立、省立大学，并借鉴西方大学董事会制度[②]、推行以评议会和教授会等为组织依托的自治实践，在政府因战乱而无力、无暇管理和控制大学之际，通过“外部立法”“内部建章”的保障而获得一定程度上的自治[③]；私立大学也通过借鉴西方大学的董事会治理制度，在行政权力领域，“系主任—院（科）长—董事会、校长”的权力依次增强，而在学术权力领域，“评议会—院教授会—系教授会”的权力依次增强。[④]

其次是曲折探索中国高等学校集中管理制度阶段。这一阶段从中华人民共和国成立之时开始，到启动改革开放政策之前结束。1950 年 5 月 5 日，中央人民政府政务院颁布《各大行政区高等学校管理暂行办法》，规定“除华北区高等学校由中央教育部直接领导外”，“各大行政区的高等学校暂由各大行政区教育部或文教部代表中央教育部领导”。1950 年 7 月 28 日政务院第 43 次政务会议通过的《关于高等学校领导关系的决定》强调，“全国高等学校以由中央人民政府教育部统一领导为原则”，“中央人民政府教育部对全国高等学校（军事学校除外）均负有领导的责任，各大行政区人民政府或军政委员会教育部或文教部均有根据中央统一的方针政策，领导本区高等学

① 李海萍. 从“借学布道”到“教育为本”：清末民初教会大学内部职权体系之变迁[J]. 世界宗教研究, 2012(05): 111-124, 194.

② 任小燕. “自治”抑或“他治”?——民国时期公立大学董事会制度性质的历史考察[J]. 南京师大学报（社会科学版）, 2015(05): 87-94.

③ 蔡连玉, 宁宇. 民国时期大学治理：基于立法与章程的研究[J]. 高教探索, 2015(04): 75-79.

④ 刘根东, 何洪艳. 民国时期私立大学内部治理结构的主要特征及其借鉴[J]. 国家教育行政学院学报, 2014(10): 59-64.

校的责任。凡中央教育部所颁布的关于全国高等教育方针、政策与制度、法规、教育原则方面的指示……全国高等学校均应执行。某一地区、某一学校得因特殊情况作因时因地制宜的决定。但须事先经大行政区教育部建议或审查，报请中央教育部核准”。“除华北区内高等学校，其他各大行政区内高等学校，暂由中央教育部委托各大行政区教育部直接领导；中央教育部得视条件，有计划、有步骤地将各地区高等学校收归中央教育部领导。综合性大学及与几个业务部门有关的专门学院，归中央或大行政区教育部直接领导。”1950 年 8 月 14 日，教育部颁布了《私立高等学校管理暂行办法》，规定私立高等学校，受中央教育部的方针、政策的领导，在行政权、财政权及财产所有权等方面均应由中国人掌握。私立高等学校，无论过去已经立案与否，均须重新申请立案。私立高等学校校（院）长及副校（院）长由校董事会任免。其他主要人员，由校（院）长任免，报经大行政区教育部核准转报中央教育部备案。私立高等学校，应将教学、行政及经费等情况，按期报经大行政区教育部审核后，转报中央教育部备案。①1953 年 10 月 11 日，政务院颁布《关于修订高等学校领导关系的决定》强调，高等教育部必须与中央人民政府有关业务部门密切配合，有步骤地对全国各高等学校实行统一与集中的领导；综合性大学由中央高等教育部直接管理；与几个业务部门有关的多科性高等工业学校，由中央高等教育部直接管理，高教部如认为必要，得与中央有关部门协商委托其管理；为某一业务部门或主要为某一业务部门培养干部的单科高等学校，如单科性高等工业学校、高等师范学校、医学院、农林学院、畜牧兽医学院、财经学院、政法学院、艺术学院、体育学院等，可以委托中央有关部门直接管理；中央高教部及中央有关部门认为直接管理尚有困难，得委托所在大区或省市人民政府管理。与上述政策相配套，1952—1953 年的院系调整实践，全面颠覆、彻底改造了民国时期的大学，打破了此前在中国建立的英美教育体系，并按照苏联模式重整一套能够符合新中国建设需求的大学体系，实现了非殖民化、马克思主义化，彰显了大学在民族主义上升中的价值②。到 1958 年，建立了高度集中管理的高等学校领导体制。

不过，1958 年 3 月中共中央在成都召开的工作会议上决定改变过去在管理体制上以中央为主、条条为主的状况，实行以地方为主、块块为主的新政

① 郝维谦，龙正中. 高等教育史[M]. 海口：海南出版社，2000: 75-76.

② Holden P. Spaces of autonomy, spaces of hope: The place of the university in post-colonial Singapore[J]. Modern Asian Studies, 2018, 53(02): 451-482.

策，并通过了《中共中央关于高等学校和中等技术学校下放问题的意见》[①]，将大部分高等学校的管理权下放到地方。1960 年 10 月中央批准颁布的《教育部关于全国重点高等学校暂行管理办法》指出："全国重点高等学校的领导和管理，由中央教育部、中央各主管部门与地方分工负责，实行双重领导（教育部主管的学校）或三重领导（中央各业务主管部门主管的学校），上下结合，各负专责。"这些文件与 1961 年 9 月颁布的《教育部直属高等学校暂行工作条例（草案）》（常被简称为《高教六十条》），在一定程度上与 1961 年党的八届九中全会批准的"调整、巩固、充实、提高"八字方针相呼应，有助于落实中央分权给地方的政策。[②]"文化大革命"时期，颁布《关于高等学校下放问题的通知》《关于加强高等学校统一领导、分级管理的决定（试行草案）》，以放权为主进行高等学校管理权力调整。[③]

综观 1949—1978 年高等学校管理改革，曲折探索、自主探索的特征明显，且形成了政府对高等学校、中央政府对地方政府运用统一计划、行政指令实施全面集中管理的管理体制[④]，并通过"集权—分权—放权"的权力"收—放"方式进行具体调适。

最后，改革开放以来，"办学自主权""自主办学"的概念被正式提出，中国进入了持续创新自主办学制度的阶段。这是对此前两个阶段的否定之否定，既继承了民国时期开放借鉴西方大学治理制度的传统，也在更高的层面坚守着自主创新的本土化意志；对于政府与大学的关系，逐渐超越办学自主权"分权"或"放权"的"线性"循环局限，转而对参与大学办学的相关利益方的权利、义务、责任、理念进行制度重塑与学术生态培育[⑤]。从具体的历史情境看，"行政松绑期待""效率至上旨趣""接轨世界心态"等因素是促使中国立足本土、自主创新自主办学制度的重要动力。

自主办学制度的初始动机来源于对行政松绑的期待。中华人民共和国成立之后，全面集中管理具体表现在两个方面。一是计划体制，即国家对所有活动采取直接指令性行政管理、宏观和微观决策权高度集中、社会资源计划配置、交易活动具有非价格特征，且对外封闭，为此甚至不惜非政治生活（包

① 中共中央关于高等学校和中等技术学校下放问题的意见[G]//何东昌. 中华人民共和国重要教育文献(1949—1975). 海口: 海南出版社, 1998:812.

② 顾明远. 世界教育大事典[M]. 南京: 江苏教育出版社, 2000: 777.

③ 张振华, 刘志民. 高校办学自主权: 内涵、演变与启示[J]. 中国农业教育, 2011(01): 1-5, 26.

④ 马寅初. 北京大学教员的政治学习运动[N]. 人民日报, 1951-10-23(03).

⑤ 康宁. 中国高校办学自主权制度演进及基本特征分析[J]. 教育与教学研究, 2020(01): 99-119.

括学术生活）政治化。二是单位制度，它渊源于古代的大同理想、氏族与家族制度等共同体思想传统[①]，并经由革命战争时期共产党创造的红色根据地理论以及创造新的城市管理制度的需要逐渐演变而成，是融工作生活、社会生活、私密生活于一体的社会运行制度。[②]计划体制和单位制度，给公立大学提供了基本保障，但也带来了越来越大的问题，即随着管理权力从社会向政府集中、从下层政府向高层政府乃至中央政府集中，日益导致行政决定学术，高等学校缺乏微观运行的具体目标；宏观干预微观，高等学校的学术繁荣内生动力不足；政府安排公共高等教育资源的方式“工程化和项目制”，政府对高等学校的管理越位并导致高等学校的自主办学、创新发展的空间不够[③]，只能在“依行政通知行政”[④]的管理体制中局促运行，而党政机关公文受理、行政审批事项、政府考评情况等可全面掌控亦能系统折射高等学校办学自主权的现实状况[⑤]。唯其如此，随着全面集中的行政管理因政策主体权责不清而“失效”、因政策设计存在缺陷而“失当”、因政策配套不足而“失协”，“去行政化”逐渐被选为问题解决的重要路径。[⑥]

建构自主办学制度的宗旨在于提高高等学校的办学效率。改革开放以来，效率至上的理念日益强劲。对于中国的改革开放，民间甚至释义为“时间就是生命、效率就是金钱”。效率，是投入与产出之比；提高高等学校的办学效率，就是在“尊重知识，尊重人才”的基础上，多出人才、出好人才。[⑦]1993 年中共十四届三中全会通过的《中共中央关于建立社会主义市场经济体制若干问题的决定》，正式提出“效率优先、兼顾公平”的原则。提高投入与产出之比，成为改革开放以来中国经济、政治、社会以及教育的共同使命。计划体制的全面集中管理，依赖于两大假设：一是决策信息完全且充分；二是各类利益完全一致，无差等、无矛盾。由于中国地域宽广、地区差异极大且各阶层、各组织的利益并不一致，上述两大假设都面临挑战，因此改革开放之后计划体制的效率日显低下，而提高高等学校办学效率、克服

① 宣朝庆，司文晶. 单位制的共同体思想传统[J]. 学海, 2020(05): 73-78.

② 赵炬明. 精英主义与单位制度——对中国大学组织与管理的案例研究[J]. 北京大学教育评论，2006(01): 173-191.

③ 唐景莉. 政府管大事、高校办特色[N]. 中国教育报, 2014-03-31(009).

④ 王留一. 论行政规范性文件司法审查标准体系的建构[J]. 政治与法律, 2017(09): 138-152.

⑤ 贺一松，皮芳辉，陈金霞. 高校办学自主权实证分析[J]. 高教探索, 2014(02): 24-29.

⑥ 程天君，吕梦含. “去行政化”：落实和扩大高校办学自主权的政策支持[J]. 全球教育展望，2017，46(12): 69-84.

⑦ 邓小平. 邓小平文选（第 2 卷）[M]. 2 版. 北京：人民出版社, 1994: 40-41.

办学效率低下的难题在改革的下半场适时从效率优先转换为效率与公平均衡①，最佳选择只能是建立自主办学制度，赋予高等学校办学自主权。提高效率与降低成本紧密关联。建构高等学校自主办学制度，关键在于降低两类成本。一要降低高等学校的运行成本。办学权由政府掌握，并与举办权、管理权合一，会耗费高昂的时间成本、信息成本、组织成本。②二要降低高等学校自主办学权力的转移成本。新制度主义流派的“科斯定理”认为，在交易成本为零的情况下，初始权力配置给谁并不重要，因为相对占优的配置方案会通过市场交换而被采纳，从而实现帕累托最优。③但是，办学权与财产权利不同，办学具有公共属性，它不处于且不适合处于自由竞争的环境中④，因此办学资源、办学权都无法通过市场进行交换。把初始配置给高等学校的办学权收归政府的改革成本相对较低，而把政府掌握的办学权转移到高等学校，却需要较高的改革成本。因此，降低办学成本（包括高等学校运行成本、办学权力的转移成本等），以便更为方便、可靠地提高办学效率，是建构高等学校自主办学制度时所必须面对的共生难题。

强化自主办学制度的外因在于主动接轨世界高等教育的改革发展趋势。实现文化崛起、建设高等教育强国，必由之路就是借鉴、适应、接轨世界（但绝非仅仅是西方）大学治理合理的变革发展趋势。具体而言，世界大学治理变革的总体趋势是，从权力结构看，逐渐从以统一领导为基础的纵向型结构、科层之间的命令与服从，向以平等协商为基础的横向型结构、不同意见的多元并存转变；从管理主体看，从一元化管理主体向多元治理主体转变；从管理方式看，从以支配为目的确定性管理向以协调为目的包容性、依存性、互动性管理转变；从管理依据看，从主要通过正式制度进行管理向同时依赖正式的管理制度和非正式的制度、多元主体间持续的相互作用转变。⑤受世界高等教育发展趋势的影响，也适应国内高等教育发展的需求，中国高等教育也开启了从管理向治理转变的变革进程，办学自主作为一个必然的实践话题和理论研究课题，承载了高等学校治理的变革期待。

自主办学和办学自主权问题，是中国高等学校管理改革的重要支点。比如，2020 年 10 月中共中央办公厅、国务院办公厅印发的《深圳建设中国特

① 刘玉海. 中国改革下半场：从效率优先到效率与公平均衡[N]. 经济观察报, 2020-08-24(033).

② 温红超. 高校办学自主权法律性质探析[J]. 高教探索, 2019(07): 5-17.

③ 胡晓鹏. 微观经济学：理论拓展与应用[M]. 上海：上海社会科学院出版社, 2013: 244-248.

④ 劳凯声. 中国教育改革 30 年·政策与法律卷[M]. 北京：北京师范大学出版社, 2009: 86-90.

⑤ 劳凯声. 创新治理机制、尊重学术自由与高等学校改革[J]. 教育研究, 2015, 36(10): 10-17.

色社会主义先行示范区综合改革试点实施方案（2020—2025 年）》强调，在“完善民生服务供给体制”方面，要“探索扩大在深高等学校办学自主权。在符合国家相关政策规定前提下，支持深圳引进境外优质教育资源，开展高水平中外合作办学。赋予深圳对企业博士后科研工作站分站的设立和撤销权限”。中国把深圳定位为建设中国特色社会主义先行示范区综合改革试点者，而深圳在高等学校的改革试点中，把“探索扩大在深高等学校办学自主权”作为关键的改革试点内容——这意味着，高等学校办学自主权的扩大成了改革试点的杠杆支点。

二、办学自主的实践进化

改革开放之后，高等学校自主办学制度通过高等学校、党和政府以及立法机关等各方的协同努力而逐渐建构形成、不断拓展深化和调适优化。贯穿于此过程之中的主导性力量，既非纯粹的演进理性主义，也非纯粹的建构理性主义①，而是在自然演进和主动建构交相推进②的基础上所形成的实践理性主义③。

第一，办学自主的历史起点是高等学校主动争权。众所周知且影响广泛、具有标志性意义的历史事件是，复旦大学苏步青校长、同济大学李国豪校长、华东师范大学刘佛年校长、上海交通大学邓旭初书记曾围绕扩大高等学校办学自主权的问题，率先集体发声，并在 1979 年 12 月 6 日《人民日报》上以《给高等学校一点自主权》为题，被记者报道。他们指出的问题有：“教育部门不要只用行政手段管学校”，“集权太多，自主权太少”，政府对“该统的没有统、不该统的统得太死”，要根除“‘科员统治’……什么事都由教育部规定，市里批准，科员把关，还要校长干什么？”呼吁政府“应该相信校长能管好大学”，并提出以下建议和希望，“要想把大学办好，得给大学以适当的自主权”。“学校自主权问题，是个教育体制问题。……当校长的只要按照上面规定的办……结果是，办出来的学校都是一模一样。”“所谓自主权，包括用人权、财权和教学科研方面的管理权。”“教育部门要多用建议、帮助之类的方法来管学校……”“对大学的规模、专业设置、教职工

① 赵祥. 制度分析：建构理性和演进理性的比较[J]. 天津社会科学, 2005(02): 89-95.

② 范志海. 在建构与演进之间——一个扩展的制度创新分析框架[J]. 社会科学战线, 2005(01): 225-229.

③ 彭程. 制度变迁的三种理路分析及其对我国深化改革的理论价值[J]. 湖南社会科学, 2014(06): 45-50.

编制、学生质量的最低要求等，应由国家统一规定。根据学校规模，拨给学校相应经费指标（包括外汇），交给学校包干使用。”[①]以此为契机，上海交通大学率先进行学校内部管理体制改革；教育部于1983年6月9日发文同意上海交通大学扩大管理权限，以增强学校办学活力。[②]

高等学校的书记、校长们在改革开放之初呼吁、争取办学自主权，与整体的改革环境密不可分，与当时以经济建设为中心背景下国有企业改革趋势彼此响应。1978年党的十一届三中全会拉开了改革开放的序幕，1982年党的十二大拉开了中华民族全面开创社会主义现代化建设新局面的序幕。中国的改革开放和社会主义现代化建设，呈现出不同领域梯度推进的态势。从空间上看，最早从农村开始，再扩展到城市；从领域上看，思想、教育、科技领域最早启动，经济领域随后强劲跟进，进而推动教育领域的实质性改革，最后才是政治领域的改革与完善。在经济领域，曾出现过国营企业自主权的改革问题。对此问题，当时大致有三种不同的想法：一是认为主要问题不是集中过多，而是集中不够，应当先解决如何适当集权的问题；二是认为主要问题是中央集中过多，应当把更多的权下放给地方；三是认为根本问题在于企业缺少自主权，应当予以优先解决。通过改革和探索，第三种观点，即“企业本位论”占据了上风、成为改革的共识。[③]以企业本位论为思想基础的企业自主权改革，从行业类比的角度为高等学校自主办学制度的进一步探索提供了丰富的思想资源和强劲的实践支撑。

第二，自主办学制度的正式启动依赖于党中央的政治确权。党中央的政治确权的标志是1985年5月27日颁布的《中共中央关于教育体制改革的决定》。该决定指出，在教育事业管理权限划分上的问题是，“政府有关部门对学校主要是对高等学校统得过死，使学校缺乏应有的活力；而政府应该加以管理的事情，又没有很好地管起来”。改革的关键“就是改变政府对高等学校统得过多的管理体制。在国家统一的教育方针和计划的指导下，扩大高等学校的办学自主权，加强高等学校同生产、科研和社会其他各方面的联系，使高等学校具有主动适应经济和社会发展需要的积极性和能力”。当时需要

① 萧关根. 给高等学校一点自主权[N]. 人民日报, 1979-12-06(03)；中华文学基金会·中国改革开放二十年编辑委员会. 中国改革开放二十年：农村改革卷、科教文卫体制改革卷[M]. 北京：中央文献出版社, 1999: 539-540.

② 蔡克勇. 20世纪的中国高等教育·体制卷[M]. 北京：高等教育出版社, 2003: 75；陈浩，马陆亭. 中国教育改革大系·高等教育卷[M]. 武汉：湖北教育出版社, 2016: 108.

③ 蒋一苇. 企业本位论[J]. 中国社会科学, 1980(01): 21-36.

紧急解决的问题有，“高等学校有权在计划外接受委托培养学生和招收自费生；有权调整专业的服务方向，制订教学计划和教学大纲，编写和选用教材；有权接受委托或与外单位合作，进行科学研究和技术开发，建立教学、科研、生产联合体；有权提名任免副校长和任免其他各级干部；有权具体安排国家拨发的基建投资和经费；有权利用自筹资金，开展国际的教育和学术交流，等等”。作为改革亲历者的胡启立认为，《中共中央关于教育体制改革的决定》的颁布及其对高等学校办学自主权的确认，其实是对1984年颁布的《中共中央关于经济体制改革的决定》的战略性规划的积极回应。[①]《中共中央关于经济体制改革的决定》规定：“进行社会主义现代化建设必须尊重知识，尊重人才，同一切轻视科学技术、轻视智力开发、轻视知识分子的思想和行为作斗争……我们的一切改革，都必须有利于促进科学技术的进步，有利于调动各地区、各部门、各单位和个人进行智力开发的积极性……”

从世界各国特别是从发展中国家看，政治因素是改革、革命的重要动力。普沃斯基发现了“经济改革的政治动力学”[②]。在中国，中国共产党是领导核心，是各个领域改革的核心动力[③]。发布公共政策是中国共产党治国理政核心理念最基本的政治表达方式。不过，公共政策发文单位的不同位阶，能够区分、展示不同政策文本“政策势能”的强弱高低差异，进而决定政策实践能否得到以及得到何种程度的“高位推动”。[④]中央给予的政治确权，赋予了最初由高等学校的书记、校长主动争取的自主办学权的政治合法性，意味着中国从此可以正式启动高等学校自主办学的制度性建构。

第三，办学自主的核心建构依赖于行政授权。“高校的办学自主权是在和政府的行政权相互协调的过程中形成、运行的。”[⑤]政府对高等学校的行政授权，是落实办学自主权的政治确权、实质性建构自主办学制度的关键；以政府发布的文件为依据，纵观改革开放以来政府对高等学校的行政授权史，可以归纳出四种行政授权方式。

一是政府直接发文授权。这是最基本的行政授权方式。1986年3月，国

① 胡启立.《中共中央关于教育体制改革的决定》出台前后[J]. 炎黄春秋, 2008(12): 1-6.

② 侯赞华. 加快经济发展方式转变的政治动力——普沃斯基“经济改革的政治动力学”思想及其启示[J]. 理论导刊, 2011(06): 20-22, 25.

③ 许多奇. 论我国农业税费改革之政治启动与经济治理[J]. 上海交通大学学报（哲学社会科学版），2010, 18(05): 13-22.

④ 贺东航, 孔繁斌. 中国公共政策执行中的政治势能——基于近20年农村林改政策的分析[J]. 中国社会科学, 2019(04): 4-25, 204.

⑤ 孙霄兵. 我国高等学校办学自主权的发展及其运行[J]. 中国高教研究, 2014(09): 9-15.

务院颁布《高等教育管理职责暂行规定》，规定高等学校有招生分配、财务管理、基本建设、人事管理、职称评定、教学管理、科学研究、国际交流共计八个方面的权利。1991 年初，国家教育委员会批准东南大学和南京大学两所高校进行校内管理体制的改革；同年年底，又批准了其他多所高校进行试点改革。1992 年 8 月国家教育委员会根据国务院发布的《高等教育管理职责暂行规定》，颁发《关于国家教委直属高校深化改革，扩大办学自主权的若干意见》，结合当时所属高校的实际，提出在专业设置、招生计划、机构设置、经费使用、人事管理等十六个方面扩大高等学校的办学自主权。

二是党政联合发文。这是在改革极具复杂性、反复性的背景下推进重大改革、解决重大疑难问题的重要授权方式。政府通过向党汇报拟改革事项或落实党的重要指示的方式，将政治确权与行政授权结合起来，并强化行政授权的“政治势能”。1993 年 3 月中共中央、国务院印发的《中国教育改革和发展纲要》即为例证。该文件对政府和学校的关系作了规范性概括，指出要逐步建立政府宏观管理、学校自主办学的体制，提出“要在招生、专业调整、机构设置、干部任免、经费使用、职称评定、工资分配和国际合作交流等方面，分别不同情况，进一步扩大高等学校的办学自主权”。

三是教育行政部门报呈国务院批转发文。1995 年国务院办公厅发布的《国务院办公厅转发国家教委关于深化高等教育体制改革若干意见的通知》指出了高等教育体制改革的成就、问题及改革目标。以此为据，且与此相伴随，1994 年、1995 年和 1996 年国务院办公厅召开了三次高等教育管理体制改革座谈会，总结改革实践经验，明确改革思路，淡化和改革学校对中央各部委单一的隶属关系，加强省级人民政府的统筹，变“条块分割”为“条块有机结合”，提出“共建、合作、合并、协作、划转”等五种高等教育管理体制改革形式。[①]尽管这些政策及其相应的高等教育结构调整，是以理顺高等教育的部门办学体制、改变条块分割的状态为目标，但它对高等学校办学自主权的下放，有着十分重要的推动作用。

四是教育部联合其他部委发文。高等学校的办学牵涉到人、财、物等各类资源，而中国“条—块”分别负责、分化管理的行政体制，存在着部门利益束缚、行政资源的部门割据、法律上彼此平等的各政府部门因强势弱势之分而出现平行等差等难题[②]，因此教育行政部门对高等学校的某些行政授权，

① 袁连生. 中国教育改革大系 • 教育体制与教育财政卷[M]. 武汉：湖北教育出版社, 2016: 102.

② 唐景莉. 政府管大事、高校办特色[N]. 中国教育报, 2014-03-31(009).

往往通过与其他相关部门的沟通协调、联合发文以获得其支持。比如，随着中央2016年以来旨在继续转变与优化政府职能的"放管服"改革的全面推进，教育部联合中央机构编制委员会办公室、发展和改革委员会、财政部、人力资源和社会保障部在2017年发布《关于深化高等教育领域简政放权放管结合优化服务改革的若干意见》（教政法〔2017〕7号），并指出，为了"全面贯彻党的教育方针，坚持社会主义办学方向，完善中国特色现代大学制度，破除束缚高等教育改革发展的体制机制障碍，进一步向地方和高校放权，给高校松绑减负、简除烦苛，让学校拥有更大办学自主权，激发广大教学科研人员教书育人、干事创业的积极性和主动性，培养符合社会主义现代化建设需要的各类创新人才，培育国际竞争新优势"，要在高等教育领域推进简政放权、放管结合、优化服务的改革，即"放管服"改革。这项改革，实际上就是在促使政府从"命令行政"转变为"指导行政"①，按照"政府法无授权不可为、高校法无禁止即可为"的"负面清单"②改革思路，深化改革，落实高等学校在学科专业设置机制、编制及岗位管理制度、进人用人环境、教师职称评审机制、薪酬分配制度、经费使用管理等六个方面的办学自主权。③2019年科学技术部、教育部、发展和改革委员会、财政部、人力资源和社会保障部、中国科学院联合印发《关于扩大高校和科研院所科研相关自主权的若干意见》的通知（国科发政〔2019〕260号），围绕"探索性、创造性科学研究活动"，从"完善机构运行管理机制""优化科研管理机制""改革相关人事管理方式""完善绩效工资分配方式"等方面，具体落实"科研领域自主权"。

最终确立办学自主权的标志是法治赋权。现代社会的法治特性，促使高等学校必须追求法治赋权；或者说，法治赋权是自主办学制度得以正式确立的标志，因为"'自主'在中国语境下主要是协调高校权利与政府规制的关系，只有将'自主'放在自主办学的实践中才有意义。因此，'自主'要求办学自主权的外延只能限定在实证法的范围内"④。"大学再怎么扩大自主权，自主权都还是来自政府的权力，权力的所有者随时可以把权力收回。"⑤

---

① 熊嘉逸. 构建新型政校关系：基于政府与大学行政合同关系的研究[J]. 高教探索, 2016(04): 26-29.

② 刘业进，刘晓茜. 简政放权、负面清单管理与落实高校办学自主权改革的制度分析[J]. 湖南师范大学教育科学学报, 2016(04): 111-120.

③ 姚金菊. 高等学校自主办学的法律分析[J]. 湖南师范大学教育科学学报, 2018, 17(04): 7-14.

④ 温红超. 高校办学自主权法律性质探析[J]. 高教探索, 2019(07): 5-17.

⑤ 金明浩，郑友德. 论我国公立大学法人地位的实现与保障[J]. 现代大学教育, 2007(06): 24.

为了规避行政授权的随意性、不稳定性所带来的问题，高等学校必然呼唤形式固化、程序稳定的法治赋权。

中国高等学校的法治赋权有两个历史关键点。一是 1993 年的《中国教育改革和发展纲要》。在此文件中，中共中央、国务院提出高等学校“法人”概念：“在政府与学校的关系上，要按照政事分开的原则，通过立法，明确高等学校的权利和义务，使高等学校真正成为面向社会自主办学的法人实体。”法人地位的确认，极具标志性意义，“具有法人地位之公立大学，由于其独立于行政机关之外，与国家之人格分离，成为有权力能力之法律主体，可以使其拥有较高之自主性，并且单独负担义务享受权利”①。二是 1998 年由第九届全国人民代表大会常务委员会第四次会议通过、2015 年和 2018 年两次修正的《中华人民共和国高等教育法》。此法的第十一条规定，“高等学校应当面向社会，依法自主办学，实行民主管理”。第三十条规定了高等学校的法人资格：“高等学校自批准设立之日起取得法人资格。高等学校的校长为高等学校的法定代表人。高等学校在民事活动中依法享有民事权利，承担民事责任。”第三十一条规定了高等学校的核心职能：“高等学校应当以培养人才为中心，开展教学、科学研究和社会服务，保证教育教学质量达到国家规定的标准。”第三十二条到第三十八条，依次规定了高等学校在招生、学科专业设置、教学、科研与技术开发和社会服务、国际交流与合作、机构设置与人事、财产管理等七个方面依法享有的自主办学权。

为了保证自身的存续、拓展生存空间和发展机遇，任何社会团体都会争取获得多种合法性，包括社会合法性、政治合法性、行政合法性以及作为整合核心的法律合法性。②高等学校在改革开放之初的主动争取使之拥有了社会合法性，政治确权的过程使之获得了政治合法性，行政授权的实践使之获得了行政合法性，法治赋权使之最终拥有了法律合法性。从中国的具体实践来看，高等学校的主动争权、政治确权、行政授权、法律赋权并非一次完成，而是交替反复、循环递进，也并非在时间轴上线性地逐一推进，而是彼此互动、协同推进。这些特点，正是中国高等学校办学自主权赖以确定权力内容、划定权力边界、优化权力运行机制的特色和秘密之所在，也表明目前仍需不断地通过高等学校的主动争权、政治确权、行政授权、法律赋权，宣示、强化并落实高等学校的办学自主权。

---

① 周志宏. 学术自由与大学法[M]. 台北：蔚理法律出版社, 1989: 298.

② 高丙中. 社会团体的合法性问题[J]. 中国社会科学, 2000(02): 100-109, 207.

三、办学自主的中国特色

关于中国高等学校的管理状态，存在三种值得斟酌的判断。判断之一是“自治缺失论”。持此判断者认为，在欧美国家，大学治理是以大学的社团自治为“理想类型”和终极目标的；大学自治权与学术自由权休戚与共，没有大学自治权便没有学术自由权，大学自治权为学术自由权提供制度性保障。但不能漠视的是，西方以“集权治理”为主要特征的政治逻辑、以“学术资本主义”为主要特征的市场逻辑，通过对大学的外生性规制，逐渐侵蚀大学发展的自主性；英美国家的新公共管理改革虽然加强了高等学校的自治权，却并没有同时带来学术自由权的增进，反而因“效率至上”、“学术民主”及“责任泛化”等逻辑的主导，大学自治权僭越其传统的边界，加深了对学术自由权的钳制[①]。在中国，因历史条件所限，即使是最早诞生的近现代公立高校也没有发育成为自治团体，而是成为附属于政府的行政组织[②]，并且在中国公立高等学校同时作为行政主体、行政相对人以及民事主体的条件下，其法律地位一方面因“办学权利”不足而“发育”不充分，另一方面因“民事权利”过度扩张而显得过度发展，从而呈现出特定的“结构性悖论”[③]。鉴于上述情况，一些带有偏见的观点错误地认为，学术自由和大学自治在中国相对缺失，并表现为两种具体情况。一是大学自治“我不如人”，即与西方相比较，中国大学自治远为不如，因此，关于中国高等学校办学自主权，不是从中央到地方、从政府到高校的“下放”，而是向以西方为历史和逻辑起点、以西方大学自治和学术自由为模板的制度“回归”。[④]二是中国大学自治“今不如昔”。比如加拿大学者许美德（其英文名为 Ruth Hayhoe）认为，到了民国时期“中国才真正开始致力于建立一种具有自治权和学术自由精神的现代大学”[⑤]，而中华人民共和国成立之后，大学的自治权反而走向衰落。有鉴于此，要推进中国大学的治理变革，特别要从政治逻辑和市场逻辑主导的外生性规制向学术逻辑主导的内生性创新转变。[⑥]上述判断的影响颇大、接受度较高，但极不利于大学治理制度的自主创新和教育自信的建构。

① 刘强. 论大学自治权对学术自由权的僭越与回归[J]. 高校教育管理, 2019, 13(02): 101-107, 116.

② 张应强. 把大学作为学术组织来建设和管理[J]. 中国高等教育, 2006, 42(19): 16-17.

③ 姚荣. 破除“结构性悖论”：我国公立高等学校法律地位的再认识[J]. 江苏高教, 2019(06): 51-60.

④ 李志峰, 高春华. 高校办学自主权：下放还是回归[J]. 江苏高教, 2011(03): 25-27.

⑤ 许美德. 中国大学 1895—1995：一个文化冲突的世纪[M]. 许洁英译. 北京：教育科学出版社, 2000: 66.

⑥ 胡德鑫. 我国世界一流大学建设的困境与治理挑战——基于多重制度逻辑分析范式[J]. 高等工程教育研究, 2019(02): 134-139.

判断之二是权力不足论。郭海认为，《中华人民共和国高等教育法》赋予了高等学校七项权力。但是，从大学与政府的制度关系看，两者之间的权利与义务规定模糊不清；从权力行使来看，政府对高校不放心；从高等学校自身来看，还没有形成行使自主权的独立能力。[①]在高等学校内部学术权力与行政权力的对比上，有学者认为我国高等学校内部“学术权力模式从属于行政权力模式，许多高校除了职称评审由学术性组织如职称评审委员会担任外，高校的学术权力很大程度上为行政权力所取代”[②]。这种判断得到了许多学者的赞同。[③]判断之三是法治不成熟论，或者说法治建设不充分论。它认为，《中华人民共和国高等教育法》确立了“高等学校依法自主办学”的原则，但是在依法自主办学所面之“向”，所依之“法”，所办之“学”以及“谁”之民主等四个方面，涉及高校与社会、高校与国家、高校与学术、高校与民主权利四个层面的关系，共同决定着高校办学自主权的维度，但遗憾的是，这些关系在理论上都没有梳理清楚，在实践中亦很难有序运行。[④]

对于上述判断，不仅要厘定其内涵、明晰其对错，还要根据其中的“有益成分”和“闪光点”，认识和提炼中国高等学校管理状况的不同特征，并且以“横看成岭侧成峰，远近高低各不同”的方式，多维度展示高等学校办学自主的中国特色——这就是“中国特色论”的判断。“自治毕竟系一种制度、价值、文化、生活方式，与一国政治体制、政治文化乃至各阶段之政治、经济、社会、文化等结构发展息息相关”[⑤]，大学之治不可能脱离国情。由于国情、文化语境、历史阶段、制度模式等多方面的差异，中国的高等学校办学自主与西方的大学自治，论题讨论的边界、问题本身的内涵以及解决问题的方式、对问题的回答内容等，皆有不同，因此，正如不能把游泳运动员与射击运动员进行简单化比较一样，也不能对中国高等学校办学自主与西方大学自治进行脸谱化比较。“自治缺失论”，超越国情，主要以西方为参照，有照猫画虎之嫌；“权力不足论”“法治不成熟论”，揭示了中国高等学校自主办学的阶段性特征，但可能因为思想观念上的偏差、比较和评价依据上

① 郭海. 大学内部财政结构分化研究[D]. 北京：北京大学教育学院，2006. 85-93.

② 整合学术行政力量　有效发挥合力作用——大学管理架构、运行机制改革与调整课题研究报告(一)[J]. 中国高等教育,2003(11):16-19.

③ 毕宪顺. 高等学校内部管理体制改革研究综述[J]. 中国特色社会主义研究，2005(02)：77；吴坚. 高校管理中的学术权力和行政权力的协调[J]. 高等教育研究，2005(08)：33；吴国荣. 构建学术权力与行政权力并重的高校管理模式[J]. 中国高等教育，2005(19)：10.

④ 姚金菊. 高等学校自主办学的法律分析[J]. 湖南师范大学教育科学学报，2018，17(04)：7-14.

⑤ 黄锦堂. 行政组织法之基本问题[M]//翁岳生. 行政法. 北京：中国法制出版社，2002：342.

的偏失，对中国高等学校管理体制的改革探索成效过于悲观。办学自主“中国特色论”，更适合中国的国情，并可从权力范式、权力实质、权力运行、权力特征等方面清晰、深刻地展示中国高等学校的治理特色。

第一，从权力范式看，中国高等学校自主办学权坚持国家本位。教育的国家本位政策范式①，深深地根植于中国的历史和传统。《礼记·学记》强调，“玉不琢，不成器；人不学，不知道。是故古之王者建国君民，教学为先”。教育，自古以来就与治国平天下紧密联系在一起。晚清以来，因时局骤变而急剧变革的教育，在百余年间历经“教育救国—‘教育革命’—科教兴国—教育强国”等不同阶段，尽管教育服务于国家的侧重点和具体方式因时而变、不断调整，但教育与国家之间的密切关系从未改变，教育依据国家政策而发展的格局从未改变，教育作为国策的地位从未改变。

高等学校自主办学目标的确定依据是国家本位政策范式。《中华人民共和国高等教育法》第四条规定：“高等教育必须贯彻国家的教育方针，为社会主义现代化建设服务、为人民服务，与生产劳动和社会实践相结合，使受教育者成为德、智、体、美等方面全面发展的社会主义建设者和接班人。”为国家以及为国家范围内的人民服务，是高等学校自主办学的终极目标。2019年由科学技术部、教育部、发展和改革委员会、财政部、人力资源和社会保障部、中国科学院联合印发的《关于扩大高校和科研院所科研相关自主权的若干意见》的通知强调，要“以习近平新时代中国特色社会主义思想为指导，全面贯彻党的十九大和十九届二中、三中全会精神，认真落实党中央、国务院决策部署，牢固树立新发展理念，遵循科研活动、人才成长、成果转化规律，深化科技体制改革，转变政府科技管理职能，抓战略、抓规划、抓政策、抓服务，支持高校和科研院所依法依规行使科研相关自主权，充分调动单位和人员积极性创造性，增强创新动力活力和服务经济社会发展能力，为建设创新型国家和世界科技强国提供有力支撑”。在基本原则上，要“坚持单位发展与国家使命相一致”“坚持统一要求与分类施策相协调”“坚持简政放权与加强监管相结合”。

高等学校自主办学制度的运行基石是国家控制模式。弗兰斯·F. 范富格特发现，在政府领导高等教育方面存在两个主要传统，分别是“国家控制的模式”（或者说干预的国家模式）和“国家监督的模式”（或者说促进的国家模式）。“国家控制的模式把高等教育看作一项同质的事业，政府试图控

① 金明浩，郑友德. 论我国公立大学法人地位的实现与保障[J]. 现代大学教育，2007(06): 24.

制高等教育系统的动力的一切方面：入学机会、课程学位要求、考试制度、教学人员的聘任和报酬，等等。这个模式并不承认高等教育的松散结合和多维的性质。”而“国家监督的模式”，“国家所施加的影响是微弱的，很多有关诸如课程、学位、人员的吸收和财政的基本决策都留给院校自己。国家提出高等教育运作的宽阔的参数，但是有关使命和目标的基本决策乃是系统及其各院校的职权”。[①]胡建华认为，20 世纪 80 年代以来，随着市场经济体制的逐步建立和高等教育体制改革的不断深入，我国大学与政府的关系，正在由“国家控制的模式”向“国家监督的模式”转变。[②]而从目前的总体情况看，“国家控制的模式”才是最大的现实，而“国家监督的模式”仅是调整和优化的目标取向，远非结果。国家本位，仍然是基调和根本；随着社会主义市场经济体制的建立和高等学校服务社会职能的强化，市场机制在高等学校的办学中，特别是在高等学校服务社会的活动中，影响日益增强，但并未达到市场本位的程度[③]，也不可能撼动或弱化国家本位的政策特征。

第二，从权力实质看，中国高等学校自主办学权主要属于程序控权。从权力控制方式看，存在着实体控权和程序控权两种类型。[④]实质性自治可决定自身的目标，程序性自治则重在决定如何追求目标的实现。[⑤]“实质性的自治是大学或学院以它的法人的形式决定它自己的目标和教育计划的权利——院校的‘什么’问题。程序性的自治是大学或学院在它以法人的形式决定通过什么手段实行它的目标和教育计划——院校的‘如何’的问题。”[⑥]与程序性自治相对应，程序控权指的是基于程序正义，在保证活动过程的正当性的前提下，在权力运行过程的各个环节中，进行权力运行程序的分工与合作，从而保证权力的行使和掌控。程序控权，是现代程序公正的产物，是治理体系和治理能力现代化的重要基石[⑦]，有时代进步价值。与实质性自治相对应，实体控权指的是基于实质正义，在主要关注和追求活动结果的正当性的前提下，

① 弗兰斯·F.范富格特. 国际高等教育政策比较研究[M]. 王承绪，等译. 杭州：浙江教育出版社, 2001: 414.

② 胡建华. 由“国家控制的模式”向“国家监督的模式”转变——大学与政府关系发展的基本走向[J]. 复旦教育论坛, 2003(06): 3-5, 17.

③ 周光礼. 中国大学办学自主权（1952—2012）：政策变迁的制度解释[J]. 中国地质大学学报（社会科学版），2012, 12(03): 78-86, 139-140.

④ 左娟. 行政程序控权与传统控权模式的比较分析[J]. 行政与法, 2011(10): 31-34.

⑤ Berdahl R. Academic freedom, autonomy and accountability in British university[J]. Studies in Higher Education, 1990, 15(2): 169-180.

⑥ 弗兰斯·F. 范富格特. 国际高等教育政策比较研究[M]. 王承绪，等译. 杭州：浙江教育出版社, 2001: 11.

⑦ 徐亚文. 程序正义论[M]. 济南：山东人民出版社, 2004: 290-308.

通过权力内容的完整分化，且在坚持权利与义务完整承担、不受监控原则的基础上，实现权力的分配与行使。实体控权的源起非常古老，有其合理性，但日益需要与具有现代法治精神的程序控权相结合。

与程序控权、实体控权相关的问题，是中国语境中的自主和自治。自主，仅在程序上独立完成；而自治的权限高、权域广，在中国主要是在特定空间、面向特定族群而设置。从中国共产党的治理历史看，主要在以下三个领域酌情实施了自治。一是革命根据地和陕甘宁边区等革命时期的特区或基层的自治管理。①二是民族区域的自治管理②。中国人民政治协商会议第一届全体会议上通过的、具有临时宪法性质的《中国人民政治协商会议共同纲领》明确规定，“各少数民族聚居的地区，应实行民族的区域自治”。三是旨在解决港澳台问题的“一国两制”。上述政治、民族、领土问题等方面的解决策略，包含了具体问题具体分析、特殊事项特殊解决、艰难事项互让解决的实践智慧，可以迁移到国家的内部治理上。在中国，尽管应把整合程序控权和实体控权于一体的综合控权作为改革方向③，但是，高等教育事务仅属部门事务，并非自治层面需要讨论的话题，只能在行政管理程序上通过程序控权，授予自主办学权。这意味着，目前高等学校通过政治确权、行政授权、法治赋权而获得的办学自主权，在总体上实属程序控权，而非实体控权。《中华人民共和国高等教育法》中规定高等学校所拥有的七大办学自主权，并非实体拥有，而仅是在程序上拥有；从根本上讲，这些权力仍然由立法机关所掌握、由党和政府具体调配，只是通过《中华人民共和国高等教育法》，允许高等学校在权力运行的特定程序环节上可以自主处理，立法机关、党和政府可以酌情进行“收”、“放”及监管。

各层级的主体在高等学校治理上，进行程序性分工。在程序控权体系中，任何权力并不是按照内容分割的方式，完全、整体、直接地划分给某个或某类主体，而是由特定程序链条上的不同主体，围绕高等学校的重大事务、重要资源分配等方面内容，按照一定的政治、行政程序，分别掌握权力运行程序某个阶段上的决策权、执行权、监督权，其中，上级与下级之间通过行政审批（申请—核准、审核、备案）、行政许可（申请—许可）等方式，依规共同落实程序控权。具体而言，我国政府按照建设“宏观调控，市场监管，

① 张希坡. 革命根据地的基层政权和群众性自治组织[J]. 法学研究, 1983(06): 53-60.

② 许彬. 从“民族自决”到“民族区域自治”[D]. 兰州: 兰州大学, 2007: 116-161；宏鉴，高亚雄. 我国实施民族区域自治理论的实践标志[J]. 黑龙江民族丛刊, 1998(01): 32-35.

③ 孙笑侠. 法律对行政的控制：现代行政法的法理解释[M]. 济南：山东人民出版社, 1999: 27-45.

社会管理，公共服务，环境保护”的法治政府的要求，在宏观上对高等学校进行调控，运用战略布局、公共政策、质量标准和运行监控等手段，“管大事，议长远，谋全局”，重点负责方向、秩序、质量、公平，高等学校的主要任务则是“办特色、上水平、入主流”，管好自己的规模、结构、质量和效益。[①]与“政府-大学”之间的权力结构相类似，在高等学校内部，学校层面负责整体战略规划和关键性资源配置，学院层面负责战略执行和基层学术事务决策。

高等学校据以自主办学的程序控权是通过层级授权而具体运行的。其中，国家、政府依法对大学授权；按照权力同构的原则，在学校层面，根据党政管理规程，通过订立学校的章程、建立学术委员会，由党政系统向学术系统授权，同时学校对学院授权。与这套层级授权体系相一致，政府简政放权、校级层面的学术治理机构设置与完善以及校院两级管理改革，成了高等学校学术自主权改革的三条主要路径。[②]

与中国不同的是，欧美国家传统的大学自治，主要是实体控权。在中世纪，基于行会社团自治的传统，大学拥有以实体控权为特征的自治权；进入资本主义社会之后，在以三权分立为核心的实体权力分割环境中，承袭中世纪时期的社团自治传统，西方大学自治的实体控权特征仍然十分明显。随着新公共管理主义等思潮的兴起，政府对大学的拨款占大学收入的比例不断提高，在政府、社会对大学的绩效评估日益加重的情况下，西方大学在某些领域的程序控权特征渐有强化。这种变化被西方看作基于实体控权方式的传统大学自治的衰微征兆，屡受学术界基于学术自由、教授治校等理念的批判和抵制。

厘定中西方控权方式的差异，有助于厘清国内关于高等学校自主管理的两种观点。观点之一认为，中国不能也没有明确划清政府与大学之间的权力边界，高等学校的自主办学权模糊不清，且政府权力过大、政府对大学的权力分配失衡。[③]观点之二认为，在考问“高等学校缺哪些自主权”的问题时，提出的解决思路是“与其给予，不如放权”[④]。事实上，这两种观点所提出

① 唐景莉. 政府管大事、高校办特色[N]. 中国教育报, 2014-03-31(009).

② 屈潇潇，刘亚荣，康宁. 高校办学自主权变迁的实证再研究（三）——改革开放四十年来高校学术自主权的变迁指数分析[J]. 复旦教育论坛, 2020, 18(03): 18-24.

③ 李响. 论我国高校办学自主权的权力边界——落实我国高校办学自主权的困境与出路[J]. 扬州大学学报（高教研究版）, 2011, 15(06): 8-12.

④ 黄达人. 与其给予，不如放权[N]. 中国教育报, 2014-04-21(009).

的问题其实无解，因为它们的解题思路是尊奉实体控权，而中国基于国情所形成的是程序控权模式，因此它们所选择的改革路径其实是“死胡同”，即异想天开地希望“把自己变成别人”。

第三，从权力运行看，中国高等学校自主办学权依赖于行政推进、政校协同。在得到了政治确权、行政授权和法治赋权之后，中国高等学校办学自主权运行的关键性难题是“如何有效落实”。可以说，在改革开放之后的40多年间，前20年重在追求高等学校办学自主权的合法化，随后的20多年重在进而追求高等学校办学自主权的落地化。[①]换言之，对于高等学校的办学自主权，与其讨论和探索扩大现有权限或回归基于学术自由的自治传统，不如研究和探索自主权的落实。[②]

行政力量主动且强力推进，是中国高等学校办学自主权得以运行的前提。在中国法治体系中，行政管理的主动放权和政策推动成为落实高等学校办学自主权的核心力量。现代与后现代共存的“时间丛集”和“时代交错”现象，是思考中国所有法律问题的前提。[③]在相对先发的西方，随着时间的推移，以渐进方式从形式法治向实质法治自然演进；在中国，形式法治和实质法治以平面方式“整体亮相”，因此不但要在依法治校的战略选择上保证“从形式法治迈向实质法治”[④]，还要同时实现形式法治和实质法治。[⑤]推动法治，本身需要各方力量所形成的“合力”。而在这股“合力”中，政府行政力量可能最为强劲、稳定且最具整合能力，因此也就成为高等学校办学自主权据以运行和落实的关键性推动力。事实上，改革开放之后，作为放权者的政府行政管理，扮演着主导者角色，通过持续不断的自我革命，成为主动下放、推动落实高等学校办学自主权的核心力量。这种状况，其实恰是落实、优化中国高等学校自主办学的制度优势。

政府与高等学校的协同耦合，是中国高等学校办学自主权得以运行的关键。“天人合一”的“中和”文化传统，预示着高等学校办学自主权与政府的行政管理权之间并不是非此即彼、你有我无的“领域分离”状态，而是“你

① 康宁. 中国高校办学自主权制度演进及基本特征分析[J]. 教育与教学研究, 2020(01): 99-119.

② 卢晓中. 高校自主权：落实或扩大?——基于国家教育政策文本的简要分析[J]. 苏州大学学报（教育科学版）, 2014, 2(03): 6-8.

③ 王学辉，王留一. 通过合作的法治行政——国家治理现代化背景下行政法理论基础的重构[J]. 求实, 2015(06): 70-77.

④ 段斌斌. 从形式法治迈向实质法治：高等学校依法治校的战略选择[J]. 高等教育研究, 2021, 42(06): 38-46.

⑤ 章剑生. 现代行政法基本理论（第二版）（上卷）[M]. 北京：法律出版社, 2014: 16；许章润. 法律：民族精神与现代性[J]. 清华法治论衡, 2002(03): 111.

中有我、我中有你”、协同共生的“领域合一”状态。政府与高等学校之间协同共生，并且进而在党政关系中、在法律关系中得到确证和认可，才是高等学校自主办学制度存在与运行的奥妙之所在。

高等学校与政府之间通过协同耦合而落实办学自主权，契合中国的改革逻辑。北京大学国家发展研究院周其仁教授在其《改革的逻辑》一书中有一个经典的论述：“这样来看改革，有两个力量非常重要，一个力量早就存在，凡遇到困难、有需要解决的大问题，总有人想办法突破。……另外一个力量在上层建筑里，就是国家机器的方方面面，对底层的、地方的自发改进和改革的做法，给予合法承认、保护、完善、提升，使之成为政策、成为正规的制度。”①前一个力量就是中国一直存在的、处于底层但创意无限的创新性力量——在高等教育中即是高等学校及其院系基层组织，后一力量则是管理上层——此即管理高等教育系统的党和国家、政府。简言之，中国的整体改革逻辑是“基层突破—上层认可”的耦合——在这种改革逻辑中，基层以创新为基础的自主发展，一直得到鼓励；落实到具体的领域，比如对于高等学校的自主办学而言，就形成了“高校突破—政府认可”的耦合关系。

高等学校通过与政府之间的协同耦合，恰好和谐地处理了自身内部、外部诸种关系，有助于切实落实办学自主权。就其法学性质而言，中国高等学校的办学自主权，并不应在“国家行政权”与“社团自治权”之间作出非此即彼的选择②，而应看到两者其实内在地统一于办学自主权之中，而办学自主权在处理与政府的关系中内含有“外部分权”与“内部治理”的双面逻辑，其中，在外部关系中，高等学校基于法律授权而分享教育管理权，且可不依附于政府而自主办学；在内部，高等学校基于学术自由而扮演“私主体”，借鉴私法人格技术，按照学术逻辑进行特色治理。③与此观点相印证，潘懋元先生早在20世纪就提出了“教育的内部关系规律”“教育的外部关系规律”等“两条教育基本规律”。④

高等学校与政府分别且同时主动寻求协同耦合，有助于真正落实高等学校的办学自主权。从过程角度进行分析，中国的改革依赖四个方面的要素：目标、改革需求、制度化和改革推进，“有需求才会有改革；改革的动因是自下而上的；改革的推进是自上而下的；改革的产生有自发性，要加速这个

① 周其仁. 改革的逻辑[M]. 北京：中信出版社，2017: 23.

② 金自宁. 大学自主权：国家行政还是社团自治[J]. 清华法学，2007(02): 19-34.

③ 范奇. 论高校“办学自主权”的双面法治逻辑及统合[J]. 交大法学，2019(03): 56-76.

④ 潘懋元. 教育基本规律及其在高等教育研究与实践中的运用[J]. 上海高教研究，1997(02): 3-9.

进程需要外部的干预”[①]。加速改革的外部因素中，政府不可或缺，在公共事业领域尤其如此，因为中国政府不是经济、社会、文化教育之外的力量，而是渗透于其中、整合各领域且为之提供服务的力量。政府，为了发展而创新，地方政府甚至为了创新而竞争[②]；中国政府，日益主动地与高等学校进行协同耦合，并为此而不断赋权、放权。同时，高等学校积极主动地与政府战略耦合。目前高等学校学术事务的管理权还远远不能达到自主的程度，政府仍然掌握着大部分的学术事务管理权。具体来说，在政府与高等学校之间，涉及教学的学术事务决策权基本已经下放，而涉及学科发展的自主权基本没有下放；在高校内部，学术力量在日常学术事务中已经能够发挥主导作用，行政力量对学术力量的综合影响程度有减弱的趋势，不过，事关高校重大发展的资源配置决策权仍由行政力量主导。[③]因此，为了实现战略性发展、赢得关键性资源，高等学校必须主动与政府耦合、学术力量必须主动与行政力量耦合。借助高等学校与政府、与社会之间的“协调与张力模式”[④]，自主办学的制度、自主办学的权利（力）才能够从可能变成现实、从弱小走向强大。

第四，从权力特征看，中国高等学校自主办学权实为多维复合体。对于自主办学制度和办学自主权的特征，学术界并无统一意见，反而形成了许多争论性的观点和学说。一是“自治说”，即基于道德、认识等理由，认为高等学校的办学自主权天然地就是大学自治权力，无须法律赋权或认可。二是“公法说”，即高等学校办学自主权在性质上属于公权力的一种，这种权利性质与民事法律关系中的相关概念截然不同。三是自治权与公法的“综合说”，即认为高校办学自主权在法律性质上兼具公权力性质和契约性质，还体现出较强的自治性质。[⑤]四是法律授权说，其中又形成了两种观点，分别认为是普通法律意义上的自主权[⑥]、宪法意义上的自治权[⑦]。

如果脱离具体的历史进程、特定的话语情境，确实无法清晰界定中国高

① 延立军. “双一流”背景下高校院系自主权改革的逻辑、困境及策略[J]. 煤炭高等教育, 2019, 37(04): 54-58.

② 何艳玲, 李妮. 为创新而竞争：一种新的地方政府竞争机制[J]. 武汉大学学报（哲学社会科学版）, 2017, 70(01): 87-96.

③ 刘亚荣. 我国高校学术自主权变迁的实证研究[J]. 高等教育研究, 2008(07): 37-42.

④ 祁占勇. 落实与扩大高校办学自主权的三维坐标——高校与政府、社会关系的重塑及内部治理结构的完善[J]. 高等教育研究, 2013, 34(05): 26-31.

⑤ 王玥. 宪法思维下的大学办学自主权问题研究——以大学章程建设为视角[J]. 山西大同大学学报(社会科学版), 2015, 29(02): 104-106.

⑥ 袁文峰. 高校办学自主权授权说质疑[J]. 惠州学院学报（社会科学版）, 2013, 33(02): 84-88.

⑦ 朱福惠. 教育法研究的新视野——评覃红霞《大学与政府之间的法律关系研究》[J]. 教育与考试, 2017(5): 95-96.

等学校的自主办学权。以改革开放初期高等学校的主动争取为历史起点、历经“政治确权—行政授权—法治赋权”的历史和逻辑已经表明，不能简单界定高等学校自主办学权“是什么”或“不是什么”，而应理解它“既是什么又是什么”。换言之，对于高等学校的自主办学权，理应坚持复合权利说。具体而言，学校办学自主权，不是校长办学自主权，也不是校长权力；不是纯粹的学校管理自主权，也不是纯粹的学校内部管理权。[①]高等学校的办学自主权，既是公权也是私权。在历史上来源于社团自治权，但随着现代民族国家的发展，办学自主权已转变为国家授权、公务分权，它针对纵向型法律关系和横向型法律关系分别体现为公权和私权[②]，因此不宜陷入国家公权与公民私权非此即彼型分析范式之争[③]。高等学校办学自主权，是权利也是权力，并且逐渐进入“从权利到权力（或者说权利+权力）”的演变过程，属于霍菲尔德情形中的自由权。[④]霍菲尔德的分析表明，现实的法律关系远比“权利与义务”关系复杂：权利（right）、特权（privilege）、权力（power）和豁免（immunity）的相反状态（opposite）分别是无权利（no-right）、义务（duty）、无能力（disability）、有责（liability），与之相关的状态（correlative）分别是义务（duty）、无权利（no-right）、有责（liability）、无能力（disability）。[⑤]权利的主体是公民与法人，它所拥有的是私权利，且法无禁止皆可为；权力的主体是国家机关及其特定工作人员，它所行使的是公权力，强调法无授权不可为[⑥]。

兼具公权力与私权力、权利与权力特征的高等学校办学自主权，通过高等学校本身的主动争取、政治确权、行政授权、法治赋权，拥有多层次、多渠道、多属性的权力来源，并导致其性质复杂、内容繁多，相应地使得高等学校本身的组织属性并非单一化存在，而是兼具事业单位和法人单位的双重属性。从事业单位和法人单位的二维视角观察则可发现，高等学校其实是独立承担民事责任、享受民事权利同时承载现代大学精神和使命、从事高等教

① 郭凯. 论学校办学自主权实现的政府责任[J]. 当代教育科学, 2015(18): 3-6, 31.

② 劳凯声. 教育体制改革中的高等学校法律地位变迁[J]. 北京师范大学学报（社会科学版）, 2007(02): 5-16.

③ 金自宁. 大学自主权: 国家行政还是社团自治[J]. 清华法学, 2007(02): 19-34.

④ 温红超. 高校办学自主权法律性质探析[J]. 高教探索, 2019(07): 5-17.

⑤ Hohfeld W N. Fundamental Legal Conceptions as Applied in Judicial Reasoning[M]. New Haven: Yale University Press, 1946: 35-36.

⑥ 吕世伦, 宋光明. 权利与权力关系研究[J]. 学习与探索, 2007(04): 99-106; 刘世清, 崔海丽. 高校招生自主权: 历史嬗变与困境突围[J]. 华东师范大学学报（教育科学版）, 2018, 36(03): 125-134, 170.

育办学行为的复合型事业单位。[①]有鉴于此，既规避因多重属性而苛求高等学校的管控主义倾向，又对公立高等学校的行为能力、责任能力做出有利于实现教育事业公益目标的限制，才是落实、完善高等学校自主办学权的正确路径选择。[②]

四、办学自主的现实规制

从政治—行政期待的角度看，建构高等学校自主办学制度、赋予高等学校办学自主权，不仅仅旨在单纯地赋予权力，而且在于确立起高等学校的自主发展机制，即促使高等学校在其所获得的自由决策权限范围中，自主管理、自我约束、自主发展。

首先，中国高等学校的办学自主权，要遵守权力限度约束。布鲁贝克认为，大学是学术行会，而历史的证据表明，行会容易出现“自行其是”“散漫、偏执保守、排斥改革”等弊端，因此“就像战争意义太重大，不能完全留给将军们决定一样，高等教育也相当重要，不能完全留给教授们决定”。[③]唯其如此，布鲁贝克在讨论“学术自治”时，在肯定其意义和价值之后，首先探讨“自治的限度”。绝对的大学自由、完全的大学自治根本不存在，原因之一就是大学不可能实现完全的经费独立；政府对大学的完全控制也不合适，正如民国时期学者夏承枫所阐述的，“大学为最高学术机关，应有校政自治和学术自由的精神。政府对大学的管辖，应有其限度”。[④]

自组织理论有助于较为形象地阐释政府与大学的关系、解释大学自治的限度。从进化形成的角度看，组织可以分为自组织和被组织。可按内部相互默契的规则自动形成有序结构的组织就是自组织，而靠外部指令形成有序结构的组织则是被组织。大学自组织，也即自组织的大学，指的是作为特定组织、特定系统的大学，不受外界特定干预，完全按照自身内在逻辑去完成知识生产、保存与传授的各项使命。从自组织的角度看，大学依次包含完全自组织、自组织、有限自组织、被组织和完全被组织等五种状态，分别与大学

① 吕继臣. 我国高等学校法人的内涵——事业单位和法人单位的二维视角观察[J]. 辽东学院学报（社会科学版）, 2009, 11(06): 136-142.

② 何文杰. 从体系解释的角度看我国公立高等学校民事责任之承担——兼论我国事业单位法人制度之完善[J]. 法学杂志, 2011, 32(05): 5-7, 19.

③ 约翰 • S. 布鲁贝克. 高等教育哲学[M]. 3 版. 王承绪, 郑继伟, 张维平, 等译. 杭州: 浙江教育出版社, 2001: 32.

④ 夏承枫. 现代教育行政[M]. 上海: 中华书局, 1932: 386.

控制型、大学自主型、政府主导型、政府控制型和大学附属型等政府与大学关系类型保持对应关系。①古今中外的历史表明，西方大学的自治和中国高等学校的办学自主权，其实是在从大学控制型到大学附属型的大学与政府关系变化链条中，分别在大学的完全自组织和大学的完全被组织两个极端之间波动；无论是西方大学的自治，还是中国高等学校的办学自主权，都是在政府的管理、法律的约束下运行的。

其次，获得办学自主权的中国高等学校，要自主管理。《中华人民共和国高等教育法》赋予高等学校依法享有招生、学科专业设置、教学、科研与技术开发和社会服务、国际交流与合作、机构设置与人事、财产管理等七个方面的自主权，并通过赋权给高等学校的书记和校长等而得以落实。《中华人民共和国高等教育法》第三十九条对高等学校的内部管理制度，特别是其中的党委的权限做出了规定："国家举办的高等学校实行中国共产党高等学校基层委员会领导下的校长负责制。中国共产党高等学校基层委员会按照中国共产党章程和有关规定，统一领导学校工作，支持校长独立负责地行使职权，其领导职责主要是：执行中国共产党的路线、方针、政策，坚持社会主义办学方向，领导学校的思想政治工作和德育工作，讨论决定学校内部组织机构的设置和内部组织机构负责人的人选，讨论决定学校的改革、发展和基本管理制度等重大事项，保证以培养人才为中心的各项任务的完成。社会力量举办的高等学校的内部管理体制按照国家有关社会力量办学的规定确定。"

校长是高等学校的行政负责人。对于校长，《中华人民共和国高等教育法》第四十条规定，高等学校的校长，由符合教育法规定的任职条件的公民担任。高等学校的校长、副校长按照国家有关规定任免。第四十一条规定，高等学校的校长全面负责本学校的教学、科学研究和其他行政管理工作，行使下列职权：拟订发展规划，制定具体规章制度和年度工作计划并组织实施；组织教学活动、科学研究和思想品德教育；拟订内部组织机构的设置方案，推荐副校长人选，任免内部组织机构的负责人；聘任与解聘教师以及内部其他工作人员，对学生进行学籍管理并实施奖励或者处分；拟订和执行年度经费预算方案，保护和管理校产，维护学校的合法权益；章程规定的其他职权。高等学校的校长通过主持校长办公会议或者校务会议行使职权、处理校务。

高等学校内部的学术事务，由学术委员会进行治理。对此，《中华人民共和国高等教育法》第四十二条规定，高等学校设立的学术委员会履行下列

① 贺修炎. 走向大学自组织：中国政府与大学关系研究[D]. 长沙：湖南师范大学, 2014: 27-30, 49-60.

职责：审议学科建设、专业设置，教学、科学研究计划方案；评定教学、科学研究成果；调查、处理学术纠纷；调查、认定学术不端行为；按照章程审议、决定有关学术发展、学术评价、学术规范的其他事项。教育部2014年颁发的《高等学校学术委员会规程》（中华人民共和国教育部令第35号），则对高等学校学术委员会的组成规则、职责权限、运行制度进行了详细规定。

另外，高等学校内部还要实行民主管理和监督。《中华人民共和国高等教育法》第四十三条规定："高等学校通过以教师为主体的教职工代表大会等组织形式，依法保障教职工参与民主管理和监督，维护教职工合法权益。"

再次，获得办学自主权的中国高等学校，应自我约束。高等学校的办学是一种专业性极强的学术事务，"认识论"哲学是高等学校保持相对独立、防止外在干扰的重要原因之一。尽管大学的行会特征仍然明显，其垄断内部学术事务、隔绝外部威权控制的惯性力量强大，但也不能否认，大学必须通过履行学术伦理承诺、承担社会发展责任等方式，对自己的办学行为、办学方式、办学过程进行自我约束，保证必须达到的学术水平。对此，《中华人民共和国高等教育法》第四十四条也做出了相应的规定："高等学校应当建立本学校办学水平、教育质量的评价制度，及时公开相关信息，接受社会监督。教育行政部门负责组织专家或者委托第三方专业机构对高等学校的办学水平、效益和教育质量进行评估。评估结果应当向社会公开。"

高等学校的自我约束，既要进行有效的内部管理，包括内部的行政管理、学术管理（学术评价、学术资源分配、学术奖励、学术晋升等），还要进行高等学校办学绩效的自我评价、自我管理。

最后，获得办学自主权的中国高等学校，要自主发展。办学自主权，是权力和权利，但也是责任；它是特许权，但早已不是特权。高等学校拥有办学自主权，也意味着必须运用办学自主权，独立规划、自谋发展，并与同行院校之间进行自主竞争。20世纪90年代以来，中国开始从中华人民共和国成立以来按照中央指定的方式确定"重点大学"，转变为通过院校竞争和自主发展的方式遴选"重点大学"，高等院校整体办学水平的竞争、本科高校教学水平评估及审核评估、高等学校的学科排名、高等学校的公共财政管理（包括接受预算软约束、财务审计）等等，都是政府促使高等学校实现自主发展的重要举措。

为了推进高等学校的自主发展，国内许多省份进行了富有创新意义的改革。以广东为例。《广东省教育厅、广东省财政厅印发〈广东省高等教育"创新强校工程"实施方案（试行）〉的通知》（粤教高函〔2014〕8号），部署实施高等学校的“创新强校工程”。其旨在鼓励高等学校自主竞争、自主发展的思路如下。第一，加强省级政府统筹。充分发挥协同创新引领作用，积极推进高等教育管理体制和运行机制改革，紧紧围绕国家和省教育规划纲要的战略部署，统筹考虑高等教育发展各方面要素和资源，有效推动全省高等教育事业在新的起点上实现科学发展。第二，分类指导。充分发掘各级各类高校的发展潜力和办学特色，按照“扶需、扶特、扶优”原则加强分类指导与支持，引导不同办学层次、不同办学类型的高校合理定位、错位发展、办出特色。第三，鼓励高校自主。各高校遵循高等教育发展规律，结合自身建设基础和经济社会发展需要，自主制订并实施本校“创新强校工程”建设规划，充分发挥高校在“创新强校工程”中的主体作用，增强高校依法自主办学的能力和水平。第四，鼓励重点突破。各高校按照“有所为，有所不为”的原则，找准制约自身内涵发展的关键问题，汇聚各方资源、凝聚各方力量进行重点攻关，以重点领域的有效突破带动学校办学水平的全面提升。第五，注重实效。创新资源配置方法，财政资金安排由事前单项竞争为主转为综合打包奖补和事后奖补为主，奖补资金向目标任务完成情况良好、建设成效突出、管理规范、引领示范作用明显的高校倾斜，增强“创新强校工程”建设的实效性。广东省实施高等教育“创新强校工程”，可以看作广东省教育厅、财政厅转变政府职能、改革资源配置方式、进一步落实和扩大高校办学自主权的一个具体措施。在这类工程的激励下，高等学校可以获得更为广阔的自主发展空间，但也必须承担起与办学自主权相伴而生的竞争发展责任。

第二章　大学与政府关系的实践逻辑

人类同时具有两大非常重要的特性。其一是具有理智特性。“人是一根会思考的芦苇。”[①]人类的理智特性，导致其组建起各类专门的知识传承与创新机构，大学和学院就是这类机构。其二是具有社会特性。人是“社会关系的总和”[②]——人类的社会特性导致人类以群体身份组建国家，而国家作为“人造的虚拟”和“人为的社会设计”，需要以政府作为执行国家权力的行政机关。与人类理智特性相关联的是创新，与人类社会特性相关联的则是秩序。人类本身具有的理智特性和社会特性，以及由此而产生的两大组织机构——大学与政府，分别承载了促进创新、维持秩序的功能和使命；这两种组织及其相应的功能和使命，不但本身是极具历史性的存在，而且两者都是人作为类体而存在的基本形式；人类的理智性与社会性两大特征的整合，使得大学与政府之间的关系成为一种不可避免的客观存在。

政府，是现代社会最富控制权力、最具动员能力的力量；随着现代性的日益凸显，政府的治理权力越来越规范、清晰，政府与社会之间的关系越来越法治化。大学，是现代社会生存与发展的动力站，居于现代社会的显著地位。现代政府必然、必须关注现代大学；大学与政府的关系，构成了现代社会关系中的重要内容之一，也是现代政府公共治理的核心内容之一，是影响和决定现代大学变革与发展的重要因素；大学与政府的关系及其变革，已成为决定人类社会的结构特征、彰显人类理智特性的关键因素。随着大学与政府之间的资源依赖、资源交换关系日益密切，以及大学与政府本身的进化和发展，大学与政府两种组织逐渐实现“功能渗透”，即大学日益被推动去承担秩序功能——主要通过文化传承而实现社会秩序的稳定传承，而政府为了维护和保证秩序功能的顺利实现、为了赢得竞争式发展，日益重视甚至主动承担起创新功能[③]。以资源依赖、资源交换为基础，以创新与秩序两类功能

---

① 帕斯卡. 人是一根会思考的芦苇[M]. 郭向南编译. 北京：北京联合出版公司, 2017.

② 中共中央马克思恩格斯列宁斯大林著作编译局. 马克思恩格斯选集（第一卷）[M]. 2 版. 北京：人民出版社, 1995: 18.

③ 何艳玲, 李妮. 为创新而竞争：一种新的地方政府竞争机制[J]. 武汉大学学报（哲学社会科学版），2017, 70(01): 87-96.

在大学与政府两种组织中的“功能渗透”为支点，大学与政府的关系得以建构并能走向耦合，且其关系状态在不同的空间范围按照不同的逻辑逐渐演变。这意味着，大学与政府的关系，并非从一开始就达到目前的状态，也并非一成不变，而是在政府与大学各自担负起自身的社会分工使命的基础上，随着政府职能定位的调整、大学的发展变迁而逐渐生成的。

与此实践变迁相适应，大学与政府之间的关系问题已成为高等教育研究的重要论域和核心问题，并牵引出两个待研究的论题。一是大学与政府之间关系的互动博弈。这种博弈在历史的纵向时间轴上，在西方和中国分别演化出不同的历史特征、形成迥异的大学治理方式，从而彰显出各不相同的大学治理智慧。二是中央政府与地方政府在大学治理领域的关系演变和互动博弈。由此而围绕大学治理领域，在“中央集权—地方分权”两个极点之间形成多种多样的高等教育管理模式。上述两个方面的实践问题，都可以简要概括为政府与大学的关系（即“府学关系”①）。世界各国府学关系的历史与逻辑、当前特征及变革趋势，都值得深度关注；具有中国特色的府学关系，从宏观、外部关系角度，折射了高等教育发展及其治理的中国逻辑。

第一节　从弱相关到强相关：大学与政府关系变迁的西方逻辑

大学和学院尽管一直推崇学术自由和组织自治，但在不同时代又必须且只能分别依赖于不同的威权力量而赢得其生存空间和发展机遇。纵观西方大学发展史，掌握宗教教权的教会和掌握世俗权力的政府，是影响和决定大学产生和存在状态的两大基础性威权力量；两大力量对大学的影响力的强弱变化，直接决定大学的性质、组织及功能。自 12 世纪左右欧洲大学和学院萌芽、产生以来，宗教性日益弱化、世俗性日益增强是它们的基本发展趋势；与此总体发展趋势相伴随，西方大学与政府之间的关系在总体上呈现出从弱相关到强相关、强耦合的发展态势。

① 张伊桐. 清末以来府学关系权力结构变迁的制度逻辑研究[D]. 徐州：中国矿业大学, 2021; 黄建伟. 我国高等教育公共行政中的“府学关系”问题研究综述[J]. 大学教育科学, 2013(03): 50-58; 黄建伟. 美国“府学关系”问题研究述评[J]. 国家教育行政学院学报, 2014(08): 83-88.

一、从宗教性到世俗化：西方大学与政府关系从弱到强的关键外因

现代大学和学院，萌芽于中世纪时期的欧洲，具体而言在12世纪左右。自此之后直到18世纪，大学与教会之间一直保持较为密切的关系，宗教性一直是欧洲大学的核心特征，而大学与政府之间的关系尚处于相对较弱的状态；换言之，在这段时期，大学与教会的关系属于强相关关系，大学与政府的关系属于弱相关关系。

欧洲的大学和学院为什么曾与教会保持着密切的关系？为什么在中世纪的“黑暗时期”，会绽放出人类的理智之花、萌芽并产生现代社会最重要的理智机构——大学？对于这些疑问，应该通过反思我们对欧洲中世纪时期的偏见和误读、梳理大学与教会之间的相关关系来寻找答案。

首先，对欧洲中世纪时期的偏见和误读，导致许多学者以怀疑的眼光看待教会与大学、宗教与科学、信仰与理性在历史上所形成的强相关关系。

近代大学产生于欧洲中世纪，而对于中世纪，中国人至少有两大成见。[①]第一大成见认为，中世纪是“黑暗”的。事实上，这种说法出自伏尔泰等18世纪启蒙运动思想家的作品，但值得仔细商榷和具体界定。而且，真正称得上比较黑暗的时期大概只有从西罗马帝国灭亡到公元800年间，而通常所谓的“中世纪”其实并不像我们认为的那样黑暗和停滞不前，文艺复兴也没有我们以前认为的那么光明和突然。[②]公元8世纪末已有加洛林文艺复兴，查理大帝延请欧洲的优秀学者来到帝国，兴办学校与图书馆。11世纪末至13世纪出现了大翻译运动，特别是把亚里士多德的著作从阿拉伯文和希腊文译成了拉丁文，大学也在这一时期产生。一般把13世纪称为中世纪盛期（High Middle Ages），此时经院哲学达到鼎盛。而被称为中世纪晚期（Late Middle Ages）的14世纪，虽然确实是在衰落，但却是科学史上最重要的时期。

第二大成见认为，中世纪时期的科学与宗教势不两立、水火不容。事实上，这完全是一种误解。从科学史的角度看，这种说法可称为科学与宗教的“冲突神话”，其核心观点是，基督教会与科学在中世纪的持续斗争阻碍了科学的发展、拖累了科学革命，使得近代科学的起源延迟了一千多年。这种并非事实但影响广泛的说法之所以能够深入人心，与两个人的影响密不可分。第一位是美国康奈尔大学首任校长安德鲁·迪克森·怀特（Andrew Dickson

---

① 张卜天. 中世纪自然哲学与神学的互动刍议[J]. 科学文化评论, 2017(04): 29-48.

② 查尔斯·哈斯金斯. 十二世纪文艺复兴[M]. 张澜, 刘疆译. 上海: 上海三联书店, 2008: 1.

White，1832—1918）。他曾努力呈现“为科学自由进行的伟大神圣斗争的纲要——这场斗争已经持续了多个世纪。这是一场多么艰难的战争啊！这场战争与亚历山大、凯撒或拿破仑战争相比较而言，时间更长且战况更激烈、围困更持续、战略更有力……在整个现代历史中，以宗教名义干涉科学的行为——无论这种干涉如何宣称是出于良心——结果都是对宗教和科学造成了最可怕的灾难，并且这种结果是无一例外的”。第二位是美国历史学家、科学家约翰·威廉·德雷伯（John William Draper，1811—1882）。他认为，“我们所目睹的宗教与科学之间的对抗，是一场从基督教获得政治权力以来便开始的斗争的延续……科学的历史并不仅仅是一系列独立发现的记录；它是一段两种对立力量之间冲突的叙述：一方是人类理智的扩展力量，另一方则来自传统信仰和人类利益之间的相互压制”[①]。

科学与宗教的“冲突神话”常常传播这样一些典型的说法：科学的原始形式在古代出现，在中世纪被遗忘；中世纪的基督教教会压制了科学发展；布鲁诺因为支持哥白尼的日心说而被罗马教会烧死；伽利略因为拥护哥白尼的学说而被判入狱并遭受折磨；科学革命将科学从宗教中解放出来，等等。为了论证宗教对科学的不宽容、证明宗教与科学的冲突，不少人会以教会人士德尔图良（Tertullian，约160—约225）的如下观点为证：“雅典与耶路撒冷有何相干？学园（柏拉图学派）与教会有何相干？异端与基督教有何相干？”[②]但事实上，德尔图良其实并非教父思想的典型、主要或主流的代表，他只是宗教界的一个例外。

深入考察就会发现，历史证据往往并不支持上述宗教与科学的“冲突神话”。科学与宗教的关系并没有简单、唯一、恒定的模式，它们更多的是和平共存，既非斗争，也非持续不断的支持，而是复杂的相互作用：冲突、妥协、适应、对话、疏远。即使它们有冲突，也需要在更宽广的历史背景中进行理解。事实上，在历史上的大部分时间里，宗教都有利于科学。科学在初创时都是通过诉诸宗教价值而确立自身，追求科学的人往往会受到宗教冲动的激励，甚至把对上帝的虔诚转化为对科学的虔诚，宗教机构也往往是支持大学和科学的主要力量。基督教教父们对科学的态度并非仅仅只有严厉和敌对，还有合作与互惠。担负着确立基督教神学正统任务的基督教教父，同时

① Numbers R L. Galileo Goes to Jail and Other Myths about Science and Religion[M]. Cambridge: Harvard University Press, 2009: 1.

② 奥尔森. 基督教神学思想史[M]. 吴瑞诚, 徐成德译. 北京: 北京大学出版社, 2003: 44.

必须传承好希腊学术。因此，一方面他们对科学要保持警惕，因为好奇心会使人分心、忘记更高的目标，另一方面，他们也认为异教知识可以服务于宗教目的，比如注释《圣经》，尤其是创世内容，解释三位一体学说等，还有一些异教知识则有计时、机械等实际价值。关于教父对科学的态度，在中世纪占主导地位的乃是奥古斯丁的婢女原则，它最有力地影响了基督教对于自然和自然科学的态度。奥古斯丁说："由于这种好奇心的疾病……人们进而研究自然现象，虽然这种知识对于他们毫无价值：因为他们纯粹是为了知识而知识。"[①]即便如此，知识也未必一无是处，因为科学知识有时甚至有助于维持和强化信仰；科学作为神学的婢女可以理解为，科学本身不是目的，而是解释《圣经》的手段，颂扬上帝是科学研究的最终目标。研究外在的可见世界可以使我们沉思世界的不可见的精神本质，从而更好地爱上帝和崇拜上帝。科学作为信仰的"婢女"，其实恰恰证明她是"主人"所不可或缺的。

综上所述，破除"中世纪是黑暗的""科学与宗教水火不容"等两大成见，有助于准确、深入地理解西方大学与教会之间曾经存在的强相关关系。

其次，之所以说大学在其产生之初乃至此后很长时期一直与教会保持着强相关关系，是因为大学的产生和发展，或直接或间接地得到了教会的庇护，甚至还借助教权与王权的冲突，不断强化教会对自己的支持。

具体而言，大概在11世纪左右，西欧社会出现了一系列值得注意的变化：因蛮族入侵而几近摧毁的西方社会开始复兴，新兴城市零星出现和逐渐发展；原本发挥巨大宗教教育作用的修道院"更加重忏悔、祈祷和隐居生活"，"对教学工作的兴趣降低了"；[②]西方城市中以托钵僧等神职身份接替修道院从事教学职业的学者，在西欧文化沉寂多时的情况下，通过译介阿拉伯文化、整理由阿拉伯保存的古希腊罗马文明，积累了深厚的理智基础和丰富的文化素材；在翻译阿拉伯文化、重拾古希腊罗马文化之光辉的过程中，西方社会出现了许多以知识和学术为业的知识分子团体。以这些变化为基础，新兴的知识分子群体借助城市中盛行的行会社团组织方式，逐渐组建形成了萌芽状态的大学社团，从而开启了中世纪学术生活体制化的序幕。历史学家证明，行会广泛存在于西方社会的城市之中。知识分子群体也按照城市的惯例采用了行会组织方式。以行会方式组织学术生活的中世纪大学，特别是以教师为

---

① Numbers R L. Galileo Goes to Jail and Other Myths about Science and Religion[M]. Cambridge: Harvard University Press, 2009: 15; 张卜天. 中世纪自然哲学与神学的互动刍议[J]. 科学文化评论, 2017, 14(04): 29-48.

② S. E. 佛罗斯特. 西方教育的历史和哲学基础[M]. 吴元训, 张俊洪, 宋富钢, 等译. 北京: 华夏出版社, 1987: 157.

主导的教师大学[①]，实现了学术劳动的“体制化”（institutionalization）[②]，包括教学、研究等学术功能的定型，学者社群（academic community）[③]学术规范的构建，以及学术规范对外部社会的影响和辐射[④]。

欧洲的中世纪社会逐渐进入了一个四分五裂、高度分权的时期，其中在教权、王权两大对抗势力为争取统治权而进行的激烈斗争中，世俗帝国的武器是军事武力、政府组织、法律秩序，而教会的武器是“先知的预言”“纯洁、德性、仁爱、自我牺牲精神等”。但值得注意的是，教会的精神力量在感化、凝聚人们的思想情感方面具有更为强大的力量，并在人类历史上出现了富有戏剧性的一幕：武力上的弱者挫败了强者、教会战胜了帝国。[⑤]教会的思想意识逐渐统治了西方社会，基督教精神成为了中世纪西方社会的时代精神。思想繁杂、派别甚多且不断发展的基督教精神推崇罪感意识、救赎意识，强调心灵的信仰和精神的崇拜，崇尚爱的精神，宣扬禁欲主义和神秘主义，执着于正统对异端的打击和消灭，在认识论上表现为经院主义，在权力斗争方面一直重视教权主义，坚持教权对皇权的斗争。[⑥]

正因为大学与教会之间保持着强相关关系，随着教会及其神职人员逐渐凭借思想影响和精神权力统辖和控制西方社会，并使之涂上了浓厚的神圣特征，中世纪大学的学术生活和萌芽状态的学者社群也染上了厚重的神圣性色彩。具体而言，基督教会至少从以下三个方面对大学神圣性的形成产生了不可磨灭的影响。

第一，中世纪大学的创办需要以教会的特许状为前提。虽然直到 13 世纪 20 年代大学社团组织的形成大多处于一种自发、朦胧的状态，但随着这种特殊行会组织的日趋成熟，特别是其所从事的学术活动的独特性，教会——也包括不甘落后的王权，竞相控制创建大学组织的审批、认可权，并以颁发特许状的形式使这种控制权力得到形式化固定和制度化体现。

第二，中世纪大学中的学者社群还必须从教会权威中获得从事教学的授权许可。教会深知，要想统治人的思想就必须掌握教育，关键是要掌握教者。

① 斯蒂芬 • F. 梅森. 自然科学史[M]. 上海外国自然科学哲学著作编译组译. 上海：上海人民出版社, 1962: 94.

② 约瑟夫 • 本 • 戴维. 科学家在社会中的角色[M]. 赵佳苓译. 成都：四川人民出版社, 1988: 147；何云坤. 科学进步与高等教育变革史论[M]. 长沙：岳麓书社, 2000: 154.

③ Hanley L. The new academic community[J]. Academe, 2003, 89(4): 2.

④ 陈伟. 西方大学教师专业化[M]. 北京：北京大学出版社, 2008: 27-28.

⑤ Cubberley E P. Readings in the History of Education[M]. Boston: Houghton Mifflin Company, 1920: 49-50.

⑥ 陈刚. 西方精神史（上）[M]. 南京：江苏人民出版社, 2000: 297-453.

为此，教会积极掌握“教学的专利权”，并规定，没有教会的允许任何人不准教学，而要想获得教会的教学许可，就必须接受并通过教会的审查。[①]1292年教皇尼古拉斯四世发布训令，正式授予巴黎大学以颁授硕士、博士学位的权力，这些学位可使拥有者具备在任何地方任教而不用再参加考试的资格。[②]

第三，经院哲学方法也决定了大学社团组织具有较强的虔信色彩。经院哲学的思考方法是一种穷极精微地确定其本身法则的专职性行为，它非常注意语言的法则，并为词语赋予权力和力量，唯名论和唯实论之间的论争就集中反映了经院哲学对言语的重视。经院哲学以圣经经文为权威准则，以辩证法为基本的论证法则，宗教信仰、思想虔诚的倾向十分浓郁[③]，社会大众甚至不断强化“对教会及其领袖的信任，把学习有关辩证技术的理解看成是通向上帝真理的门径和拯救灵魂需要的知识”。[④]社会大众对大学成员工作的如是评价、对大学成员学术劳动的如此期待，无疑加强了大学及其教学成员的神圣化色彩。

总之，尽管大学会利用教权与王权之间的冲突，坚持骑墙态度和机会主义路线，以谋求自身利益的最大化，并且大学与世俗的王权及其政府因此也建立起了关系，但大学此时与政府的关系仍属弱相关关系，大学与教会的关系才是大学外部关系的重点和焦点，宗教性是大学的底色。鲍尔生认为，如果用一种相对夸张的手法放大西方历史的总体特征，那么可以说，“在古代，个人是为国家而受教育，在中世纪，个人是为教会而受教育，在现代，个人则为自己而受教育”[⑤]。不过值得注意的是，在欧洲的古代，个人多是为城邦国家而受教育，而在现代欧洲，个人是通过国家的资助和支持而享有教育机会。

实践总在发展和变化。在11世纪以来的欧洲，一方面是大学与教会的关系，从极度强劲到逐渐削弱，其中的原因有文艺复兴、宗教改革等因素的出现，工业革命和教育领域的国家主义思潮的兴起，等等；另一方面，大学与政府的关系，逐渐从相对疏远到日益紧密，从弱相关向强相关过渡，而这种变化，有着一个渐进的过程。

首先，15世纪大学的民族化，为大学的世俗化、国家化变革埋下了伏笔。

---

① S. E. 佛罗斯特. 西方教育的历史和哲学基础[M]. 吴元训，张俊洪，宋富钢，等译. 北京：华夏出版社，1987: 161.

② Cubberley E P. Readings in the History of Education[M]. Boston: Houghton Mifflin Company, 1920: 167.

③ 雅克・勒戈夫. 中世纪的知识分子[M]. 张弘译. 北京：商务印书馆，1996: 79-85.

④ S. E. 佛罗斯特. 西方教育的历史和哲学基础[M]. 吴元训，张俊洪，宋富钢，等译. 北京：华夏出版社，1987: 159.

⑤ Paulsen F. German Education: Past and Present[M]. Lorenz T(translator). Wyoming: Kessinger Publishing, 2008.

因捷克人的反对，德意志 1409 年的国王诏令决定放弃建设位于捷克人居住区的布拉格大学，转而在莱比锡新创一所大学。这是大学民族化的标志性事件。[①]从此，大学自产生之初就借助教会覆盖欧洲范围的势力的支撑而具有的国际性，逐渐被民族性所取代。

其次，18 世纪的国家主义思潮，真正确立起了大学的世俗化、国家化性质，大学与政府的关系得到了有效强化。尽管教会长期以来为欧洲提供了基本的读说写算教育，但是，到 18 世纪时，因社会和经济因素的变动而出现的大批贫穷而无知的人们，对当时的道德和宗教理想主义提出了责难，“许多人转而寄希望于国家，认为政府才是能够解决有关问题的唯一机构”，呼吁社会的运行同样必须遵循自然法则，“国家就应该利用它们造福于全体人民”。[②]从自然法则的角度强调教育（包括大学）必须与国家、与政府建构起密切联系，无疑找到了当时促进大学与政府关系最强有力的思想动力。

促进大学与政府的关系、强化政府对包括大学在内的全部教育的整体责任和权力，甚至诱致了早期国家与政府在管理大学领域的偏激。进入 19 世纪之后，欧洲教育的国家主义倾向日益明显。比如在法国，普遍看法是“只有强大的中央集权政府紧紧掌握了学校系统，国家才会有团结。进一步说，学校系统应致力于维护法国社会的贵族性”。拿破仑的执政及其相应的改革，再加上法国后续的改革，使得进入 20 世纪后，“法国在坚实的基础上成功地设立了一套高度中央集权化、高度国家主义化的教育体系”[③]。

在德国，大学的世俗化特征最早也最明显，但国家和政府的控制也非常强劲。弗雷德里克·威廉三世认为教育是一种“改革社会”的措施，继任者弗雷德里克·威廉四世甚至指责教师们鼓励人民制订宪法的要求，宣称“绝不允许在全能的上帝与这个国家中插进一份充满了阴谋的羊皮纸文稿来，绝不允许用什么文章统治我们，绝不允许取消神圣而古老的效忠誓约”，事实上他“把教育看做是反对各种社会、政治与宗教异端学说的武器，认为教师培训学校应当造就出热衷于传授国家和教会的官方思想的人来”。“到 20 世纪初时，德国已形成了一个中央集权化的、国有的和保守主义的教育体系，其目的在于培养能干、训服而又忠诚的臣民，只要领袖们一声令下，他们就

① 雅克·勒戈夫. 中世纪的知识分子[M]. 张弘译. 北京：商务印书馆，1996: 147, 128-129.

② S. E. 佛罗斯特. 西方教育的历史和哲学基础[M]. 吴元训，张俊洪，宋富钢，等译. 北京：华夏出版社，1987: 352-353.

③ S. E. 佛罗斯特. 西方教育的历史和哲学基础[M]. 吴元训，张俊洪，宋富钢，等译. 北京：华夏出版社，1987: 395-398.

会自愿贡献出个人的一切。”[①]法西斯主义的盛行及其对战争的狂热，从日益偏激的教育体系和大学制度中得到了支持。

在大学民族化、教育国家主义的背景下，大学与政府的关系日渐成为大学外部关系的重点和焦点，世俗性成为大学的底色，从此不再有超越国家和政府而独立存在的大学，大学与政府的关系日渐发展成为强相关关系。

总而言之，对于大学而言，从其产生开始至今，与之紧密联系的社会威权力量，从最初的教会逐渐转变为政府；在此过程中，大学的特性逐渐从强劲的宗教性转变为世俗性，大学与政府的关系在总体上逐渐从弱相关关系发展为强相关关系。

二、大学与政府相关关系的结构分析框架

有关大学与政府关系的研究，至少有两种基本的分析方式。一是以具有原典意义、富有辐射能力的典型国家为案例，进行国别模式总结，据此可以总结出美国模式、英国模式、法国模式和德国模式等[②]；二是以大学与政府之间关系状态为逻辑依据，以不同国别的实践为个案依据，总结出大学与政府关系的“完全政府说”“有限政府说”“市场说”等不同的理论观点[③]。其中，坚持“完全政府说”者，比如比利时学者费尔赫芬（Verhoeven）基于法国（非常集权的政策传统）、英国（分权的政策传统）、比利时（集权的政策传统）等欧洲案例，认为政府高度控制高等教育有助于保持高等教育系统和大学组织的高效运转[④]；坚持“有限政府说”者，比如英国学者斯托克（Stoker），认为大学的治理意味着需要一系列来自政府但又不限于政府的社会公共机构和行为者参与其中[⑤]；坚持“市场说”者，比如美国学者伯顿·克拉克则认为政府、学术权威之间的关系，因有市场因素的参与，可构成“政府—市场—学术权威”三角形协调关系[⑥]。

---

① S. E. 佛罗斯特. 西方教育的历史和哲学基础[M]. 吴元训，张俊洪，宋富钢，等译. 北京：华夏出版社，1987: 399-401.

② 别敦荣. 现代大学制度的典型模式与国家特色[J]. 中国高教研究，2017(05): 43-54.

③ 刘雅岚. 中国特色现代大学建设过程中的政府职能演变及趋势研究[D]. 北京：华北电力大学，2016: 4.

④ Verhoeven J C. 从欧洲的三个国家看—大学与政府关系的变化[J]. 郭歆译. 清华大学教育研究，2003(05): 1-8.

⑤ Stoker G. Governance as theory: Five propositions[J]. International Social Science Journal, 1998, 50(155): 17-28.

⑥ 伯顿·R. 克拉克. 高等教育系统——学术组织的跨国研究[M]. 王承绪，徐辉，殷企平，等译. 杭州：杭州大学出版社，1994: 159.

这两种分析思路，都有其合理之处。但辩证逻辑的分析规则告诫我们，重要的问题不仅仅在于对大学与政府的关系进行单纯的逻辑划分，而在于如何基于历史的变迁、国别的类型，按照历史与逻辑相统一的原则，深入到大学与政府之间关系的内部结构，梳理清楚大学与政府之间关系的纵向变迁逻辑和横向类型逻辑。对于大学与政府之间关系的内在结构，可从两个角度进行解析：一是政府对大学的“资助—管理”角度，二是大学对政府的“服务—合作”角度（图 2-1）。

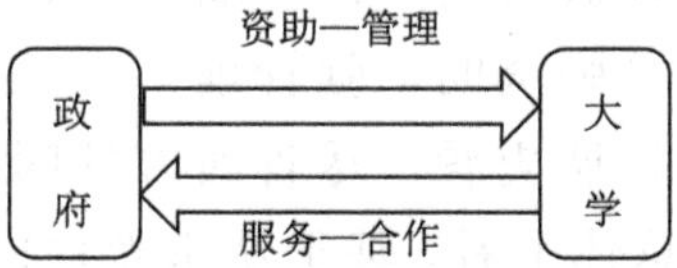

图 2-1　大学与政府关系的内在结构

以政府为基点，从政府对大学的视角看，“资助—管理”是“府—学”关系的主题。其中，政府对大学的资助，主要表现在两个方面：一是政策资助，包括政策的认可和支持、限制和控制；二是经费资助，具体包含经费资助的多寡、经费资助的方式以及不同经费之间的结构比例等。政府对大学的管理则意味着对大学的计划、组织、指挥、协调和控制等。在这里，管理是中性词，取其最广的外延，既包括自上而下的科层式、集权化控制和统治，也包括平行共生、协同互助的治理。

以大学为基点，从大学对政府的视角看，“服务—合作”是“学—府”关系的主题，或者说大学是否以及如何为政府服务、是否以及如何与政府合作是其两大核心主题。其中，大学对政府的服务包括：基于知识的专业服务；基于大学社团的社会特性和政治特性所提供的服务，比如政治认同和支持、文化认同和支持、组织认同和身份同构等，这类服务不一定基于知识，或者说不完全基于知识。大学对政府的强服务则意味着大学自觉镶嵌到政府的运行之中，积极强调学以致用（包括彰显大学自身的政治功用、经济功用和文化教化功用等），弱服务则意味着大学依据“学以致学”“学术中立”等价值基准，游离于政府之外、相对独立于社会之中。大学与政府合作，即大学在为政府服务的过程中，能够凭借被政府认可或通过自己的努力，在赢得法律规范上的独立法人（法团）身份、在组织管理上的相对独立地位的基础上，避免和减少外在的控制与冲突，保持大学与政府之间的组织同构和功能协同，确定并达成共同的目标。大学对政府的服务，重在突出大学对政府的专业服务需求和政治认同需求的回应和满足；大学与政府之间的合作，则重在表明大学愿意且能够在法律地位、组织特性及制度安排上与政府之间（特别是能够与各级政府之间）保持沟通与协调、协同与创新。

三、政府对大学：从“弱资助、弱管理”到“强资助、强管理”

从政府“资助—管理”大学的维度，按照“强—弱”两种状态，划分出政府与大学关系的四种“理想类型”：“弱资助、弱管理”“强资助、弱管理”“弱资助、强管理”“强资助、强管理”。

从大学与政府的关系发展史看，尽管西方各国的具体模式、发展变化的个别进程各不相同，但从总体上看，基于从宗教性向世俗化的历史变迁逻辑，存在着从弱相关到强相关的发展逻辑（图 2-2）。在政府对大学呈现出弱相关关系时期，往往表现为“弱资助、弱管理”；在强相关时期，则表现为“强资助、强管理”；“弱资助、强管理”和“强资助、弱管理”则是大学与政府从弱相关关系向强相关关系的过渡形态。在此过程中，政府角色的变化总趋势是，逐渐从大学的边缘性利益相关者向作为“部分拥有者”的利益相关者、向重要利益相关者，进而向最重要利益相关者转变。①

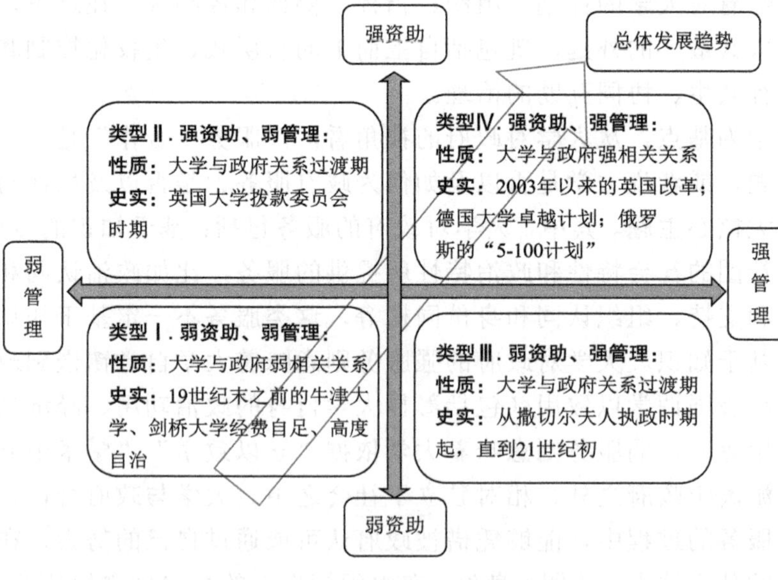

图 2-2　政府对大学的“资助—管理”关系变化趋势

① 胡赤弟. 高等教育中的利益相关者分析[J]. 教育研究, 2005(03): 38-46.

在西欧的大学萌芽期，政府与大学之间主要表现出“弱资助、弱管理”的弱相关关系。早期的大学，并无特别的公共建设，也少有固定的校舍，罢教、迁移较为常见，师生流动较为频繁，因此对大学教师的赞助和资助是大学资助领域的重点内容。对于当时的大学教师而言，教会给予的资助远远大于政府的资助，且教会资助属于惯例、已成经常。具体而言，主要体现在以下两个方面。一是政策资助，即由教会赋予大学教师以教学特权许可，据此教师可以收费，包括学费和考试费。学费的数量一般由学生以个人或群体的名义在听取讲演之前同教师通过契约协议确定，考试费则是任何参加考试者都需交付或给予教师的捐赠。二是教会的直接经济资助，即牧师俸。教会非常不认同教师们利用知识交换获得金钱的做法，并借助各类教堂学校的组织支撑，通过为教师提供牧师俸而推行无偿教学。而世俗的王权、城市对于大学（主要是直接对大学教师）资助往往属于个案和偶然，且它的出现晚于教会的资助。世俗权威为了吸引并挽留住某些教师，一般会为之提供工资收入，这种情况在意大利的那不勒斯（Naples，1224 年）、韦尔切利（Vercelli，1228 年）、图卢兹（Toulouse，1229 年）皆有发生。在意大利，为教师支付工资渐成惯例。在波伦那，到 1381 年已有 23 位法律博士的薪水由城市自治体支付。佩鲁贾、佛罗伦萨、帕维亚等其他意大利城市在初创大学时也为教师支付工资并企图以高薪从波伦那、帕多瓦等地吸引教师。而且，不同教师之间的收入水平千差万别。比如，神学、法学、医学等高级学科中的教师收入一般会比文法教师高，神学教师因其地位高于法学、医学教师而收入更高。[①]简言之，此时的政府，既不是大学主要的、最强的和必然的管理者，因为大学通过获得来自教会或王国的特许状，独立运行、内部自治，也不是大学主要的、经常的和必然的资助者，充其量，政府只是大学众多的资助者之一。

在大学发展史中，大学与政府的相关关系，从“弱资助、弱管理”开始发展，历经“强资助、弱管理”和“弱资助、强管理”的摇摆，政府逐渐倾向于选择“强资助、强管理”关系模式。英国政府对大学的资助与管理方式变迁史，最具典型性和代表性。19 世纪末之前，英国大学尽管起源较早，但政府一直没有固定的拨款资助机制，处于“弱资助、弱管理”阶段。1889 年“大学学院拨款委员会”作为常设性的拨款咨询机构成立；1906 年“大学学

① de Ridder-Symoens H. A History of the University in Europe(Vol. 1)[M]. Cambridge: Cambridge University Press, 1991: 151-154; 瓦尔特・吕埃格总主编, 希尔德・德・里德-西蒙斯主编. 欧洲大学史（第 1 卷）：中世纪大学[M]. 保定: 河北大学出版社, 2008: 166.

院拨款咨询委员会”成立。这两个机构先后负责对英国大学和少数大学学院给予个别的、非经常性拨款。1919 年成立，直到 1988 年解散的“大学拨款委员会”，负责对英国的大学进行经常的、普遍性拨款，但并没有因此而格外加强政府对大学的控制，这使得英国大学与政府的关系进入了“强资助、弱管理”的时代，这个时代甚至被广泛地认为是维护学术自由、大学自治的典范。不过，从 1979 年撒切尔夫人担任首相以来，在英国的新公共管理主义思潮的影响下，削减高等教育经费、加强大学的绩效评估等主张及相应的举措，使“强资助、弱管理”的大学与政府关系面临挑战，“弱资助、强管理”的倾向在英国大学体系中表现日益明显。2003 年初英国发布《高等教育白皮书——高等教育的未来》，这是继撒切尔时代之后又一次大的高等教育改革，它从撒切尔时代“减少教育投入—市场化—收费—扩大规模与经济导向”转变为“增加教育投入—市场化—提高收费标准—扩大规模和国家竞争力导向”。[①]英国大学与政府的关系进入了“强资助、强管理”时期。事实上，“强资助、强管理”模式，不但是后发型、发展中国家的共同选择，即便是信奉学术自由、大学自治、教授治校的发达国家也已经不可阻挡地将它奉为圭臬。比如，德国联邦教育及研究部和德国科学基金会发起的德国大学卓越计划，从 2006 年开始遴选第一批资助对象，并从精英大学、精英研究集群、精英研究生院等三个层面给予资助[②]；俄罗斯联邦政府自 2012 年开始颁布实施“5-100 计划”，争取到 2020 年有 5 所大学进入世界大学排行榜的前 100 名。[③]这些类型的一流大学建设计划，恰好彰显了目前政府对大学的“强资助、强管理”特征。

四、大学对政府：从“弱服务、弱合作”到“强服务、强合作”

根据大学对政府“服务—合作”两大维度，按照“强—弱”两种状态，划分出四种“理想类型”：“弱服务、弱合作”“弱服务、强合作”“强服务、弱合作”“强服务、强合作”。

从大学与政府的关系发展史看，在弱相关时期，往往表为“弱服务、弱合作”；在强相关时期，则表现为“强服务、强合作”；“弱服务、强合作”

① 李盛兵. 英国高等教育新政策评析[J]. 高教探索, 2003(02): 40-43.
② 朱佳妮. 德国“卓越计划”与“精英大学”初探[J]. 世界教育信息, 2007(05): 25-29, 93.
③ 徐娜, 孙春梅. 俄罗斯提升大学国际竞争力“5-100 计划”评析[J]. 比较教育研究, 2016, 38(11): 78-83.

和“强服务、弱合作”则是大学与政府从弱相关关系向强相关关系转变的过渡形态（图 2-3）。

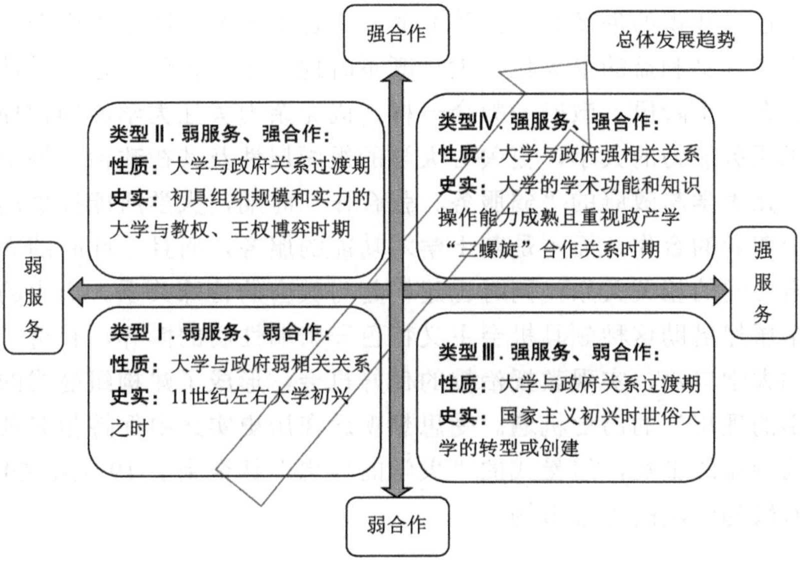

图 2-3　大学对政府的“服务—合作”关系变化趋势

（一）“弱服务、弱合作”

11 世纪左右大学借助与教会的强相关关系（包括教会对大学的庇护和资助、大学对教会的皈依和支持）而得以萌芽和产生，但大学与政府的关系尚处于疏离状态，“弱服务、弱合作”是其典型特征。借助与教会的强相关关系，大学在欧洲范围内获得了超越王权的空间边界限制的特权，具有明显的“国际性”，而当时不少地区的政府甚至只是大学的非利益相关者。

（二）“弱服务、强合作”

随着大学的规模不断扩大、大学的行会组织建制日渐成熟，教权与王权的竞争、博弈，部分地转移到了如何争取新兴的大学之上，大学因此在政治博弈和组织竞争领域获得了资本。在教会日渐衰落、世俗化特征日益明显的背景下，大学对政府的关系逐渐进入“弱服务、强合作”阶段。所谓“弱服务”，有两大特征，一是在大学以文法、神学、法学、医学四个学部为基层学术组织且以神学部为最高学部的背景下，大学基于学术功能对政府的服务弱于对教会的服务——神学部及神学教授在大学内处于主宰地位，大学内部的权力结构与外部威权秩序结构实现了同构；二是大学的知识操作能力仍然较弱，大学发挥学术功能、服务于政府的世俗需求（包括但不限于世俗人才的培养、世俗知识的创新和实践等）的能力还不太强。所谓“强合作”，指的是，为了本身利益的最大化，大学既不时地与教会合作、也不时地与政府合作，但在这个阶段，政府与教会一样，尚无余力关注大学的知识操作内容及其学术服务能力的大小，更关心大学的组织属性及其在政治立场上是否支持自己。在大学与政府的“弱服务、强合作”时期，大学所能提供的主要是基于政治博弈的合作，而不是基于学术功能的服务，而且，此时的大学既保持与政府之间的相关关系，同时也建构起与教会的特殊关系。历史的吊诡在于，大学居然借助这种颇具机会主义特色和骑墙性质的博弈，获得了争取学术自由和大学自治、实现教授治校的良好机会，形成了建构纽曼式的古典主义“大学的理想”的历史机遇。受思想观念在历史实践中保持相对独立性和能动性的规律的影响，纽曼式的“大学的理想”甚至到了 19 世纪 60 年代仍然占据着较为广泛的思想市场。

（三）“强服务、弱合作”

尽管更早的时候已经开始有民族意识的兴起，但时至 18 世纪，从政治治理的角度看，欧洲仍然是基于传统帝国或王国的政府治理方式；19 世纪之后才开始以现代性的民族自决和自治为基础的民族国家时代，各民族国家分别成为独立自主的政治实体，各国政府成为内政外交的行政支撑。从经济发展推动政治变革的角度看，随着工业革命的不断深化，西方的政治家们以革命思想向君主们神授的统治地位发起挑战，促使许多人转而寄希望于国家，认为政府才是能够解决有关问题的唯一机构①。于是以“自然权利”原则为口号的自然主义（naturalism）和新人文主义（neo-humanism）广为流传②，并同时在实践中形成了两种策略：“慈善性的专制主义和致力于人民利益的民主主义。”前者认为教育作为一种工具，可以用来培养顺从、满足而自以为幸福的臣民，培养为统治集团服务的劳动者。弗雷德里克·威廉一世和阿尔弗烈德大帝的教育气度就是明证。民主主义者则把教育设想为造就能够自

---

① S. E. 佛罗斯特. 西方教育的历史和哲学基础[M]. 吴元训，张俊洪，宋富钢，等译. 北京：华夏出版社，1987: 353.

② Paulsen F. German Education: Past and Present[M]. Lorenz T(translator). Wyoming: Kessinger Publishing, 2008.

我管理、有知识的民众的有效方法。两种主张在目标设定上虽然差异甚大，但在实践操作上立场一致，即都主张“学校应是由国家掌握的国立机构，对全体人民实行一定程度的免费教育，努力按照国家的智力与道德标准塑造国民”①。这种实践主张虽然遭到教会的反对并被指责为冒犯上帝、被驳斥为异教，但历史的车轮仍然碾过教会的主宰，逐渐兴起的国家主义使世俗政府自 18 世纪起开始接管和主持教育大计。民族国家借助日益强劲的政府力量、日益发展的工业革命，开始强化对大学的资助和控制，不少国家的大学逐渐成为政府的公共机构、大学教师甚至成为国家公务人员。

德国是典型代表。E. 弗拉克曼和 E. 德尔维特认为，德国高等教育系统的首要特征是：“高校教师是高校所在州的终身公务员。这样，与其说他们对‘自己的’院校负责，不如说他们更对州政府负责。”②林格甚至称德国教授为“政界要员、高级官吏”（mandarin）。③更准确地说，德国的正、副教授都是政府公务员（state official）。他们由政府聘任并根据其委任状讲授特定的一门或几门科目。就其作为公务员而言，教授的权责一般是由行政条例规定。与其他公务员一样，教授们的任期并无时间限制，但履行职责过程中的优异表现是他们获得长期聘任的依据；与其他公务人员不同的是，他们没有所谓的退休金，但教授们可以在因年老而不再承担讲演任务时继续领取工资，这就使得德国的学术职业在社会等级上处于特权性上流层次。在蒙森看来，获得终身任职岗位、作为公务员的传统德国教师，享受了所有的特权和便利，但较少受到其不利方面的影响；除了能够依个人水平而弹性确定工资之外，还能够为他们的研究单位谈判争取特别研究项目和额外的基金。④

在近代民族国家迅速兴起的背景下，大学对政府的关系出现了“强服务、弱合作”特征。大学为政府提供的服务表现在以下方面：培养世俗政府需要的公务人员；在政治理念、思想观念、文化意识上为世俗的民族国家呐喊助威。当然，在这个阶段，政府是以保障大学自治、自由为前提来换取大学对

① S. E. 佛罗斯特. 西方教育的历史和哲学基础[M]. 吴元训，张俊洪，宋富钢，等译. 北京：华夏出版社，1987: 352-369.

② 弗兰斯·F.范富格特. 国际高等教育政策比较研究[M]. 王承绪，等译. 杭州：浙江教育出版社，2001: 205.

③ Mommsen W J. The academic profession in the Federal Republic of Germany[C]//Clark B R. The Academic Profession: National, Disciplinary, and Institutional Settings. Berkley: University of California Press, 1987: 64.

④ Mommsen W J. The academic profession in the Federal Republic of Germany[C] //Clark B R. The Academic Profession: National, Disciplinary, and Institutional Settings. Berkley: University of California Press, 1987: 84-85.

政府的服务的，但大学对政府、对社会的服务是潜在的、间接的、隐性的，或者说，大学对于政府有着日益强劲的服务意识，但多在政治表态、价值取向上，大学已经发展成为“国家”的大学、为政府服务的大学。由于宗教的力量已经逐渐淡出日常生活，教会对大学的控制也在迅速削弱，大学已经不需要借助“教权—王权”的二元角力，而是直接通过与政府的合作，从中谋取发展机遇和生存空间，因此大学与政府之间基于政治斗争目标的传统型合作逐渐淡出、弱化，而新型的、以知识和学术为基础、以现代社会发展为目标的合作尚未形成。大学发展的洪堡理念是这个时期的典型。洪堡理念、洪堡原则强调，“教学与研究相统一”“通过研究进行教学”，强调“科学的统一性”。从历史的角度看，此时大学对政府的服务，更多是一种政治表态，其中所反映的是大学的价值取向；传统的政治合作相对弱化，新型的基于学术的合作尚待形成、强化，才是这一阶段大学与政府之间的实际关系状态。

（四）“强服务、强合作”

教育的国家主义思潮的兴起，决定了大学对政府的“强服务”特征从此不可磨灭；而工业革命日益深入的发展，为大学在与政府协同发展的过程中谋求新型合作奠定了重要基础。首先将欧洲大学坚持服务政府的政治立场和价值取向转化为具体行动的，是美国的大学。

具体而言，第二次工业革命之后，现代社会的需求和市场经济的逻辑成为影响高等教育适应性发展变迁的重要力量。实用的思想和功利的目的要求高等教育的教育教学和科学研究、文化传承和文化创新活动服务于现实生活，致力于提高生活质量。在素以实用主义著称的美国，率先出现了回应这种价值期待的高等教育思想观念和办学实践。1862 年《莫里尔法案》和 1887 年《海琪法案》，不断地使高等教育系统纳入美国的实用主义体系之中，规范、引导和不断强化了高等教育的社会指向特征和社会服务倾向；查尔斯·理查德·范·海斯（Charles Richard Van Hise，1857—1918）在 1904—1918 年间担任威斯康星大学校长，领导大学进行了开创性实践，实现了高等教育文化传承和文化创新功能的“延伸”，使得以“直接为社会服务”思想为核心内涵的“威斯康星精神”真正形成、广为传播且深入人心。随着产学研合作关系的日益紧密，随着高等教育活动成果（主要指知识）的社会价值不断上升，学术产业化甚至被当作为高等教育的“第三功能”。所谓学术产业化，指的就是高等教育必然会以自身的知识生产、创新能力为基础，借助自身的知识生产和分配权力、社会使用和消费知识的强烈需求，致力于推进社会财富的不断创造和快速增长等活动，以便在推进人类发展的同时，增加自身的可利用资源。学术产业化功能类型的成型和独立化，既是高等教育的学术生产力和社会生命力得到极大提高的根本标志，也是高等教育不断发展变迁以获取自身存续合法性的自然和历史产物。[①]美国的大学坚持“威斯康星精神”、超越象牙塔，是作为新兴移民国家的美国所孕育出的实用主义精神的具体体现，是北美新大陆对欧洲所强调的学术自由、大学自治传统的崭新发展，是现代大学在对政府提供“强服务”的同时，开启“强合作”的开端。随着“威斯康星精神”和大学直接服务社会职能的日益强化以及向世界各国的传播和移植，大学与政府之间的“强服务、强合作”模式日益成熟，并形成了形式多样但内涵一致的大学发展思想与理论。比如，克拉克·克尔提出了“多元巨型大学”理论[②]，伯顿·克拉克提出了“创业型大学”理论[③]，亨利·埃茨科威兹提出了“官-产-学”合作的三螺旋理论[④]，希拉·斯劳特和拉里·莱斯利提出了“学术资本主义”理论[⑤]，迈克尔·吉本斯等提出了“知识生产的新模式”理论并做出了知识生产从“模式Ⅰ”向“模式Ⅱ”转变的论断[⑥]。

值得注意的是，对于大学对政府的“强服务、强合作”趋势，出现了不少批判的声音。内尔高（Nørgård）认为，当今高等教育尽管仍然强调创造力、想象力、创新以及个人成长，但其中却很大程度上嵌入了市场化、知识生产和绩效经济主义，并使得世界各地的大学和高等教育在过去的40年间都面临着公司化、技能提升、就业能力和问责制等新自由主义议程的拷问；为了应对“新资本主义”、“知识经济”和“加速大学”等所诱致的变革，高等教育机构和学者们的学术生活持续不断地进行重组和公司化。作为对这种变化趋势的批判和解构，且作为应对上述问题、矫正上述偏差的解决方案，里克

① 陈伟. 高等教育多样化发展的哲学思考[J]. 浙江大学学报（人文社会科学版）, 2003(5): 138-144.

② Kerr C. 大学的功用[M]. 陈学飞，陈恢钦，周京，等译. 南昌：江西教育出版社, 1993: 1-32.

③ Clark B R. Creating Entrepreneurial Universities: Organizational Pathways of Transformation[M]. Guildford: IAU & Elsevier Science LTD, 1998.

④ 亨利·埃茨科威兹. 三螺旋[M]. 周春彦译. 北京：东方出版社, 2005: 6; 周春彦，亨利·埃茨科威兹. 三螺旋创新模式的理论探讨[J]. 东北大学学报（社会科学版）, 2008(4): 300-304.

⑤ Slaughter S, Leslie L L. Academic Capitalism: Politics, Policies, and the Entrepreneurial University[M]. Baltimore: The Johns Hopkins University Press, 1999.

⑥ 迈克尔·吉本斯，卡米耶·利摩日，马丁·特罗，等. 知识生产的新模式：当代社会科学与研究的动力学[M]. 陈洪捷，沈文钦，等译. 北京：北京大学出版社, 2011: 3.

提出了“趣味大学”（playful university）的理念，推崇大学办学中要有“有意和实质上的趣味”，强调在高等教育中培养“趣味好奇心”、激活“趣味创意”、建构“趣味社区”。①借助追求“趣味”的精神来解构外在环境强加给大学的绩效问责，可以看作对“大学-政府”之间的“强服务、强合作”趋势的理论反思和理念抗争，但遗憾的是，它不能阻挡“大学-政府”之间“强服务、强合作”趋势的日益强化。

五、西方大学与政府关系的总体变化逻辑

综上所述，西方大学与政府之间的关系，出现了三大变革逻辑（图 2-4）。

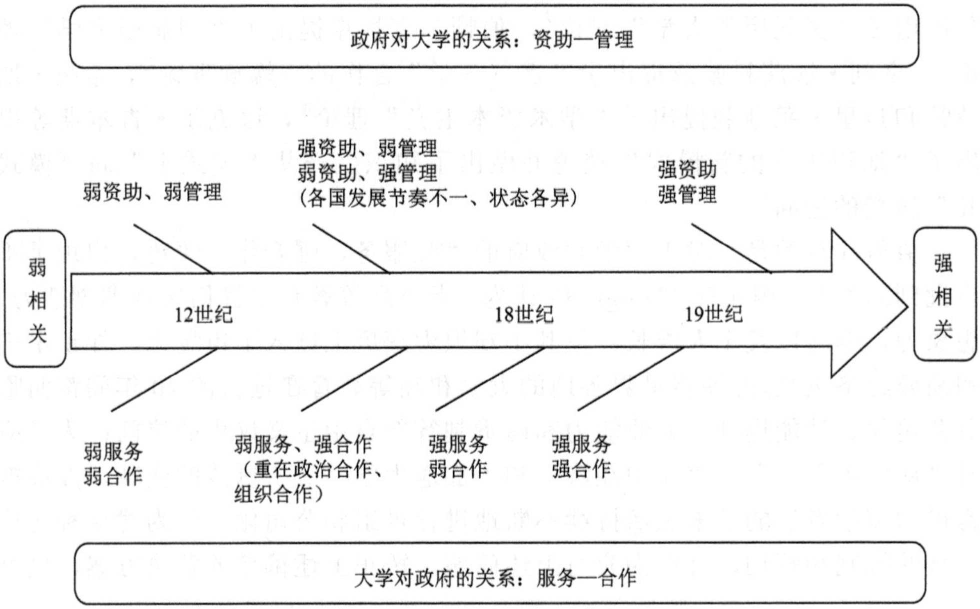

图 2-4　西方大学与政府关系的总体发展趋势

第一，镜像对称逻辑。即政府对大学的关系，与大学对政府的关系，两者之间的变化逻辑呈现出明显的镜像对称。所谓镜像对称，即在同一空间范围内，两个对象（事物、现象或过程）不可按同一方向进行重合，但它们之

① Nørgård R T. Philosophy for the playful university: Towards a theoretical foundation for playful higher education[M]//Bengtsen S S E, Robinson S, Shumar W. The University Becoming: Perspectives from Philosophy and Social Theory. Berlin: Springer,2021.

间能够如同镜前物与其镜像一样，对面存在并保持对应——用描写分子结构的理论术语来说，这就是“手性”关系（即任何人的两只手伸出之后，可以如同镜前物与其镜像一样对称，但不可重合）。如上所述，政府对大学的关系，从“弱资助、弱管理”经“强资助、弱管理”和“弱资助、强管理”两个过渡阶段，最终达到“强资助、强管理”；而大学对政府的关系，从“弱服务、弱合作”经“弱服务、强合作”和“强服务、弱合作”，最终达到“强服务、强合作”，恰好形成“手性”镜像对称关系。

韩映雄认为，西方大学与政府之间的利益关系历经了以下四个历史阶段：无共同利益期（大学产生至14世纪末），国家利益主导期（15世纪初至18世纪末），大学利益主导期（19世纪初至20世纪中叶），利益共生期（20世纪中叶至今）。[①]对照这四个发展阶段，在无共同利益期，政府对大学是“弱资助、弱管理”，大学对政府是“弱服务、弱合作”；在国家利益主导期和大学利益主导期，政府对大学的关系在“强资助、弱管理”“弱资助、强管理”之间进行非均衡选择，大学对政府的关系在“弱服务、强合作”“强服务、弱合作”之间进行非均衡选择；在利益共生期，政府对大学是“强资助、强管理”，大学对政府是“强服务、强合作”。

第二，由弱至强逻辑。政府对大学的关系，与大学对政府的关系，共同彰显出大学与政府的关系从弱相关向强相关关系的发展。尽管两类关系的变化节奏并不同步，两类关系在各国的表现各具特色，但总体趋势基本一致，共同明证了历史与逻辑相统一的规律特征。

第三，冲突合作逻辑。在相关关系从弱到强的发展过程中，政府与大学的合作不断强化，但合作中常有冲突，并且因此而引发了大学与政府之间关于“冲突与合作”的现代话题。

在从弱相关向强相关关系转变的过程中，政府对大学的关系在历史的不同阶段、在不同国家呈现出“资助、管理”的不同模式和“冲突、合作”的不同状态（表2-1）。唯其如此，有研究者根据政府和大学的权能博弈，对于大学与政府的关系总结出多元的研究立场，具体包括：冲突观、依附观和合作观等。[②]

① 韩映雄. 政府与大学关系的历史考察及启示[J]. 现代大学教育, 2004,(3): 32-35.

② 李莉. 20世纪90年代以来“俄罗斯大学与政府关系”研究综述——研究立场的分析[J]. 比较教育研究, 2008(02): 81-85.

表 2-1　西方大学与政府关系的转变与比较

项目	弱相关关系时期	强相关关系时期
政府对大学的“资助—管理”	1. 政府对大学的资助：政府对大学的资源输入具有单向性，大学主要向政府要资源，并接受政府管理； 2. 政府对大学的管理：权力授受的单向性，即政府有权赋予或收回大学自治或自主的权力和权利	1. 政府和大学互相从对方获得资源，相互给予合法性支撑，即相互正当化； 2.政府的政策研制和执行的权力，与大学基于社会教化、学术研究而具有的社会影响力（包括维护政局稳定、促进经济和社会发展等），相互支撑
大学对政府的“服务—合作”	1. 政府自上而下地资助、管理大学，在部分国家甚至形成了政府对大学的科层管理关系； 2. 大学必须服务于政府，但大学既无权力也无积极性与政府保持密切合作关系	1. 各层级政府竞相与区域内、区域外的大学建立起合作关系，分层级、分区域的政府与分层次、分类型的高等学校之间形成了交叉合作关系，甚至围绕双方的权利和责任形成了复杂的关系网络①； 2. 政府与大学之间形成了“网络式治理”②，排除了刚性的科层管理关系并确立起了“必要的张力”③，大学与社会之间在“协调与张力模式”中得到有机整合④，大学成为现代社会的“治理均衡器”⑤

第二节　从科层单耦到创业共耦：府学关系建构的中国逻辑

以学术自由、大学自治、教授治校为历史基础和精神根基的西方大学与政府关系，在教会主宰一切的中世纪，呈现出弱相关关系，不过随着 18 世纪以来国家主义思潮日益强劲、工业革命背景下大学与工业的关系日益密切，西方大学与政府逐渐从弱相关走向强耦合。与西方大学和政府之间的关系状态不同的是，在中国，直到 19 世纪晚期才通过放弃以书院为组织载体、以科举为制度支撑的传统教育体系，向日本、德国、法国、美国等学习借鉴，新建大学和学院。以 1895 年 10 月 2 日由光绪皇帝批准成立、盛宣怀出任首任督办的“天津北洋西学学堂”为起点，在晚清逐渐解体、民国政府动荡变幻、

① 吴结. 简论英国政府与大学的关系[J]. 有色金属高教研究, 2001(02): 58-61.

② 周光礼. 中国大学办学自主权（1952—2012）：政策变迁的制度解释[J]. 中国地质大学学报（社会科学版）, 2012, 12(03): 78-86, 139-140; 周光礼. 中国大学办学自主权 1949—2010: 政策变迁的制度解释[J]. 中国教育法制评论, 2011, 9(00): 13-32.

③ 胡建华. 必要的张力: 构建现代大学与政府关系的基本原则[J]. 高等教育研究, 2004(01): 100-104.

④ 祁占勇. 落实与扩大高校办学自主权的三维坐标——高校与政府、社会关系的重塑及内部治理结构的完善[J]. 高等教育研究, 2013, 34(05): 26-31.

⑤ 姚荣. 德国大学自治公法规制的经典内涵与现代诠释[J]. 高等教育研究, 2017, 38(10): 90-99.

中华人民共和国成立且历经改革调整的复杂背景下，具有中国特色的高校与政府关系逐渐得以建构起来，并表现出以下三大明显的特征。一是中国的高校与政府关系具有极为明显的外生特征，从西方学习借鉴是它的原生特质，但也相应地，旨在同化其外生特征而不断推动的本土化变革、中国特色建构也从未停止。二是从其产生之日起，中国的大学和学院与政府之间一直保持着深度相关、密切勾连的强相关关系。在百余年的时间内，尽管因政治体制几经转换、政府模式多次调整，高校的组织方式、运行机制、管理模式等历经多次本质性改革和断裂性调整，高校与政府之间的关系特征历经多次根本性转型和革命性变迁，但是，高校与政府之间的强相关关系一直不曾中断；即便在民国时期蔡元培等人主张"教授治校"，也不能改变高校与政府之间双向的强相关特征。三是中国高校与政府之间的强相关关系，具体呈现出强耦合特征。由于在后发国家促进高校发展、发挥高校的学术创新功能和社会服务功能等方面具有一定程度的制度优势，中国高校与政府强耦合关系，包括政府对高校的"强资助、强管理"、高校对政府的"强服务、强合作"，不仅一直存在，而且逐渐进化与完善，呈现出极富中国特色、符合国情特征的强耦合逻辑。

一、耦合：中国高校与政府关系的分析工具

耦合（coupling）概念，来源于物理学，原指两个或两个以上的体系、运动形式等通过各种相互作用而彼此影响的现象。随着耦合理念逐渐被其他学科借鉴、使用，耦合概念进而用于泛指两类及以上组织、系统之间的互动互促关系。

从互动的密度、力度、深度、效度等方面情况看，两个或多个主体之间的关系，可以区分出"综合""复合""融合""整合""耦合"等不同状态。综合，强调通过更高层级的外力对多元主体的包含与容纳，但并没有涉及如何强化主体之间主动式互动关系的密切程度及其合作状态。复合，是中性词，其中有物理反应，也可能有化学反应，且多指形式意义上的合并、较少强调实质意义上的合作。融合，强调非同质主体之间通过互动而趋向组织同质化、目标同质化的特征或过程。整合，突出的是为了实现"和合"而"整顿"的行动与过程。与这些概念不同的是，耦合，强调不同主体及其要素之间的多样性、关联性以及通过互动而彰显出来的协调性、整体性。

从系统论的角度看，耦合是在系统之中发生的，是两个或多个子系统之

间通过互动进而生成更大系统的过程。耦合的核心机理仍是“要素—结构—功能”关系，即两类或两类以上的主体及其内在的要素，通过要素之间结构关系的优化而实现功能类型的拓展、功能强度的增强、功能效度的提高。在复杂世界中，系统论的“子系统”可被看作为模块；模块化，能够分解和具象化复杂系统，模块化的管理和运行有利于增加组合创新的机会、应对未来不确定性、提高创新速度。[①]从组织的价值创新角度看，耦合就是利用各组织作为相对独立的价值模块，重新编织它们之间的价值网络，优化价值网络的价值分配机制、重构价值生成机制，使节点模块之间更高效率地协调与配合，从而实现价值模块的聚合与资源重组。[②]

对于中国高校与政府关系，耦合理论的以下分析框架值得借鉴。一是耦合方式上的“内聚—耦合”分析框架。高校、各级政府作为相对独立但参与耦合的子系统，各自的内聚水平越高，则意味着独立性越强、不受他者控制的自由度越大，各耦合子系统之间产生影响扩散的涟漪效应的可能性就会越小；不过，高内聚水平的子系统，并不便于保证实现各子系统之间的高度耦合，因此必须根据系统的属性，寻找子系统的内聚水平与耦合系统的耦合程度之间合适的平衡点。比如，在信息技术的程序设计中，各模块的内聚水平越高，则不受其他模块干扰的独立性就越强；虽然整个程序系统的耦合度不高，但更换程序系统内部各模块以适应其他模块变化的成本就会相对较低，因此，“子系统的高内聚性—耦合系统的低耦合度”是其追求的目标。在机械领域，机械元件标准化的价值就在于既保证耦合元件的高内聚水平又保证各元件之间的高耦合度，相应地，“机械元件的高内聚性—耦合系统的高耦合度”是其目标。在中国高校与政府关系中，高耦合度一直是其基本特征，政府的高内聚水平是其前提条件，而高校的内聚水平——具体表现为高校的办学自主权，则是决定政府与高校之间耦合关系的关键变量；从逻辑上看，“政府和高校各自具有高内聚性—政府与高校之间关系的高耦合度”是其“理想类型”。为此，可供选择的路径有：消解政府与高校之间不必要的控制性联系，保证各安其位、各守其责且不越位，以保持各自的高内聚性；减少政府与高校之间必不可少的联系的数量，防止因政府控制、限制高校的办学自主权而降低高校的内聚性；维持政府与高校之间适度的松散度或紧密度，以

---

① 芮明杰，陈娟. 模块化原理对知识创新的作用及相关管理策略分析——以电脑设计为例[J]. 管理学报，2004(01): 25-27.

② 徐宏玲. 模块化组织形成及运行机理研究[D]. 成都：西南财经大学，2006: 48-81.

保证政府与高校关系的高耦合度。

二是耦合类型上的“单向耦合—双向耦合—交互耦合”分析框架。由于各耦合主体的资源、地位、权力等方面的优势度差异，存在着强者对弱者以控制为特征的单向耦合。在各耦合主体相对平行的状态下，存在两种耦合类型：静态意义上的双向耦合、动态演化意义上的交互耦合。在中国的高校与政府关系中，当政府处于绝对强势地位时，就只存在政府对高校的单向耦合；在启动高等教育改革的初期，高校办学自主权尚未得到充分激活时，可能存在高校与政府之间的双向耦合，但难以保证所有的双向耦合关系能够串联成体系，进而实现从静态互耦向动态共演的进化。唯有动态共演的双向耦合，才能形成交互耦合。

三是耦合效益上的“正耦—负耦—零耦”分析框架。在物理学的反馈系统中，根据磁电相互转化的原理，耦合关系包括正耦、负耦以及磁电没有转化或者刚好抵消的零耦。把这种分析框架迁移到组织关系分析中，可从耦合效益的角度，划分出“正耦、负耦、零耦”三种状态。其中，正耦特指具有正向效益的耦合，负耦特指产生负面效益的耦合，零耦则特指没有效益的耦合。高校与政府之间的耦合关系，要尽量扩大正耦、减少零耦、避免负耦。

二、强耦合：中国高校与政府耦合关系的生成机制

在西方，由于宗教的庇护及其对政府权威的过滤，大学曾在很长时期里与政府相对疏离，民族国家兴起之后大学与政府的关系才逐渐从弱相关向强相关转变，与此相关联，大学与宗教的关系则是从强相关向弱相关转变。在中国，并没有西方的宗教力量、也没有宗教深度干预世界生活和教育实践的传统；强耦合，既是中国高校与政府之间耦合关系的“理想类型”，也是其历史使命。“建国君民，教学为先”的社会治理逻辑、“内圣外王”的教育理想，以及近代以来从教育救国到教育强国的高校使命担当，历史必然且逻辑一致地决定了高校与政府之间的强耦合关系，从根本上决定了两大特色，即一方面，中国政府对高等教育和高校一直给予“强资助、强管理”，另一方面，中国高等教育和高校对政府一直给予“强服务、强合作”。

（一）“建国君民，教学为先”：强耦合关系生成的社会机制

“建国君民，教学为先”的社会治理逻辑，必然促使政府与教育、与高

校保持密切关系。《礼记·学记》阐述了中国教育的总纲领，即“建国君民，教学为先”“化民成俗，其必由学”。[①]巴黎国立科学研究中心主任研究员玛丽安·巴斯蒂在《是奴役还是解放——记1840年以来外国教育实践及制度引入中国的进程》一文的“导言”中，就引用了《礼记·学记》中的这句话。[②]《礼记·学记》的上述理念，在中国的文化教育传统中一直得到传承。董仲舒强调，“教，政之本也；狱，政之末也。其事异域，其用一也，不可不以相顺，故君子重之也”。（《春秋繁露·精华》）“圣人之道，不能独以威势成政，必有教化。”（《春秋繁露·为人者天》）“国之所以为国者，德也。”（《春秋繁露·保位权》）“夫万民之从利也，如水之走下，不以教化堤防之，不能止也。是故教化立而奸邪皆止者，其堤防完也……古之王者明于此，是故南面而治天下，莫不以教化为大务……”（《汉书·董仲舒传·举贤良对策一》）到了北宋时期，理学家、教育家程颐提出：“生民之道，以教为本。”[③]王安石在《上仁宗皇帝言事书》中指出，“古者天子诸侯，自国至于乡党皆有学”。[④]近代早期改良主义思想家、教育家郑观应强调指出：“教育为立国之本，国运之盛衰系之，国步之消长视之。”[⑤]近代实业家、教育家张謇大声呼喊：“况图国家强立之基，肇国民普及之教育乎？”[⑥]《礼记·学记》中的“建国君民，教学为先”思想，渗透到了中国语言文字的内核之中。《说文解字》对富有中国意蕴的“教”的解释是：“上所施下所效也。从攴从孝。凡教之属皆从教。𤕝，古文教。𢼂，亦古文教。”对“育”的解释是：“养子使作善也。”“上”，即师长，或长于受教育者的人；“下”，即弟子、学生，或其他受教育者；教育，就是从受教育者的外部（“上”）对人（“下”）施加的有价值的影响。

由于承担着且要发挥社会治理的功能，在传统中国教育体系中，教师形象经历了由生活化、伦理化向神圣化的转变过程，并扮演着能师和达师、经师和人师、传道士和卫道士等多重角色——当然，由于复杂的社会和人文因素的影响，在不同的历史时期，可能是其中的某种角色占据主流。[⑦]从总体

① 朱彬. 礼记训纂[M]. 北京：中华书局, 1996: 545; 杨雪翠. 建国君民、教学为先——品读《学记》教育智慧[J]. 高校教育管理, 2009, 3(02): 75-81.

② 李如密. 儒家教育理论及其现代价值[M]. 北京：中华书局, 2011: 4.

③ 毛礼锐, 沈灌群. 中国教育通史（第三卷）[M]. 济南：山东教育出版社, 1987: 146.

④ 祁志祥. 国学人文读本[M]. 上海：上海文化出版社, 2008: 768.

⑤ 孙培青, 李国钧. 中国教育思想史（第三卷）[M]. 上海：华东师范大学出版社, 1995, 78.

⑥ 田正平, 肖朗. 中国教育经典解读[M]. 上海：上海教育出版社, 2005: 456.

⑦ 金忠明. 教师教育的历史理论与实践[M]. 上海：上海教育出版社, 2008: 25.

上看，中国传统的教师，在“传道、授业、解惑”的同时，通过与社会治理的结构性契合，顺应了中国自秦以来从国家本位向君主本位的治理方式变革趋势[①]，担负起了韩非所谓的政治治理职责：“明主之国，无书简之文，以法为教；无先王之语，以吏为师。”（《五蠹》）据此可推断，中国很早就建立起了推崇文教的政府，崇文重教是中国政府运行的底层逻辑——商鞅提出的“置主法之吏，以为天下师”，与韩非、李斯所主张的“以法为教”“以吏为师”，不但为秦汉时期而且为神州大地上的国家建构、民族认同与社会整合，奠定了坚实的基础[②]，同时也使得中国传统教育表现出教育者对被教育者强烈的“外铄”特质。陈桂生认为，西方属于以受教育者为基础的“内发”的教育观念，中国则是教育者对被教育者“外铄”的教育观念；“启发”艺术与“产婆术”之别，实际上是东西方“教育”观念区别的反映。[③]

在西方，教育的社会价值也一直备受重视。古希腊思想家亚里士多德早就指出，教育应该成为国家最重要的事业，并警告说：“邦国如果忽视教育，其政治必将毁损。”[④]德国近代哲学家、教育家卡尔·西奥多·雅斯贝尔斯更是说：“一个民族的将来如何，全在于父母教育、学校教育和自我教育……这些都决定了一个民族的命运。”[⑤]美国近代教育家约翰·杜威指出：“教育是社会进步及社会改革的基本方法。”[⑥]不过，西方对教育的理解与东方有异。“教育”一词，在英语中是 education，德语为 erziehung，其拉丁语词源为 eduiêre，是从动词 educêre 演变而成，其中 e 在拉丁语中意为“出”，ducêre 为“引”，与此相印证，西方各国的“教育”一词都含有“引出”之意，都认为教育即教育者采用特定的方法和手段，把某种本来就蕴涵在人身上的潜质引导出来、转变为现实的素养和潜力。苏格拉底所主张的“产婆术”和对话法，其实就是这种思想的原典。苏格拉底经常同青年交往接触，教育引导他们。在实践中，苏格拉底形成了一种很独特的教育方法，苏格拉底的教化哲学的基本原则是：回答问题必须非常简洁、明快、干脆。回答对方所提出的问题，不能是提出别的问题，不许反对对方的问法。两个人可以互相

① 刘力．“置主法之吏，以为天下师”和“以法为教”“以吏为师”——先秦法家由“国家本位”向“君主本位”政治思想的转型[J]. 贵州社会科学, 2020(04): 67-73.

② 刘力．“置主法之吏，以为天下师”和“以法为教”“以吏为师”——先秦法家由“国家本位”向“君主本位”政治思想的转型[J]. 贵州社会科学, 2020(04): 67-73.

③ 陈桂生．孔子授业研究[M]. 北京：教育科学出版社, 2012: 208, 218.

④ 滕大春，戴本博．外国教育通史（第一卷）[M]. 济南：山东教育出版社, 1989: 285.

⑤ 任钟印．世界教育名著通览[M]. 武汉：湖北教育出版社, 1994: 1384.

⑥ 任钟印．世界教育名著通览[M]. 武汉：湖北教育出版社, 1994: 1077.

轮换提问，但须双方都同意。这种方法包含有辩证的色彩，能帮助对方纠正错误观念并产生新的思想。整个过程仿佛产婆帮助孕妇生产下婴儿一样，可分四个步骤。一是讥讽，即通过不断提问，使对方陷入自相矛盾之中，承认对这个问题一无所知。二是助产，就是帮助对方抛弃谬见，使他们找出正确、普遍的东西。换句话说，就是帮助真理产生。苏格拉底曾经对朋友说："我母亲是产婆，我向她学到了接生术。所不同的是，她是肉体的接生者，我是智慧的接生者。"三是归纳，即从个别事物中找出共性，通过对个别善行的分析比较来寻找一般美德。四是定义，即把单一的概念归纳到一般的东西中去。①

为了履行"外铄"使命，中国教育坚持以考试改革为杠杆，借助"禅让制—世官制—九品中正制—科举制"等制度安排，依托太学、书院等各类教育组织，建构了"教育—考试—人才培养与选拔—社会治理与发展"的社会治理逻辑，践行了"建国君民，教学为先"的一贯理念，并在实践中通过"规训"学生而实现对社会的规训②。这一切，恰好积淀和彰显了教育与政府之间的强耦合关系传统。

（二）"内圣外王"：强耦合关系生成的教育机制

"内圣外王"的教育理想，天然地包含着借教育以求天下善治的目标追求和实践特征。在传统中国，教育被看作实现天下善治的最佳途径。"大学之道，在明明德，在亲民，在止于至善。"（《礼记·大学》）这是中国传统教育与社会治理彼此结合的最集约概括。更具体地说，"物有本末，事有终始。知所先后，则近道矣"。"古之欲明明德于天下者，先治其国；欲治其国者，先齐其家；欲齐其家者，先修其身；欲修其身者，先正其心；欲正其心者，先诚其意；欲诚其意者，先致其知；致知在格物。物格而后知至；知至而后意诚；意诚而后心正；心正而后身修；身修而后家齐；家齐而后国治；国治而后天下平。自天子以至于庶人，壹是皆以修身为本。其本乱而末治者，否矣。其所厚者薄，而其所薄者厚，未之有也。"（《礼记·大学》）在这套教育阶梯体系和人才成长体系中，"格物、致知、诚意、正心"是知识前提，"诚意、正心"是"修身"之途，共同完成"内圣"的任务；以此为基础，进而可以"齐家、治国、平天下"，从而实现"外王"。不但儒家

① 苏格拉底. 苏格拉底的教化哲学[M]. 唐译译. 长春：吉林出版集团有限责任公司, 2013: 196.

② 华勒斯坦, 等. 学科·知识·权力[M]. 刘健芝, 等编译. 北京：生活·读书·新知三联书店, 1999: 130-153.

信奉“圣王”，认为唯有圣人之德者才适宜于居最高统治者之位，其他许多思想派别也都有类似观点。《庄子·天下》认为，最高的学问是“内圣外王之道”，“是故内圣外王之道，暗而不明，郁而不发，天下之人，各为其所欲焉，以自为方”。冯友兰认为，“中国哲学家以为，哲学所求底最高底境界是即世间而出世间底。……中国的圣人，不是高高在上、不问世务底圣人。他的人格是所谓内圣外王底人格。内圣是就其修养的成就说，外王是就其在社会上底功用说。圣人不一定有机会为实际底政治底领袖。就实际底政治说，他大概一定是没有机会底。所谓内圣外王，只是说，有最高底精神成就底人，可以为王，而且最宜于为王。至于实际上他有机会为王与否，那是另外一回事，亦是无关宏旨底”。①内圣外王之道，与柏拉图所描绘的“理想国”中可把哲学与政治实践结合起来的“哲学王”，有异曲同工之妙。在实现“内圣外王”的“教育—社会”理想的过程中，中国传统教育中的“师”具有非常特殊的身份和作用。

从教育的角度看，着眼于社会治理的内圣外王之道，其实就是“为己”“为人”之学。《论语·宪问》“子曰：‘古之学者为己，今之学者为人’”一章，在重视受教育者的“学”的中国传统教育环境中，讨论了教育的目的观，即“为己”还是“为人”，“成己”还是“成物”（或“成人”）的问题。当然，对此教育目的观，在中国教育思想史上形成了两派解释。一是“为己”与“为人”、“成己”与“成人”有高下之分，故要有取舍。《荀子·劝学篇》云：“古之学者为己，今之学者为人。君子之学也，以美其身；小人之学也，以为禽犊。”孔安国将为己、为人解释为：“为己，履而行之；为人，徒能言之。”范晔则解为：“为人者，凭誉以显物；为己者，因心以会道。”②这些解释均排斥“为人”之学。在历代不少儒者看来，为己、为人二者是互相对立的，为人之学应当鄙弃、为儒者所深戒。朱熹也持此观点。二是认为“为己”与“为人”、“成己”与“成人”有逻辑上的先后、主次、本末之分，故要注意顺序。成己、成物之说出于《礼记·中庸》：“诚者，非自成己而已也，所以成物也。成己，仁也；成物，知也。性之德也，合内外之道也。”意指自身德性充盈，而后事天济众、成就他人。张栻认为，“学以成己也；所谓成物者，特成己之推而已。故古之学者为己而已，己立而为人之道固亦在其中矣。若存为人之心，则是徇于外而遗其本矣。本既不立，

---

① 冯友兰. 新原道：中国哲学之精神[M]. 北京：生活·读书·新知三联书店，2007：绪论.

② 范晔，司马彪. 后汉书（上）[M]. 长沙：岳麓书社，2009：427.

无以成身，而又将何以及人乎?"[①]在张栻看来，"为人"即"成物"，因此为己与为人的关系就被阐释为成己与成物的关系。张栻所强调的，是学者应该以追求自我完善为根本，专注于修身养性，外在的事业只是其内在德性的自然推衍与外在显现而已，不能舍本逐末，不能离开己立、己达而追求立人、达人。[②]正是看到了"为己"与"为人"、"成己"与"成人"之间的内在逻辑关联，后来的学者不但强调两者在个人修养与成长过程中的连续性，而且时至今日，也非常强调"学以成己"在现代高等教育中的重要性[③]。

《论语·学而》云："子曰'学而时习之，不亦说乎？有朋自远方来，不亦乐乎？人不知，而不愠，不亦君子乎？'"有学者认为，这是贯通内圣外王的社会治理理想和"成己""成物"之学的纲领。"'学而'章，此以为学之全功示人，由己推到人，由顺推到逆。三'不亦''乎'字，将学中境界，一一指点，令人默默自思，鼓舞前进。仇沧柱云：首节，学以成己，即《大学》'明明德'之事；次节，学以成物，即《大学》'新民'之事；末节，学以成德，即《大学》'止至善'之事。通章俱以'学'字直贯到底，而其功夫，却是逐层前进，一步深一步。"[④]换言之，这个过程恰是受教育者的个体通过"成己"而"成物"、由内圣进而达至外王的生命张扬历程。

旨在通过"内圣外王"实现天下善治的中国传统教育，其实是希望通过在理念层面建构起"道-学-政"的共生关系、在实践层面与政府保持强相关关系而达成善治目标。在杜维明看来，道、学、政三个核心观念，是古典儒家针对周代文明衰亡时所做出的思想回应，其中，"道"关注人类存在的终极意义，"学"标示着找回处在危机之中的人类文明的深层意义的努力，"政"显示了儒学建基于此二者之上的政治理想。[⑤]贯通道、学、政者，则是儒家知识分子；保证"道、学、政"得以延绵不绝者，则是儒家教育。近现代以来，受西方文化思想的误导，许多中国学者逐渐偏颇地接受了"儒家传统无法生长出知识分子"的说法，认定古代中国根本不存在现代的、类似于西方的知识分子。但杜维明在《道·学·政——论儒家知识分子》一书中，却清晰地梳理出一条中国古代知识分子的成长线索，并认为中国古代的儒家不仅

① 张栻. 张栻集[M]. 长沙：岳麓书社, 2010: 121.

② 陈支平，刘泽亮. 展望未来的朱子学研究：朱子学会成立大会暨朱子学与现代跨文化意义国际学术研讨会论文集[C]. 厦门：厦门大学出版社, 2012: 339.

③ 童世骏. 学以成己：论大学、教育和人生[M]. 上海：华东师范大学出版社, 2020.

④ 王向荣. 论语二十讲[M]. 上海：上海科学技术文献出版社, 2011: 2.

⑤ 杜维明. 古典儒学中的道、学、政[J]. 开放时代, 2000(01): 59-64.

是文人，也是知识分子，不仅仅向既存体制妥协，也有对既存体制的批判。[①]以知识分子为载体，道、学、政三者，把中国的最高治理理念和社会治理理想、学术文化及教育、政治和政府等三大领域予以贯通联结和结构性契合，既建构了独具东方特色的社会治理模式，也在此过程中建构了独具儒家特色的东方教育模式，并且影响至今。周作宇等学者在解析中国大学治理权力时发现，中国大学治理中的权力互动可抽象成为一个三角形。三边分别代表大学治理中的三种权力：学术权力、行政权力和政治权力。[②]这与伯顿·克拉克所建构起来的政府、市场和学术“高等教育权力三角协调图”[③]，不仅有着理论上的差异，更是体现了文化背景和高等教育治理状态的差异，但是，它与中国传统的道、学、政权力三角关系保持着结构上的同构；其中，传统的“道”的权力逐渐转移为现实中党的政治权力，党的政治领导成为方向和旗帜。

（三）从教育救国到教育强国：强耦合关系生成的百年实践机制

“建国君民，教学为先”的社会治理传统、“内圣外王”的教育理想，是中国的核心传统，已经渗透到中国教育的骨髓之中。19 世纪末 20 世纪初中国逐渐放弃以科举为制度支撑、以书院为组织支撑的传统教育体系，学习借鉴西方，建设“新教育”。尽管中国的制度变革、组织转型极为剧烈，但学校与政府之间的强耦合关系传统并没有被中断，而是一如既往地得到延续，并且基于民族复兴、国家振兴等目标，古老的东方文明帝国在鸦片战争之后持续反思自身不足、学习借鉴西方以革新图强，对“新教育”制度和移植自西方的学校组织寄予厚望。在此背景下，教育再次被要求扮演重要角色，教育的制度设计、功能定位乃至教学内容的遴选都被要求纳入旨在社会治理的政府规划之中，高校与政府之间的强耦合关系，在百余年间历经“教育救国—教育革命—科教兴国—教育强国”的使命担当和历史实践，持续得到强化和调整优化。

首先是教育救国。鸦片战争之后，“教育救国论”成为近现代中国一股重要的社会思潮。林则徐、魏源等地主阶级改良派代表倡导“睁眼看世界”，

---

① 程亚文. 传统儒家的知识分子形象——评《道·学·政——论儒家知识分子》[J]. 开放时代, 2001(10): 119-122.

② 周作宇, 刘益东. 权力三角: 现代大学治理的理论模型[J]. 北京师范大学学报（社会科学版）, 2018(01): 5-16.

③ 伯顿·R. 克拉克. 高等教育系统——学术组织的跨国研究[M]. 王承绪, 徐辉, 殷企平, 等译. 杭州: 杭州大学出版社, 1994: 157.

强调西学“长技”和教育的重要性，倡导“师夷长技以制夷”，重视科学知识传授，以“经世致用”为指导思想，更新传统的教育价值观、兴办新型教育，此为教育救国论的滥觞。随后的洋务派进而强调，教育的根本价值在于培养洋务人才，并认为这才是“中国自强之本”；而中国教育改革的价值准则是“中体西用”思想。比如，洋务派代表人物张之洞认为：“哲学为内学，西学为外学，中学治身心，西学应世事，不必尽索之于经文，而必无悖于经义。”[①]但遗憾的是，清政府主办的洋务教育，只是“师夷制夷”论并不成功的尝试。在 19 世纪 80—90 年代，中国思想界对“教育—人才—国运”盛衰关系的认识发生了新的飞跃，其中论述最精辟者当数郑观应。他认为，“教育为立国之本，国运之盛衰系之，国步之消长视之”。[②]“学校者，人才所由出；人才者，国势所由强。故泰西之强，强于学，非强于人也。”[③]“按古今中外各国，立教养于规，奏富强之效，原本首在学校。今日本师泰西教养之善，培育人才，居然国势振兴，我国胡可不亟力行之？”[④]甲午战败，朝野震骇，维新变法的大潮把教育的功能推上了历史的巅峰。维新派认为，只有通过教育“鼓民力”“开民智”“新民德”，才能使国家富强。康有为指出，甲午战争，日胜我败，关键在于“其国遍设各学，才艺足用”，因而建议光绪皇帝“远法德国，近采日本，以定学制”，将改革教育、“兴学养才”确定为“变法百事”中最急迫的大事。[⑤]梁启超也大声疾呼，“变法之本，在育人才；人才之兴，在开学校”。[⑥]到了 19 世纪末 20 世纪初，所谓“光宣时代，当时无论新旧中人，莫不以教育为救国之要图”。[⑦]严复认为，“中学有中学之体用，西学有西学之体用，分之则两立，合之则两止”，因此要按照“体用一致”的原则，坚持“以自由为体，以民主为和”的资产阶级教育方针构建学校体系中各阶段的教学内容和教学方法。辛亥革命之后，清王朝的封建统治虽被推翻，但教育救国的使命并未完成，反而更加迫切。胡适认为，“救国是一件顶大的事业：排队游街，高喊着‘打倒英日强盗’，算不得救国事业；甚至于砍下手指写血书，甚至于蹈海投江，杀身殉国，都

① 张之洞. 劝学篇[M]. 李忠兴评注, 郑州: 中州古籍出版社, 1998: 161.
② 郑观应. 致伍秩庸先生书//夏东元. 郑观应年谱长编[M]. 上海: 上海交通大学出版社, 2009: 782.
③ 郑观应. 郑观应集（上册）[M]. 夏东元编. 上海: 上海人民出版社, 1982: 276.
④ 郑观应. 郑观应集（上册）[M]. 夏东元编. 上海: 上海人民出版社, 1982: 261.
⑤ 康有为. 康有为政论集（上册）[M]. 汤志钧编. 北京: 中华书局, 1981: 305-307.
⑥ 吴其昌. 梁启超传[M]. 长春: 吉林人民出版社, 2018: 110.
⑦ 梁启超. 梁任公莅教育部演词[J]. 东方杂志, 1917, 14(3).

算不得救国的事业。救国的事业须要有各色各样的人才；真正的救国的预备在于把自己造成一个有用的人才”①。

随着 1904 年新学制的颁布、1905 年科举制的废除，教育救国从一种社会思潮逐渐演化为朝野认同的发展战略和教育改革政策。1906 年的《学部奏请宣示教育宗旨折》指出，“考之东西各国之学制，其大别有二：曰专门，曰普通，而普通尤为各国所注重。普通云者，不在造就少数之人才，而在造就多数之国民”。“今中国振兴国务，固宜注重普通之学，令全国之民无人不学，尤以明定宗旨宣示天下为握要之图。”“夫教育之系于国家密且大矣。若欲审度宗旨以定趋向，自必深察国势民风强弱贫富之故，而后能涤除陋习，造成全国之民。窃谓中国政教之所固有，而亟宜发明以距异说者有二：曰忠君，曰尊孔。中国民质之所最缺，而亟宜箴砭以图振起者有三：曰尚公，曰尚武，曰尚实。”②进入中华民国之后，教育宗旨被确定为：“注重道德教育，以实利教育、军国民教育辅之，更以美感教育完成其道德。”③其重心仍然定位在治国安邦。

在不同的历史阶段，对于不同的社会阶层而言，近代教育救国论的具体内涵、目的追求及实际效果并不相同，甚至大相径庭。对于清王朝而言，教育救国旨在吸取西方科技文化以延续和加强自己的封建统治；对于民主主义自由主义知识分子而言，教育救国则是希望以科学民主为基础，使得中国华民族实现西方式的、资本主义的民主富强；对于国民党中的反动派蒋介石而言，教育救国则是在一党专制的独裁统治下，实现富国强兵的政治目的。上述各类派别，在吸纳西方先进科学技术方面并无分歧，但如果考察其价值旨趣则可发现，民主主义、自由主义知识分子的教育救国，与清王朝、与国民党的教育救国差异明显，有着道德上的优势；不过遗憾的是，由于民主主义、自由主义知识分子与工农民众存在隔膜，他们的许多教育救国设计虽然与中国社会发展的总趋势相符，却往往因脱离国情而难以实现。尽管如此，也不能否认，在作为后发国家的中国，教育救国思潮是有其历史意义和进步价值的，“即使在一个历史短时段内，教育不能救国，却也是救国所必需”④。

尽管中国的高校通过借鉴西方才得以建立，但与西方不同的是，中国教育及近代高校从来与宗教的关系相对疏远，缺失保持高校相对独立、基于宗

① 胡适. 胡适文存（第三集）[M]. 北京：华文出版社, 2013: 513.

② 舒新城. 中国近代教育史资料[M]. 北京：人民教育出版社, 1981: 217.

③ 舒新城. 中国近代教育史资料[M]. 北京：人民教育出版社, 1981: 223.

④ 李华兴. 民国教育史[M]. 上海：上海教育出版社, 1997: 815-817.

教彰显神圣性的社会基础，高校具有明显的非宗教性，中国教育与宗教之间的关系并没有对世俗社会、世俗生活产生太大的影响。中国的传统宗教，无论是本土的道教还是外来的佛教，都不积极参与世俗生活、世俗教育；基督教传入中国之后，虽然自19世纪晚期起建立了不少教会大学，但这只是作为例外，且它仍然与西方列强侵略中国的世俗目的紧密相关，这类强劲的世俗目的反而弱化了教会大学的纯粹性，并且迅速引致中国民众发动了1922年的非基督教运动、1924年的反基督教运动、收回教育权运动。[①]尽管学校与政府的具体关系跌宕起伏，但可以说，中国的教育、中国近代的大学和学院，如果不是在支持现政府，就是在积极地建构新政府。

其次是教育革命。教育革命有两层含义。一是指渊源于封建社会的中国传统教育，必须在辛亥革命之后因时而变，做出革命性变化。1927年3月5日毛泽东发表《湖南农民运动考察报告》，标志着中国出现了新的思潮，即正式提出中国社会，包括中国教育，必须进行“革命”，而不是改良。二是指中国教育发展的一个特殊阶段，即以教育为起点的“文化大革命”——它特指1966年到1976年10年间发生在中国的大事件。在这两层含义之下，中国教育都与“革命”“解放”等马克思主义的话语保持着密切的关联，与中国政府的管理及改革密切相关。

再次是科教兴国。随着改革开放的日益深入，中国的发展基础日益雄厚，发展方式需要转变和优化。1992年，中国共产党第十四届全国代表大会上，江泽民同志强调，“科学技术是第一生产力，经济建设必须依靠科技进步和劳动者素质的提高”。1995年5月6日颁布的《中共中央、国务院关于加速科学技术进步的决定》首次提出，在全国实施科教兴国的战略。同年，中国共产党第十四届五中全会在关于国民经济和社会发展“九五”计划和2010年远景目标的建设中，把实施科教兴国战略列为今后15年直至21世纪加速中国社会主义现代化建设的重要方针之一。科教兴国战略，不仅把教育与国家的前途命运直接连接起来，而且在这个时期从法律上把这种关系固定下来。1995年颁布的《中华人民共和国教育法》，同样彰显了教育传统中对政府、对社会所持有的家国情怀：“教育必须为社会主义现代化建设服务、为人民服务，必须与生产劳动和社会实践相结合，培养德智体美劳全面发展的社会主义建设者和接班人。”

最后是教育强国。2002年，中国高等教育毛入学率超过15%，中国迅速

① 董宝良. 中国近现代高等教育史[M]. 武汉：华中科技大学出版社, 2007: 85-87.

实现了从精英高等教育阶段向大众高等教育阶段的跨越。2010年国家中长期教育改革和发展规划纲要工作小组办公室颁布的《国家中长期教育改革和发展规划纲要（2010—2020年）》提出，要根据党的十七大关于“优先发展教育，建设人力资源强国”的战略部署，促进教育事业科学发展，全面提高国民素质，加快社会主义现代化进程，要加快从教育大国向教育强国、从人力资源大国向人力资源强国迈进，为中华民族伟大复兴和人类文明进步作出更大贡献。2019年中国高等教育毛入学率达到51.6%、迈入普及高等教育时代，必须在更高层次和水平上承担建设教育强国的历史使命。

从鸦片战争之后的教育救国，历经教育革命、科教兴国的历史性尝试，最终进入建设教育强国的时代。教育发展阶段尽管持续变迁，但教育与国家的关系、学校与政府的关系、学术与政治的关系，一如既往地保持着密切关联，并且在共赢、互惠的基础上得到强化和深化。

总之，中国高等教育、中国的高校、中国的高校与政府之间的关系，都与西方存在巨大差异。中国的高校与政府之间的关系，并不如同西方那样经历了从弱到强的演变过程，而是历来就保持着密切的强相关、强耦合关系。与西方相比较，中国的高校并非自治社团或者独立的学者社群，而是国家机构中的一个部分，是接受政府管辖的事业单位和社会组织之一；高校不在政府之外，而是在政府之中；大学不在社会之外（非宗教），而是在社会之中，并且因此而具有强劲的世俗性；为了更为充分地发挥高校的创新作用和人才培养价值，国家和政府日益清醒地赋予高校以办学自主权，使其在高校与政府的互动关系中，不但获得相对独立的地位，而且拥有足够灵活的自主权以便更为自觉地强化其与政府之间的耦合关系。

三、从科层单耦到创业共耦：中国高校与政府强耦合关系的变迁逻辑

中国古代的教育与政权之间，往往保持着强耦合关系，并具体表现出以下特征。其一，教育有兴废更替。在1894年之前的漫长中国历史中，教育与政权之间的关系并没有明显的递进式、阶段性特征，贯穿于其中的基本逻辑是：兴废更替的历史轮回。具体而言，中国有根深蒂固的崇学传统，朝廷和民间都信仰“建国君民，教学为先”的律令，因此即使政权无力重视教育，亦有其他补充力量，特别是民间力量给予教育以支撑。因此，与改朝换代的过程相伴随，在政府对教育的关系中，天下兴则资助强、管理强，天下乱则资助弱、管理弱；政府资助强则民间资助弱，政府资助弱则民间资助强，与

此相对应，官学兴则私学废、官学废则私学兴；书院作为东方特色的教育组织，在不同时期、不同地方可能被办成官学，也可能被办成私学，书院的兴废与它的官学或私学性质无关，但与当时的政学关系等时代背景密切相关。

其二，教育之兴衰，直接而言与政权更替颇为相关。中国教育一直与“政治-国家-天下”保持着“强服务、强合作”关系，这是总体前提。而在具体实践中，教育在总体上与“朝廷-政府-政权”之间保持“强服务、强合作”关系，具体而言，要么与当前的“朝廷-政府-政权”保持“强服务、强合作”关系，要么与未来的、拟新建构的“朝廷-政府-政权”保持“强服务、强合作”关系，从而积极参与到改朝换代、除旧迎新的政权更替实践之中。这就导致，历代以来，朝廷随着自己的兴衰，旧、新两类政权和朝廷对教育的态度往往在“弱资助、弱管理”与“强资助、强管理”之间摇摆，受此影响，官学也在“废—兴”之间更替；在自古以来就富有崇学传统的中国，作为对官学“废—兴”的历史轮回式变化的补充，私学则相应地表现出“兴—废”的发展规律，从而在中国形成了“官学兴则私学废、官学废则私学兴”的格局。

其三，教育兴衰，从根本上讲则与“道统-政统”的二元互动关系密切相关。在中国传统社会，由于道统与政统保持着非常密切的关系，且道统一直自觉承担起“建国君民”的责任与使命，因此，在“政治-国家-天下”与“朝廷-政府-政权”可以做出“新—旧”两分式理解的情况下，教育对政治、国家、天下，一直保持着“强服务、强合作”的态势，教育对“一家一姓”之朝廷、政府和政权，则会在“弱服务、弱合作”与“强服务、强合作”之间变化调整，若朝廷、政府和政权合乎道统，与政治、国家和天下的价值取向保持一致，则教育与它保持“强服务、强合作”关系，反之，则坚持“弱服务、弱合作”，甚至在必要时义无反顾地坚持对立和反抗关系。当然，如果基于政统背离道统的假设，教育一旦走向对立与反抗，那么也可以说，它虽然站在旧的朝廷、政府、政权的对立面，其实同时站在了新的朝廷、政府、政权的合作面，它与即将出现的、可能是更好的朝廷、政府、政权之间，保持了“强服务、强合作”关系。教育系统即便是以道统反朝廷，其实也是其与政统之间保持强合作关系的表现形式之一。

1894 年之后到中华人民共和国成立之前，中国通过借鉴西方而建立起大学和学院，政府对大学和学院一直持“强资助、强管理”的基本态度和价值期待，而“弱服务、弱合作”是大学和学院对政府的必然选择。具体而言，自 1895 年天津北洋西学学堂成立到辛亥革命爆发的 16 年间，大学和学院服务能力尚弱，因此它与清廷之间的耦合关系特征是"强资助、强管理""弱服务、弱合作"。辛亥革命到1949年的近40年间，大学和学院重视学术自由，积极追求自身的独立发展，因此虽然从精神上崇尚教育救国，但就大学和学院本身的运作来看，由于受到西方学术制度的影响，且受教会大学的"鲶鱼效应"影响，再加上国内军事动荡军阀割据、政府无暇亦无力控制，大学和学院与当局政府之间的合作有强有弱、有协同亦有背离——韩水法所崇尚的学术自由，所感慨的"世上已无蔡元培"①，其实反映的是政府与大学和学院之间"弱资助、弱管理""弱服务、弱合作"的阶段性特征，其赖以出现的根本原因，不在于有无大学自治、学术自由的精神，而在于有无政府对大学"弱资助、弱管理""弱服务、弱合作"等客观历史背景。在大学和学院本身服务能力低下、大学和学院与当时社会结构之间的契合程度低的背景下，大学和学院无力、无缘为当时的政府和社会提供服务、开展合作，反而因大学和学院在思想领域的探索与创新而成为当时的政府和社会的掘墓人，因此在客观上有利于革命运动。

中华人民共和国成立之后，特别是1952年起的院系调整、私立大学消失之后，高校与政府之间关系欠稳定、多摇摆的状况得到了根本性改变，政府对高校"强资助、强管理"、高校对政府"强服务、强合作"的强耦合关系，得到了制度性保障，并且随着时间的推移、社会的变革和改革的深化，高校与政府之间的强耦合关系，先后形成三种关系类型：在计划体制时代建立了基于科层管理的强耦合方式，改革开放之后逐渐探索建构了绩效耦合方式，进入21世纪之后进化出以创业共生为特征的新型耦合方式。

（一）作为历史起点的科层耦合

政府与高校的科层耦合，有其历史和逻辑上的必然性。首先，这与中国的集权管理传统密切相关，也与中华人民共和国成立之后百废待兴、亟须通过计划体制"集中力量办大事"②的制度优势促进追赶式发展的背景密切相关。计划体制的确立，使得中华人民共和国成立之后的科层制度得以强劲地建立起来。中华人民共和国成立之后，经过社会主义改造，在产权方面基本实现对社会主义公有制目标的追求；在对经济活动的管理形式方面，以行政命令方式制定、颁布发展国民经济的第一个五年计划并于1956年底提前完成

① 韩水法. 世上已无蔡元培[J]. 读书, 2005(04): 3-12.

② Tsai W-H, Liao X M. Concentrating power to accomplish big things: The CCP's Pishi System and operation in contemporary China[J]. Journal of Contemporary China, 2017(26): 297-310.

"一五"计划中预定的大部分指标；在实际经济生活中运行的计划经济体制，在《中华人民共和国宪法》（1954 年）第十五条中得到明文规定："国家用经济计划指导国民经济的发展和改造，使生产力不断提高，以改进人民的物质生活和文化生活，巩固国家的独立和安全。"可以说，到1956 年底，中国的计划经济体制已基本形成。计划体制的确立，决定了当时中国的经济体制和政治体制，决定了纵向以中央各部委为支撑的"条条"关系、各省域地方之间的横向"块块"关系、中央和地方的"条、块"关系，以及与计划体制紧密结合、连接"条、块"关系的科层行政结构。根据周雪光、练宏的理解，从经济学不完全契约和新产权理论的视角看，中国政府内部各级部门间的控制权可以概念化为以下三个维度：目标设定权、检查验收权和激励分配权。① 这些控制权必然会强化高校与政府之间的科层耦合。

其次，政府与高校的科层耦合，深受世界的影响。一方面，当时世界上卓有成效的集权管理模式影响了中国的制度选择。中华人民共和国成立之后的高等教育管理模式，特别是 1952 年开始的院系调整，其实深受苏联模式的影响；而苏联模式的形成，深受法国高等教育模式，特别是拿破仑时期大学模式的影响。法国的拿破仑一世在军事上横扫欧洲的同时，制定了《拿破仑民法典》。《拿破仑民法典》中有关大学治理的思想和内容强调，大学应该为国家培养精英人才而准备，因此大学应该牢牢掌握在政府手中。《拿破仑法典》不仅在法国本土影响深远，随着它的对外传播，比如在拉丁美洲等世界许多地区，都产生了巨大的影响。另一方面，当时流行的实证主义（positivism）思想也影响了中国的制度选择。持此类思想者认为，学术活动应该得到国家的允许和保护，唯此才不至于妨害自由和科学的进步；要把大学和学术活动置于政府当局的严格管控之下，反对学术自由和大学自治。这类思想在第三世界国家或直接或间接地传播，恰好适应了第三世界国家集中力量办大事、加强内部管理以应对外部威胁等发展偏好，不但在刚刚摆脱殖民地统治、获得独立的拉丁美洲（特别是阿根廷和智利）大受欢迎，也得到了新中国的认可和间接采纳。具体而言，在拉美大学进入了"拿破仑模式"时代之后，政府控制了大学的财政资金、职位的任命、课程计划的制定等大小事务，也控制着校长、副校长甚至系主任的任命，且由总统亲自决定。大学仅仅保留了考试、授予学位、颁发职业证书等有限权力，从而成为依附于政府的一个行政机构。②

① 周雪光，练宏. 中国政府的治理模式：一个"控制权"理论[J]. 社会学研究, 2012, 27(05): 69-93, 243.
② 唐俊. 拉美大学自治：《科尔多瓦大学宣言》及其影响[J]. 比较教育研究, 2014, 36(07): 102-106.

中国高校与政府的科层耦合，主要表现在高校的科层化特征上。第一，公立高校属于事业单位，更具体地说，是高等教育事业单位。在中国，所谓事业单位，指的是由国家行政机关举办，受国家行政机关领导，并不通过生产和服务而直接获取收入和收益，所需经费由公共财政支出、不实行经济核算，主要提供教育、科技、文化、卫生等非物质生产和劳务服务的社会公共组织；随着事业单位制度改革的推进，这些事业单位逐渐成为组织或机构的法人实体。作为事业单位的“事业”特性，使得高校与行政机关不同，高校的人员组成、使命担当都与科学技术、专业技术相关；而事业单位的“单位”特性，使得高校带有浓厚的计划体制特征和科层化色彩，即在政府与高校之间，以及在高校内部，按照等级地位进行权力分配、按照职能分化进行横向分工，上级对下级进行职业授权以确保工作得以开展，同时上级对下级进行层级节制。最早由马克斯·韦伯提出的科层制组织结构理论发现，科层结构有助于促使无序、无效率的组织变为有序、高效运转的组织。

第二，公立高校被赋予行政级别。在中国，公立高校不但在数量上占据大多数，而且具有绝对的控制力。以 2022 年为例，全国共有高等学校 3013 所，各种形式的高等教育在学总规模 4655 万人。其中，民办高校 764 所，占全国高校总数的比例 25.36%；民办普通、职业本专科在校生 924.89 万人，占全国普通、职业本专科在校生的比例 25.27%。[①]中国的公立普通高校都有相应的行政级别。公立高职院校一般为副厅级别（有极少数高职属于正厅级别），公立本科高校一般为正厅级别，但近年来一些教育部直属本科院校的校长、书记高配为副部级。尽管朱清时在担任南方科技大学校长时提出，“培养创新人才根本在于‘去行政化’”，但大学的行政级别至今仍是一个客观存在。[②]

第三，公立高校已经成为国家精英再生产机制的重要环节。布尔迪厄运用场理论，以法国等欧洲国家为例，探究了名牌大学的“国家精英”[③]“再生产”[④]机制。与布尔迪厄的研究结论类似，中国的公立高校在人才培养和晋升上坚持着制度化的精英主义倾向。具体而言，公立高校根据党和国家的

---

① 2022 年全国教育事业发展统计公报[EB/OL].(2023-07-05)[2024-06-20]. http://www.moe.gov.cn/jyb_sjzl/sjzl_fztjgb/202307/t20230705_1067278.html.

② 朱清时. 培养创新人才根本在于“去行政化”[J]. 生活教育, 2009(12): 12.

③ 布尔迪厄. 国家精英：名牌大学与群体精神[M]. 杨亚平译. 北京：商务印书馆, 2018.

④ 皮埃尔·布尔迪厄, J.C.帕斯隆. 继承人：大学生与文化[M]. 邢克超译. 北京：商务印书馆, 2021.

要求，以中国式的集体主义为基本价值信念，以梯队理论为重要理论基础，按照马太效应的规则，对其中的一小批优秀教师进行“选拔、培养、提拔、扶持、表彰”，从而从学术、政治两个方面开辟出制度化精英主义的成长道路①。进入21世纪之后，制度化的精英主义传统仍然部分地存留。

高校与政府的科层耦合，其实是政府对高校以管理与控制为核心特征的单向耦合，高校接受政府的科层耦合的旨趣在于寻求政治、行政威权的合法性认同。社会团体或组织的存续，需要获得社会合法性、行政合法性、政治合法性以及在现代社会中日益重要的法律合法性。②计划体制下被政府施加了强管理的高校，必须积极获得政府所给予的政治、行政合法性，这是保证其存续和发展的关键。由于政治、行政合法性的特殊性，高校与政府之间的科层耦合关系具有两大特点。一是非对称耦合。在科层耦合关系中，高校与政府之间的地位并不平等，两者在权力强度（有强弱之分）、管理（决策等）指令的矢度（方向）、资源的重要度（资源输入—输出状态、资源影响力的强弱）各不相同，且往往是政府强于高校。二是非线性耦合。政府对高校的资助和管理、高校对政府的服务与合作等两类耦合关系中，各自内部并不是线性关系，两者之间也并不呈现为正比关系——通常的情况是，政府对高校的耦合影响力强于高校对政府的耦合影响力。

科层耦合是把双刃剑。在中华人民共和国成立之后的计划经济时期，科层耦合有助于快速、高效地推进高校的发展，彰显出“集中力量办大事”的制度优势，但是，过于强劲的科层耦合关系以及高校希望从政府获得行政合法性的认同取向，容易导致高校管理基于政府权力认可的“内卷”：高校之间的竞争日趋激烈，且竞争重点从高质量办学漂移到如何获得更多、更深的政府认可，进而直接导致高校创新的迟滞、高校变革的自我锁定③，间接导致学校在实现社会的阶层和文化再生产、促进社会公平过程中的无力、无效④，也导致学术治理既无法维持现状又难以自我更新而只能在内部不断复制和过度精细化⑤。其结果可能是，一方面，高校的办学自主权受到严重削弱，甚至在特定的历史阶段、特定的领域被政府越俎代庖、越位掌控，从

① 赵炬明. 精英主义与单位制度——对中国大学组织与管理的案例研究[J]. 北京大学教育评论，2006(01): 173-191.

② 高丙中. 社会团体的合法性问题[J]. 中国社会科学, 2000(02): 100-109, 207.

③ 郭继强. “内卷化”概念新理解[J]. 社会学研究, 2007(03): 194-208, 245-246.

④ 高水红. 内卷化：学校教育过程的文化再生产[J]. 教育研究与实验, 2020(04): 13-18.

⑤ 朱文辉. 学术治理的内卷化：内涵表征、生成机理与破解之道[J]. 高等教育研究, 2020, 41(06): 26-33.

而产生高校治理中政府管控对高校自治的“挤出效应”；为了能够从政府赢得更多的权力剩余和资源划拨，高校可能倾向于淡化自己的办学目标和教育目标而争相迎合、取悦政府。高校与政府之间的科层耦合，实际形成的是政府对高校的绝对管理关系、弱化了高校对政府的自主服务关系，因此是政府对高校的单向耦合，而非高校与政府的双向耦合，更不是高校与政府通过交互影响而形成的交互耦合。在科层耦合关系中，由于高校本身缺失自主权，极易诱致政府对高校的管理陷入“一放就乱，一乱就收，一收就死”的恶性循环。①

（二）作为历史转折的绩效耦合

面对科层耦合关系下政府对高校的放权容易陷入“一放就乱，一乱就收，一收就死”怪圈的难题，主要产生了两种解题思路。一是高校与政府定界分权。这是以权力划分为核心的解题思路。综观目前世界各国，大学的边界都在发生变化。②在中国，也有论者希望通过定界分权，解决高校与政府之间关系中的混沌纷乱、边界不清问题。政府与高校外部治理的界限不清，导致政治权力对校内治理的代劳；高校内部治理向行政权力一边倒，导致学术发展深受影响。必须改变以行政等级制度为核心的国家租金式激励制度，祛除计划经济的政府包办思想，为此，政府应以法律形式保障大学的自由，大学应保持独立意识、守住自己的自主办学权，社会应参与到大学的治理和评价当中，唯此各安其位才能真正实现“管办评分离”；应在政府广泛应用权力清单制度的基础上，辅以负面清单制度，其中，权力清单制度强调“法无授权不可为”，即清单之外的事项不可干预，负面清单制度强调“法无禁止即可为”，即清单之内的事项绝对禁止但清单之外不做限制，以保证高校和社会组织得到更多的权力、更为充分的自由发挥空间，从而促进高校的独立自治和社会组织的深入发展。③但是，高校与政府的定界分权，属于非此即彼式的线性分割，这在复杂的现实世界中总是难以得到完整实现，且也并不有利于完成探索性、创新性极强的中国发展使命。

二是坚持目标管理原则，开展绩效评估。这是以事业为基础、以实效为核心的解题思路。原联合国教科文组织亚太地区总办事处高等教育与远程教

---

① 王一兵. 如何走出高校放权“一放就乱，一乱就收，一收就死”的怪圈[J]. 行政科学论坛, 2016(07): 29.

② 郑丽娜. 大学边界变迁的新制度主义分析[D]. 济南：山东大学, 2017.

③ 任雪. 简政放权背景下我国大学治理改革——基于制度变迁理论的研究[D]. 北京：首都经济贸易大学, 2017.

育项目专家王一兵认为，要想走出政府给高校放权“一放就乱，一乱就收，一收就死”的怪圈，必须深化高等教育体制改革和创新、扩大并保障高校办学自主权，其中有五个关键点和着力点：让高校办学中的市场功能到位；建立权威、公正、公开、透明、有公信力的质量监控机制；把高校章程变成法律；赋予高校理事会一定的参与重大决策的功能；建立校长民主遴选制度。[①]王一兵的观点中，强调发挥高校的市场功能、强化高校的民主管理，其背后的逻辑是，通过给高校松绑，提高高校的办学绩效。这种改革思路的实质是，走出高校与政府的科层耦合关系模式，基于绩效目标，建构高校与政府的绩效耦合关系。考虑到分权定界的复杂性和不可行性，一方面在必要的情况下仍然为高校适当放权、分权，另一方面则以绩效考核为目标管理的杠杆，在发挥高校的功能、提升高校办学绩效的过程中，优化政府与高校之间的耦合关系。

改革开放之后，中国之所以能够逐渐建立起高校与政府的绩效耦合关系，与体制改革日益深化的宏观背景密不可分。可以说，中国的经济体制改革，是促使高校与政府的绩效耦合关系得以建构的历史前提。中国经济体制改革最伟大的成就就是创造性地建立社会主义市场经济体制。无论是传统的西方经济学理论还是马克思主义经济学理论，都不认为社会主义能搞市场经济。他们的理论假设是，商品交换和市场经济都是建立在私有制的基础上的，社会主义国家只要坚持搞公有制，就不能搞市场经济。恩格斯认为，当资本主义消亡以后，“一旦社会占有了生产资料，商品生产就将被消除，而产品对生产者的统治也将随之消除。社会生产内部的无政府状态将为有计划的自觉的组织所代替”。[②]列宁进而明确指出，“只要还存在着市场经济，只要还保持着货币权力和资本力量，世界上任何法律也无力消灭不平等和剥削。只有实行巨大的社会化的计划经济制度，同时把所有的土地、工厂、工具的所有权交给工人阶级，才能消灭一切剥削”。[③]尽管马克思主义经典作家有上述论述，但他们也开放地指出，“我们没有最终目标。我们是不断发展论者，我们不打算把什么最终规律强加给人类”。[④]但是，随着中国改革开放的深入推进，必须打破市场经济姓“资”、计划经济姓“社”的戒律。1982

① 王一兵. 如何走出高校放权“一放就乱，一乱就收，一收就死”的怪圈[J]. 行政科学论坛, 2016(07): 29.

② 恩格斯. 反杜林论[M]//中共中央马克思恩格斯列宁斯大林著作编译局. 马克思恩格斯选集（第三卷）. 北京：人民出版社, 2012: 815.

③ 列宁全集（第10卷）[M]. 北京：人民出版社, 1958: 407.

④ 马克思恩格斯全集（第22卷）[M]. 北京：人民出版社, 1965: 628-629.

年，党的十二大正式提出计划经济为主、市场经济为辅的观点。1984 年，党的十二届三中全会正式提出社会主义经济是公有制基础上的有计划的商品经济的观点。1987 年，党的十三大正式提出社会主义有计划商品经济的体制应该是计划与市场内在统一的体制的观点。特别是邓小平同志从 1979 年提出“社会主义也可以搞市场经济”，到 1992 年提出“计划多一点还是市场多一点，不是社会主义与资本主义的本质区别。计划经济不等于社会主义，资本主义也有计划；市场经济不等于资本主义，社会主义也有市场”等重要论断，从根本上破除了市场经济姓“资”、计划经济姓“社”的传统观念，为社会主义市场经济理论的提出和社会主义市场经济体制的建立指明了方向。1992 年 6 月 9 日江泽民同志在中央党校所作的讲话中，首次肯定了“社会主义市场经济体制”的提法，并在党的十四大报告中正式提出：“我国经济体制改革的目标是建立社会主义市场经济体制。”2017 年 10 月 18 日，习近平同志在十九大报告中指出，要加快完善社会主义市场经济体制。2020 年 3 月 30 日的《中共中央 国务院关于构建更加完善的要素市场化配置体制机制的意见》指出，完善要素市场化配置是建设统一开放、竞争有序市场体系的内在要求，是坚持和完善社会主义基本经济制度、加快完善社会主义市场经济体制的重要内容。2020 年 5 月 11 日，中共中央 国务院发布《中共中央 国务院关于新时代加快完善社会主义市场经济体制的意见》。社会主义市场经济体制的建立，开辟了以绩效为治理核心的改革道路；经济领域的改革思想，日益深入到政府改革领域，日益强调从管理向治理的转变，并追求善治、善政，日益强调治理体系、治理能力的现代化。深圳是中国改革开放和社会主义市场经济体制建设的特区和先行示范区。2010 年 11 月评选出来的“深圳最有影响力十大观念”中，第一大观念就是“时间就是金钱，效率就是生命”。[①]绩效几乎就是中国破除计划体制效率低下顽症的关键性武器，是推进改革开放的重要力量。经济领域的改革，以梯度推进的方式影响到政治行政领域的自我调整与优化，效率优先、绩效至上的理念进而影响到政府治理，效能政府逐渐成为改革目标。在政府对高校的管理、资助关系中，逐渐引进“竞争-择优”“成本-绩效”的市场机制，不但政府本身的运行开始讲求绩效，也日益强化对高校的办学绩效评估。

施行高等教育法、赋予高校办学自主权，是方便政府推行高校绩效评估

---

① 梁红英，谢春红. 深圳十大观念解读：历史背景、文化内涵、时代价值[M]. 广州：中山大学出版社，2012: 26-42.

的前提。绩效评估，只有针对具备一定独立自主权且能自我发展、自我约束、自主竞争、自负盈亏的独立主体才能顺利开展。1998 年 8 月 29 日第九届全国人民代表大会常务委员会第四次会议通过、2015 年 12 月 27 日第十二届全国人民代表大会常务委员会第十八次会议第一次修正、2018 年 12 月 29 日第十三届全国人民代表大会常务委员会第七次会议第二次修正的《中华人民共和国高等教育法》的第三十二条至三十八条，规定、赋予了中国高校七大办学自主权，即招生自主权，设置和调整学科、专业的自主权，教学自主权，开展科学研究、技术开发和社会服务的自主权，开展与境外高等学校之间科技文化交流的自主权，进行内部机构设置、评聘教师和其他专业技术人员的职务和调整津贴及工资分配的自主权，财产管理和使用的自主权。以上高等学校办学自主权，通过国务院“简政放权、放管结合、优化服务”的“放管服”改革，日益充分地得到落实。

政府职能转变与优化，为推行绩效治理奠定了政治行政基础。中国政府一直在与时俱进地进行职能调整与管理方式优化，其总体方向是从管理向治理转变，从以指令为依托的科层控制向以“政策、经费”为依托的绩效评估转变。政府职能转变、行政管理方式的优化，落实到高等教育发展领域，至少具体表现出以下三大特点。

一是资助方式上的项目制。焦长权认为，以分税制改革为基础，中国随之进行了公共预算体制改革，并形成了一种新的国家治理体制——项目制。地方政府的项目支出主要有三种类型：上级专项转移支付、上级非补助性项目支出和本级项目支出。三类项目支出在地方汇聚和重组，在很大程度上形塑了基层政府的财政结构。项目制本质上不是对科层制的一种摆脱或超越，而是国家主动对政府科层体系的一次完善和补充，是近代国家政权建设在新时期的延续与拓展。项目制的直接目的是“硬化”预算约束，深层目的则是增强政府的回应能力，二者在实践中呈现一定张力；值得注意的是，政府治理的理性化和技术化并不必然增强其对公共需求的回应能力，甚至可能形成反向效应。[①]中国在财税体制上的分税制改革、在公共预算体制领域的项目制改革，对公共事务管理改革产生了巨大的影响。以国外在公共管理领域的项目制改革经验为基础[②]，渠敬东认为，作为新双轨制的增量部分，项目制旨在通过国家财政的专项转移支付等项目手段，突破以单位制为代表的原有

① 焦长权. 从分税制到项目制：制度演进和组织机制[J]. 社会, 2019, 39(06): 121-148.

② 戴雪梅. 项目制：国外公共事务管理的有益经验[J]. 法制与经济（下旬刊）, 2009(12): 111-113.

科层体制的束缚，遏制市场体制所造成的分化效应，加大民生工程和公共服务的有效投入。以项目制为核心所确立的新的国家治理体制，形成了中央与地方政府之间的分级治理机制，会对基层社会产生诸多意外后果，其中项目制所引起的基层集体债务、部门利益化以及体制的系统风险，将对可持续的社会发展产生重要影响。[①]

项目制是中国技术治理、治理技术的重大变化。[②]陈家建发现，项目制是基层政府动员的重要方式。具体而言，在基层行政资源紧张的条件下，上级部门为达成工作目标，越来越多地通过项目制来调动基层政府。相比于传统的科层体制，项目制使得上级部门拥有集中的资金管理权、特殊的人事安排权以及高效的动员程序，从而能更快地见到成效。项目制在基层政府的推行使得科层体系发生重构，政府内部动员由"层级动员"转向"多线动员"，行政资源的分配也演变为项目中心模式；而且，项目制的"自我扩张"效应使得项目制越来越深入到政府体系中，具有持续性及不断增长的影响力。[③]从基层治理的角度看，项目制一方面有利于提升基层政府的公共物品供给效率，巩固基层民众的主体地位，优化基层政府职能，但另一方面，它又在一定程度上抑制了地方性公共物品的供给效率，削弱了基层民众的主体地位，制约了基层政府职能优化，从而产生了公共物品提供悖论、基层主体地位悖论和基层政府职能优化悖论等"三大基层治理悖论"。[④]

在项目制的影响下，科研项目制逐渐成为"治理术"。[⑤]李福华认为，中国高等教育重点建设战略开始从单位制到项目制的战略转型，其中，"211工程""985工程"具有项目制的部分特征，"2011计划"已具有显著的项目制特征。[⑥]由于项目制成功地将市场经济中的竞争机制引入官僚组织体制中，勾连起中央、地方、基层之间的权力、利益和创新关系[⑦]，因此张浩正认为，改革开放以来，特别是20世纪90年代以来，中国高等教育领域逐步形成了高等教育双重体制机制和"类市场化治理"模式，其实质是"计划为

① 渠敬东. 项目制：一种新的国家治理体制[J]. 中国社会科学, 2012(05): 113-130, 207.

② 解胜利, 吴理财. 从"嵌入-吸纳"到"界权-治理"：中国技术治理的逻辑嬗变——以项目制和清单制为例的总体考察[J]. 电子政务, 2019(12): 95-107.

③ 陈家建. 项目制与基层政府动员——对社会管理项目化运作的社会学考察[J]. 中国社会科学, 2013(02): 64-79, 205.

④ 刘远风, 王有为. 项目制的基层治理悖论及其破解[J]. 理论导刊, 2019(11): 104-111.

⑤ 肖瑛. 作为治理术的科研项目制[J]. 云梦学刊, 2014, 35(04): 14-17.

⑥ 李福华. 从单位制到项目制：我国高等教育重点建设的战略转型[J]. 高等教育研究, 2014, 35(02): 33-40.

⑦ 郭琳琳, 段钢. 项目制：一种新的公共治理逻辑[J]. 学海, 2014(05): 40-44.

体，市场为用”。项目制所具有的双重体制的精神内涵为“类市场化治理”模式的顺利实施提供了制度基础。一方面，项目制所具有的专门的人事安排、专项使用的资金、自上而下的动员机制、垂直化的管理机制以及分级运作的治理结构为计划体制的顺利运行提供了制度基础；另一方面，项目制的制度设计、建设程序与组织管理、价值取向和强化激励措施为市场体制的有效运作提供了便利条件。[①]

二是管理方式上的行政发包制。周黎安把企业理论中关于发包制与雇佣制的区别经过一定的转换和发展引入政府治理领域，提出了“行政发包制”概念，与马克斯·韦伯建构的科层制相对应，也和纯粹的外包制相区别，它作为一种理想类型、作为前两者混合的中间形态，指的是行政组织边界之内的“内部发包制”：“在一个统一的权威之下，在上级与下级之间嵌入了发包的关系。这如同农村集体土地所有制下的‘分田到户’，土地从所有权来看仍然属于集体所有，村集体拥有对土地的控制权（如土地分配权），但‘分田到户’相当于在集体所有的框架下加入了发包的内容，农民享有相对独立的生产决策权和收益权。”[②]借鉴经济学理论讨论中国国家治理问题的尝试，关切并揭示了国家的市场性、多主体性和政治性，展示了“政治市场想象”的理论解释力、提供了一个颇有启发性和整合性的思想框架。[③]从具体的国家治理过程看，项目管理过程中的分级“制度机制”运作模式，其实就包含了国家部门的“发包”机制、地方政府的“打包”机制和基层组织的“抓包”机制等，是依赖行政发包制而得以运行的。[④]

2019年“高职扩招一百万”的政策就是行政发包制的典型例证。李克强在2019年3月的《政府工作报告》中强调，为了“多管齐下稳定和扩大就业”，决定“改革完善高职院校考试招生办法，鼓励更多应届高中毕业生和退役军人、下岗职工、农民工等报考，今年大规模扩招100万人”[⑤]。对此，时任教育部职业教育与成人教育司司长的王继平认为这是中国高等教育普及化的“临门一脚”，也是适应中国经济结构变革、产业结构升级的必然选择。经计

① 张浩正. 项目制：“类市场化治理”模式实施的重要工具——以H大学“211工程”建设为分析案例[J]. 高教探索, 2020(01): 11-16.

② 周黎安. 行政发包制[J]. 社会, 2014, 34(06): 1-38.

③ 冯仕政. 政治市场想象与中国国家治理分析兼评周黎安的行政发包制理论[J]. 社会, 2014, 34(06): 70-84.

④ 折晓叶, 陈婴婴. 项目制的分级运作机制和治理逻辑——对“项目进村”案例的社会学分析[J]. 中国社会科学, 2011(04): 126-148, 223.

⑤ 李克强. 政府工作报告——2019年3月5日在第十三届全国人民代表大会第二次会议上[EB/OL]. (2019-03-05)[2024-02-20]. https://www.gov.cn/zhuanti/2019qglh/2019lhzfgzbg/.

算，2019 年至少应安排高职招生计划增量 114 万人；为此，教育部专门印发《高职扩招专项工作实施方案》，对具体工作做了部署。其中最重要的一点就是，教育部把高职扩招的任务定量分配给各省、自治区、直辖市。教育部“发包”，各省、自治区、直辖市“打包”，各高职院校按照省域部署进行“抓包”，通过高职扩招推进高等教育普及化的行政管理目标，就此得到分解和落实。

三是绩效评估上的政绩晋升锦标赛。在中国的纵向治理体系中，存在着层级节制的科层制，且上级以富有中国特色的行政发包制调动下级及基层的积极性；但在横向的部门、地区之间关系中，则是借助中央对地方、政府对高校的目标设定权、检查验收权以及激励分配权等控制权①，借助各部门、各地区之间的政治晋升博弈，进行管理、给予激励②，从而形成了中国地方官员独特的治理模式——“晋升锦标赛治理模式”③。

周黎安认为，教育系统属于“纵向行政发包”高而“横向晋升竞争”低的领域。④但高校之间、高校内的学术锦标赛并不缺乏，甚至还非常激烈。在宏观领域，国内外民间的大学排行，官方虽然没有正式认可，但潜在地影响着高校的办学行为选择；作为国家政策的建设世界一流大学和一流学科（简称“双一流”建设）计划，则以官方的方式对高校进行等级划分。唯其如此，各地区、各高校为了竞争胜出，严格要求自己成为教师科研成果的第一署名单位；教师科研成果的非个人性和强劲的单位属性，与政治行政领域各地方基于政治晋升锦标赛的需要而采取的地方保护主义措施、本地产业结构追求“大而全”且不重视区域合作的“邻避主义”⑤等问题，在逻辑上同出一辙。在微观领域，学术评价以及与之紧密相关的教师晋升评价，竞争日益激烈。陈良雨和汤志伟的研究表明，在学术锦标赛中，高校与科研人员分别扮演委托人和代理人的角色。他们通过相应的业绩规则，建立起科研人员的工作业绩与奖励报酬之间紧密联系的激励制度。从状态-结构-绩效研究范式看，互惠激励、科研量化、资源竞争构成高校学术锦标赛制的状态因素，并进而形成高校学术锦标赛制结构特征：目标设定上的标杆式、内容设计上的驱赶式

---

① 周雪光，练宏. 中国政府的治理模式：一个“控制权”理论[J]. 社会学研究, 2012, 27(05): 69-93, 243.

② 周黎安. 晋升博弈中政府官员的激励与合作——兼论我国地方保护主义和重复建设问题长期存在的原因[J]. 经济研究, 2004(06): 33-40.

③ 周黎安. 中国地方官员的晋升锦标赛模式研究[J]. 经济研究, 2007(07): 36-50.

④ 周黎安. 行政发包制[J]. 社会, 2014, 34(06): 1-38.

⑤ 王奎明. 统合式治理何以有效：邻避困境破局的中国路径[J]. 探索与争鸣, 2021(04): 130-140, 179.

和推行风格上的集权式；在这些因素的作用下，高校学术锦标赛制在学术资本、高校功能以及研究取向上虽然取得显著成绩，但仍然面临诸多问题。如果要发挥高校学术锦标赛制的积极功效，那么需要通过环境重构和制度重构等实现高校学术锦标赛制的优化。[①]

高校与政府的强耦合关系从科层耦合向绩效耦合转变，在多个方面产生了具体的影响。

首先，高校组织本身发生了重大变化。中华人民共和国成立之后，在计划经济体制的社会治理体系中，以共产主义为奋斗目标、以“单位”为基层组织[②]，中国的高校逐渐成为基于制度化精英主义理念而建立起来的“单位组织”[③]，由此而生成的高校与政府关系，具有典型的科层耦合特色。而改革开放以来，经济、政治领域的改革，促进了中国高校的快速发展、高效发展——这是不可回避、不容忽视的成就。同时，经济、政治领域的改革，以及立法上的日益完备，也推动了高校的变革。高校逐渐从纯粹的单位制中走出来，开始了从单位变成社区的改革历程——虽然后勤管理已经通过社会化改革较为彻底地完成了从单位变社区的改革，但高校内部的学术管理、人事管理仍未完全完成这类变革，至少可以说仍然处于从单位制走向后单位制转变的过程之中。[④]在后单位制的时代，一方面政府对高校的绩效评估日益强劲，另一方面政府适应现代治理的改革趋势和追求更高绩效的发展目标，不断加强对高校的放权、积极落实高校的办学自主权，推进高校治理的法人化改革[⑤]。

其次，基于绩效的考量，高校之间的竞争、地方政府在举办高等教育领域的竞争日益激烈。高校与政府之间的绩效耦合，主要有以下两大重点。一是高度强调政府对高校的绩效评估，二是日益强化中央政府对地方政府的高等教育办学绩效评估。密度依赖理论认为，组织的发展与死亡率，与组织的密度以及相应的竞争程度密切相关。[⑥]随着中国高等学校数量的增加、高等教育大众化乃至普及化发展的日益深入，因生源、办学质量等方面日益强化

① 陈良雨，汤志伟. 状态-结构-绩效视角下大学学术锦标赛制研究[J]. 东北大学学报（社会科学版），2019, 21(05): 526-531.

② 曹锦清，陈亚中. 走出“理想”城堡——中国“单位”现象研究[M]. 深圳：海天出版社，1997.

③ 赵炬明. 精英主义与单位制度——对中国大学组织与管理的案例研究[J]. 北京大学教育评论，2006(01): 173-191.

④ 胡水. 单位福利的转型与变异——以东北老工业基地H厂为例[D]. 长春：吉林大学，2015.

⑤ 龙献忠. 治理理论视野下的政府与大学关系研究[M]. 长沙：湖南大学出版社，2007: 192-205.

⑥ 杨嬛. 中国模式下的企业生存与发展：基于组织生态学的视角[M]. 上海：上海财经大学出版社，2015: 81.

的竞争“密度”，会进一步强化政府对高校、高校对教师的绩效评估，激发高校之间的竞争，甚至可能导致某些高校的“组织死亡”——国内某些地区民办高校停止办学即为明证。在中央日益强化对地方政府的绩效评估的背景下，为了突显地方的政绩，同时也是为地方育才、储才，各地方政府竞相创办高校、发展高等教育，并且因此而为“高等教育地方化”增添了新的内涵。

再次，在高校中从事学术生活的教师状况发生了巨大变化。在后单位制时代，一方面，随着高校的用人制度开始发生变化，预聘制、非长聘等非传统编制的用人制度，以及与传统编制有着细微差异的长聘制，职业生涯发展过程中的“非升即走”制度，等等，都在倒逼并诱导青年学者的择业心理发生新的变化①，青年教师对高校的组织福利期待在发生改变，青年教师逐渐适应了“从身份到契约”②的学术生活方式变革。另一方面，高校中的教师群体开始发生变化和分化。教师们按照“老人老办法、新人新办法”的原则接受学校人事制度的差异化管理。在单位制为主导的时代，“单位人”是高校教师的共同称呼，且被认为具有依附性、风险厌恶、竞争性厌恶和结果公平（平均主义）偏好等文化特征；而在后单位时代，新教师以及愿意按年薪制获得高薪、有较高学术成就的教师，成为“后单位人”，他们在制度性维度上变成了“社会人”，逐渐不再仅仅依凭体制内的编制保护、按照传统的单位制和工资制按部就班地从事学术生活，而是通过与高校签订契约的方式，从纯粹的单位人变成“自我企业家”，因此具有了自主性、风险承担、竞争性偏好和机会公平偏好等文化特征——这是福柯所谓的“自我企业家”——高校教师成为他自己的人力资本的拥有者、自己企业的生产者、自身（人力资本）就是收入的来源③，或者说成了典型的“自立人”。④受此变化的影响，目前的高校教师群体已经成为“单位人+自我企业家”的混合体，教师之间的经济收入差异、工作任务要求以及绩效评估规则，出现了双轨并行局面。

最后，也是最明显的，政府的管理方式发生了变化。从“211 工程”“985 工程”到目前实施的“双一流”建设计划，旨在鼓励竞争、彰显绩效的高等教育发展政策，在政策内容上都强调“一流、特色、贡献度”等关键词，在

① 沈杰. 后单位制时代: 中国青年择业心理的多元化取向[J]. 中国青年研究, 2002(03): 40-44.

② 陈伟. “从身份到契约”: 学术职业的变化趋势及其反思[J]. 高等教育研究, 2012, 33(04): 65-71.

③ Foucault M. The Birth of Biopolitics: Lectures at the College De France[M]. New York: Palgrave Macmillan, 2008: 225-226.

④ 王宁. 后单位制时代, “单位人”转变成了什么人[J]. 学术研究, 2018(11): 46-54, 177.

政策工具上都重视“政策引导、评估排序、资金投入”多管齐下，在政策运行程序上，则强调“院校自主申报（专项项目申报）—政府重点投入—院校自主竞争、自由探索（政策试点）—政府合同管理（审核评估、建设验收）”，在政策特色上，则重在突显“竞争—绩效—重点发展”。为了确定重点发展对象、实现对不同高校等级化身份的认定，政府研制的高等教育政策，在鼓励高校竞争争取的同时，又巧妙地保证了高校传统的身份特征和竞争优势，比如部属大学身份、原有高校纳入“985 工程”和“211 工程”的身份，以及与国家重大战略密切相关的战略性身份，从而既维护了高等教育发展的既有体系与传统格局，又践行了高校竞争与发展的绩效为先理念，实现了继承与创新、稳定与变革的和谐统一。

适度的绩效评估，有助于消解科层耦合下的诸种弊端，并激活高等教育办学活力、优化高校办学的成本-收益关系，提高高校的办学绩效和高等教育的发展绩效。但政府对高校、中央对地方过于强劲的绩效评估，必然会诱致高校基于竞争指标达成度的内卷。依据指标来源于“学习借鉴—追赶”对象还是“政府绩效评估表格”，竞争内卷具体表现在两个方面。一是高校“对标”发展。以竞争为核心的绩效评估，其实也就是追赶型竞争、排他性“晋升”；高校发展所对之标的，若在国外则是追赶、学习、借鉴的对象，若在国内则就是竞争、赶超的对象。二是高校“对表”建设。所对之“表”，即政府绩效评估之表。高校对“表”，敏锐、精准地扣住关键指标，靶向建设、定向发展。以“对标”“对表”为核心的内卷式竞争，极易导致高校办学纠缠于可评估、能量化的指标，偏离、淡忘高等教育的内在逻辑和根本规律，漠视、迷失高等教育的本真和初心。绩效耦合方式，在强化高校与政府之间的正耦的同时，也诱发了零耦，甚至诱致出负耦。

（三）作为时代创新的创业共生耦合

在绩效耦合关系中，尽管已经开始出现政府对高校的放权和分权，但如同科层耦合一样，并没有机会增加或彰显高校对政府的影响力——1979 年复旦大学苏步青校长、同济大学李国豪校长、华东师范大学刘佛年校长、上海交通大学邓旭初书记曾集体呼吁“给高等学校一点自主权”，但在当时收效甚微[①]，主流仍是政府对高校进行集中调控和统筹管理，只是其调控和管理

① 萧关根. 给高等学校一点自主权[N]. 人民日报, 1979-12-06(03); 中华文学基金会·中国改革开放二十年编辑委员会. 中国改革开放二十年: 农村改革卷、科教文卫体制改革卷[M]. 北京: 中央文献出版社, 1999: 539-540.

的方式发生了变化，即在权力控制和行政指令的基础上，增加了绩效评估这种新的控制方式。从管理与控制的角度看，中国高校办学自主权的扩大与落实，取决于高校的自主性与外部控制的强度，且历经建国十七年、改革开放初期、社会转型期三个阶段的“集权—放权—集权—放权”的多次反复，由于宏观制度环境的制约、行动者认知方式的制约以及制度的历史累积效应等复合性影响，中国政府对高校的管理始终没有从根本上跳出“一收就死，一放就乱”的循环。[①]从制度设计的角度看，无论集权化倾向政策还是分权化倾向政策，在处理中央与地方、政府与高校关系方面的制度设计思维方式都是非此即彼、一维性的，都存在着绝对单中心性的制度设计缺陷、缺乏“多中心制度安排”，因此都无力帮助政府在处理与高校的关系时越过“一收就死，一放就乱”的耦合困境。[②]

进入 21 世纪之后，中国高等教育改革日益深化，在探索、调整高校与政府关系方面，积累了正反两个方面的丰富经验，拥有了反思改革的丰富素材，且推动出现了两大变化。其一，综合改革能力逐渐增强。中国高等教育逐步具备从单一性、分割式改革向综合化、整体性改革转变和进化的能力。2014 年 5 月 4 日，习近平总书记在北京大学师生座谈会上的讲话指出：“全国高等院校要走在教育改革前列，紧紧围绕立德树人的根本任务，加快构建充满活力、富有效率、更加开放、有利于学校科学发展的体制机制，当好教育改革排头兵。”[③]随后，清华大学、北京大学一起向党中央、国务院“主动请缨，承担改革试点任务”，国家教育体制改革领导小组在 2014 年 7 月召开的第十一次会议上原则同意清华大学、北京大学和上海市“两校一市”的综合改革方案。其中，从 2014 年到 2020 年，上海市在“一市两校”教育综合改革国家试点中，52 条举措、214 项改革任务都圆满完成，极大地释放了教育综合改革红利。[④]其二，高等教育改革方式逐渐优化。中国高等教育改革方式的不断优化，使得中国高等教育的制度自信日益增强、道路创新日见成就。其中最明显的制度创新成就是中国的重点大学建设制度。在高等教育资源紧缺而发展使命繁重复杂的情况下，“集中力量办大事”就成为支撑发

---

① 周光礼. 中国大学办学自主权（1952—2012）：政策变迁的制度解释[J]. 中国地质大学学报（社会科学版），2012, 12(03): 78-86, 139-140.

② 魏勇. 政策“一收就死 一放就乱”的制度分析[J]. 理论探讨, 2002(01): 66-67.

③ 习近平. 青年要自觉践行社会主义核心价值观——在北京大学师生座谈会上的讲话[EB/OL]. (2014-05-05)[2024-02-20]. http: //www.xinhuanet.com//politics/2014-05/05/c_1110528066_3.htm?isappinstalled=0.

④ 樊丽萍, 姜澎. 教育综改红利释放，为百姓添福祉为城市谋未来[N]. 文汇报, 2021-02-25(07).

展的重要原则[①]，重点大学制度就成为极具本土特色的制度创新。随着中国高等教育的崛起，重点大学制度日益彰显其国际影响力，日本、韩国等亚洲国家以及俄罗斯、德国等欧洲国家竞相学习并推出本国的重点大学建设方案。

政府与高校之间的关系，其实是中国改革与发展的重大问题之一。中华民族的传统智慧告诫我们，要善于"执两用中"，要善于根据不同情况、采取适宜的办法。《礼记·中庸》："执其两端，用其中于民，其斯以为舜乎！""执两用中"，是守经达变、道术兼修的必由之路；"执两用中"，须以知行合一为中介，以达乎内圣外王境界为目标。

在日益深化高等教育改革的过程中，中国高校与政府的关系调整与优化，获得了达乎"执两用中"的新的契机。具体而言，以新中国成立以来高校与政府之间的科层耦合为逻辑起点，以绩效耦合为发展的转折，继承两种耦合方式的优势和合理成分，并针对其缺陷和不足，通过"否定之否定"，最终进化出高校与政府之间以创业为目标、以共生共演为路径的创业共生耦合方式。政府与高校之间的创业共生耦合，在目标定位上面向未来、关注发展，在政府与高校的关系上强调强资助、强合作，在关系特征上强调政府与高校两大耦合主体基于地位平等的多维耦合、共生共演、协同创业。

第一大特点是高校与政府多维耦合。即在纵向的科层耦合、横向的绩效耦合的基础上，建构起政府与高校之间的斜向耦合（图 2-5）。

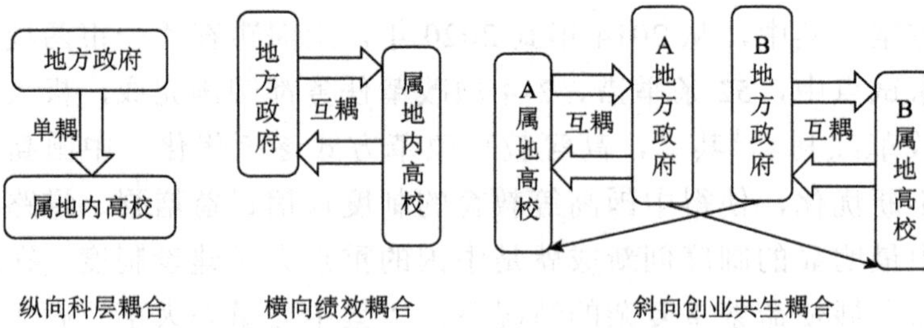

图 2-5　高校与政府的多维耦合

① 廖胜华. 集中力量办大事能力的当代形态与逻辑——中国共产党塑造的独特国家能力探究[J]. 广东社会科学, 2021(02): 67-73；张金荣，彭萧. 集中力量办大事何以可能：一个组织社会学的解释框架[J]. 学术研究, 2020(12): 1-5.

在科层耦合阶段，政府作为社会治理的政治行政组织、高校作为接受政府管理的高等教育办学主体，分别基于各自的社会属性，保持着政府对高校的纵向科层管理，从而建构起政府行政管理与高校办学之间纵向的、科层化的耦合关系。在绩效耦合阶段，在中国特色的项目制、行政发包制、政绩晋升锦标赛等“治理术”的刺激下，各级政府分别作为独立的利益主体，基于属地经济、社会以及文化教育科技发展的需要，逐渐以平行并列的方式和平等合作者的身份，与同样作为独立主体的高校之间，建构起旨在促进发展的横向耦合关系。基于科层管理机制的政府与高校之间的纵向耦合，是典型的“控制-反馈”型互动；基于身份平行、地位平等、绩效合作的政府与高校之间的横向耦合，则属于“交流-反馈”型互动。

从实践看，以科层耦合、绩效耦合为基础，先发地区的各级地方政府率先推进职能转变、进行角色调整，即从属地高校的管理者转变为属地内外高等教育资源的整合者，且既与属地内的高校合作，也跨越行政区域限制，积极吸引属地外的高等教育资源，与属地之外的省内、省外高校合作，甚至吸引国外大学，从而使得地方政府同与之无行政管辖关系的外地高校之间，通过建设分校、新校区或研究院等方式，建构起广泛、深入的“斜向”耦合关系。

政府与高校之间的“斜向”耦合关系，在新世纪里发展极快，并出现了两轮高潮。第一轮高潮是由广东省的深圳、珠海等地掀起。改革开放之后的深圳，率先突破“中央—省”两级办学体制举办高等教育，以地市政府为主力掀起中国特色的“城市大学运动”。深圳的改革，不但拓宽了高校举办者的范围，使地市政府开始参与举办高等教育，而且率先改变了地方政府的角色，即在此前单一的管理者身份上，新增了高校办学的合作者身份[①]，为新构起政府与高校之间的斜向耦合关系，提供了承载的主体、奠定了良好的制度基础。在办好本市创建的深圳职业技术学院（现名为深圳职业技术大学）、深圳大学等高校的同时，深圳市还积极引进国内外研究型大学，进驻深圳虚拟大学园区，建设各类研究院、研究生院。以此为基础，培育、建设了香港中文大学（深圳）、深圳北理莫斯科大学、清华大学深圳国际研究生院、天津大学佐治亚理工深圳学院、深圳墨尔本生命健康工程学院等高等教育机构。进入21世纪之后，珠海按照“不求所有，

① 陈伟. 论省域高等教育的发展模式创新：以广东为例[J]. 高等教育研究, 2010, 31(01): 28-33.

但求所用”的原则积极吸引市外、省外高校前来新办校区、分校，虽然没有办成珠海大学，却引进了中山大学、暨南大学、北京师范大学、北京理工大学、吉林大学、遵义医学院、广东省科学技术职业学院等市外、省外高校，最终办成了“大学珠海”[①]。第二轮高潮则由苏州、青岛等地掀起。在苏州市，政府不但积极办好本土高校、服务区域经济[②]，也鼓励本土高校自觉改革、主动导入卓越绩效模式[③]；同时，苏州与深圳一样，大力引进国外高等教育资源、推进中外合作办学，建成了西交利物浦大学、昆山杜克大学、中国人民大学中法学院、东南大学—蒙纳士大学苏州联合研究生院等高等教育机构，创建了牛津大学高等研究院（苏州）、洛加大苏州先进技术研究院、戴顿大学中国研究院（苏州）、卡尔斯鲁厄理工学院中国研究院、新加坡国立大学苏州研究院、瓦赫宁根苏州环境创新国际协同研究中心、香港浸会大学常熟研究院、中国科学技术大学—加州大学伯克利分校联合纳米科学技术学院、苏州大学—滑铁卢大学纳米技术联合研究院、中芬纳米创新中心、江苏—乌克兰装备制造国际创新院等大型研究机构。[④]青岛等地方政府也竞相引进国内外高等教育资源，推进本地高等教育的快速发展。

斜向耦合，在中央对高校的整体管理和全局合作、地方政府对属地高校的直接管理与本土合作之外，创新了地方政府与异地高校的自主合作关系，丰富了高校与政府的互动、耦合关系类型，在政府与高校之间以科层耦合为特征的“垂直线性关系”、以绩效耦合为特征的“横向互动关系”之外，新构了高校与政府之间的多元交叉关系。

高校与政府之间之所以能够在纵向的科层耦合、横向的绩效耦合之外，进而建立起斜向的创业共生耦合，原因就在于，高校与政府作为两类主体，相对摆脱或避免了政府对高校的单向资源控制（表 2-2），通过平等开展资源交换而实现共赢发展。

① 陈昌贵. 从珠海大学到大学珠海——从研究的视角看珠海高等教育的发展[J]. 高等教育研究, 2007(06): 38-43.

② 袁冬梅. 高校服务地方创新发展的现状与角色定位研究——以苏州地区为例[J]. 高教学刊, 2020(31): 32-35.

③ 王超峰, 傅菊芬. 高校导入卓越绩效模式的研究与实践——以苏州大学应用技术学院为例[J]. 中国质量, 2020(10): 89-92.

④ 盛思鑫, 陈树志. 深圳与苏州引进国际科教资源的比较研究[J]. 特区实践与理论, 2020(02): 79-85.

表 2-2 中国高校与政府的两类资源关系分析及其运行特征比较

项目	单向的资源依赖	双向的资源交换
政府对高校	科层管理：强资助、强管理	协同共生：强资助、弱管控 （加大投入；加强“放管服”）
高校对政府	单位化服从：强服务、弱合作	创新型服务：强服务、强合作
高校与政府之间的聚合反应	—	形成高校与政府的协同共生体； 建构复杂化高校与政府关系：纵向隶属关系+横向交流关系+斜向创业共生关系； 开展立体式、跨区域合作（深圳、珠海、苏州、青岛、宁波等为重要案例）

第二大特点是高校与政府共生并演。高等教育系统与政府系统之间、高校与地方政府之间，从静态角度看具有稳态共生特征，从动态角度看具有动态共演特征。

静态的结构具有暂时性，但它是支撑社会稳定的关键。政府与高校之间的稳态共生特征，表明政府与高校之间不再仅仅是以“大学自治、学术自由、教授治校”等空洞概念为道德主宰、基于管理和控制甚至是基于竞争与斗争的“权力抗争”游戏，而是表明政府与高校之间已经建立起了以和谐共生为主旨的新型关系状态。

共生概念，最早由德国医生、著名的真菌学奠基人德巴里（H.A.de Bary）在 1879 年提出：“共生是不同生物密切生活在一起。”[①]随后百多年的研究，不仅把共生的研究范围拓展到寄生、共生、共栖等更为广阔的生物学领域，而且逐渐把共生范畴迁移、拓展应用到社会科学领域[②]。

胡守钧于 2000 年提出“社会共生论”。“所谓社会共生论，乃是借用生物共生论的某些基本观点来研究社会共生现象，所建立的一种社会哲学。”胡守钧梳理、建构了“社会共生论”的六大原理。“原理 1：人与人之间的关系既有互斥性，又有互补性。”“原理 2：人人平等是共生的前提。”“原理 3：斗争-妥协是共生的方式。”“原理 4：法律是共生的度。”“原理 5：社会发展是共生关系的改善。”“原理 6：共生与竞争。……合法公平的竞争，人人机会均等，因此也是共生态。”[③]以上述观点为基础，胡守钧出版

① 洪黎民. 共生概念发展的历史、现状及展望[J]. 中国微生态学杂志, 1996(04): 50-54.
② 李友钟. 社会共生论理论渊源考察[J]. 理论界, 2014(07): 80-82.
③ 胡守钧. 社会共生论[J]. 湖北社会科学, 2000(03): 11-12.

了专著《社会共生论》[①]。

根据胡守钧的“社会共生论”，政府与高校之间的稳态共生具有以下特点：政府、高校两者之间既存在组织上的关联性——比如高校必须归属特定政府部门管辖，但也保持着组织的独立性，高校按照《中华人民共和国高等教育法》的规定享受办学自主权；异地办学的高校，其校本部与异地政府之间，肯定保持着平等关系，同时，基于“尊重科学、尊重人才”等理念，政府与辖地高校之间日益自觉地保持着平等关系；政府与高校之间可能因为组织属性、组织使命的差异而存在一定程度的斗争和冲突，但斗争和冲突往往可控，且因使命相同，多是在妥协与合作的前提下，基于效率和效益等目标的考量而进行“合理”斗争、“良性”冲突；政府与高校之间的关系日益以宪法和法律为准绳，以法治超越人治；政府与高校之间的共生关系，以追求并促进正向发展为最高目标；政府与高校在共生的同时保持竞争，在竞争的过程中深化共生，从而建构起政府与高校的共生态。

以静态角度的稳态共生为基础，政府与高校之间在长时段的发展过程中，可实现动态共演。高校与政府之间基于耦合关系而实现的动态共演，具有多样化特征。一是耦合的交互性。政府对高校的耦合、高校对政府的耦合，不再彼此割裂，而是拥有了特定的沟通渠道，交互耦合成为常态。二是耦合的正向性。这一特征可以通过主动的制度设计、项目规划、政策安排、策略创新，保证高校与政府之间的交互耦合达成正向耦合目标，并尽量防止零耦、避免负耦。三是耦合的共演性。在动态共演中，促进地方政府与高校之间耦合关系的深化和优化，进而促进地方的创新驱动发展。

第三大特点是高校与政府协同创业。创新是创业的前提。[②]约瑟夫·熊彼特于 1912 年首次从经济学的视角提出了创新理论，将“创新”的概念界定为生产手段的新组合，即生产要素向生产产品的转变，并将其概括为五种形式：新商品、新生产手段、新市场、新原材料供给商、新组织形式。[③]创业则是调动组织的全部资源以实践落实创新思想，最终实现组织发展和组织效益、效能的提升。大学的创新、创业，日益受到关注。美国高等教育研究专家伯顿·克拉克曾考察欧洲五所院校，起初使用“创新型”（innovative）概念指陈这些院校的发展特征，但通过后续更为深入的比较研究，转而使用“创

---

① 胡守钧. 社会共生论[M]. 上海: 复旦大学出版社, 2006.

② 刘志迎, 朱清钰. 创新认知: 西方经典创新理论发展历程[J]. 科学学研究, 2022, 40(09): 1678-1690.

③ 约瑟夫·熊彼特. 熊彼特文集(第 1 卷): 经济发展理论——对于利润、资本、信贷、利息和经济周期的考察[M]. 何畏, 等译. 北京: 商务印书馆,2022.

业型”（entrepreneurial）概念，旨在更为深刻地揭示出“创业型”高校经过深思熟虑的努力促进组织变革的行动策略和发展特征。[①]“创业型”，确实更能体现出一所大学的积极主动与持续努力，尤其注重整体的组织转型与变革，推动一项事业的发展[②]；“‘创业型’带有‘事业’的含义——在需要很多特殊活动和精力的建校工作中的执著努力”[③]。随着其研究对象扩大至全球 16 所创业型大学，伯顿·克拉克提出，“‘创业型’是一个含义丰富但具有针对性的词语，指最可靠地导致现代自力更生和自我驾驭的大学的态度和程序”[④]。“创业型大学”，日益体现出“进取型大学”[⑤]“引领型大学”[⑥]等多维内涵。不过，仅仅只有高校本身的创新和创业，仅为彰显高等教育价值提供了可能；政府与高校的交互耦合、协同创业，才能最大程度地彰显出高等教育的本体性价值和应用型价值。通过政府与高校的协同创业，中国各地，特别是一些实现率先发展的城市——尤其以深圳、苏州、青岛等为典型代表，实现了持续、快速的创业型发展。

在中国政府与高校的关系中，以科层耦合为底色，构建起了政府与高校之间的基本关系格局；绩效耦合作为发展的必经阶段，有效地促进了政府与高校之间关系的变革；创业共生耦合则是适应当今时代需求的新的关系状态，有助于进一步优化政府与高校之间的关系。科层耦合、绩效耦合、创业共生耦合（表 2-3），三者之间以积累的方式历史地层叠，以持续优化的方式与时俱进地进化。

表 2-3　多样化耦合关系的比较

项目	科层耦合	绩效耦合	创业共生耦合
关系特征	政府与高校之间属行政隶属关系、上下级关系 缺乏绩效观，高校之间的竞争并不明显，高校主要依赖政府的配置而获得特定的位序	政府与高校之间仍属行政隶属关系、上下级关系 开始建构高校与地方政府之间的“校-地”合作关系 讲求绩效，鼓励高校之间的竞争	政府与高校之间有隶属关系、上下级关系 随着高校办学自主权的落实、政府职能转变，高校与地方政府之间的“校-地”合作关系日益强劲 讲求绩效，鼓励高校之间竞争

① 伯顿·克拉克. 建立创业型大学：组织上转型的途径[M]. 王承绪译. 北京：人民教育出版社, 2007: 2.

② 付八军，李炎炎. 创业型大学内涵的溯源性解读[J]. 高等工程教育研究, 2018(03): 165-170.

③ 付淑琼. 大学进取与变革的路径——论伯顿·克拉克的创业型大学观[J]. 教育研究, 2010, 31(02): 63-67.

④ 伯顿·克拉克. 大学的持续变革：创业型大学新案例和新概念[M]. 王承绪译. 北京：人民教育出版社, 2008: 9.

⑤ 赵中建. 全球教育发展的研究热点：90 年代来自联合国教科文组织的报告[M]. 北京：教育科学出版社, 1999: 181.

⑥ 张丽. 伯顿·克拉克的创业型大学思想研究[J]. 天津市教科院学报, 2016(04): 12-17.

续表

项目	科层耦合	绩效耦合	创业共生耦合
耦合方式	政府的内聚度高，但高校因深受政府管理和控制而内聚度低 高校与政府的耦合度高	政府和高校各自的内聚度都高 高校与政府的耦合度高	政府和高校各自的内聚度都高 高校与政府的耦合度高
耦合类型	主要是政府对高校的单向耦合 高校旨在借助政府权力的认可而获得合法性认同	政府对高校的管理与控制耦合强劲；高校主动适应政府基于项目制、行政发包制、政绩晋升锦标赛而施行的绩效耦合 形成了高校与政府的双向耦合，但双向耦合之间并不是总能实现协调互补 高校借助政府的分权、放权及授权而获得一定程度的自主，高校基于竞争指标达成度而接受政府的竞争性绩效评估	政府对高校、高校对政府的双向耦合，能够通过互补交流、和谐共生而实现交互耦合 高校与政府通过多维交互耦合、共生共演、协同创业而实现交互耦合
耦合效益	政府对高校的耦合，有正耦，也可能因为政府没有尊重高校办学规律而出现零耦甚至负耦 随机出现的正耦、负耦、零耦，往往难以精准控制	在政府对高校的耦合、高校对政府的耦合中，都会主动追求正耦、防止零耦和负耦 存在过度绩效主义的风险，可能会因为高校过度迎合绩效评估要求而出现零耦甚至负耦	在高校、政府的交互耦合、协同创业中，富有成效地追求正耦、防止零耦和负耦

四、中国高校与政府创业共耦的实践深化

建设并优化中国高校与政府之间的创业共生耦合关系，需要借鉴结构功能主义的方法论，按照“要素—结构—平台”的逻辑，强化高校与政府之间创业共生耦合的要素——这些耦合要素常被称作耦合键，优化各耦合键之间的结构关系，进而培育各耦合键据以优化结构、强化功能的耦合平台。

（一）强化创业共生耦合点以协同提升内聚度和耦合度

强化、优化高校与政府之间的强耦合关系，牵涉到两个耦合点：一是政府，二是高校。

在具有中国特色的高校与政府之间的强耦合关系中，首先要强化与优化具有动力源性质的耦合点——政府。为此，需要继续转变政府职能、强化和优化政府的高等教育治理体系和治理能力，以便强化与优化政府的耦合能力。在科层耦合阶段，政府主要借助行政指令，对高校进行刚性耦合；在绩效耦合阶段，政府进而运用绩效评估、资源分配等手段，尝试对高校进行柔性耦

合。进入政府与高校之间的创业共生耦合阶段之后，政府对高校的耦合，必须是刚性耦合与柔性耦合相结合、行政耦合与法治耦合相结合。

其次，要强化和优化具有精神动力和智力支持性质的功能性耦合点——高校。对此，有必要抓住三个着力点。

着力点之一是高校本身。为了促进高校与政府之间的创业共生耦合，政府、产业界、社会等各方力量都在合力推进高校的变革与发展。具体而言，为了改造传统的学术型高校，推出了“211 工程”“985 工程”“双一流”建设计划等高等教育发展工程，它们的共同旨趣就在于，促使传统的学术型高校在科研探索、学术创新层面与政府发展规划、国家发展战略之间保持强耦合关系。为了促进普通本科院校与政府之间的创业共生耦合，政府积极推进传统高校的应用型转型，并在促进普通本科院校实现应用型转型的同时，进而推进所有层次、所有类型高校办学功能的应用型转型。为了回应新时代背景下地方、产业界的新需求，“新兴大学”开始崛起，且强劲地表现出以下特征：属于新型城市大学，具有非常明显的城市特征；与地方经济社会发展紧密相关，与产业界的联系异常密切；大多侧重于举办理工科大学[①]、发展应用型学科。上海科技大学、南方科技大学、西湖大学等，都是其典型代表。

着力点之二是专业。从政府管理的角度看，国家层面的专业建设，是贯穿于所有高校的核心工作，属于宏观领域的事务；而从高校的角度看，专业则是在学校内部统领所有工作、整合所有资源的最基层单位。[②]高校与政府之间的创业共生耦合，必须落实到、体现为专业层面的耦合才能算是得以真正实现。为了在专业层面强化高校与政府之间的耦合点，教育主管部门、地方政府历来重视从多个维度推进专业建设。一是旨在选优的重点专业建设。二是旨在彰显特色的特色专业建设。三是旨在达成特定目标的专项专业建设。在专项专业建设领域，一方面已探索确立了以“基础科学”“学术研究型”为特征的专项建设思路，并出台了两大重点工程：一是为了回应“钱学森之问”、振兴基础性学科和专业，由教育部联合中组部、财政部于 2009 年启动的“基础学科拔尖学生培养计划”；二是 2020 年初《关于在部分高校开展基础学科招生改革试点工作的意见》所启动的面向国家重大战略需求、聚焦基础学科和关键领域的“强基计划”。“强基计划”旨在带动试点院校在专业

① 教育部 2022 年工作要点[EB/OL]. (2022-02-08)[2022-08-18]. http://www.moe.gov.cn/jyb_xwfb/gzdt_gzdt/202202/t20220208_597666.html.

② 陈伟，薛亚涛. 论专业建设的中国逻辑[J]. 高教探索，2021(04): 11-17.

层面的人才培养中，打通评价、选拔、培养和后续发展等多个关键环节，为国家基础学科的长期发展、为国家重大战略领域储备、输送拔尖人才。另一方面则确立了以“技能”为核心的专项建设思路，与此相关的是“中国特色高水平高职学校和专业建设计划”（简称“双高计划”）中建设一批引领改革、支撑发展、中国特色、世界水平的高等职业学校的骨干专业（群）。这两个方面的工程，分别从科学、技能层面推动了专业建设，但在“科学—技术—技能”链条中，理应进一步强化以应用型本科高校为载体的、“技术”层面的专业建设战略、工程和项目。

着力点之三是由众多不同层次和类型的高校所组成的高等教育系统。其中既有全国性的高等教育系统，也有地方性高等教育系统。地方政府对高校的建设和发展，已经从以点为主逐渐向点面结合、系统建设转变，整体建设地方高等教育系统，地方政府全面促进地方高等教育系统与本地经济、社会发展之间的体系化配套和系统耦合（system coupling）。

所谓系统耦合，指的是两个或两个以上具有耦合潜力的系统，通过主动设计、战略调控能流、物流和信息流在系统中的输入和输出，形成新的、更高级的结构功能体——耦合系统，从而发挥更为强大的系统性功能。系统耦合过程，蕴藏着复杂的变化，包含着众多错综复杂的因子，伴随着物质、能量、信息等的流动与循环，可以使系统中的各个组分配置更为合理、系统功能更趋完善，进而推动形成新的耦合系统、实现生态系统的进化。这意味着，系统耦合是指两个或两个以上具有同质耦合键的系统，在一定的条件下，通过物流、能流和信息流的超循环，形成新的高级系统的进化过程。在草地农业系统研究专家任继周看来，生态系统内部自由能的积累，使系统失去平衡并趋于同其他生态系统结合，自由能驱使两个或两个以上的生态系统或亚生态系统，通过会聚、超循环、联合，从而形成具有特殊结构和功能的更高一级的新系统——这个过程，是生态系统的系统耦合。[①]可以说，在特定的空间区域范围内，存在着高等教育系统、政府系统、经济系统、社会系统等，诸种系统之间的关系有两种可能：一是系统耦合，二是系统相悖。系统相悖，就是系统要素之间相互干扰、相互破坏，最终导致减少系统的生产功能、扰乱系统的生态功能。系统耦合，作为一种生态耦合，具有正向功能和发展价值。

---

① 任继周，万长贵. 系统耦合与荒漠—绿洲草地农业系统——以祁连山一临泽剖面为例[J]. 草业学报，1994(03): 1-8.

具有中国特色的高校与政府之间的耦合，应在三个层面上实现系统耦合：从宏观层面看，要实现全国性高等教育系统与中国的耦合；在中观层面，则要实现省域高等教育系统与所在省域之间的耦合；[①]在微观层面，则要实现地方高等教育系统与特定城市[②]，甚至特定县域[③]之间的耦合。以深圳高等教育为例，深圳的成功，不仅仅在于深圳市建成了南方科技大学、深圳大学、深圳职业技术学院（现名为深圳职业技术大学）等在不同层次和类型领域较具影响力的高校，更在于通过有意识的努力、有序设计，建成了独具特色的深圳高等教育系统。[④]

（二）优化创业共生耦合结构以促进互耦

高校、各级政府可看作耦合点，耦合点之间通过耦合关系而生成相对稳定的耦合键。耦合键，是强化、优化高校与政府之间耦合关系的基础性支撑；为了强化、优化高校与政府之间的耦合键，一方面要通过改革与调整以持续强化、优化各耦合点，另一方面则要优化高校与政府之间的创业共生结构，通过结构优化而强化、优化耦合键的功能。

中国高校与政府之间的耦合结构优化，需要考量以下三对矛盾关系。一是封闭性耦合结构与开放性耦合结构的协调平衡。从资源整合的角度看，封闭性耦合结构，仅着眼于政府与辖区内的高校之间的耦合关系；开放性耦合结构，则跨越行政区划限制，积极引进国内甚至国外的高等教育资源。开放性耦合结构，日益成为优化高校与政府之间耦合关系的创新性杠杆。不过值得注意的是，为了维护高等教育系统的秩序结构、防止无序扩张，特别是为了保证高等教育地域结构的平衡，《教育部关于“十四五”时期高等学校设置工作的意见》（教发〔2021〕10号）提出了一项重要的政策，即“从严控制高校异地办学”。具体而言，“不鼓励、不支持高校跨省开展异地办学，

① 陈伟. 省域高等学校分类发展: 政策逻辑与实践路径[J]. 教育发展研究, 2020, 40(03): 1-7; 陈伟. 省域高等教育系统的崛起: 动力分析和路径选择[J]. 高等教育研究, 2017, 38(11): 39-45; 陈伟. 省域高等教育系统的创业型反应——以广东为例[J]. 教育发展研究, 2017, 37(17): 10-15.

② 贾秀险. 湾区高等教育系统的崛起: 动力解析与路径探索[J]. 高教探索, 2019(08): 68-72; 贾秀险. 中心城市高等教育发展模式研究——以深圳为例[J]. 教育评论, 2019(05): 14-17.

③ 徐军伟, 王松静. 基于指数分析的高校“县域办学”决策模型研究[J]. 教育发展研究, 2018, 38(Z1): 85-91; 徐军伟, 胡坤. 县域办学: 经济发达地区高等教育地方化的新探索[J]. 宁波大学学报（教育科学版）, 2018, 40(02): 35-40; 徐军伟. 县域办学: 浙江省高等教育第三次布局调整研究[D]. 厦门: 厦门大学, 2018; 胡坤, 徐军伟. 县域办学: 浙江省独立学院转型发展路径探析[J]. 宁波大学学报（教育科学版）, 2017, 39(01): 51-55.

④ 许建领. 地方高等教育跨越式发展研究——以深圳高等教育为例[J]. 中国高教研究, 2022(4): 9-15.

特别是严控部委所属高校、中西部高校在东部地区跨省开展异地办学，原则上不审批设立跨省异地校区。确需设立省内异地校区的，由省级人民政府统筹，纳入本省高校设置规划，严控数量、严把条件，按照隶属关系履行审批程序。对于现存的高校异地校区，本着平稳有序的原则逐步清理规范。新申报设置的学校，须不存在跨省异地校区"。这项规定的出台，会对高校与政府之间的开放性耦合结构，提出新的要求。二是线性耦合结构与螺旋耦合结构的默契配合。从高校与政府之间的耦合程度角度看，线性耦合结构重点关注"政府对大学、大学对政府"两个方向的、线性的耦合关系，交流比较单调，并不利于探索与创新新型耦合关系；螺旋耦合关系，则关注政府与高校之间的复杂性交流关系，甚至通过引入"产业"因素，进而形成"政府-产业-高校"的三螺旋结构。[①]政府对大学过于强劲的线性耦合，容易诱致管理主义对创业精神的钳制。创业型大学的管理主义倾向会带来诸多不利影响："在目标层面，绩效指标取代真正的卓越与质量；在个体层面，大学教师的专业影响力日渐式微；在组织层面，缺乏对不确定性和多样性的宽容；在系统层面，难以满足利益相关者的现实需求"；为了解决这些问题，非常有必要促使创业型大学回归其本然目标，激发个体开展多样化学术创业活动，构建新型组织框架，并顺应国家和区域创新发展的新范式。[②]三是边缘点耦合结构与中心点耦合结构的良性漂移。从耦合点的"位置"角度看，政府一直处于中心点位置，但高校的"位置"有"从边缘到中心"的转化趋势。[③]只有高校逐渐达到中心点位置，且与同样处于中心点位置的政府之间平等、平行、交互式构建耦合关系，才能形成中心点耦合结构。两个立足于中心点位置的主体——高校与政府，能够更富理性、更具主动性和创造性地建构起高效益的强耦合结构。

结构优化的创业共生耦合关系，无论是对于高校而言，还是对于高校与政府之间的耦合关系而言，都具有重大意义。具体而言，它有利于提高高校的整体办学水平，提高高校与政府关系的耦合效益；有利于提高高校的成长度，提高高校与政府耦合关系的成长度；有利于提高高校以及高校与政府耦合关系的可持续发展能力。

---

① 亨利·埃茨科威兹. 三螺旋[M]. 周春彦译. 北京：东方出版社, 2005；张艺，陈凯华. 官产学三螺旋创新的国际研究：起源、进展与展望[J]. 科学学与科学技术管理, 2020, 41(05): 116-139.

② 梅伟惠, 杨浦云. 超越管理主义：创业型大学建设再思考[J]. 高等教育研究, 2021(12): 51-58.

③ 赵应生, 张智. 走向大众化的中国大学：从边缘到中心[J]. 宁波大学学报（教育科学版）, 2004(02): 23-27.

（三）培育创业共生耦合平台以提升正耦

高校与政府之间关系的创业共生耦合，需要一定的平台给予总体性支撑。这类平台至少应该具有两大特征。特征之一是要能够引入产业因素，从而使得高校与政府之间的耦合关系，能够具体落实到经济和社会领域之中；特征之二是要遵循“基层变革推进全局发展”的原则，能在全国性的环境下，获得地方性支撑。

在引入产业因素方面，中华人民共和国成立以来，一直在进行探究和优化。在计划经济体制时代，政府统筹计划、全面指令“产”“教”的全部活动，甚至导致“产”“教”之间缺乏直接沟通、交流及耦合的自主权；改革开放前期，为了发展市场经济，政府曾采取相对放任的政策，“产”“教”各自相对独立地发展，缺乏彼此交流、沟通及耦合的动力和需求；进入21世纪之后，政府日益认识到主动促进产教融合的必要性和重要性，并且不断拓展产教融合的领域，从主要关注产业界与职业教育界的融合，进而拓展到关注产业界与职业教育、高等教育的融合。《国务院办公厅关于深化产教融合的若干意见》（国办发〔2017〕95号）高度强调“深化职业教育、高等教育等改革……促进人才培养供给侧和产业需求侧结构要素全方位融合”；《关于印发国家产教融合建设试点实施方案的通知》（发改社会〔2019〕1558号）要求“健全以企业为重要主导、高校为重要支撑、产业关键核心技术攻关为中心任务的高等教育产教融合创新机制”。由第十三届全国人民代表大会常务委员会第三十四次会议修订、自2022年5月1日起施行的《中华人民共和国职业教育法》，在第九条中规定，“国家发挥企业的重要办学主体作用，推动企业深度参与职业教育，鼓励企业举办高质量职业教育”。在第十四条规定，“国家建立健全适应经济社会发展需要，产教深度融合，职业学校教育和职业培训并重，职业教育与普通教育相互融通，不同层次职业教育有效贯通，服务全民终身学习的现代职业教育体系”。

在寻找高校与政府之间的地方性支撑方面，从20世纪90年代开始，教育部努力通过高校合并、从中央各部委划转给省域地方政府统筹等方式，推进高等教育地方化[①]，并在“中央—省”两级办学体制下，广东率先探索“中

① 别敦荣，郝进仕．论我国高等教育地方化和地方高等教育发展战略[J]．高等工程教育研究，2008(01): 54-60.

心城市办大学”，浙江等省域进而探索建设县域高等教育[①]；进入21世纪之后，随着中心城市建设、城市群建设日益受到战略性重视，高等教育地方化出现了新的特征，即日益强调发展城市高等教育、日益推崇“产教融合型城市”建设。《国家发展改革委 教育部 工业和信息化部 财政部 人力资源和社会保障部 国务院国有资产监督管理委员会关于印发国家产教融合建设试点实施方案的通知》（发改社会〔2019〕1558号）确定18个省域（含省、自治区、直辖市）和宁波、青岛、深圳三个计划单列市为“产教融合型城市”建设的试点单位，计划5年左右试点布局建设50个左右产教融合型城市。与此相呼应，国内各省域竞相出台相关政策，积极建设省级产教融合型城市。《关于印发广东省产教融合建设试点实施方案的通知》（粤发改社会〔2020〕418号）确立了如下发展目标：“支持广州、深圳等市试点建设国家产教融合型城市，组织开展省级产教融合试点。分批次布局建设省级产教融合型城市，到2025年，在珠三角9市中至少培育5个市级试点城市，在粤东粤西粤北地区至少各培育1个市级试点城市；县（市、区）级试点城市达到10个左右；建设培育30个以上具有一定示范带动作用的产教融合型行业，其中制造业相关行业20个以上，现代农业、现代服务业相关行业10个以上；建设培育1000家以上的产教融合型企业；重点打造200个以上产教融合创新平台和实训基地。”“通过试点探索，以点带面，逐步深化，为全省产教融合发展探索新方法、新模式、新路径，构建促进产教融合的制度框架和体制机制，完善组合式激励政策体系，推动教育供给和产业需求精准对接、产业发展与教育变革有机融合。”建设产教融合型城市，既能保证高校与政府之间的创业共生耦合关系获得地方性支撑，也能为之引入充足的产业因素，因此是高校与政府之间创业共生关系的耦合平台。

第三节　从中央指令到省域统筹：央地治理的变革逻辑

在中国，中央政府和省域地方政府是举办和管理高等教育最主要，也最基本的力量——直到改革开放之后，省域以下的地市政府才开始加入到举办和管理高等教育的行列中来。从19世纪末近代高等教育在中国兴起以来，特别是中华人民共和国成立之后，中央政府和省域地方政府在高等教育管理领

① 徐军伟，胡坤．县域办学：经济发达地区高等教育地方化的新探索[J]．宁波大学学报（教育科学版），2018, 40(02): 35-40.

域的权力变革逻辑，基本可界定为一个总体趋势，即从中央严密控制、全面指令向省域不断获得授权并可全面统筹高等教育事务的方向改革和转变。这个变革逻辑逐渐彰显的过程，恰是中国不断激活高等教育发展活力、彰显高等教育发展智慧的百年历史。

一、制度传统：高等教育的中央集中管理

高等教育的中央管理，坚持制度化的精英主义发展理念。中华人民共和国成立之后到改革开放之前，在资源约束、需求旺盛的情况下，对于基础教育，在教育发展的指导思想上坚持"大众化"路向，在教育举办上坚持教育体制分权——具体而言，坚持国家办学和厂矿企业、社队办学的"两条腿走路"方针，建立具有中国特色的"民办教师"制度。从发展的结果看，教育体制分权降低了就学的直接成本和机会成本，甚至书写了中国学校教育的发展"奇迹"。[①]但是，对于高等教育，中华人民共和国成立之后一直坚持制度化的精英主义指导思想[②]，集中全国大部分高等教育经费，直接投放到重点大学，重点培养精英人才，以承担起社会主义的建设者和接班人角色。在制度化的精英主义高等教育发展思路中，相对于省域地方政府而言，中央政府的集中管理权力得到充分强化，中央集中管理的机制强劲有力。

高等教育的中央集中管理，坚持中央对地方的总体性调控。中央集权是中国传统文化的重要组成部分。在晚清，地方通过奏请朝廷的方式，创办新式教育。1887年，英籍德人、天津海关税务司德璀琳（Gustav Derting）召集外国商人，要求赞助、投资创办大学并得到响应。他的设想得到李鸿章的赞同，最终建成吞纳学院（Tenney College），亦称为天津"博文书院"。1895年10月2日，天津海关道盛宣怀通过直隶总督王文韶禀奏清光绪皇帝设立新式学堂，光绪帝御笔钦准，成立天津北洋西学学堂，并由盛宣怀任首任督办，招收125名新生入学吞纳学院，并将该学院更名为天津北洋西学学堂。1896年，该校更名为北洋大学堂，成为中国第一所命名为"大学堂"的高等学校。1912年1月，北洋大学堂改名为北洋大学校，直属中华民国的教育部。进入民国时期后，逐渐形成了国立、省立大学与私立大学、教会大学多元并立的

---

① 时磊，杨德才. 教育体制分权与计划经济时期的学校发展：经济史的再考察[J]. 中国经济史研究，2018(04): 169-182.

② 赵炬明. 精英主义与单位制度——对中国大学组织与管理的案例研究[J]. 北京大学教育评论，2006(01): 173-191.

办学格局，中央对全国大学的控制因战争等问题而有所放松。中华人民共和国成立之后，在接管旧中国高等学校的基础上，1952 年开始进行院系大调整，并取缔私立教育，从而对旧有的高等教育实行了强有力的结构性调整，中央集中管理的计划体制逐渐形成。

高等教育管理的计划体制与市场体制，遵照两种不同的管理逻辑。计划体制下实行的是以中央集权、政府集权为核心的高等教育管理逻辑；市场体制下实行的地方分权、高等学校自主办学的高等教育管理逻辑。不同的管理逻辑，带来不同的高等教育资源配置方式。①

在《理想国》中，柏拉图希望各色人等能够根据其天赋秉性，各安其位、各行其道、各守其责、各享其权。柏拉图认为，基于秩序而构建起来的“理想王国”，不但结构稳定，而且能够最大程度地降低因流动、竞争而导致的低效，从而保持高效低耗地运转。基于稳定、高效的制度设计期望，中华人民共和国建立之后，在学习借鉴法国大学区制度、苏联体制的基础上，结合中国的社会本位、家国同构等传统和共产党革命时期的根据地建设经验，基于社会资源总量约束但改革发展对资源的需求无限的现实考量，依托逐渐建立起来的计划体制②、条块分割的管理运行机制及单位组织形态③，中国的高等教育逐渐形成中央集中管理的体制。

从国家主义的高等教育管理角度看，加强高等教育的宏观控制有其必然性和必要性。必要的高等教育宏观控制，需要达成一系列发展目标：高等教育发展的规模、速度与国家和地区经济实际承受能力相适应；高等教育的专业结构、层次结构、形式结构、专业分布与国家和地区经济、技术发展相适应；高等学校培养出的人才与国家的政治、经济、文化、科技发展相适应；等等。加强高等教育的宏观控制，涉及的内容有：高等教育需求的宏观控制，高等学校办学的政治方向宏观控制，高等教育数量、质量和速度的宏观控制，高等教育结构与布局的宏观控制，高等教育规模结构的宏观控制，等等。④

正因为高等教育的宏观管理有其必要性，因此直到 20 世纪 90 年代，尽管发现单一的、高度集中的计划经济体制及其相应的中央集中管理的高等教

① 夏婷婷，彭勃. 我国高等教育资源配置与培植——基于计划体制与市场体制的比较[J]. 华东经济管理，2015, 29(12): 180-184.

② 沈莉婉. 新中国计划体制下的高等教育[J]. 学习月刊, 2012(24): 61-62.

③ 李珮瑶. 单位组织边界形塑与单位共同体变迁[D]. 长春：吉林大学, 2018.

④ 王华春. 简论高等教育的宏观控制[J]. 辽宁高等教育研究, 1987(Z2): 96-106.

育管理方式存在问题，也并没有马上、全盘放弃对高等教育的计划管理。①邓小平南方谈话及1992年全国普通高等教育工作会议之后，原国家教育委员会强调，要改革高等教育的管理方式，特别是要进一步改革单一集中的国家任务招生计划体制，实行国家任务计划和调节性计划相结合，其中国家任务计划主要是为保证国家重点项目、国防建设、文化教育、基础学科、高技术以及边远地区、某些艰苦行业等方面的人才需求。因此在20世纪90年代初期，期望在保证国家任务计划完成的前提下，逐步加大调节性计划的招生。②而在此后的改革与发展过程中，调节性计划不断增加，省域高等教育统筹权力不断扩大。但是，加强宏观管理与实施高等教育的中央集中管理是两码事，加强宏观管理不能异化为对高等教育微观事务（包括具体的、与办学密切相关的人财物等各类微观事务）全面、直接的控制。比实施高等教育中央集中管理更坏的状况是，把宏观管理延伸到微观领域，以直接的过程管理取代宏观的高等教育计划管理，而高等教育的宏观管理又没有管好。③

高等教育的中央集中管理，坚持全国各地整齐划一的操作方式。中央集中管理的高等教育体制，虽然适应了1978年之前的大部分时期的需要，但进入改革开放新时期之后，日益暴露出诸种弊端：从统一招生考试、统一专业设置，到统一教学计划、教学大纲、统一教材和教法，再到学生统一毕业、统一分配，全部按照一种步伐、一个调子，运用一把尺子、一个模式，统一推进、一刀切，而且统得多，管得死。高等学校全部按照计划办学，外无压力、内无动力，死气沉沉、缺乏活力，既没有彰显出社会主义的计划体制本应有的统一性与灵活性相结合的体制优势，也不符合中国幅员辽阔、人口众多、经济文化发展不平衡的实际情况。④

高等教育的中央集中管理，容易在实践上陷入知识禁锢的窠臼。正如伯顿·克拉克所强调的，在高等教育实践中，“知识就是材料”。⑤高等教育就是主要借助教师和学生两类主体，以知识为材料，以教学和研究等为基本

① 张健. 认真研究适合国民经济发展需要的教育计划和教育体制[J]. 人民教育, 1980(08): 15-19.

② 刘丽芬，陈泽进. 谈合理地制定招生计划主动适应高等教育体制改革的需要[J]. 黑龙江高教研究, 1993(04): 30-31.

③ 王华春，路文彬，李淑翠. 对深化高教计划体制改革几个问题的探讨[J]. 辽宁高等教育研究, 1990(05): 42-47.

④ 朱佩璋. 对改革现行高等教育计划体制的管见[J]. 辽宁高等教育研究, 1985(02): 24-26.

⑤ 伯顿·R. 克拉克. 高等教育系统——学术组织的跨国研究[M]. 王承绪，徐辉，殷企平，等译. 杭州：杭州大学出版社, 1994: 11-12.

操作方式而开展的特定社会实践活动。知识的状况，包括知识的丰富性、开放性、创新性等，既决定也反映高等教育的发展水平。改革开放以来，中国教育和社会的知识状况得到了极大的改善，尤其是理性教育知识开始出现分化，多知识源头的教育改革也开始表现出巨大的现实力量，在很大程度上缓和了教育中的知识压力。但是，理性知识的丰富化并不意味着知识等级的消失；相反，在计划经济时期受制于条块分割等体制性分割，政府对教育的过度管制、条块分割的封闭探索、脱离生活情境的改革目标、基于烦琐规则的科学管理、对教师观念的强制改造、信奉并恪守理性能力的等级制、满足于大规模的知识输入、还尝试借助理性个人的“自由平衡理智”克服各种认知风险，这些偏差，共同导致知识孤立化、绝对化、人格化，教育知识的主观性、多样性和散在性等特性被漠视，新时代背景下的知识禁锢因此而产生，甚至被强化。针对这类知识禁锢问题，康永久认为，必须根据国情需要，针对学校制度变革的中国问题，在知识输入和制度重建之间做出中国道路的抉择。①

二、变革趋势：省域高等教育系统的崛起

改革开放以来，以打破高等教育的中央集中管理为前提和动力，中国高等教育发展迅猛，且成就瞩目。在微观层面，高等学校的办学实力整体提升，具有国际影响、接近世界一流水平的高等学校数量逐渐增加，在世界一流大学排行榜上的表现突出；在宏观层面，全国高等教育系统迅速发展，国际比较意义上的整体实力快速上升，并逐渐成为中国快速发展、迅速崛起的智力支撑和动力源泉；在中观层面，以各省（自治区、直辖市）为空间载体的省域高等教育迅速成长，并作为一支十分关键的新生力量直接推动辖区内高等学校的发展，同时作为链接、整合国家高等教育政策创新与高等学校办学实践的关键因素，使中国高等教育在国家的统一领导下，逐渐形成以地方各省域为支点、“中央—省—高等学校”三者之间多维互动、协同创新的新格局。在此新格局中，最值得注目但至今尚未得到充分探索的是中观层面的省域高等教育系统，特别是省域高等教育系统崛起的历史过程、核心动力及行动路径。②

① 康永久. 知识输入还是制度重建：公立学校制度变革的中国道路[D]. 上海：华东师范大学, 2004.
② 陈伟. 省域高等教育系统的崛起：动力分析和路径选择[J]. 高等教育研究, 2017, 38(11): 39-45.

（一）作为发展趋势的省域高等教育系统

伯顿·克拉克认为，高等教育系统是“由生产知识的群体构成的学术组织”。从其内部来看，它依赖学术工作、学术信仰和学术权力等要素的协同运行；从其外部关系来看，随着18世纪以来教育的国家主义倾向日益强劲、大学与工业革命的关系日益密切，“学科和院校单位通过国家、市场和学者的协调形成复杂的学术系统”[①]，进而形成“学术组织视野中的高等教育系统”[②]。在高等学校、国家、市场的联系日益紧密、互动日益频繁的现代社会，高等教育系统作为一种跨界的存在，是在特定的空间范围内，各级各类高等学校（包括其内部的师生等各类主体，学术权力和学术信仰等学科文化，人才培养和科学研究等各种学术职能），与政治、经济、社会等相关因素一起，共同围绕高等教育的存在和变革、高等学校的发展和服务等内容，借助文化教育资源与政治资源、行政资源、经济资源、社会资源等各类资源的有机整合，通过博弈、协同等方式的多维互动，动态耦合形成的“官产学”生态系统。其中，高等学校是高等教育系统的基础性要素，不同层次和类型的高等学校共同构成高等学校体系；高等学校体系与外部诸因素之间的互动关系和契合程度形成高等教育系统的结构，决定着高等教育系统功能的强弱和服务能力的高低，因而是衡量高等教育系统成熟与否、价值高低的关键。“高等教育系统”概念的提出及其在实践中的客观存在明证了如下发展趋势：单所高等学校的学术水平和服务能力诚然重要，但各国高等教育发展的竞争重点和国际比较焦点，其实已逐渐从单所高等学校转向整个高等学校体系，逐渐从狭隘地关注建构高等学校体系转向开放地建构高等教育系统、提升高等教育系统的综合水平和服务能力。

约翰·范德格拉夫认为，学术组织累积形成了“研究所和系—学部和二级学院—大学和独立设置的学院—多所分校共同构建的大学系统—州政府—中央政府”六个层次。[③]传统大学主要限于前三个层次，第四个层次主要是进入20世纪之后高等教育发展的产物，最后两个层次的存在使得高等教育的利益相关者从大学内部扩展、延伸至外部社会。随着政府日益深入地参与、

① 伯顿·R. 克拉克. 高等教育系统——学术组织的跨国研究[M]. 王承绪，徐辉，殷企平，等译. 杭州：杭州大学出版社，1994：译者序.

② 杨春梅. 学术组织视野中的高等教育系统——伯顿·R. 克拉克的高等教育系统观及其启示[J]. 高等教育研究，2002(04)：55-58.

③ 约翰·范德格拉夫. 学术权力——七国高等教育管理体制比较[M]. 王承绪，张维平，徐辉，等译. 杭州：浙江教育出版社，2001：4-7.

资助和管理高等教育事务，以学术组织的最后两个层次为基础，且与这两级行政建制相对应，分别形成了省域高等教育系统、全国高等教育系统。由于教育管理体制的差异，省域高等教育系统、全国高等教育系统及其相互关系在不同国家呈现出不同的状态。教育管理上坚持中央集权的国家，往往全国高等教育系统力量强大而省域高等教育系统弱小甚至缺失，法国、意大利是其典型；教育管理上坚持州（省）地方分权的国家，省域高等教育系统异常强大，而全国高等教育系统相对弱小甚至缺失，美国是其典型。中国在教育管理体制上强调中央集权、地方分权相结合，因此，一方面，在全国和省域两个层级分别建立起了实体化运行的高等教育系统，且这两套高等教育系统所辖范围各有界定、等级权力互有差异；另一方面，全国高等教育系统借助中央集权的力量对省域高等教育系统行使管辖权，省域高等教育系统也有能力和渠道通过谈判和协商的方式与中央政府、全国高等教育系统保持密切互动。

中国的省域和全国高等教育系统的形成，经历了曲折的发展过程。晚清之际，碎片化的“兴西学”行动并没有为建设全国高等教育系统提供足够的学术支撑，但废书院、兴学堂的政策及实践迫使中国探索建立新型高等学校体系。民国时期，借助国立、省立、私立及教会等各类大学和学院，全国渐有松散的学制体系和高等学校体系，但受地方割据且战争频仍、政治上统一少而分裂多等因素的影响，全国高等教育系统仅略具雏形。1949 年之后，随着国家的统一、政权的稳固，全国高等教育系统逐步形成。在省域范围，自晚清至民国，大多数情况下是有省立高等学校而无省域高等教育系统。新中国成立之后，高等教育的省域化特征日益明显，且与均等化、均衡化等特征共同成为中国新型且重要的发展趋势。[①]具体来说，1949 年之后的 30 年间，因计划体制的施行和“条块分割”体制的存在，各省初步建立了自己的高等学校体系，但并没有形成相对成熟、可自主运行的省域高等教育系统。改革开放之后，通过在高等教育地方化、高等教育大众化、高等教育现代化三个阶段的持续成长，省域高等教育系统的轮廓逐渐清晰，影响力日渐增长，高等教育的省域化发展取得了重大进展。

具体而言，省域高等教育系统在中国高等教育地方化阶段得到了有效培育。中华人民共和国成立之后，逐渐建立了以高度集中为基本特征的高等教育领导体制，高等教育部和中央人民政府各业务部门对各高等学校实施统一

---

① 陈上仁，谢玉华. 新中国 60 年高等教育发展观变迁：均等化 •省域化 •均衡化[J]. 教育学术月刊, 2010(01): 40-42, 53.

领导。1953年高等教育部根据政务院《关于修订高等学校领导关系的决定》确定148所高等学校的直接管理关系，而归地方管理的高校仅占总数的25.68%。这种典型的中央高度集中管理的体制，不利于高等学校的自主办学，因此，随着农业、手工业、资本主义工商业的社会主义改造的完成以及社会主义革命在1956年的结束，集中管理方式开始调整。其中在1958年到1962年间，高等教育领导体制调整的特征是下放权力，即中央除了保留对少数综合性大学和某些专业学院的直接领导之外，把其他高校下放给省、自治区、直辖市领导。具体而言，1958年4月4日中共中央发出《关于高等学校和中等技术学校下放问题的意见》；据此，教育部会同有关部门将原来由中央直接领导的229所高校中的187所下放归地方领导。①为了解决高度集中管理和权力下放所带来的“一管就死、一放就乱”的问题，1963年中共中央、国务院颁发《关于加强高等学校统一领导、分级管理的决定（试行草案）》，基本确立中国的高等教育领导体制；这套文件精神在1979年9月被重新确认并被加以修订。②针对新中国成立以来中央及其各部委集权过重、地方的高等教育权力过弱的问题，1985年《中共中央关于教育体制改革的决定》提出“实行中央、省（自治区、直辖市）、中心城市三级办学的体制”，释放了向地方政府下放高等教育举办权的信号。1994年国务院发布的《国务院关于〈中国教育改革和发展纲要〉的实施意见》进一步强调，“高等教育逐步实行中央和省、自治区、直辖市两级管理，以省级政府为主的体制”。从此中国高等教育开始了从以中央统筹为主向以省级统筹为主的转变。在20世纪90年代，大量隶属于中央各部委的高等学校通过“共建、调整、合作、合并”等方式划归省级地方政府管辖，形成了中央和省级政府两级管理、以省级管理为主的新格局，推进了高等教育的地方化变革，为培育省域高等教育系统奠定了扎实的制度基础和组织基础。

省域高等教育系统在中国高等教育大众化阶段得到快速成长。1998年底教育部发布的《面向21世纪教育振兴行动计划》开启了中国高等教育大众化的进程。为了推进高等教育大众化，中央在调整高等学校隶属关系的基础上进而调整中央与省的高等教育权限分配，其基本特征是中央政府向省级地方政府主动放权、持续分权。作为对中央一系列工作的总结，《国家中长期教育改革和发展规划纲要（2010—2020年）》（简称《教育规划纲要》）

① 徐毅鹏. 21世纪初叶的中国高等教育[M]. 北京：高等教育出版社, 2000: 172.

② 方展画. 高校办学自主权刍议[J]. 辽宁高等教育研究, 1997(06): 15-19.

规定，中央政府主要统一领导和管理国家教育事业，制定发展规划、方针政策和基本标准，优化结构和布局，部署教育改革试验，统筹区域协调发展；中央政府还要“加强省级政府教育统筹”“完善以省级政府为主管理高等教育的体制”。一方面受到改革开放以来，特别是 20 世纪 90 年代以来，高等学校隶属关系调整实践的鼓励，另一方面受到高等教育大众化以来中央继续主动放权、不断分权的激励，省级地方政府在高等教育大众化时期日益展示出积极建设、创新发展省域高等教育系统的潜能，竞相通过建设大学城等途径快速扩张省域高等教育规模、提升高等教育毛入学率，某些先发省份甚至进而尝试探索省域高等教育结构优化、功能强化的途径与道路。

省域高等教育系统在 2010 年以来的中国高等教育现代化阶段走向成熟。鸦片战争以来一直保持着追赶型发展模式的中华民族，在 1954 年召开的新中国第一届全国人民代表大会上首次提出实现“工业、农业、交通运输业和国防”“四个现代化”任务，1964 年第三届全国人民代表大会第一次会议上进而提出“农业、工业、国防和科学技术”“四个现代化”的建设口号。承载了发展与进步目标、寄托了追赶与超越梦想的“现代化”，在此后的发展进程中逐渐渗透到教育发展领域，并在《教育规划纲要》中得到了明确规定：“提高教育现代化水平”，“到 2020 年，基本实现教育现代化”。2010 年发布《教育规划纲要》及其对教育现代化的提倡，对于高等教育的发展而言，标志着从重点关注规模扩张和外延发展的高等教育大众化阶段向重点关注质量提升、内涵发展及科学治理的高等教育现代化阶段的转变与过渡，从本质上回应了后大众化阶段高等教育的发展特征和核心使命①，且与中央倡导的“推进国家治理体系和治理能力现代化”相呼应，有助于推动高等教育领域“简政放权、放管结合、优化服务”的改革。在推进高等教育现代化的过程中，省域高等教育系统日益积极且日渐熟练地承接中央下放的权力，并善用该权力。例如，2015 年 10 月国务院发布《统筹推进世界一流大学和一流学科建设总体方案》，对此，省域高等教育不再仅仅亦步亦趋，不少省份主动、快速回应，其中沪、粤、浙甚至未雨绸缪，先国务院一步颁布本省的建设方案，豫、黔、内蒙古、冀、苏、甘、陕、云等省份也在一年内迅速发布建设方案予以回应；与此同时，不少省份还通过承诺投入巨额高等教育发展经费、创

① 李盛兵. 我国高等教育发展的现阶段特征[J]. 高等教育研究, 2016(12): 1-6.

新发展方式等途径主动引导省域高等教育的变革和发展。[①]跟随中央的重大战略决策、主动探索省域实践方案，是省域高等教育系统走向成熟的重要标志。

（二）省域高等教育系统崛起的动力分析

潘懋元先生一直主张，高等教育的研究与实践，既不能“仅就教育谈教育”，也不能“不就教育奢谈教育”。[②]作为中国高等教育快速发展的重要组织支撑和新的推进力量，省域高等教育系统之所以能够自改革开放以来迅速崛起，得益于高等学校体系内在潜力的充分释放和高等教育外在条件（包括政治、经济、社会等因素）的恰当运用，内外部因素耦合形成的合力最终构成省域高等教育系统崛起的动力系统。

历史与现实表明，调动中央与地方两个积极性的制度设计，是省域高等教育系统据以崛起的政治动力。秦汉以降，尽管渐有“皇权与绅权”之间横向分权[③]、道统与政统之间横向制衡之说，但中央政府与郡县之间的纵向权力分配关系和垂直控制体系才是中国政治生活实践和政治制度研究的核心议题[④]；换言之，中央政府对地方郡县进行长期集权和酌情暂时分权、部分放权，是中国传统政治生活的历史核心和逻辑内涵。1949 年，新中国建立了中央集中管理的单一制。待巩固政权的使命逐渐完成后，针对中国幅员辽阔、地域差异巨大、中央整齐划一的政令无法同时适应各地发展需求、区域发展模式亟待个性化探索等现实情况，为了实现经济建设与社会发展的目标，毛泽东在《论十大关系》一文中强调，要调整中央与地方的关系，以调动中央和地方“两个积极性”、兼顾发挥中央及各部委所辖的“条条”和省级地方政府所辖的“块块”的作用。[⑤]1993 年《中共中央关于建立社会主义市场经济体制若干问题的决定》指出，要区别不同情况，分步过渡到中央和地方两级管理体制，扩大地方的自主权。为了落实这一改革思路，此后的实践都在探索如何通过体制机制创新调动中央与地方两个积极性、协调中央和地方的权限分配。

① 褚照锋. 地方政府推进一流大学与一流学科建设的策略与反思——基于 24 个地区“双一流”政策文本的分析[J]. 中国高教研究, 2017(8): 50-55, 67.

② 潘懋元. 教育基本规律及其在高等教育研究与实践中的运用[J]. 上海高教研究, 1997(2): 1-7.

③ 吴晗, 费孝通, 等. 皇权与绅权[M]. 天津: 天津人民出版社, 1988: 36-49.

④ 苏力. 当代中国的中央与地方分权——重读毛泽东《论十大关系》第五节[J]. 中国社会科学, 2004(02): 42-55.

⑤ 毛泽东. 毛泽东选集（第 5 卷）[M]. 北京: 人民出版社, 1977: 267-288.

从目前的探索和实践状况看，中央一直遵循着“政绩-晋升”逻辑[①]，即把握地方党政组织的人事任命权，“根据有无政绩、政绩大小安排晋升”，从而保证统筹地方教育行政管理。《中共中央关于教育体制改革的决定》规定，各级党委和政府要“把发展教育事业作为自己的主要任务之一，上级考查下级都要以此作为考绩的主要内容之一”。地方政府及管理者为追求“晋升业绩最大化”[②]，积极扮演“政治企业家”角色，参与到日益激烈的“增长”竞争中，并为取得竞争胜利而创新。[③]改革开放以来，中央的“政绩-晋升”逻辑使得地方之间形成了日益激烈的发展竞争，并导致地方竞争的重点逐渐从经济领域（甚至诱发了 GDP 崇拜[④]）向社会建设、文化教育等领域拓展，高等教育发展逐渐成为政绩竞争的主要领域，这在经济发达地区、在拥有强力政治领导人和精干教育行政管理力量的地区尤其突出。

地方则依赖由中央主动设计、至今为止仍行之有效的“地方分权的权威主义制度”[⑤]来激发自身的积极性，挖掘自身的创新潜力。“地方分权的权威主义制度”有两方面的特征：首先是分权特征，即在中央与地方的关系中，地方拥有分权治理的自主空间，但必须接受中央的领导和管理；其次是权威主义特征，即无论是实施集中管理的中央还是拥有分权空间的地方，要么在不同的管理领域和内容上，要么在实践程序的不同环节上，都对高等教育实施权威主义管理，共同形成高等教育管理的权威体系。在“地方分权的权威主义制度”的具体实践中，政策重点因时而变。改革开放之前，重点在基于“权威”实施集中管理；改革开放以来，特别是进入 21 世纪以来，重点在于推进、培育“地方分权”——这种发展思路，体现在《国家教育体制改革领导小组办公室关于进一步扩大省级政府教育统筹权的意见》（教改办〔2014〕1 号）中就是：“由省级政府管理更方便有效的教育事项，一律下放省级政府管理。”

积极适应所在区域经济社会发展的现实需求，为省域高等教育系统的迅速崛起赢得了强大的经济-社会动力。在未来一段时期内，中国高等教育发展

① 余绪鹏. 我国党政干部晋升的五种模式[J]. 云南社会科学, 2014(05): 17-21.

② 何艳玲, 汪广龙, 陈时国. 中国城市政府支出政治分析[J]. 中国社会科学, 2014(07): 87-106.

③ 何艳玲, 李妮. 为创新而竞争：一种新的地方政府竞争机制[J]. 武汉大学学报（哲学社会科学版）, 2017(01): 87-96.

④ 蒋德权, 姜国华, 陈冬华. 地方官员晋升与经济效率：基于政绩考核观和官员异质性视角的实证考察[J]. 中国工业经济, 2015(10): 21-36.

⑤ 许成钢. 地方分权的双刃剑[J]. 新经济导刊, 2010(03): 17.

的主要矛盾将是对优质高等教育日益旺盛的需求（更多的高等教育机会、更高的高等教育质量、更强的高等教育服务能力等）与高等教育供给不平衡不充分之间的矛盾。受省域经济发展水平、社会成熟程度、人口变化状况、高等教育的发展基础及当前改革动向等因素的影响，特别是由于省域高等教育的发展与经济、社会、人口等外部因素之间的关系逐渐偏离了同步对应的轨道，高等教育发展的主要矛盾在各省的具体表现、实践方式、变化形态各不相同、各有特色。比如，2010 年以来，北京、上海、江苏等经济发达地区的高考报名人数明显减少，但其高等教育资源相对丰富；广西、江西、贵州等经济欠发达地区的高考报名人数明显上升，但高等教育资源非常紧缺；广东最为特别，经济发展水平高，高考报名人数总体上一直保持上升趋势，但高等教育资源仍然紧缺，2016 年高等教育毛入学率（35.1%）远低于同期全国高等教育毛入学率（42.7%）。差异化的省情和特殊的发展难题，一方面要求省域高等教育系统进行个性化的政策创新，探索个别化的发展道路；另一方面要求各省进一步强化高等教育与省域经济社会发展的关联度和协同性①，以增强省域综合竞争力。这些需求恰是省域高等教育系统不断成长、走向成熟的强大现实动力。

高等学校竞争式发展方式的日益强化，为省域高等教育系统的迅速崛起提供了强劲的内在动力。在计划体制时代，高等学校更像是国家教育行政的派出机构；相关政府部门基于全国人民的利益完全一致、政府教育行政管理的信息完全充分等假设，对所有高等学校的人财物乃至其办学细节进行集中统一管理。1999 年起施行的《中华人民共和国高等教育法》，赋予高等学校“七大办学自主权”，即招生权、学科和专业设置及调整权、教学权、科研与社会服务权、开展对外科技文化交流与合作权、人事权以及财产的管理和使用权，从而从法律上认可并在实践中鼓励高等学校自主办学。不过，政府是高等教育的管理者，掌握高等学校办学的政策资源；政府是公立高等教育的举办者，掌握公立高等学校办学的经费资源，因此，为了获得更多的政策、经费等办学资源，初具办学自主权的高等学校日益强劲、日渐熟练地按照竞争式发展逻辑，研制自己的发展战略与规划，且带领并促使所有教师参与日益激烈的“学术锦标赛”；省域政治、行政力量基于地区经济社会发展、文化及学术声誉提升等政绩考量，既在省域范围内助推高等学校的竞争式发展，

① 刘忠京，王毅. 中国高等教育结构与产业结构的协同性研究——基于 2004—2013 年省域面板数据的实证分析[J]. 教育学术月刊, 2016(09): 10-15.

也鼓励参与省际乃至国际的高等学校发展竞争。高等学校的竞争式发展，从内在逻辑上强化了省域高等教育系统的“人—我”之分，日益明显地鼓励省域高等教育系统趋优避劣、“创强争先建高地”。

（三）省域高等教育系统崛起的路径选择

迅速崛起的省域高等教育系统至少须承担两大使命：一是保证国家高等教育政策在省域范围内得到本地化落实；二是瞄准省域需求，基于省情、教情，积极促进本省高等教育的自主发展、创新发展。在回应上述两大使命的过程中，各省通过实践探索，不断强化全面统筹高等教育的发展事务，并至少形成了三大行动路径。

第一，争取政策试点。这是省域高等教育系统主动回应中央战略决策的关键性行动路径。政策试点是在中国本土生成的治理策略和方法论工具，有助于防止中央指导与地方创新的关系失衡，防止因“改革—失败—再改革”的循环导致制度资源流失和治理权威削弱，是具有中国特色的政策探索与创新机制、政策试错与调整机制、政策示范与扩散机制，“先行先试、典型示范、以点促面、点面结合、逐步推广”是其基本特征和实践程序。由于省域高等教育改革与发展具有探索性、复杂性特征，因而需要以政策试点为基本工具，并以试点项目和试验区为基本形式。[①]以《国务院办公厅关于开展国家教育体制改革试点的通知》（国办发〔2010〕48 号）为例，它针对国家教育体制改革问题，从专项改革、重点领域综合改革和省级政府教育统筹综合改革三个方面确定了政策试点的十大任务。在这十大任务中，省域高等教育系统以三类主体身份获得政策试点机会，一是省内单所高等学校独立获得专项试点项目，二是省内某些市（州、区、县等）作为试验区获得专项或综合性试点项目，三是省域高等教育系统作为试验区在整体上承担专项和综合性政策试点任务。中央安排省域高等教育系统（包括其所辖的高等学校）进行政策试点，其实质是围绕中央所确立的改革发展重点议题，整合各方力量，“集中力量办大事”。[②]改革开放之前，“集中力量”的方式往往是制定以中央威权为基础的指令性计划；改革开放以来，“集中力量”的方式逐渐多样化，其中政策试点就是一种以柔性引导为特征的实践方式。具体而言，中央

① 周望. 中国“政策试点”研究[D]. 天津：南开大学, 2012: 86-126.

② Tsai W-H, Liao X M. Concentrating power to accomplish big things: The CCP's Pishi System and operation in contemporary China[J]. Journal of Contemporary China, 2017(26): 297-310.

要想将改革发展的重点议题转化为正式决策并得到实践落实，需确立起明确的政策目标、细化出具体的政策内容、寻找到合适的政策工具。在前试点阶段，或者说在未进行政策试点之前，中央可能处于“有政策目标但无政策内容、缺政策工具”的状态，而相关省域、有关高等学校的试点探索则会根据中央的政策目标细化政策内容、探索政策工具，待通过试点积累了足够的经验之后，中央对这些重点议题才真正做到“有政策目标、有政策内容、有政策工具”，才可有效施行。[①]以争取政策试点为契机，省域高等教育系统及其高等学校既可以通过先行先试、率先发展从中央获得政治和政策的双重红利，从而在省际竞争中取得优势并赢得政策解释的话语权，也可以根据本省省情及发展需要，提前影响中央政策的形成，保证中央的政策目标、政策内容及政策工具与省域发展之间的适切性。政策试点项目的多寡、程度的深浅、影响的大小，与省域高等教育系统的成熟程度和功能强度之间关系密切，且大多保持正相关。

第二，学习借鉴同行。改革开放以来中国发展的最大经验和优势都在于以开放的姿态不拘一格地学习和借鉴。省域高等教育系统在发展过程中整体上呈现出梯度学习的特征。具体而言，一方面，欠发达省份向发达省份学习，高等教育发展或专项改革的后进省份向先进省份学习，其目的在于获得落实国家政策的先进经验，并借鉴兄弟省份的自主创新经验；另一方面，各省竞相直接向西方国家学习和借鉴，以获得建设世界一流大学、世界一流高等学校体系、世界一流高等教育系统的成功经验。省域高等教育系统之间的相互学习和借鉴，逐渐形成了“找标杆+结伙伴”的运行机制，即省域高等教育系统、高等学校及其内部的学院和学科，分别从国内外寻找既值得学习又具有可追赶性的“标杆”，并以“标杆”为参照，找出自己的差距，进而确立发展目标、确定建设任务。与此同时，想方设法与“标杆”结成帮扶、合作的伙伴关系，在共赢式发展中实现省域范围内高等学校的发展，进而推动省域高等教育系统的发展与进步。

第三，内部自主创新。自主创新是中国实现追赶型发展的必由之路。省际差异巨大、省级地方政府的统筹能力不断加强等现实特点，决定了省域自主创新不但必要而且可能。自主创新具有独立性（independency）、内生性

① 刘伟. 政策试点：发生机制与内在逻辑——基于我国公共部门绩效管理政策的案例研究[J]. 中国行政管理, 2015(05): 113-119.

（endogeneity）、原始性（originality）等基本内涵和核心特征[①]，包括原始创新、集成创新、引进消化吸收再创新等不同形式。[②]省域高等教育系统的原始创新往往表现为实践目标创新。改革开放初期，在某些改革尚未得到广泛认知、尚未受到中央重视的情况下，部分省份就率先确立变革目标、探索改革内容、寻找政策工具。比如，广东省在改革开放初期，基于私营部门日益旺盛的人才需求，通过“中心城市办大学”的方式促进高等教育地方化、省域化变革就是典型案例。省域高等教育系统的集成创新、引进消化吸收再创新，往往表现为实践方式创新，且在政策试点期间尤为明显。由于有教育部的宏观统筹，省域高等教育系统围绕中央的政策目标，针对政策内容、政策工具进行自主创新，试点成果一旦得到中央认可，就会进而借助地方之间的交流、借鉴网络，在各省推广普及。这也是因应中央政策指导的“反应性”创新。在推进实践目标创新、实践方式创新的过程中，省域高等教育系统逐渐建构起一套自主创新体系。各省自建的教育科学研究院、省内外高等院校的教育发展研究力量等构成的智库，以及日益专业化的行政力量，基于省域发展大势的创新性政治决策力量，再加上民间智库、社会公众的需求表达等，共同形成了省域高等教育系统自主创新的思想合力。

政策试点、学习借鉴、自主创新等多元实践路径的形成有其进步意义，既为省域高等教育系统的崛起、省域高等教育发展模式的形成奠定了重要基础[③]，也为铸就高等教育发展的中国特色、开拓高等教育发展的中国道路作出了贡献[④]，这是中国高等教育自主发展的重要标志。但换个角度来看，伴随省域高等教育系统的区域分化与特色化成长，新的发展问题也不断出现，最直接的问题就是各省高等教育发展的差异化、非平衡化特征日益明显。在计划体制时代，影响各省高等教育发展的主要因素是国家战略和区域布局等，省域内部因素的影响尚不明显。改革开放以来，特别是高等教育大众化变革以来，各省高等教育的发展差距不但已经出现——有研究表明，北京、天津和上海等居于高等教育发达行列，湖北、陕西、辽宁等属于次发达省域，甘

① 万君康，李华威. 自主创新及自主创新能力的辨识[J]. 科学学研究，2008(01): 205-209.

② 侯仁勇，张蕾，王果. 区域创新能力评价指标体系及实证[J]. 武汉理工大学学报（信息与管理工程版），2009(04): 637-641.

③ 陈伟. 论省域高等教育的发展模式创新：以广东为例[J]. 高等教育研究，2010(01): 28-33.

④ 郑文，陈伟. 我国高等教育发展的多维特色：中国模式探索[J]. 教育研究，2012(07): 71-76.

肃、海南等沦为落后省域[①]，而且省域高等教育发展中的“马太效应”正在酝酿并已发挥作用；更重要的是，诱致省际发展差距的因素逐渐从中央的计划调控、威权控制转变为各省对高等教育的资源配置力度（如经费投入水平）、政策创新强度等。为了防范“马太效应”和非平衡化发展所带来的负面影响，省域高等教育系统日益重视省际竞争，越来越习惯于按照竞争型发展方式进行战略规划。这些新的发展问题在理论上对中国高等教育提出了到底该坚持“重点论”还是“平衡论”的发展哲学拷问，在实践中则呼唤、驱使省域高等教育系统自觉探索省际协同、共赢发展之路，也推动全国高等教育系统持续探索、不断创新以省域高等教育系统的统筹协调为基调、以省际互补和系统共生为特征、以高等教育系统与社会大系统的和谐共生为目标的发展模式和成长道路。

三、“创业型反应”：高等教育发展的省域统筹方式创新

中国高等教育的发展，体现在、依赖于三个层次的进步：一是以追赶、超越先发国家和地区为最高目标的国家高等教育系统；二是重在落实中央政策、满足省内需求的各省的高等教育系统；三是依法享有办学自主权的高等学校。如前所述，改革开放以来，随着中央放权、地方分权的趋势日益明显，中央宏观指导、省级地方政府全面统筹、高等学校面向社会依法自主办学的管理体制逐渐形成，省域高等教育系统在中国高等教育发展中的地位和作用快速上升。从实践看，省域高等教育系统通过持续不断地做出“创业型反应”，各具特色地创新高等教育发展的省域统筹方式，在实现本省高等教育快速发展的同时，助推全国高等教育的发展与进步。[②]

（一）省域高等教育系统的创业型反应：概念的界定

这里有两个概念需要加以说明，一是高等教育系统，二是创业型反应。如前所述，所谓高等教育系统，就是特定空间范围内的政治行政、经济、社会以及高等学校等要素，围绕高等教育的存在、变革与发展而耦合形成的生态系统。创业型反应（entrepreneurial response），是美国学者伯顿·克拉克

① 丁静，朱静，陆彦. 中国省域高等教育发展水平差异及其分类比较——基于 31 个省（区）市 2004—2011 年的面板数据[J]. 湖南农业大学学报（社会科学版），2015(01): 96-102.

② 陈伟. 省域高等教育系统的创业型反应——以广东为例[J]. 教育发展研究，2017, 37(17): 10-15.

使用过的一个概念；他的研究发现，欧美国家的许多大学和学院基于生存的压力，借助强有力的领导核心、不断激活的学术心脏地带、不断拓展的“发展外围”、日益多元化的经费来源渠道、日益强化的创业文化等因素，做出了创业型反应①；积极做出创业型反应的大学和学院，往往能够迅速赢得广阔的生存空间、丰富的发展机遇。

在借用伯顿·克拉克的概念研究省域高等教育系统的发展与变革时，需要说明以下两点国情差异。其一，伯顿·克拉克发现，欧美国家一些大学和学院是基于“生存的压力”而做出创业型反应，但在中国，特别是在省域高等教育系统，是日益旺盛的高等教育需求与相对不足的高等教育供给之间的矛盾诱致了创业型反应。换言之，中国及各省高等教育系统往往是为了增强履职能力、强化内在功能、优化内部结构而做出创业型反应。其二，伯顿·克拉克主要研究了单所高等学校如何做出创业型反应；随着伯顿·克拉克有关“创业型大学”的理论在中国的流行，国内研究者大多较为关注院校层面的创业型反应。但中国的发展事实表明，1949 年之后，基于彻底打破旧世界、建设新中国的需要，以 1952 年开始的院系调整等为标志，全国高等教育系统的创业型反应特色明显；改革开放以来，在中央不断向地方下放权力以调动中央和地方“两个积极性”的背景下，省域高等教育系统的创业型反应表现突出，各省的高等教育系统探索与创新了多种具有地域特色的发展模式、呈现了发展的多种可能性，并成为建构、优化全国高等教育系统的坚实基础；研究省域高等教育系统的创业型反应，甚至可以说已成为解密当前中国以区域非均衡方式快速发展高等教育的重要途径，是探索高等教育发展的中国特色、中国逻辑的必由之路。因此在本书中，重在揭示高等教育系统，特别是省域高等教育系统如何做出创业型反应。

将改革开放以来省域高等教育系统的快速发展、持续创新界定为创业型反应，有其深层次的原因。其一，省域高等教育系统主要是基于“冲击—反应”而谋求发展与创新。给省域高等教育系统带来“冲击”的因素主要有：中央制定的发展规划、方针政策和基本标准；省域范围的政治、经济、社会发展需求；省际之间包括但不限于高等教育的发展竞争；国内外的学术竞争；等等。在学术界，近年发生了以高等教育“适应论”与“引导论”为载体的

① Clark B R. Creating Entrepreneurial Universities: Organizational Pathways of Transformation[M]. Oxford, New York: Published for the IAU Press by Pergamon Press, 1998: 137-144.

激烈争论。[①]在学术观点中坚持认为高等教育能够发挥引导的作用，诚然无错，这是对知识和教育的创新性、前瞻性价值的认同与肯定，但对于省域高等教育系统而言，不能掩盖的客观事实是，必须适应来自中央政策、实践需求等各方面的“冲击”，针对“冲击”做出“反应”纯属正常。其二，“反应”并非总是被动、消极和缺乏创新的，省域高等教育系统基于内、外部的“冲击”而做出的“反应”，可以、应当而且也往往是具有主动精神、富有创新意识的积极“创业”。在此语境中，所谓创业，就其内涵而言，其实就是创新思想的实践落实，它以组织的变革和调整、体制机制的改革创新为基础，以开创新的事业为载体，以优化内部功能、提升外在服务能力、提高与同行（同业）之间的竞争实力为标志，且往往以急剧变革、跨越式增长、快速发展为基本特征；就其外延而言，既包括新的组织、新的体制机制从无到有的全新创业，也包括现存组织、现有体制机制基于内外压力或借助各类发展契机而做出的“二次创业”。

（二）省域高等教育系统创业型反应的广东案例

晚清以降，广东是一个极具先发特征、颇有引领意义且也极富改革特色的个案。明清以来拥有“一口通商”特权的广州，不但自身一度繁荣，也带动了珠江三角洲乃至广东全境的发展，积累了“敢为天下先、积极开拓、率先创业”等地域文化，培育了容闳等率先“睁眼看世界”者，创办了岭南学院等高等教育机构，成就了晚清新式教育之盛、赢得了当时全国率先发展的地位。中华人民共和国成立后 17 年间，广东成为军事战略前沿阵地，高等教育开始落后于全国。“文化大革命”时期，广东被明确宣布只准办 10 所大学，且强令按照“调、并、迁、改”的要求，搬到农村或山区去办，广东的经济、社会、教育发展全面处于滞后状态。改革开放之后的 30 多年间（至 2014 年），广东经济飞速发展，全省生产总值自 1989 年起开始位居全国第一并保持至今；但是，从区域经济与高等教育之间的发展协同性看，有定量研究表明，广东与河北、内蒙古等省份都属于高等教育发展滞后于经济发展的省份，而陕西、黑龙江、江西、西藏等省份则是经济发展滞后于高等教育发展。[②]为了提升区域文化声誉、强化创新驱动经济发展的文化教育根基，广东高等教育系统

① 刘培军，高耀明. 高等教育适应论：历史误区还是发展规律?——上海师范大学高等教育学专业学术沙龙综述[J]. 大学教育科学, 2014(01): 4-9.

② 许玲. 区域高等教育与经济发展水平协调性研究——基于 2004 年和 2011 年横截面数据的分析[J]. 教育发展研究, 2014, 34(01): 24-29.

自改革开放以来连续做出了三次极具时代特色和革新精神的创业型反应。

广东高等教育的第一次创业型反应，发生在改革开放初期到1998年间，最大的成就在于以促进高等教育地方化为目标的“中心城市办大学”，着力解决的问题是如何率先理顺新形势下中央与地方、“条”与“块”的高等教育管理关系。改革开放初期，广东高等教育的供给总量严重不足，且按照“条块分割、以条为主”、优先满足行业需求和公办单位需求的原则举办高等教育、分配毕业生，较少关注广东新兴的、地方化高等教育需求，亟须转变服务定向、强化人才培养和使用的地方化特征。借助国家推行改革开放政策、广东率先创办经济特区且可先行先试的政策优势，按照“新事新办，特事特办；立场不变，方法全新”①的改革思路，突破“中央—省”两级举办高等教育的既有格局、向省以下的中心城市下移高等教育举办权，挖掘省域高等教育潜力、激励中心城市办大学，成为广东的必然选择。1980—1995年是广东中心城市办大学的黄金时期。②其中最早的成果是1981年经国务院批准建立、旨在培养“有志、有识、有恒、有为”之人才的汕头大学。1983年，国务院批准建立作为“特区大学、窗口大学、实验大学”的深圳大学；1993年创建深圳职业技术学院（现名为深圳职业技术大学），这是国内最早独立举办高等职业技术教育的院校之一。③地处“中国第一侨乡”广东省江门市的五邑大学，1985年建校，坚持“根植侨乡，服务社会，内外合力，特色发展”的办学理念和实践模式，是当时珠江三角洲西岸唯一以工科为主的综合性大学。地理位置相对偏僻、经济相对落后的肇庆市，迫于财力限制，转而依托肇庆师范专科学校，按照“一套人马两块牌子”的方式创办西江大学（后改名为肇庆学院）；受此启发，佛山市以佛山师范专科学校为基础创办佛山大学（现为佛山科学技术学院），韶关市以韶关师范专科学校为基础创建韶关大学（现为韶关学院）。肇庆市、韶关市等珠江三角洲以外各地市竞相加入“中心城市办大学”的行列，扩张了广东的高等教育区域布局，促进了高等教育地方化。

广东高等教育的第二次创业型反应，从1999年启动高等教育大众化开始，一直延续到2012年，典型的成就是启动了旨在实现高等教育大众化的大学城建设，核心目的在于优化大学与社会的关系。此前的“中心城市办大学”

---

① 盛平. 胡耀邦思想年谱（1975—1989）[M]. 香港：香港泰德时代出版有限公司, 2007: 836.

② 秦国柱. 中心城市与大学发展[M]. 北京：中国社会科学出版社, 2006: 83.

③ 姜大源. 高等职业教育：中国对世界教育的独特贡献[N]. 光明日报, 2015-10-27(015).

运动，取得了诸多成就，但广东高等教育供给仍然相对不足，高等教育毛入学率 1998 年仅为 8.1%，低于全国平均水平（9.8%）。在全国性高等教育大众化运动的推动下，2003 年前后，广东省以广州、佛山、深圳、珠海等地的“大学城”建设为载体，推动做出第二次创业型反应。

此轮高等教育发展呈现出两大特点。一是办学区域集中化。此前的中心城市办大学运动，范围包括粤东西北等经济欠发达地区，它解决了省内各地中心城市“有无”本科层次高等教育的问题；高等教育大众化背景下的大学城建设，则集中在珠江三角洲地区，旨在解决经济发达地区高等教育“强弱”“优劣”的问题。二是大学建设的全城化。在这轮高等教育发展中，建设的不再仅仅是一所或几所“城市大学”，而是全面建设以中心城市为服务对象的区域高等教育系统，换言之，建设了“大学城市”。1999 年之前没有大学的珠海市，创新性地提出了“注重引进，追求所在，所在即是拥有”的理念，大胆地走“地方政府与高等学校联合办学”之路，按照“不求所有，但求所用”“以土地换大学”的原则，通过直接引进省内外的重点大学、特色高校进驻珠海，办分校、设校区、建学院。具体而言，自 2000 年开始，引进了北京师范大学、北京理工大学、吉林大学、遵义医学院等省外高校，引进了中山大学、暨南大学等省内高校。珠海市错失了创办“珠海大学”的机会，但赢来了一个“大学珠海”。①在深圳，既重视继续新建自己的高等学校，比如深圳信息职业技术学院（2002 年）、南方科技大学（2012 年），也重视引进，比如香港中文大学（深圳）（2014 年）；借助这些高等学校，深圳高等教育彰显出了重视科研、研究生教育及科技成果转化等特征。在省城广州，启动了广州大学城建设计划，2004 年进驻了中山大学、华南理工大学等 10 所本科高校。以大学城建设为依托，广州进一步巩固了省内高等教育的中心地位，珠海、深圳则新晋为区域高等教育中心；广州、珠海、深圳作为三个顶点，共同构筑了珠江三角洲地区完整的高等教育“三角形”，经济实力强劲的佛山、东莞，则成为这个高等教育“三角形”的外围支撑和“次中心”。

自 2013 年开始启动的广东高等教育第三次创业型反应，至今已实施了高等学校的“创新强校工程”、“双高”建设（高水平大学、高水平理工科大学建设）和应用型转型发展试点等，旨在促进高等学校的自主发展、高水平发展和分类发展，综合推进高等教育现代化。以高等教育现代化为核心的

① 陈昌贵. 从珠海大学到大学珠海——从研究的视角看珠海高等教育的发展[J]. 高等教育研究，2007(06): 38-43.

新一轮创业型反应，原初动力来源于政治行政决策。《国家中长期教育改革和发展规划纲要（2010—2020 年）》提出，“到 2020 年，基本实现教育现代化”；现代化的使命促使中央倡导“推进国家治理体系和治理能力现代化”。在此背景下，调任广东省委书记不久的胡春华在广州大学城调研时提出，广东高等教育要从规模扩张向质量提升转变，“广东要办更多名牌大学”。①此轮创业型反应的现实动力在于广东高等教育的供给明显不足。广东 2012 年、2015 年的高等教育毛入学率分别为 28%、33%，不但低于全国平均水平（分别为 30%、40%），而且其相对差距还在逐年加大。

第三次创业型反应的内容非常丰富。从时序看，以《广东省人民政府办公厅转发省教育厅关于进一步扩大和落实高校办学自主权促进高校加快发展若干意见的通知》（粤府办〔2013〕26 号）、《广东省高等教育“创新强校工程”实施方案（试行）》（粤教高函〔2014〕8 号）等为依据，广东省实施“创新强校工程”，鼓励以“加强统筹、分类指导、高校自主、重点突破、注重实效”为指导思想，通过经费打包下拨、高等学校自主调配使用的方式，落实高等学校招生、学科专业、教育教学、协同创新、对外交流合作、岗位管理、人才队伍建设等 12 个方面 36 条办学自主权，鼓励高等学校“有所为，有所不为”，促进高等学校的自主发展。以《中共广东省委 广东省人民政府关于建设高水平大学的意见》（粤发〔2015〕3 号）为依据，广东省启动“高水平大学建设”，计划 5 年投入 50 亿——这比国务院印发《统筹推进世界一流大学和一流学科建设总体方案》（国发〔2015〕64 号）还早半年；以广东省委、省政府印发《关于加强理工科大学和理工类学科建设服务创新发展的意见》（粤发〔2016〕1 号）为依据，广东省启动高水平理工科大学建设，计划到 2020 年投入 80 亿元以上，重点建设南方科技大学、佛山科学技术学院、东莞理工学院三所理工大学和一批高水平理工类学科，且全省理工类大学生占比提高到 47%；以发布《广东省教育厅 广东省财政厅关于实施广东省一流高职院校建设计划的通知》（粤教高函〔2016〕155 号）为依据，广东省遴选并培育 18 所高职院校，以期建设成为“全国一流、世界有影响的高职院校”。“双高”建设和“一流高职”建设重在促进高等学校的高水平发展。针对本科层次高校“重学轻术”、趋同办学的问题，根据《教育部 国家发展改革委 财政部关于引导部分地方普通本科高校向应用型转变的指导意见》，2016 年广东出台相关的实施意见，遴选 14 所普通本科高校参与向应

① 胡键，岳宗. 广东要办更多名牌大学[N]. 南方日报，2014-04-05(1).

用型转变的试点，以促进高等学校的分类发展。与全省层面的发展相呼应，珠江三角洲地区的中心城市反应积极。2016 年 10 月深圳印发《关于加快高等教育发展的若干意见》，提出争取到 2025 年深圳高校增加到 20 所左右，全日制在校生增长到 20 万，3—5 所高校综合排名进入全国前 50 名。2017 年初广州下发《关于建设高水平大学的实施意见》，计划两年投入 21 亿元，超常规地提升高等教育水平。

（三）基于广东个案的反思和启示

在近百余年的中国，改革已成为不变的主题，创新一直是发展的动力，创业已成了前进中的习惯。借助风云际会的改革开放政策而迅猛变革的广东高等教育系统，连续做出三次强劲的创业型反应。尽管仍需努力解决高等教育毛入学率低于全国平均水平、一流大学总量相对不足等问题，但它展示了经济先发地区如何激发高等教育活力、促进高等教育发展的地方实践，积累了省域高等教育系统该如何适应经济、社会发展的经验与教训，其中折射出来的许多问题以及广东特色的解答方式，值得总结和反思。

首先，如何适应创业的发展周期因时而变。任何社会组织都有其“成长—成熟—衰落—死亡”呈抛物线状的生命周期。从抛物线的起点到顶点，恰是社会组织做出创业型反应并取得创业成功的过程，这段时期可简称为“创业型反应期”。待达到抛物线的顶点时，社会组织面临两条出路，一是维持现状，听凭规律的力量驱使，从抛物线顶端向下滑，这是组织衰落、走向消亡之路；二是做出二次创业，使组织借助持续创业的力量，超越前一个成长周期的衰落期、进入新的创业型反应期、开始新的成长和上升周期。无论是单所高等学校还是特定的高等教育系统，都是社会组织，因此概莫能外地有其成长、发展乃至衰落、死亡的生命周期。关键的问题在于，高等学校、高等教育系统的创业型反应期分别有多长？如何促使它们通过持续创业不断进入新一轮创业型反应期？

在有关创业型大学的研究中，伯顿·克拉克选择了 1980—1995 年开展研究[①]，并在近十年后对前期的欧洲五个案例进行后续跟踪，而且将研究视野拓展到非洲、大洋洲、南美和北美等地。[②]在这项系列研究中，伯顿·克拉

① Clark B R. Creating Entrepreneurial Universities: Organizational Pathways of Transformation[M]. Oxford, New York: Published for the IAU Press by Pergamon Press, 1998: 11-124.

② Clark B R. Sustaining Change in Universities: Continuities in Case Studies and Concepts[M]. London and Buckingham: The Society for Research into Higher Education and Open University Press, 2003: 99-116.

克虽未明确表达但清晰隐含了自己的一个观点：高等学校的创业型反应期大概为15年；待前一个创业型反应期结束之后，随后的10余年间可能会出现持续创业、二次创业。无独有偶，1991年正式建立、以商科和工科为优势学科的香港科技大学的成长历程，同样暗合上述创业型反应的周期。该校通过快速的学术创业，自2000年开始MBA课程每年均高居《金融时报》排名榜亚太首位，EMBA在2003年被《金融时报》列入世界十强（名列第九）、2005年跃居全球第二；2004年英国《泰晤士报高等教育副刊》公布的全球最优秀大学排名榜中，香港科技大学位列42，是50强中最年轻的大学。[①] 香港科技大学从成立到成名，同样费时15年左右。另外，就广东省域高等教育系统自改革开放以来的三次创业型反应而言，首次发生在1978—1998年，总计20年;若以1981年创办汕头大学为起点,总计17年。第二次发生在1999—2012年，总计13年。平均来看，省域高等教育系统的创业型反应期也在15年左右。据此，可以初步做出判断，高等教育系统以高等学校为组成单元，因此两者的创业型反应期基本同步，皆为15年左右。目前，广东高等教育系统进入以“现代化”为主旨的第三次创业阶段，一方面亟须研究和界定“高等教育现代化”的本质与内涵,另一方面需按照时长大约为15年的创业型反应期,规划自2013年起、新的15年（大概到2028—2030年）的发展战略。

由于经济、政治及社会等形势的变化，处于发展周期不同阶段的省域高等教育系统，创业主题和内容会因时而变。就广东而言，高等教育系统三次创业的主题和内容变化呈现出两大特点。特点之一是自外而内推进改革。改革开放初期，重在体制改革，重点关注高等教育外部关系的调整与优化，优先梳理大学与政府（包括各部委的“条”与各省的“块”）的关系，以此为基础，进而深入到高等教育的内部关系。特点之二是对高等教育内部关系的梳理与优化，逐渐从外延式改革深化到内涵建设。自1998年开始的高等教育大众化重在规模扩张，而2013年开始的高等教育现代化，则重在高等教育的质量提升、内涵式发展和本质性增长。广东个案在创业主题和内容方面的依时递进，合乎规律，颇具启发意义。

其次，如何平衡“学术一流”与“必须够用”之间的价值抉择。“学术一流”的价值导向，重“学以致学”的逻辑，讲求按照国际通行且传统的纯学术规则进行学术创新（知识发现），它在中国衍生出“获得政府的纵向课题和研究经费、发表顶级学术论文、获得国际和政府的大奖或荣誉称号”等

① 中共东莞市委政策研究室. 关注东莞 研究东莞（综合编）[M]. 北京：新世纪出版社，2010: 165.

评价标准；“必须够用”的价值导向，重“学以致用”的逻辑，讲求直接服务社会，多以对经济社会需求的适应度、学生和用人单位的满意度等为评价标准。“学术一流”与“必须够用”，体用不二、密不可分。对于省域高等教育系统而言，追求学术一流是其适应全球学术规则、回应国家建设世界一流大学的政策期待的必然选择。但问题在于，一流的学术尽管能够带来学术声誉，却并不一定能够直接契合省域实际需求；中国不断推动高等教育地方化改革的政策要义，就在于促使省域高等教育系统全面满足区域需求。因此，省域高等教育系统的价值定位应该是：适度追求学术一流、全面践行“必须够用”的价值旨趣。

改革开放以来，广东不时表现出追求“学术一流”的意愿。2015 年以来广东的“双高”建设工程是明证。但是，更多的证据表明，广东高等教育一直在努力彰显“必须够用”的发展旨趣，直接的证据有，广东最早兴起“中心城市办大学”的运动，较早兴办高等职业技术学院，较早兴建民办高等学校，等等。

“学术一流”与“必须够用”两种价值定向，并不会一直保持此强彼弱的等级关系或彼此平行的均衡状态；受政治、行政、经济以及高等学校自身的影响，两种价值导向的影响力往往此消彼长、交替发挥主导性作用。因此，省域高等教育系统的创业型反应往往会在力量博弈的特定时刻演变成运动式发展战略，具体化为必需限期、限量完成的重点项目、重大工程、重要措施，并呈现出阶段性、波浪式特征。运动式、项目化的创业型反应，能为政府行政管理提供很好的“抓手”，但与之相配套的绩效评价标准、政绩考核体系以及资源配置方式尚待合理构建。这意味着，对于广东高等教育的三次创业型反应，特别是最近正在推行的、以“大投入、大建设”为特征的高等教育现代化建设运动，其教育效益、社会影响尚待深入研讨、谨慎评估。

最后，如何权衡“重点突破”与“整体推进”之间的策略选择。在社会发展领域，受资源约束的影响，在目标达成的时限紧、任务重的情况下，总会面临“重点论”与“全面论”之间的抉择。“重点论”强调选择重点、单兵突破——这是计划体制时代“集中力量办大事”的管理方式；[①]“全面论”强调整体推进、全面发展，重视建设体系、系统共生。高等教育发展的资源需求无限与资源供给有限之间的矛盾，是省域高等教育系统创业型反应过程中必然面临的难题；高等教育的供给不足与需求旺盛之间的矛盾进一步强化

① Tsai W-H, Liao X M. Concentrating power to accomplish big things: The CCP's Pishi System and operation in contemporary China[J]. Journal of Contemporary China, 2017(26): 297-310.

了上述难题的现实影响。为了适应“政绩-晋升”逻辑，通常的做法往往是坚持“重点论”、建设几所标志性大学，但其可能的结果之一是强化省域高等教育系统的等级结构、形成陡峭的高等学校层次结构。如果不考虑从外部大量输入人才等因素，“全面论”会坚持认为，省域高等教育系统的理想结构状态应该是：“经济社会结构—职业结构—高等教育结构”之间保持结构的对应性、功能的互补性、总量的均衡性，进而保证省内各系统之间的自洽、和谐和有序。

以广东为例。2013 年以来，广东以“重点论”为基础，以旨在彰显高等学校自主办学的“创新强校工程”为起点，以“高水平大学（研究型）—高水平理工科大学—应用型本科高校（应用型转型试点高校+省市共建高校）—一流高职”为关键点，形成了以重点建设的高校为支点、从本科到高职、从研究型到应用型、层次和类型全面涵盖的广东省域高等教育系统。值得注意的是，广东基于“重点论”建构起了省域高等教育系统，又富有策略地坚持“全面论”、竭力促进高等教育系统的整体发展。比如，在高等学校和学科发展方面，高水平大学建设工程首轮遴选出的 7 所大学中，有综合性（中山大学）、理工科（华南理工大学、广东工业大学）、师范类（华南师范大学）、农业类（华南农业大学）、医科类（南方医科大学）、侨校（暨南大学）等不同类型的高等学校；首轮遴选出的 18 项重点学科，也是各具特色，分别指向彼此不可取代的学术发展和社会需求重大领域。在高等学校的区域布局方面，基于省内发展极不平衡、珠江三角洲地区高校相对集聚且整体发展水平高的省情，广东的发展策略之一是“省市共建”。2016 年底，广东省教育厅与 9 个地市（其中 8 市是经济和高等教育都相对落后的粤东西北地区）、11 所本科高校签署共建协议，决定在“十三五”期间由省、市两级政府投入近百亿元。[①]作为对上述建设工程的整合与优化，2018 年 7 月，广东省教育厅、省发展和改革委员会、省科学技术厅、省财政厅联合出台《高等教育“冲一流、补短板、强特色”提升计划实施方案》，将相关普通本科高校分为“冲一流”“补短板”“强特色”三大发展组团（表 2-4），力争到 2020 年全省高等教育综合实力、核心竞争力和国际影响力大幅度提高，8 至 10 所高校进入全国百强。为此，广东省教育厅会同省发改委、科技厅组建高等教育“冲补强”提升计划遴选专家委员会。遴选专家委员会参考国内外相关评价因素，综合办学条件、学科水平、人才培养、主要贡献等方面的情况，以及国家、

① 省市共建 11 所地方本科高校[EB/OL].(2016-12-21)[2024-06-20]. http://www.gd.gov.cn/gdywdt/bmdt/content/post_74753.html.

省重大战略和区域产业发展需求，分类制定不同组团的高校和重点建设学科的遴选原则。据此，广东尝试在重点建设部分重点大学的同时全面发展各类高等学校和不同学科，并通过分类发展，形成了“各美其美、美人之美、美美与共、天下大同”的生态关系。

表 2-4 广东省高等教育“冲一流、补短板、强特色”提升计划

项目	建设内容	发展目标
冲一流	实施“高水平大学建设计划”。 针对入选国家“双一流”建设高校、上一轮高水平大学建设高校和拥有重大科研平台、承担重大科研任务、具有国际一流高水平师资队伍的普通高等学校，分别按照“高水平大学重点建设高校”和“高水平大学重点学科建设高校”两类进行建设。 “高水平大学建设计划”中已列入国家世界一流大学建设的高校，自主确定学科建设口径和范围；高水平大学重点建设高校的重点建设学科原则上不超过 10 个，高水平大学重点学科建设高校的重点建设学科原则上不超过 4 个	着力建设一批原始创新能力强的高峰学科，加强基础研究和应用基础研究，扎实推进大科学装置集群、省实验室、国家重点实验室等重大科技专项和工程建设，打通基础研究、应用开发、成果转移与产业化链条，促进学科、人才、科研与产业互动。 到 2020 年，建设高校综合实力、创新能力和国际声誉显著提升，服务和引领粤港澳大湾区国际科技创新中心、科技创新强省建设等重大任务的能力明显增强；1 至 2 所高校进入国内一流高校前列，若干学科居于国内领先或达到世界一流水平；新增 1 至 3 所高校入选国家“双一流”建设名单；75 个以上学科进入 ESI 排名前 1%，8 个以上学科进入前 1‰；新增国家级奖励 8 至 12 项
补短板	实施“粤东西北高校振兴计划”。 建设高校的遴选范围原则上为粤东粤西粤北地区、珠三角非核心区域的公办普通本科高校。 每所高校的重点建设学科原则上不超过 3 个	深入推进省市共建工作，着力建设一批服务区域支柱产业发展的急需学科专业，加快转型发展，深化教师综合管理体制改革，加强与国内外一流大学合作，深化产教融合，推动产学研深度合作和科研成果转移转化。 到 2020 年，建设高校整体实力和区域影响力有较大幅度提升，服务和支撑区域经济社会和支柱产业发展的能力明显增强；2—4 所高校新增为硕士学位授予单位；国家级项目、人才数量有较大幅度增加，师资队伍结构明显改善；打造一批当地支柱产业急需的重点学科，省部级以上科技创新平台、科研成果数量以及科技成果转让收入实现倍增
强特色	实施“特色高校提升计划”。 建设高校的遴选范围原则上为行业特色显著的公办普通本科高校、部分高水平理工科大学和部分省市共建本科高校。 每所高校的重点建设学科原则上不超过 3 个	着力建设一批特色突出、在国内具有较高影响力的学科专业，深化人才培养模式改革，创新高层次人才引育机制，完善科研创新体系，加强应用研究，理工类高校深入探索“高校+研究院+企业”的产学研合作新模式，人文社科类、艺术类高校立足南粤大地，加强哲学社会科学和先进文化研究，构建新型高端智库，提升资政育人能力。 到 2020 年，建设高校整体实力和国内竞争力大幅度提升，主要办学指标排名在国内同类院校中显著提升，服务特色行业、产业发展的能力明显增强； 1—2 所高校新增为博士学位授予单位；国家级项目、行业领军人才数量显著增加；打造一批国内一流的特色学科，省部级以上科技创新平台、科技成果数量以及专利转化率实现倍增

从广东的个案可以看出，坚持“重点论”，重点建设一批高等学校和学科，有助于“拔高”省域高等教育系统的整体水平；坚持“全面论”，促进高等学校、学科及区域的整体发展，有助于彰显省域高等教育系统创业型反应的普惠价值。协调、平衡“重点论”与“全面论”的关系，需要政治智慧，值得持续不断地开展理论研究，也需要持续不断地进行实践调整。

第三章　高等学校之间的结构逻辑

一栋房子，要依赖每一块砖头，但是，彼此分离的砖头，并不会自然成为一栋房屋，因为房屋不是砖头，而是砖头之间结构关系的产物，或者说，是砖头之间的结构关系建构形成了房屋，是砖头之间的“结构性力量”造就了“房屋”。同理，单所大学或学院，不管如何伟大，都不可能构成高等学校体系，也不可能进而构成高等教育系统；是特定区域所有的大学和学院构成了高等学校体系，是所有大学和学院之间的结构关系为建构高等教育系统奠定了结构性基础，是所有大学和学院之间的结构性力量构造了高等教育系统。非常有必要从高等学校之间关系的角度，梳理、挖掘、展示高等学校之间的结构性力量；以此为基础，进而借助高等学校的结构，建构高等教育与社会、政治、经济、文化之间的结构，最终支撑起社会大系统的结构性存在和有序化运行。高等学校之间的结构逻辑，决定了高等教育系统存在与运行的可能性空间和本土性特征。

第一节　差序格局：高等学校之间关系的运行逻辑

一方面，特定的社会结构会影响成长过程中的高等教育结构、高等学校结构；另一方面，日益成熟、日渐强大的高等教育结构，能日益深入地影响甚至在特定时空范围内能够决定社会结构的生成和转型。借鉴结构-功能主义理论，同时借助中国社会学研究中的差序格局理论，分析中国高等学校之间的结构，有助于巧妙展示中国高等学校的关系特征、挖掘其中所蕴含的运行智慧。[①]

一、高等学校之间的三维结构关系

结构主义强调，系统中的要素及其关系所构成的结构性力量是决定系统

① 陈伟. 高等学校的差序格局及其变革[J]. 高等教育研究, 2015, 36(06): 1-8.

功能强弱的关键，而系统的结构性力量则源自要素之间的关系。同理，在高等教育系统中，单所高等学校的优异诚然重要，但高等学校之间的结构关系也不可小视，因为这类结构关系能决定高等教育系统中结构性力量的强弱，进而决定高等教育系统功能的强弱。高等学校之间的结构关系复杂多样，且因时、因地、因势而变，但从逻辑上看，可大致梳理为三类（图 3-1）。

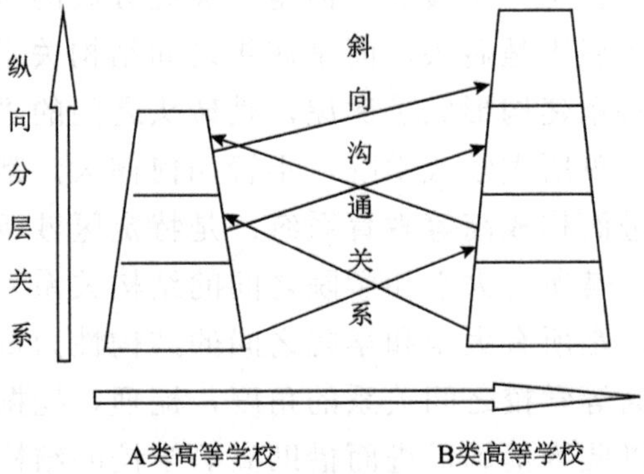

图 3-1　高等学校的结构关系

一是高等学校之间基于教育分工的横向分类关系。以招生对象、重点职能（教学或科研）、人才培养目标等为标尺，高等学校可进行横向分类；不同类型的高等学校在所属范围内各安其位、各守其责。教育的分类古已有之。亚里士多德认为，自由教育是一种不为任何功利、仅仅基于“闲逸的好奇”而施行的闲暇教育，它是保持人的精神自由的前提，而任何以功利为目的职业训练，都会使人沦为奴隶；与此相对应，中国的孟子说，“劳心者治人，劳力者治于人”（《孟子·滕文公章句上》）。古代有关“自由教育—职业训练”“劳心—劳力”的两分，粗看起来是两种教育类型的划分，细察则可发现，它与社会等级的高下之分直接相关，或者说它将教育类型的横向划分与阶级结构的纵向分等相对应，而横向分工关系的纵向化导致了教育类型歧视——劳心者歧视劳力者、自由教育歧视劳作教育和实践教育。在现代社会，高等学校的类型划分，往往体现在“学术—应用”“普通教育—职业教育”等关系维度中；现代化、世俗化、民主化程度越深的国家，越注重上述关系的横向对应性，反之则越坚持上述关系的纵向分等。

二是高等学校之间基于办学水平分等的纵向分层关系。由于办学水平的优劣、所授学位的高低等，高等学校之间出现层次分化；类型众多的大学排行榜就是纵向分等的重要证据，而全球大学排行榜甚至将大学分层延伸至世界范围，建设世界一流大学成了诸多发展中国家实现崛起的重要指标之一。在日益强调办学资源“成本—绩效”评估的当今社会，高等学校之间的平等竞争、纵向分等越来越受重视。这种趋势适应了社会公众的绩效崇拜需求，也有利于激励竞争、挖掘潜能，但过度竞争则可能导致高等学校的精神迷失、职能紊乱、生态失序。

三是高等学校之间跨类的斜向沟通关系。横向分类并不意味着高等学校分解成彼此绝对割裂的独立阵营；为了便于学生自由做出多样化选择、实现个性化成长，高等学校在横向分类的基础上，还会斜向沟通，即可从某一类转学进入另一类高等学校——不管学生转学的目的是获得更高级学位，还是获得更适合自己需要的教育。斜向沟通并不是无序沟通，不同类型高等学校之间往往以可授予学位的层次高低为标尺、以学分互认为中介，形成比较定位、进行有序沟通。斜向比较定位，旨在建立非同类高等学校之间的双向沟通渠道，但不宜将斜向比较定位扩大化甚至异化、固化为不同类型高等学校之间的纵向分等。

高等学校之间的横向分类、纵向分等及斜向沟通，共同构成特定高等教育系统中各高等学校之间的网络关系；横向、纵向、斜向等三向关系需平衡协调，而不宜畸轻畸重，否则就会影响到高等教育系统内部秩序的健康、和谐，会降低高等教育系统的功能、弱化高等学校对各项职能的担当能力。

二、高等学校结构关系的中国特色：差序格局

19 世纪晚期中国开始学习、借鉴西方高等教育，2022 年全国共有高等学校 3013 所。其中，普通本科学校 1239 所（含独立学院 164 所），比上年增加 1 所；本科层次职业学校 32 所；高职（专科）学校 1489 所，比上年增加 3 所；成人高等学校 253 所，比上年减少 3 所。另有培养研究生的科研机构 234 所。[①]随着高等教育规模不断扩张，政府对高等教育的管理幅度日益扩大；为了能够通过增加管理层次、缩小管理幅度，进而保证管理有效、高效，政府必须针对高等学校进行分类、分层管理。新中国成立之后通过直接

① 2022 年全国教育事业发展统计公报[EB/OL]. (2023-07-05)[2024-02-20]. http://www.moe.gov.cn/jyb_sjzl/sjzl_fztjgb/202307/t20230705_1067278. html.

学习苏联、间接学习法国理性主义的集权控制和整体设计模式，与国家全局意义上的计划体制相契合，国家教育行政部门基于“中央—地方”“政府—高等学校”等两维关系框架，主要从行政隶属关系、举办者身份、重点建设的政策等不同角度，对不同高等学校赋予不同的结构性定位。

从行政隶属关系的角度看，建有中央各部委属高校、省属高校以及地市（中心城市）兴建的高校。建国之后，特别是随着中央和地方“条—块”相对分割的计划体制的形成，中央相关部委和省级地方政府成为举办高等学校的两大力量；20 世纪 80 年代前后，随着改革开放以来一些地级城市的兴起，中央、省级政府之下的第三级政府财力快速提升，并开始举办高等教育。为了回应这种趋势，1985 年的《中共中央关于教育体制改革的决定》提出，要“实行中央、省（自治区、直辖市）、中心城市三级办学体制”；1993 年《中国教育改革和发展纲要》进一步明确了“中央、省级地方政府及中心城市三级办学、中央和省级地方政府两级管理”的政策。

从举办者身份的角度看，有公办、民办高校。1952 年开始院系大调整之后私立大学、教会大学退出了历史舞台；与社会主义革命和建设相配套，公办高校成为唯一的办学形式。改革开放之后，民办教育开始重现，民办高等教育快速发展；截至 2022 年，民办高校 764 所，占全国高校总数的比例 25.36%。其中，普通本科学校 390 所；本科层次职业学校 22 所；高职（专科）学校 350 所；成人高等学校 2 所。民办普通、职业本专科在校生 924.89 万人，比上年增加 79.15 万人，占全国普通、职业本专科在校生的比例 25.27%。①

从重点建设政策的角度看，沿袭新中国成立以来的重点大学建设传统②，改革开放以后区分了基于“211 工程”“985 工程”“国家示范性高等职业院校建设计划”等重点工程的不同高校。1993 年《中国教育改革和发展纲要》提出，“要集中中央和地方等各方面的力量办好 100 所左右重点大学和一批重点学科、专业”，“211 工程”成为国策；1998 年 5 月 4 日江泽民在北京大学百年校庆上的讲话，开启了高等教育界旨在创建世界一流大学和高水平大学的“985 工程”的序幕；2006 年教育部、财政部落实《国务院关于大力发展职业教育的决定》精神，启动了“国家示范性高等职业院校建设计划”，

① 2022 年全国教育事业发展统计公报[EB/OL]. (2023-07-05)[2024-02-20]. http://www.moe.gov.cn/jyb_sjzl/sjzl_fztjgb/202307/t20230705_1067278.html.

② 胡炳仙. 中国重点大学政策：历史演变与未来走向[D]. 武汉：华中科技大学, 2006.

按照“地方为主、中央引导、突出重点、协调发展”的原则，遴选100所高职院校进行重点建设。

行政隶属关系、举办者身份、重点建设政策等不同角度的分类，共同体现了富有中国特色的高等学校“差序格局”。“差序格局”的概念，由费孝通先生提出，且广泛用于阐释中国社会结构。费孝通认为，“我们的社会结构……好像把一块石头丢在水面上所发生的一圈圈推出去的波纹。每个人都是他社会影响所推出去的圈子的中心”。[①]差序格局，并不带有贬义、也并不必然代表落后，它在中国是一种具有强大生命力的文化类型和社会结构；它不仅深刻地影响着中国传统社会结构，而且在现代社会通过与理性意志的悖论性结合，实现了创造性转化，形成了基于理性意志[②]，或者说基于感情、利益与伦理的新“差序格局”。[③]费孝通借助水波纹模型、北极星中心的星图模型及人伦释义（“伦也，水文相次有伦理也”）等[④]，旨在形象清楚地比拟“差序格局”概念的多维内涵。对于本研究而言，它的以下三大社会学含义值得关注。其一，以自我为中心，关系有远近亲疏之别；其二，有等级分化，地位有尊卑贵贱之差[⑤]；其三，有固化的秩序，对待不同主体采取不同的处理方式。这三大含义在中国高等学校之间的结构关系中都有明显的体现。

首先，中心（包括次中心）非常明确。在高等教育系统中，基于法律规定和行政管理授权，教育行政部门是高等学校差序格局的中心。具体而言，中央政府（以教育部为办事机构）是最高的中心。它的外圈连接着两类关系，一是依次由“中央部属—地方省属—地市属”高等学校构成的“学校圈”；二是各省（自治区、直辖市）的高等教育行政部门构成的“行政圈”。各省（自治区、直辖市）的教育行政部门则是本地高等学校差序格局的中心、全国的次中心，其外圈依次由“省属—地市属”高等学校构成；若地市举办了高等学校，则会相应地形成省级教育行政部门外部的“行政圈”和省域高等教育的“次中心”。通过“次中心—中心”的向内收缩和向上连接，形成了由各级教育行政部门居中、众多高等学校拱卫的“紧缩圈层结构”[⑥]和“同心

① 费孝通. 乡土中国[M]. 长沙：湖南人民出版社, 2022: 29.
② 肖瑛. 差序格局与中国社会的现代转型[J]. 探索与争鸣, 2014(06): 48-54.
③ 柴玲, 包智明. 当代中国社会的“差序格局”[J]. 云南民族大学学报（哲学社会科学版）, 2010(02): 44-49.
④ 费孝通. 乡土中国[M]. 长沙：湖南人民出版社, 2022: 31.
⑤ 阎云翔. 差序格局与中国文化的等级观[J]. 社会学研究, 2006(04): 201-213.
⑥ 周建国. 紧缩圈层结构论：一项中国人际关系的结构与功能分析[M]. 上海：上海三联书店, 2005.

球”立体模型[①]。

其次，地位高下之分非常清晰。从行政隶属关系角度看，与国家管理体制中“条高（强、重）于块”的传统格局相一致，部委属高校、省属高校、地市属高校之间的地位关系呈递降状态；受此规则的影响，为了规避差序格局的不利影响，不少省属高校竞相通过省部共建的方式赢得中央（以部委为代表）形式上的支持，以争取获得实质性的办学资源和发展机遇。从举办者身份角度看，公办高校的机会往往多于民办高校，并影响到两者办学过程中公共资源的供给、生源优劣的差别、教师身份地位的高低、办学声誉的高低、社会认可的强弱等。从政策重点建设角度看，“211 工程”“985 工程”沿袭并发展了新中国成立以来的重点大学制度，为因应国家新的建设需求、按照新的标准巩固普通本科院校的差序格局奠定了基础；“国家示范性高等职业院校建设计划”则为高职院校差序格局的建构开辟了道路、奠定了框架。

最后，秩序非常严整、稳定。清末建立的京师大学堂，以其在高等学校中的中心地位、在全国教育系统中的领导作用，构建了高等教育秩序的基础；民国时期接连不断的大学变革，不但维持了基于书院所保存的“脆弱的自主和知识分子的自由”与“知识分子的权威传统以及官僚权势对知识和学术的垄断”之间的平衡，而且也使“西方的学术自由和自治”经过中国化适应和改造后转化为与中国国情相适应的“知识自由”“社会责任”思想[②]，政府与学校、国立学校与省立学校、公立学校与私立学校及教会学校之间基于威权而形成的差序格局初具规模。建国之初，中国人民大学、哈尔滨工业大学曾被确定为全国高等学校圈的绝对核心；此后，虽调整了差序格局的内容，但没有从根本上抛弃这种等级形式，特别是受“精英主义”和“单位制度”的合力影响[③]，差序格局得到进一步强化，并通过高考录取批次等衍生制度予以巩固。在严整、稳定的差序格局中，教育行政部门对不同类型高等学校采取差异化处理方式，面向不同身份、地位的高校开放不同的资助项目、建设项目。不过，这种差异化管理，并不是真正的分类管理，而是基于差序格

① 马戎. “差序格局”—— 中国传统社会结构和中国人行为的解读[J]. 北京大学学报（哲学社会科学版），2007(02): 131-142.

② Hayhoe R. China’s Universities 1895—1995: A Century of Cultural Conflict[M]. New York: Garland, 1996: 63-74.

③ 赵炬明. 精英主义与单位制度——对中国大学组织与管理的案例研究[J]. 北京大学教育评论，2006(01): 173-191.

局的区别对待。

差序格局在中国高等教育系统中的客观存在，有其文化传统、社会结构、政治体制等多方面的必然性，且在缓解高等教育资源约束、集中力量办大事、实施重点工程建设世界一流大学以快速追赶发达国家等方面作用巨大、成就明显。[①]另外，尽管社会主义的宗旨崇尚开放办学和教育平等权，且自延安时期以来就一直强调彰显这些社会主义特征[②]，但高等教育领域的精英主义和学术金本位思想，一直鼓励高等学校之间形成差序格局，因此差序格局的客观存在还有其强劲的教育逻辑予以支撑。尽管如此，目前的高等学校结构关系也遭遇了批评。[③]归纳起来主要有三点。其一，对各高等学校“先分层再分类”，其结果是，由于层次的高度决定了地位的高度、资源的丰富程度，许多高校将发展目标过高地定位为研究型、综合性大学，导致办学趋同；其二，“重分层轻分类”，其结果导致普遍存在“重学轻术”、重科研轻教学、重研究生教育轻本科教育、重普通教育轻职业教育等问题，造成了高等学校的不同类型之间、不同职能之间的横向分工歧视，即类型歧视；其三，“以分层代分类”，其结果导致原应在高等学校中居于中心地位的教学和人才培养职能逐渐被边缘化，而应用类、职业类院校长期面临“社会有需求、发展乏支持、认可待提高”的尴尬。简言之，主要问题在于高等学校的“类型歧视”，深层次原因在于“分层关系过于强势并造成对横向分类的僭越、对斜向沟通的漠视”。与此相关联，在有关高等学校分类问题的研究中，很多研究者甚至陷入了概念的混乱，将基于教育分工的横向分类问题等同于基于纵向分等的分层定位，或者说以“分类发展”之名讨论“分层定位”之实。正是由于内部结构关系尚待梳理，高等学校在对外履行各项职能时力有不逮，比如，它对中国经济和社会发展新常态的适应乏力，对多样化社会需求的满足不够，等等。

重分层、轻分类以及漠视不同类型之间的斜向沟通等诸多问题，合力造成高等学校结构关系中“身份对契约的漠视”。英国学者梅因认为，现代社会发展的核心趋势在于“从身份到契约”的转向运动。[④]这在高等教育系统

① 郑文，陈伟．我国高等教育发展的多维特色：中国模式探索[J]．教育研究，2012(07): 71-76.

② Hawkins J. Higher education alternatives in China: The transition from revolutionary to postrevolutionary forms[J]. Comparative Education Review, 1985, 29(04): 425-439.

③ 刘澍，郭江惠．现行高校分类模式：局限与超越[J]．河北大学学报（哲学社会科学版），2006(04): 78-82.

④ 梅因．古代法[M]．沈景一译．北京：商务印书馆，1959: 97.

中同样明显地存在着。[①]身份，倾向于固守等级，虽易于保持稳定、形成秩序，但有悖于能力本位、有碍于创新；契约则打破了身份固化，强调平等、鼓励绩效。高等学校的差序格局，非常重视身份特征：部委属—省属—“中心城市”属等各类高校的划分，强调的是行政隶属身份；公办、民办高校的划分，突显的是高校举办者身份。借助这些身份特征，不同高校分别居于不同的地位、获取不同的办学资源，进入或无缘进入不同的重点建设工程。“985工程”“211 工程”“国家示范性高等职业院校建设计划”等重点工程所支撑的差序格局，与行政隶属关系维度、举办者维度的身份特征及其等级划分保持结构的同构。等级身份的凝固化，容易消减基于契约追求绩效的基础、弱化基于绩效压力鼓励创新的制度。若不能谨慎处理，极易纵容高等学校的结构关系朝向狭隘的精英主义和等级制发展。

三、高等学校差序格局的变革反思：以团体格局为镜鉴

与东方中国社会的差序格局相对比，“西洋的社会有些像我们在田里捆柴，几根稻草束成一把，几把束成一扎，几扎束成一捆，几捆束成一挑。每一根柴在整个挑里都属于一定的捆、扎、把”，这就是“团体格局”。[②]团体格局的西方社会结构，至少有以下三大特征。首先是无中心、泛中心、多中心。随着不同主体参加不同的团体，其相对而言的中心不断发生改变，个体与中心之间的关系可以通过流动性博弈而避免遭遇绝对控制。其次是地位无绝对的差等分别。不同团体之间多样化的横向联系便于削减纵向控制关系。最后是秩序的灵活性。有必须遵循的公共秩序和基本法则，但个体可以通过“用脚投票”选择进入不同团体以趋利避害；借助看似无序的公共选择，建构起社会结构层面的灵活秩序。团体格局的西方社会结构，同样会影响其高等学校的结构关系；而集中体现西方社会团体格局特征且在中国影响巨大的高等教育系统主要有：美国（以加州高等教育系统的总体规划为代表）[③]、德国（其实力强劲的职业教育目前在中国备受重视）[④]、英国（以“双重制”

---

① 陈伟. “从身份到契约”：学术职业的变化趋势及其反思[J]. 高等教育研究, 2012(04): 65-71.

② 费孝通. 乡土中国[M]. 长沙：湖南人民出版社, 2022: 27-28.

③ 美国加利福尼亚州高等教育总体规划[M]. 王道余译. 北京：人民教育出版社, 2005.

④ 曹赛先. 高等学校分类的理论与实践[D]. 武汉：华中科技大学, 2004.

改革为鉴）[①]等（表 3-1）。国内在思考高等学校分类发展、规避高等学校差序格局的负面影响等问题时，总会不自觉地以它们为参照。

表 3-1　美国、德国、英国高等学校分类体系的特征比较

国别	制度形成	高等学校分类	普—职/学术—应用的类型划分	纵向分等	斜向比较与沟通		实施结果
					学位授予	学分转换/自由转学	
美国（加州高等教育系统）	主动规划	加州大学、加州州立大学、加州社区学院三大系统	有相对分类，但社区学院系统跨类承担不同的教育	同类高等学校竞争分等	各系统学位授予权有限制，应用类、职业类最高学位大多限于硕士层次	可以在不同类型之间进行	成功且仍在施行
德国	欧盟影响且有政府推动	综合性大学、应用技术大学、高等艺术与音乐学院、职业学院	有分类，应用技术大学、职业教育得到强调	此前长期不分等、均质化，但已经有同类高校竞争分等的改革		受欧盟范围内的改革影响，逐渐可在不同类型之间进行	成功且仍在施行
英国（“双重制”改革）	主动规划	自治部分（牛津大学、剑桥大学）、公共部分（其他公立高校）	有明确分类	不同类型的高校之间竞争分等，同类亦分等	—	难在不同类型之间进行	已终结

（一）完善高等学校的横向分类

中国高等学校横向分类方面的根本问题在于如何淡化、消除类型歧视，当前症结则在于如何建构起明确具体、细化且可操作的分类体系。

淡化类型歧视的前提在于消除学位授予权的垄断。少数学术型高等学校控制学位授予权，特别是控制应用型学位的授予权，是导致绝对等级划分的关键。英国的学位授予权长期被牛津大学、剑桥大学控制，19 世纪之后增加了伦敦大学——这种控制以及由此而导致其他学院对三者的遵奉和趋同、大学与学院之间的秩序森严等问题，带有明显的等级特征，部分地成为英国“双重制”在 1992 年寿终正寝的历史原因。湖北职业技术学院 2014 年开始向达到校定标准的毕业生自主授予“工士学位”[②]，层次相当于西方副学士学位，可以看做中国高等教育系统中打破学位垄断的民间努力。但是，打破垄断并不意味着应用类、职业类高等学校应与学术型高等学校一样享有博士学位授

① 陈厚丰. 英美高等教育分类政策比较——以英国高等教育“双重制”和美国加州“高等教育总体规划”为例[J]. 高等教育研究, 2009(12): 88-93.

② 程久龙. 工士学位风波[N]. 经济观察报, 2014-06-30(12).

予权，最高赋予它们硕士学位授予权倒是美国、德国、英国等国的共同选择。

合理的横向分类有助于防止高等学校的类型歧视。《国家中长期教育改革和发展规划纲要（2010—2020年）》从中央层面强调要“建立高校分类体系”；《现代职业教育体系建设规划（2014—2020年）》指出要“探索对研究类型高校、应用技术类型高校、高等职业学校等不同类型的高等学校实行分类设置、评价、指导、评估、拨款制度”。根据这项规划所绘制的教育体系图，中国教育系统中有普通教育体系、职业教育体系、继续教育体系，而职业教育体系自下而上依次包括初等职业教育（数量极少）、中等职业教育以及由高等职业专科、应用技术本科、专业学位研究生教育组成的高等职业教育。这些思路，在《国务院关于加快发展现代职业教育的决定》（国发〔2014〕19号）中得到了强调。如果从学校教育、学历教育的角度看，中国教育主要有普通教育、职业教育两种类型，中国高等教育可分解成普通高等教育、高等职业教育两大体系。

“普—职”两分的宏观政策意图是清楚的，但目前它缺乏更为细化的表述和更具操作性的实施方案，证据有三。其一，政策认识尚待梳理。在《现代职业教育体系建设规划（2014—2020年）》中，一方面以枚举方式提出要对三类高等学校，即“研究类型高校、应用技术类型高校、高等职业学校”，进行分类管理，另一方面，在该规划文本中的教育体系图里，高等职业教育包含了高等职业专科、应用技术本科、专业学位研究生教育。从目前的国情看，专业学位研究生教育由具有研究生教育资格的普通本科院校垄断，从事职业教育的院校则仍然处于不利地位。其二，民间争论尚无定论。2014年初以来围绕600多所地方高校转型从事“职业教育”的讨论中[①]，有给予支持的“驻马店共识”[②]，但也有质疑甚至反对的声音，众说纷纭、莫衷一是。其三，国家的教育统计口径模糊不清。当时虽然理论界在热烈讨论“普—职”关系，但国家统计口径仍未做出调整和优化。《2013年全国教育事业发展统计公报》指出，全国“普通高等学校2491所（含独立学院292所），比上年增加49所；成人高等学校297所，比上年减少51所。普通高校中本科院校1170所，比上年增加25所；高职（专科）院校1321所……”[③]这段话的意思可简化为：“普通高等学校2491所=普通高校（本科院校）1170所+高职

① 教育部副部长鲁昕：600高校将转型职教[N]. 成都晚报, 2014-03-23(09).

② 驻马店共识[N]. 中国教育报, 2014-04-28(03).

③ 2013年全国教育事业发展统计公报[EB/OL]. (2014-07-04)[2024-02-20]. http://www.moe.gov.cn/srcsite/A03/s180/moe_633/201407/t20140704_171144.html.

（专科）院校 1321 所”。其中，“普通”两字，在同一文本中依次与“成人高等教育”“职业教育”相对应，分别意为“全日制学历类教育”“非职业类教育”。语用的含混倒可借助语境得到补正，但它与《现代职业教育体系建设规划（2014—2020 年）》的高校分类思路不配套的问题，实在不可小视，且这种不配套至今尚未得到组织层面的彻底解决。解决上述问题的出路在于“普—职”两分的分类体系进一步细化、更具操作性，途径有二：一是对“普—职”两分法进行扩充，把高等学校分解成更多的类型，二是在“普—职”两分的基础上，再进行二级分解。

（二）优化同类高等学校的纵向分层

美国、德国、英国三国经验的比较研究表明，高等学校宜同类纵向分层、忌异类分层。由于缺乏可比性，异类分层会强化拥有不同学位授予权的高校之间的资源争夺和恶性竞争，进一步固化基于学位授予权的学校等级身份，不恰当地鼓励不同层次高校之间的不公平竞争，直接后果是对应用类、职业技术类高等学校资源的恶性掠夺和地位的进一步贬损。而同类高校通过竞争而分等，则是提高绩效、促进优异的重要条件。长期以来，同类高等学校之间的均质化是德国高等教育系统的重要特征之一，区分高等学校声誉和功能的首要依据并非个体高等学校的质量和水平，而是它们所属的学校类型。随着 2006 年以来“德国大学卓越计划”的实施，情况有所改变；尽管不会如同美国高等学校那样出现“金字塔形”的高度分化，但极有可能在原有的均质化基础之上出现温和型分化。①

在高等教育管理中，放任不同类型的高等学校之间进行不平等竞争，甚至放任它对社会地位分配和职业阶梯体系的构建等产生强大影响力，首先是一种“懒政”，原因在于它仅对高等学校实施简单化管理；其次它是一种“庸政”，原因在于它仅关注特定几所高等学校的建设及其所带来的标志性的、短平快的“政绩”，无助于高等教育系统的结构优化和永续发展，无助于高等学校社会服务能力的提升。因此，作为高等教育变革主导性、原发性力量的教育行政部门，有责任加大分类管理的力度、创造同类竞争和纵向分层的环境。为此，三个方面值得关注：一是倡导分类管理“契约”，这是防止异类竞争、鼓励同类竞争的前提；二是推进办学经费分类，这是保证同类竞争从思想转化为实践、从政策落实为行动的关键；三是完善分类评价系统，这

① 孙进. 由均质转向分化？——德国高等教育的发展趋向分析[J]. 比较教育研究, 2013(08): 1-8.

是保障同类竞争持续运行的关键。

早在 20 世纪 80 年代，法国等开始以“合同”的形式，通过高等学校的主动申请，与不同类型的高等学校分类签订不同的绩效管理“契约”，按照院校的付出及实践的绩效，兑现拨款。法国的改革在欧洲影响巨大。与此相类似，根据《广东省教育厅、广东省财政厅印发〈广东省高等教育“创新强校工程”实施方案（试行）〉的通知》（粤教高函〔2014〕8 号），广东省实施“创新强校工程”。“加强统筹、分类指导、高校自主、重点突破、注重实效”是其指导思想，“学校自主选择发展空间”“教育行政管理中实行目标管理”“注重高等学校的绩效考核”“公共财政经费以奖代拨”，是该工程的主要特点。换言之，该工程允许高等学校发挥办学自主权，在“国家项目、省级项目、自设项目”三类项目中自主选择、自主规划，经省教育厅、财政厅论证、评审通过后，纳入省高等教育建设的项目库，接受过程监控并在完成绩效评估考核后，按年度拨付奖补资金。广东的“创新强校工程”是促进高等学校分类竞争、同类分层的有益尝试。

（三）开放非同类高等学校之间的斜向沟通

不同类型高等学校之间斜向沟通的畅通程度，是体现高等学校分类体系的开放性并衡量其活力的标志。在美国加州高等教育系统中，最大的特色在于加州大学系统、加州州立大学系统、加州社区学院系统三者之间明确、清晰的学位定位和自由、灵活的斜向沟通。各系统之间的比较与定位主要有两大依据：一是学位授予权，前两大系统最高可分别独立授予博士、硕士学位；二是招收学生，前两大系统分别招收录取加州高中毕业生排名前 1/8、前 1/3 的学生。而加州社区学院系统，承担技术和职业教育、通识教育等基本功能，在整个加州高等教育系统中发挥着兜底作用。以斜向比较定位为基础，加州高等教育各系统之间以转学为核心的斜向沟通关系越来越受重视。灵活、自由的斜向沟通关系，有助于保证加州高等教育系统中的三大子系统各安其位、各守其责，而不是彼此趋同、越俎代庖。当然，强化不同类型的高校之间斜向沟通也正在成为德国高等教育系统在“苏格拉底计划”影响下的重要改革趋势。

在中国高等教育系统中，目前主要有两种“普—职”沟通方式。一是传统形式的“普通高校专升本”，或称之为普通高校“专插本”（广东）、“专转本”（江苏）、“专接本”（河北）等。根据《中共中央 国务院关于深化教育改革全面推进素质教育的决定》（中发〔1999〕9 号）的精神，自 2001

年起，在高考统招中开展此项工作。这种沟通形式，受益学生的总量少、比例低(招生计划人数控制在各省当年普通全日制专科应届毕业生总人数的5%及以内)，且考试成本较高、考试质量尚待提高。二是近年来在各省兴起的“高职高专—本科”联合培养。江苏在2012年首度试点，13所高职院校和本科院校联合培养学生，在本二批次招生，单设招生代码[①]，此后规模不断扩大。在广东，佛山科学技术学院率先实施“高职本科一体化”人才培养改革；深圳职业技术学院（现名为深圳职业技术大学）以“深圳大学（与深圳职业技术学院联合培养）”名义招收和培养“高职本科生”、颁发深圳大学高职本科毕业证书；2013年开始，广东省通过学校申报、全省评审的方式，试行高职与本科联合培养的试点工作。《海南省教育厅关于印发〈海南省职业教育人才培养及招生试点项目方案〉的通知》（琼教职成〔2013〕81号）规定，从2014年开始试点高职与普通本科的“3+2”分段培养、联合培养，完善中职与高职、本科之间的“3+X”分段培养模式。目前各省“普—职”斜向沟通培养人才的做法意义重大，但从制度建设和长远发展来看，尚需解决以下问题。

一是规模和范围。目前开展的“普—职”联合培养都属控制性试点，而不是普遍实行，且各省改革的力度、进展程度各不相同，试点学校的范围、受惠学生的规模，相比于学校和学生的总量而言仍然较小。

二是经常性和持续性。目前的试点大多需要学校的竞争性申请和教育行政部门审批，对参与试点的高校有特定的资质限制，比如，对高职院校有最低水平规定，而基于“维护教育公平”的考虑，对参与试点的本科院校甚至有最高层次的限定，在某些省份“211 工程”及以上高校就不能参与。以教育行政部门的评审和认可为前提的联合培养，空间仍然较为狭小；如果要向学校和学生自然、自由选择的常态化运行状态发展，还任重道远。

三是强强联合和“弱弱联合”的博弈。在联合培养过程中，水平高、地理位置优越的本科院校往往不愿意参加，以防因联合培养而影响学校声誉，而地理位置较偏远、办学水平待提高、就业情况较差的本科院校，参与试点的积极性很高；办学水平较低的高职院校当然无缘参与试点，参与试点的高职院校在选择试点专业时，认为无须“扶强”，即没有必要拿出招生最好、实力最强的专业参与试点，而应“扶次强”，即拿出那些有一定实力但待加强的专业参与试点。上述因素的博弈，使得原本尝试通过高职与本科的“强

① 13所高职院校和本科院校联合培养学生[N]. 南京日报, 2012-05-14(F02).

强联合”实现普职沟通、培养高水平应用型人才的改革试点，在某些省份变异为“强弱联合”甚至“弱弱联合”：发达地区高职院校与欠发达地区本科院校通过功利性“婚姻”，进行了奇特的结合。

高等学校斜向沟通中的改革尝试，有助于消除差序格局的负面影响；但改革中面临的问题，其实又深受传统差序格局的影响。在“高职高专—普通本科”之间的联合培养改革中，教育行政部门对高等教育公平的过分担忧，可部分地看作对差序格局的不自觉维护，且未能积极预测差序格局将在高职与本科分类高考的改革中遭遇何种消解；在“高职高专—普通本科”的合作中，本科院校勉强低就、高职院校积极高攀的心态进一步表明，受差序格局影响，“普—职”之间的类型歧视、分层至上、斜向交流被漠视等问题交织于变革之中。打破差序格局的诸种局限、解决相关问题，能为中国高等教育的发展带来新的增长点。

第二节　分类发展：高等学校之间关系的变革逻辑

从纵向关系角度看，中国高等学校之间存在着以等级分化为内核的差序格局；从横向关系角度看，则存在着以类型分化为内核的分类发展格局。高等学校之间的差序格局关系所引发的实践难题及其内在的逻辑困境，必然呼唤以“团体格局”为改革参照，以具有中国特色的分类发展为改革方向。以分层传统为基础、以分类发展为新的动向和趋势，恰好体现了高等学校之间保持平衡、协调的变革智慧。

一、分类发展政策的实践梳理和逻辑反思

高等学校分类发展，是世界高等教育多样化发展趋势的自然历史结果和现实政策议题，也是1949年以来中国高等教育历经重点发展、分层次发展之后的第三个发展阶段，其目标在于以多样化的高等学校结构回应日益多样化的社会职能期待。随着我国逐渐形成以“研究型大学—应用型本科院校—高职高专院校”为支点的高等学校分类发展政策体系，各省竞相行使高等教育的省域统筹权，一方面分别通过不同的政策制定主体、借助差异化的政策内容，构建个性化的省域高等学校分类发展政策体系；另一方面却共同彰显以下政策逻辑：在政策目标上，积极解决高等学校的恶性趋同，在政策原则上，

政府对高等学校提供分类指导但不强制归类，在政策杠杆上，逐渐淡化刚性规制、日益强化柔性引导。[①]

（一）作为政策议题的高等学校分类发展

高等学校的分类发展，是一个根植于历史变迁的现实实践问题。从历史的角度看，高等学校的分类发展是高等教育机构多样化变革的自然结果。12世纪左右，在西欧逐渐兴起了以教学和人才培养为核心功能的学院和大学；以创建于1810年、教学和科研并重的柏林洪堡大学为代表的德国大学模式，实现了大学功能的横向拓展，率先促进了高等教育机构的多样化；创建于1876年的约翰斯·霍普金斯大学，实现了研究生教育的体制化；随后，美国社区学院在19世纪下半叶到20世纪初从四年制本科院校中独立出来单独运行，助推了高等教育功能的纵向分层，进一步促进了高等教育机构的多样化；[②]威斯康星精神、多元巨型大学等理念及实践[③]，促使大学直接服务社会的功能在20世纪日益突显，并在“学术资本主义”[④]等理念的推动下，使得“创业型大学”[⑤]在20世纪末期成为大学的“教学—人才培养”“科学研究—知识创新”“社会服务”等基本功能焕发时代生机的新型载体。1980年之后，随着职业大学、职业技术学院的创建，中国开创了富有国情特色、具有世界原创性质的高等职业教育。[⑥]在前后继替的历史变革中，日益多样化的高等教育机构，基于“学术—应用”维度，既进行了层级分化，也实现了类型分化，进而形成纵横交错、生态多样的高等学校体系。从现实的角度看，高等学校的分类发展，有其内、外两个方面的动因。就其外部动因而言，它与高等教育大众化变革之后社会需求的分化、细化直接相关。在精英高等教育阶段，社会公众的高等教育需求是“获得高等教育机会”，而在大众高等教育阶段，还要求能够“满足个性化的发展需求”；相应地，高等学校分类发展的旨趣，必然从单纯扩大高等教育规模以满足需求，进而转型、提升为避免单一化、防止趋同化以高质量地满足多样化、个性化的高等教育需求。

---

① 陈伟. 省域高等学校分类发展：政策逻辑与实践路径[J]. 教育发展研究, 2020, 40(03): 1-7.

② 陈伟. 高等教育多样化发展的哲学反思和历史溯源[J]. 清华大学教育研究, 2003(05): 13-19.

③ Kerr C. 大学的功用[M]. 陈学飞, 陈恢钦, 周京, 等译. 南昌：江西教育出版社, 1993: 1-32.

④ Slaughter S, Leslie L L. Academic Capitalism: Politics, Policies, and the Entrepreneurial University[M]. Baltimore: The Johns Hopkins University Press, 1999: 1-22.

⑤ Clark B R. Creating Entrepreneurial Universities: Organizational Pathways of Transformation [M]. Oxford, New York: Published for the IAU Press by Pergamon Press, 1998: 137-144.

⑥ 姜大源. 论中国高等职业教育对世界教育的独特贡献[J]. 中国职业技术教育, 2015(36): 10-18.

就其内部动因而言，强调高等学校的分类发展，与分层发展过度强化、“重科研轻教学”“重学轻术”的畸形学术价值取向和歧视性学术评价机制等现实问题密切相关，分类发展的目的在于矫正“分层发展”之枉。

在中国，分类发展政策是新中国成立以来高等学校发展政策连续三次转型的客观结果。新中国成立之后不久，我国就实行重点发展政策，即在资源极为缺乏的背景下，按照“集中力量办大事”[①]的原则建设全国重点高等学校，以满足国家的战略性人才需求。这个过程开始于 1950 年中央政府确立中国人民大学和哈尔滨工业大学为重点大学[②]，随后又在 1954 年指定清华大学、北京大学、中国人民大学等 6 所高校为重点大学，1959 年确定 16 所高校、1960 年确定 64 所高校、1963 年确定 68 所高校、1978 年确定 88 所高校为全国重点大学[③]；1995 年 11 月 18 日国家计委、国家教委、财政部印发的《“211 工程”总体建设规划》(计社会〔1995〕2081 号)，启动了“211 工程”[④]；1998 年 5 月 4 日江泽民同志在庆祝北京大学建校 100 周年大会上提出：“为了实现现代化，我国要有若干所具有世界先进水平的一流大学”[⑤]，同年 12 月国家发布《面向 21 世纪教育振兴行动计划》并在 1999 年得到国务院批转，“985 工程”项目正式启动建设；2017 年 1 月 24 日，教育部、财政部、国家发展改革委发布《关于印发〈统筹推进世界一流大学和一流学科建设实施办法（暂行）〉的通知》（教研〔2017〕2 号）[⑥]，“211 工程”和“985 工程”等重点大学建设项目被统筹为“双一流”建设。[⑦]改革开放之后，“效率优先”渐成共识；为了提高高等教育效率，重点大学的建设政策逐渐从早期通过指定单所高校、以“点”为主，向通过全国布局、以“体系”建设为主转变；这种转变，促使中国高等学校发展政策逐渐进入第二个阶段，即实施高等学校分层发展政策的阶段。[⑧]1986 年 3 月，李鹏在国家教委工作会议上提出，

---

① Tsai W-H, Liao X M. Concentrating power to accomplish big things: The CCP's Pishi System and operation in contemporary China[J]. Journal of Contemporary China, 2017(26): 297-310.

② 毛礼锐, 沈灌群. 中国教育通史（第三卷）[M]. 济南: 山东教育出版社, 1995: 90.

③ 杜健. 大学治理推进“双一流”建设的实践路径[M]. 秦皇岛: 燕山大学出版社, 2022: 21.

④ 《新预算会计制度》编委会. 中国行政与事业单位新会计制度全书（下）[Z]. 北京: 中国书籍出版社, 1998: 724.

⑤ 江泽民. 在庆祝北京大学建校一百周年大会上的讲话[N]. 光明日报, 1998-05-05(01).

⑥ 教育部 财政部 国家发展改革委关于印发《统筹推进世界一流大学和一流学科建设实施办法（暂行）》的通知(教研〔2017〕2 号) [EB/OL]. (2017-01-26) [2024-06-20]. http://www.moe.gov.cn/srcsite/A22/moe_843/201701/t20170125_295701.html.

⑦ 杜健. 大学治理推进“双一流”建设的实践路径[M]. 秦皇岛: 燕山大学出版社, 2022: 23-26.

⑧ 金红梅. 高等学校分层次办学政策的实施机制研究[J]. 理工高教研究, 2005(06): 1-3.

我国高校可以分为三类：一是少数有条件的学校，同时培养本科生、硕士生、博士生，但以培养高层次人才为主，逐步形成教育中心和科研中心；二是较多的院校，以本科教育为主，围绕教学开展科研和学术活动；三是足够数量的专科院校，以教学为主。[①]1993 年的《中国教育改革和发展纲要》提出："高等教育的发展，要坚持走内涵发展为主的道路……制订高等学校分类标准和相应的政策措施，使各种类型的学校合理分工，在各自的层次上办出特色。"从当时的政策语境来看，特别是从随后力推的"211 工程"实践来看，虽然提出了"分类"发展的政策用语，真实的旨趣仍是将所有高等学校纳入同一招生体系和绩效评价体系，进行纵向"分层发展"。调整分层发展政策的转机出现在 2002 年之后。随着中国高等教育进入大众化阶段，针对高等教育"大而不强"的战略难题，针对高校扩招之后毕业生"学非所用、用非所学"、就业难与高技术技能人才"用工荒"同时并存等具体问题，为了实现从"高等教育大国"向"高等教育强国"转变的目标，我国高等学校发展政策开始进入第三个阶段，即横向分类发展阶段[②]，并最终在 2010 年《国家中长期教育改革和发展规划纲要（2010—2020 年）》中得到了标志性规定："促进高校办出特色。建立高校分类体系，实行分类管理。发挥政策指导和资源配置的作用，引导高校合理定位，克服同质化倾向，形成各自的办学理念和风格，在不同层次、不同领域办出特色，争创一流。"横向分类发展政策的实施，实现了对新中国成立以来"重点建设"制度的思想超越、对高等学校"分层"发展政策的战略升级。

高等学校分类发展的核心动力逐渐从单纯保证高等教育系统本身的结构-功能最优向承担日益多样化的社会职能转变和升级。从逻辑上讲，高等学校分类发展至少有两大目标：一是内在目标，即通过保持高等教育系统中相关要素的完整性和内在结构的耦合化，促使高等教育系统通过自组织，实现内部结构优化和功能强化；二是外在目标，即保证高等教育系统承担外部各项社会职能的能力最大化。就两大目标的关系而言，内在目标是前提，外在目标是归宿。为了达成内在目标，高等学校必须按照知识的逻辑，追求知识操作的理性完美，但是，自 18 世纪以来受国家主义思潮的影响，随着教育与国家、学校与政府的关系日益密切，随着高等学校所操作的知识与科技的社

① 吴镇柔，陆叔云，汪太辅. 中华人民共和国研究生教育和学位制度史[M]. 北京：北京理工大学出版社，2001: 258.

② 刘来兵，郭伟. 高等教育强国之路径：高校分类发展——访湖北省人大常委会副主任周洪宇[J]. 大学（研究版），2016(7/8): 4-9.

会价值、市场价值日益提升，高等学校分类发展的外在目标备受重视。这意味着，日益多样化、个性化的国家和地方发展战略需求、个体教育需求，积极呼唤高等学校的分类发展，要求以多样化的高等学校结构回应日益多样化的社会职能期待。

（二）高等学校分类发展政策的省域实践

为了配套推进高等学校的分类发展政策，近五年间中央对各种类型高等学校的发展分别出台了指导性政策。具体而言，对于研究型大学和学科，国务院出台了《统筹推进世界一流大学和一流学科建设总体方案》(国发〔2015〕64号)；对于应用型高等学校，出台了《教育部 国家发展改革委 财政部关于引导部分地方普通本科高校向应用型转变的指导意见》（教发〔2015〕7号）；对于高职高专院校的发展，教育部编制了《高等职业教育创新发展行动计划（2015—2018年）》（教职成〔2015〕9号）。借助上述三大政策文件，在国家层面形成了以“研究型大学—应用型本科院校—高职高专院校”等为支点的高等学校分类发展政策体系。在国家政策的引导下，许多省份，特别是沿海经济发达地区（比如上海、广东、浙江、山东等）、高等教育传统深厚的地区（比如陕西）、“一带一路”倡议和新兴战略支撑地区（比如云南）（表3-2），基于特定的省情、教情，竟相探索与实践高等学校的分类发展政策，并在政策制定主体和政策内容两个方面彰显出省域政策实践的个性和特色。①

表3-2 省域高等学校分类发展政策举隅

省份	政策文本
陕西省	《关于印发〈陕西省普通高等学校统筹管理与分类指导实施办法〉的通知》（陕教高〔2012〕46号）
天津市	《天津市教委关于加强高等学校分类管理、分类指导、分类评价的指导意见》（津教委〔2014〕82号）
浙江省	《浙江省高等教育“十三五”发展规划（2016—2020年）》（浙教高科〔2016〕139号） 《浙江省教育厅关于印发〈浙江省普通本科高校分类评价管理改革办法（试行）〉的通知》（浙教高教〔2016〕107号）
上海市	《上海市教育委员会、上海市发展和改革委员会、上海市人力资源和社会保障局、上海市财政局、上海市规划和国土资源管理局关于印发〈上海高等教育布局结构与发展规划（2015—2030年）〉的通知》（沪教委发〔2015〕186号）

① 梁金霞. 探索分类指导分类管理办法落实高校办学自主权——国家教育体制改革试点调研报告[J]. 中国高教研究, 2014(10): 37-43.

续表

省份	政策文本
山东省	《山东省教育厅、山东省发展和改革委员会、山东省经济和信息化委员会、山东省财政厅、山东省人力资源和社会保障厅关于印发〈山东省高等教育内涵提升计划（2011—2015年）〉的通知》（鲁教高字〔2011〕1号） 《关于山东省高等教育名校建设工程实施意见》（鲁教高字〔2011〕14号）
云南省	《云南省人民政府办公厅关于加强全省高等学校分类发展和分类管理的指导意见》（云政办发〔2016〕97号）
广东省	《中共广东省委广东省人民政府关于建设高水平大学的意见》（粤发〔2015〕3号） 《广东省人民政府办公厅关于公布广东省高水平大学重点建设高校和重点学科建设项目名单的通知》（粤办函〔2015〕325号） 《中共广东省委 广东省人民政府关于加强理工科大学和理工类学科建设、服务创新发展的意见》（粤发〔2016〕1号） 《广东省教育厅 广东省财政厅关于实施广东省一流高职院校建设计划的通知》（粤教高函〔2016〕155号）

首先可以考察政策制定主体的省域特色。在政策实践中，需要关注制定了什么政策，更需要关注的是谁制定了政策，即关注政策制定的主体。在高等学校分类发展政策的制定主体方面，各省大体呈现出四种类型。一是省域教育行政部门独立研制型，陕西、天津、浙江等是其典型代表。二是省域教育行政部门与其他厅局委办联合研制型，上海、山东是其典型代表。三是省级人民政府（或其办公厅）认可一发布型，云南是典型代表。四是省委、省政府协同研制一统筹推进型，广东是其典型代表，《中共广东省委广东省人民政府关于建设高水平大学的意见》（粤发〔2015〕3 号）、《中共广东省委 广东省人民政府关于加强理工科大学和理工类学科建设、服务创新发展的意见》（粤发〔2016〕1 号）是它的两个纲领性政策文本。

高等学校分类发展政策的研制与发布主体的差异，首先表明各省对此项工作的认识与重视程度存在差异，也能折射不同省份在分类发展领域的“政策势能”存在差异。比较全国相关省份后发现，广东省有关高等学校分类发展和高水平大学建设的决策者层次最高，一直由省委、省政府自上而下地推进。在中国的政治行政体制中，党领导一切，省政府统管全省各厅局委办，省委、省政府共同重视、联合发文，则意味着该项决策来自省域最高决策层，是省域范围“重中之重”的战略决策。换言之，在公共政策领域，发文单位的不同位阶能为公共政策提供强弱不同的“政策势能”；政策执行单位能够识别出这些政策背后所具有的“政策势能”，并根据政策所蕴含的势能高低作出相应的执行策略调整。[①]在省域范围内，省委省政府发文，既能表明广东省高度重视高等学校的分类发展，也能为该项政策的执行落实提供强有力的“政策势能”。其次，各省的政策形式存在差异。上海、浙江、云南、陕西等属于总体规划型，广东属于分散规划型。具体而言，广东省一直没有出台高等教育分类发展的总体规划文本，而是由省委政治精英于 2015 年、2016 年两次先行做出宏观决策，然后再由行政精英研制实施方案、予以实践落实和具体推进；通过政治与行政力量在政治决策、行政实践两个方面的协同合作，共同制定高等学校分类发展政策。

其次可以考察政策内容的省域探索。从政策内容的角度看，各省高等学校的分类发展体系至少呈现出三种类型。一是四分法。云南省按照“层次+功能”的方法，将全省高校分为高水平大学、骨干特色高校、应用型本科高校、技术技能型高职院校四大类。陕西省较为重视高等学校的既有身份，并将高等学校划分为：省内的国家“985 工程”和“211 工程”高等学校等国家层次高水平大学、进入国家“中西部高等教育振兴计划”和特色鲜明的省属高水平大学、应用型本科院校、高职院校。山东省将国家“985 工程”和“211 工程”建设大学之外的省属高等学校划分为应用基础型高校、应用型高校、技能型高校。广东省通过各项政策努力，使得省域范围内的高等学校在事实上分别隶属于“高水平大学—高水平理工科大学—其他本科院校—高职院校”等四种类型。二是两维六象分类法。浙江省的本科高校根据“人才培养、学科建设、师资队伍等”和“学科门类、专业数量等”两大维度的交叉结合，划分为六种类型：综合性研究为主型高校、多科性研究为主型高校、综合性教学研究型高校、多科性教学研究型高校、综合性教学为主型高校、多科性教学为主型高校。三是两维多列分类法。上海市按照人才培养主体功能和承担科学研究类型的差异性（分类维度Ⅰ），将高校划分为“学术研究、应用研究、应用技术和应用技能”四种类型；按学科门类（专业大类）集中度情况（分类维度Ⅱ），或者说按照主干学科门类（本科与研究生教育）或主干专业大类（专科教育）建设情况，将高校划分为“综合性、多科性、特色性”三个类别，从而形成以“两维”分类为主的高等教育分类管理体系，使其高校从“一列纵队”向“多列纵队”发展。

各省高等学校分类发展政策内容的异同，透露了以下三个方面的信息。

① 贺东航，孔繁斌. 中国公共政策执行中的政治势能——基于近 20 年农村林改政策的分析[J]. 中国社会科学, 2019(04): 4-25, 204.

首先，从中央和地方的关系看，省域自主探索往往自觉接受中央的宏观指导。尽管高等教育管理体制允许各省统筹省域高等教育的发展，但省级统筹总会自觉接受国家的宏观指导，各省高等学校分类发展的“类、型”划分都是在国家高等学校分类框架中、基于省域自主探索和特色化实践的地方性解决方案。其次，从省际关系看，省域高等学校分类发展的“类、型”划分，既互相借鉴，也暗含了竞争。地缘相近的上海与浙江，都按照“两维”方式进行高等学校的分类，但又各有特色；陕西与山东都强调对“985 工程”“211 工程”以外的省属高等学校进行分类；云南高等学校的四分法与广东极为类似。最后，从学理与实践的关系看，各省高等学校的分类名称不同、分类方式各异，但其中的分类标准都非常重视省域的实践要求，而不是单纯依赖高等学校分类的学理逻辑。据此可以说，目前全国和各省的分类发展政策实践，已不仅仅属于“分类学”（taxonomy）范畴，而是较多地彰显出“类型学”（typology）特征。分类学，基于研究对象可观察、可测量的自然属性和经验特征，按照归纳逻辑、通过普通聚类分析做出分类，其对事物、现象所做出的分类结果虽然简单、明了但往往初级、原始，在解释复杂的社会现象时往往显得无力；类型学，基于概念体系、根据多种维度，按照演绎逻辑、通过智力建构，做出类型划分，其划分结果较为复杂，且往往根据社会实践的复杂性给出复杂化解释。[①]省域高等学校的分类发展政策从“分类学”向“类型学”转变，既有助于防止陷入“不依学理而奢谈政策创新”的实用主义窠臼，也有助于防止陷入“仅就学理而空谈政策创新”、望文生义的文本中心主义倾向，还可防止陷入“言必称希腊”“在中国找问题、在西方学经验”的西方中心主义逻辑和自我殖民心态。

（三）省域高等学校分类发展的政策逻辑

尽管各省的高等学校分类发展政策制定主体、政策内容各有差异，相应地，省域实践方式互不雷同且各有特色，但在政策目标、政策原则及政策杠杆等方面却彰显出了共同的政策逻辑。

从政策目标看，旨在解决恶性趋同、建立有序体系。新制度主义认为，组织是社会环境的产物，组织的存在与运行深受文化和规则体系等广义制度的影响；制度是组织的核心秘密，制度极具价值倾向性，也需要合法性认可，

① 中国大百科全书出版社《简明不列颠百科全书》编辑部. 简明不列颠百科全书[M]. 北京：中国大百科全书出版社, 1985: 184-185.

且具有强劲的社会适应性。①从制度的角度看，组织会趋同，且表现为三种情况。一是强制性趋同，即主要为了获得合法性认同以提高生存能力（但不一定是为了提高效率），组织会尝试与所处社会环境的法律法规、文化期待、社会规范等保持一致，进而导致不同组织之间的趋同。二是模仿性趋同，即往往由于组织目标的模糊、组织之间的彼此依赖，或者为了降低不确定性，自觉选择向“成功”组织模仿和学习。三是规范性趋同，即自觉接受专业化规范的影响，自觉选择与专业标准、专业规范保持一致，进而导致不同组织基于专业化规范的趋同。②解决中国高等学校的趋同问题，并非消除所有趋同，而是旨在尽量实现从强制性趋同向规范性趋同转变。新中国成立以来重点大学制度、分层办学制度的长期实施，其实是通过不平等的资源分配、畸重畸轻的绩效评估以及“政绩-晋升”逻辑③，从政策上鼓励“重科研轻教学”“重学轻术”的“学术锦标赛”④，这对高等学校形成了强制性趋同的强大压力；而处于竞争劣势的教学型大学、高职高专院校为了获得优势，会以研究型大学为模板进行模仿性趋同——这些都属于恶性趋同。目前借重专业认证、第三方评价等中介力量，借助学生“用脚投票”的市场性影响，推进高等学校分类发展，其实就是提升学术共同体的专业规范和学校发展的内在规律在高等学校竞争发展体系中的影响力，鼓励和支持高等学校的规范性趋同。

推进高等学校分类发展以解决恶性趋同问题，从现象上讲，就是从重点突出单所高等学校的竞争性排位向促进高等学校的群体性分类转变；从其核心的逻辑上讲，就是以高等教育的多样化回应社会需求的多样化；就其具体路径而言则是，建立既合规律又合目的的高等教育结构、形成有序的高等学校体系、建构起健康合理的高等学校秩序；就其改革的动因而言则在于，高等教育的最高效率、最大效益只能来源于“社会结构、经济结构、政治结构—职业结构—教育结构”之间的结构耦合，而不可能来源于单所高等学校的各自为政，也不可能来源于不同高校之间、高校与经济社会之间的结构性疏离。

高等学校的分类发展与分层发展其实从来都没有截然分开，在实践中往往纠缠在一起；倡导高等学校的分类发展，其实就是通过与已有深厚历史基础的分层发展相衔接，共同建构有序的高等学校体系。从逻辑上讲，高等学

① Hall P A, Taylor R C R. Political science and the three new institutionalisms[J]. Political Studies, 1996, 44(05): 936-957.

② 张永宏. 组织社会学的新制度主义学派[M]. 上海：上海人民出版社, 2007: 28-30.

③ 余绪鹏. 我国党政干部晋升的五种模式[J]. 云南社会科学, 2014(05): 17-21.

④ 阎光才. 学术等级系统与锦标赛制[J]. 北京大学教育评论, 2012(03): 8-23.

校的分层与分类之间可能被决策者建构起多种联系。具体而言，一是矛盾关系。分层与分类，既存在哲学意义上的矛盾关系，即两者之间既矛盾对立又相辅相成，且作为一体两面共同体现在高等学校之间的关系之中，又存在实践上的矛盾关系，即由于资源分配上的竞争，分类与分层之间甚至可能存在着“资源你多则我少、实力你强则我弱、影响力此消则彼长”的零和博弈关系。二是包含关系，即分类发展中包含了分层发展、分层发展中包含了分类发展。这在中国高等学校发展政策的历次变革中都有体现，且也迫使研究者只有透过模糊、多义的政策用语，借助真实的政策实践，方能领会确切的政策旨趣。三是平行并列、彼此分割关系。据此往往会形成高等学校分类发展的机械化或理想化理解。四是先后关系，比如有观点强调高等学校理应“先分类后分层”，另有观点则强调“先分层后分类”。[①]根据中国目前的现实需要，从“理想类型”和应然趋势的角度看，高等学校的分层与分类关系应该是从“以分层掩盖、替代分类”向“在分类基础上分层、先分类再分层”的方向转变。根据《现代职业教育体系建设规划（2014—2020年）》中的学制图，且从国家及各省有关高等学校分类与分层关系的实践看，则呈现出两大特点：一是在本科与高职高专院校的关系处理上，从“全部高等学校统一分层办学、分层管理”向“本科院校与高职高专院校各自分类管理和分层办学”转变；二是在本科院校本身的分类、分层发展政策中，基本上按照“研究型（高水平）—应用型（大众化、特色型）”两维关系进行分类管理，而且本科院校中的研究型大学对应着普通教育体系，应用型大学和学院则衔接着职业教育体系，“普通教育—职业教育”两大体系则通过转学、学分互认，保持斜向融通。[②]

从政策原则看，重在提供分类指导但不强制归类。与重点大学建设政策、高等学校分层发展政策不同的是，高等学校分类发展政策的实践原则是政府为高等学校“提供分类指导但不强制归类”，其基本特征是给予高等学校必要的政策引导，但赋予高等学校自主选择机会和自由发展的弹性空间。

“提供分类指导但不强制归类”的政策原则，在不少省份的政策框架中都得到了明确规定。比如，《广东省教育厅、广东省财政厅印发〈广东省高等教育“创新强校工程”实施方案（试行）〉的通知》（粤教高函〔2014〕8号）实施高等教育“创新强校工程”的基本思路是，政府重在加强省级政府

① 何万国，杨正强，蔡宗模. 我国高校分类的一种新模型[J]. 重庆高教研究，2015(03)：69-76.

② 陈伟. 高等学校的差序格局及其变革[J]. 高等教育研究，2015(06)：1-8.

统筹，按照“扶需、扶特、扶优”原则，鼓励发掘各级各类高校的发展潜力和办学特色，引导高等学校合理定位、错位发展，高等学校则可“有所为有所不为”，办学自主、重点突破，以办出特色、彰显优势、提升办学实效。《上海高等教育布局结构与发展规划（2015—2030 年）》强调，引导高校自主明确发展定位的基本原则是“政府政策引导、高校自主选择、社会参与评估”。《浙江省教育厅关于印发〈浙江省普通本科高校分类评价管理改革办法（试行）〉的通知》（浙教高教〔2016〕107 号）鼓励本科高校分类发展的工作思路是：政策定位分类—本科高校自愿申报—主管部门分类评价—政府按绩效拨款。

“提供分类指导但不强制归类”的政策原则之所以能够得到实践落实，首先是与省域高等教育统筹权的持续提升紧密相关。自 20 世纪 90 年代以来，中国高等教育管理体制逐渐从以中央政府集中管理、全国上下整齐划一为特征的计划体制转变为“中央宏观指导、省级地方政府全面统筹，高等学校面向社会依法自主办学”。这为全国高等学校在不同的空间范围内自主选择分类发展道路奠定了政策基础。其次，与高等学校办学自主权的不断落实密不可分。1999 年开始施行的《中华人民共和国高等教育法》，从法律的高度确认了高等学校在招生、学科专业的设置与调整、教学、科研、社会服务、对外交流、内部机构设置、人事、财务等方面的办学自主权。这些办学自主权在《关于进一步落实和扩大高校办学自主权　完善高校内部治理结构的意见》（教改办〔2014〕2 号）、《教育部等五部门关于深化高等教育领域简政放权放管结合优化服务改革的若干意见》（教政法〔2017〕7 号）等政策文本中进一步得到具体的规定，为高等学校自主选择分类发展道路提供了具体的政策保障。

从政策杠杆看，重在淡化刚性规制、加强柔性引导。新中国成立以来高等学校的重点发展、分层发展政策，都是按照自上而下的方式，主要通过政府文件、行政通知等做出直接规定，属于刚性规制；其政策优势是短平快、效率高，其政策劣势在于，不利于高等学校的自主探索与创新发展、难以发挥高等学校的主动性和积极性，容易导致千校一面、缺失特色。改革开放以来，随着市场机制对高等学校提出日益繁多的创业性需求，不但高等学校本身要自觉运用办学自主权探索创新、不断创业，而且也促使政府在举办和管理高等学校时，从各个方面有意识地调整、创新行政方式。从政策用语的角度看，新中国成立之后直到 20 世纪 90 年代，有关高等学校发展的政策用语大多倾向于使用“应该、要求”等词语，而近十几年来，更多地使用“引导、鼓励、支持”等词语。从政策内容的角度看，则表现为重点采用了以柔性引导为主要特征的多种政策杠杆。

第一大政策杠杆是倡导分类培养不同层次、类型和规格的人。这是高等学校分类发展的根本。[①]比如，上海市提出，“学术研究型”高校以培养学术研究人才为引领，可授予博士、硕士和学士学位；“应用研究型”高校以培养应用研究与开发的人才为重点，可授予博士、硕士和学士学位；“应用技术型”高校以培养专门知识和技术应用人才为主体，一般可授予专业硕士和学士学位；“应用技能型”高校主要培养专科层次的操作性专业技能人才。山东省根据三类人才培养方向，在省属高等学校中分别打造应用基础型人才培养的特色名校、应用型人才培养的特色名校、技能型人才培养的特色高职高专院校。

第二大政策杠杆是确立办学绩效的多样化评估方式和评价标准。《浙江省普通本科高校分类评价管理改革办法（试行）》对研究为主型、教学研究型、教学为主型等三类普通本科高校，按照同样的指标体系及其观测点，分别确定评分标准，进行分类评估。[②]《上海高等教育布局结构与发展规划（2015—2030年）》根据“分类维度Ⅰ：按人才培养主体功能的分类标准”，针对学术研究型、应用研究型、应用技术型、应用技能型等不同类型高等学校，按照研本比（研究生在校生数/本科生在校生数）、应用型研究生比例（应用型研究生数/研究生总数）、一级学科博士点集中度[博士学位点数/学校学位点（含本硕博）总数]、基础性科研投入占比（基础研究投入经费/当年科研投入经费）、师资结构特点、人才培养目标定位等指标进行评估。在“分类维度Ⅱ：按学科门类（专业大类）集中度情况的分类标准”，针对综合性、多科性、特色性等不同类型高等学校（其中本科院校按照学科门类、高职高专院校按照专业大类），进行分类评估。广东省研制《广东高水平大学建设评价指标体系》《广东省一流大学与高水平大学建设标准》，以实现高等学校的分类评估。

第三大政策杠杆是调整和优化经费投入机制和资源分配方式。共同的趋势是从基于高等学校身份的平均拨款向基于绩效的竞争性拨款转变。广东省在实施高等教育“创新强校工程”时规定，根据注重实效的原则创新资源配

① 陈伟. 高等学校分类模式的反思与“理想类型”建构[J]. 教育发展研究, 2016 (11): 1-6.

② 浙江省教育厅关于印发《浙江省普通本科高校分类评价管理改革办法（试行）》的通知（浙教高教〔2016〕107号）[EB/OL].(2016-08-09)[2024-06-21]. http://jyt.zj.gov.cn/art/2016/8/9/art_1229106823_615062.html.

置方法，财政资金安排由事前单项竞争为主转为综合打包奖补和事后奖补为主，奖补资金向目标任务完成情况良好、建设成效突出、管理规范、引领示范作用明显的高校倾斜。《上海高等教育布局结构与发展规划（2015—2030年）》强调了两大经费投入机制。一是差异化拨款投入机制，即按照分类发展、分类管理框架，不同高校、不同发展定位、不同财政支持的高等学校，分类管理、分类拨款；二是促使高校财政拨款从“投入型”向“绩效型”转变，并建立高校综合定额动态调整机制，制定以绩效为依据的分级分类拨款标准。

第四大政策杠杆是因时而变、因地制宜地确定重点发展领域、重点建设工程以供高等学校招标竞争。这是解决高等学校的资源分配和地位获得过于倚重身份特征、绩效和责任突显不够等问题并及时落实省域发展政策的有效手段，由此而涉及的重点内容往往有：办学体制和机制创新、科研创新、学科与学位点建设、特色和优势专业建设、课程与教学资源建设、学生创新创业能力培养、旨在推进高等学校服务社会的产学研合作和校企合作、国际交流与合作等。

二、分类发展模式的历史反思与“理想类型”建构

明晰分类、促进分类发展，已成为当前中国高等学校改革发展的新共识、政策实践的新焦点、学术研究的新热点，但是，这并不意味着高校分类问题的理论研究已有定论、政策体系已然清晰有序、政策实践富有成效。中国高校分类问题，特别是其分类发展模式问题，仍需继续研究和深入探索。①

（一）高等学校分类模式的反思

建国之后，尽管高等学校发展的政策重点，自高等教育大众化之后从“重点建设大学”政策、分层发展政策，逐渐转向分类发展政策，但也不可否认，分类发展与分层发展政策是一直互相缠绕、同时并进的，只是在不同时期，存在着分层与分类“谁主谁次”的问题。这也意味着，如何从分类发展的角度看，新中国成立以来中国已有三次旨在促进高等学校分类发展的变革。第一次是1952年开始的院系大调整，通过重组高等学校及其内部的学院、系科组织，使高等学校适应“全盘苏化”“社会主义化”的改造需要，实现“分

① 陈伟. 高等学校分类模式的反思与“理想类型”建构[J]. 教育发展研究, 2016, 36(11): 1-6.

行业”发展。第二次是20世纪90年代中国高等教育管理体制调整，基本方式有“共建、联合、合并、协作、划转”，目的在于按照社会主义市场经济体制的要求重整高等学校之间、高等学校与区域经济社会发展之间的关系，以实现高等学校的“分区域”发展。进入21世纪后，基于已经跨入高等教育大众化阶段、高等学校办学自主权得到高度重视、建设世界一流大学的政策产生了重要影响甚至引致了高校趋同等背景，通过“促进高校办出特色”(《国家中长期教育改革和发展规划纲要（2010—2020年）》)，促使高等学校进行第三次变革，以实现“分类型”发展。

历次高等学校分类发展的改革调整，尽管特征各异，但内在逻辑一直保持一致，即高等学校的分类发展必须服从和服务于国家战略，换言之，“高等教育发展本身就是国家战略”，“国家急需”一直是高等学校分类发展的核心依据。从中国国情看，首要的“国家急需”是基于国际竞争和全球比较的目标建设世界一流大学。为此，自20世纪90年代以来先后实施了“211工程”、“985工程”、“2011计划”以及“统筹推进世界一流大学和一流学科建设总体方案”。这些工程、计划、方案的实施，直接结果是强化了高等教育系统服务国家战略的能力和意识、提高了研究型大学的国家战略地位，整体提升了中国高等学校在世界大学中的排行名次；但是，也悖论性地诱致了一些问题。比如，过度强化了“学”重“术”轻的价值取向，并在教学与科研的关系中具体诱致了重科研轻教学、重研究生教育轻本专科教育的现象，在科研和学术评价领域诱致了重数量轻质量、重刊物等次轻论文质量的“学术锦标赛”[①]；过度强化了“外”重“内”轻的价值预设，习惯于按照西方学术秩序、学术评价标准和体系规制中国的学术研究，由此而形成的过重的西方中心主义倾向极易矮化本国学术生态系统，诱致民族自信的弱化、发展道路的照搬等问题。第二种“国家急需”是基于社会转型和产业升级的需要而彰显高等学校的应用性、实用性、适切性。改革开放以来，中国作为发展中国家，既要快速完成第一、二次工业革命的任务以实现对西方工业化国家的追赶，还要因应“第三次工业革命”的挑战[②]，发展创新驱动型经济，并促进社会的现代转型。这类“国家急需”对高等学校发展而言意味着重视技术技能、强调应用实用，其直接结果是重视职业技术类高校的发展、强调应

① 刘海洋，郭路，孔祥贞．学术锦标赛机制下的激励与扭曲——是什么导致了中国学术界的高数量与低质量?[J]. 南开经济研究, 2012(01): 3-18.

② 周洪宇，徐莉．第三次工业革命与当代中国[M]. 武汉：湖北教育出版社, 2013.

用技术大学的转型与建设——从逻辑上讲，这种倾向有助于平衡高等学校的学术金本位思想、防止高等学校因过度坚持所谓的高等教育规律而陷入“学术自利”循环，但受社会舆论中“励志”、“创业”以“发财”、“升官”等世俗影响，社会逐渐缺少对“博雅”“人文修养”的尊崇，高等学校也不能免俗，许多高等学校明显地表现出重“应用”轻“通识”的倾向，在本科四年学制中，通识教育要么没有得到重视，要么缺乏创新、效果不佳，而许多研究型高校中声势浩大的通识教育，往往被“学术型教育”“研究性训练”所偷换，培养跨学科的学术精英被等同为培养高水平的“通识”类人才；与此相关联，以通识教育为重点的本科层次高等学校处境尴尬，在高等教育系统中缺乏相对独立且富有尊严的生存空间。

与“国家急需”相伴随且同样富有影响力的则是“民众急需”。对于高等教育，“民众”有多种价值期待，其中最重要的则是对“地位”的追求，具体而言，即据以实现向上的纵向社会流动，进而凭借社会流动的上升带来经济地位的改善、政治地位的上升。[①]《中华人民共和国教育法》第五条规定，“教育必须为社会主义现代化建设服务、为人民服务，必须与生产劳动和社会实践相结合，培养德智体美劳全面发展的社会主义建设者和接班人”。在追求“地位”的惯性下，社会公众偏爱作为“社会主义接班人”的选择，而高职高专院校毕业的学生更少机会进入公职部门，并在争取成为“接班人”方面处于相对劣势，因此基于首选成为“接班人”、退而求其次才是成为“建设者”的“民众急需”，高等学校发展过程中产生了“普”重“职”轻的价值取向，社会公众对高等学校的层次排序往往是“研究型大学—教学型本科—高职高专院校”。

“国家急需”和“民众急需”，互相影响，但并不一定完全合拍，而且两类急需也并不一定与高等学校的发展意向相契合；基于自身发展规律和资源竞争的考量，高等学校在分类发展的政策背景下，出现了两类问题。一是某些高等学校拘泥于普职之“名”而“有类不愿归”。事实上，并不是国家政策确定重点发展的所有类型都能得到高等学校相应的响应。比如，2014 年 3 月起教育部积极强调的“应用型高校转型发展”的问题[②]，尽管得到了“驻马店共识”[③]的赞同和部分高校的响应，但是数量巨大的地方新建本科院校

① 李金. 马克思的阶级理论与韦伯的社会分层理论[J]. 社会学研究, 1993(02): 23-30.

② 教育部副部长鲁昕: 600 高校将转型职教[N]. 成都晚报, 2014-03-23（09）.

③ 驻马店共识[N]. 中国教育报, 2014-04-28（03）.

历尽艰辛升格为本科之后，其中许多高校尽管能够接受“应用技术大学”的称呼，但刻意避免被划入“职业教育”阵营、忌言“职业院校”身份，而一些办学质量高、办学资源丰富、师资队伍强的公立高职院校和某些民办高等学校，虽然赞同“应用技术大学转型发展”的政策导向，但究其真实意旨，并不仅仅在于向应用技术类型“转型”，还在于借机“升格”为本科。二是某些高等学校受限于办学条件之“实”而“无类可归”。比如，数量众多的省属、地市属本、专科层次的师范院校，一方面由于实训条件不足难以办成应用技术大学，另一方面由于经费和科研水平不够难以发展为研究型大学，在现有的高等学校类型划分体系中，它们无所适从、亟须找到合适的类型归属。

实践领域中存在的上述问题，在理论研究中尚没有得到富有针对性的关注和有效解决。自2000年左右起，有关中国高校分类问题的理论探讨逐渐成为热点。时至今日，已提出了多种多样的高校分类思想框架。综观各家观点，主要依据以下五种框架体系对高等学校进行类型划分：一是学科的多样性程度（单科—多科—综合）①；二是学位授予权（博士—硕士—学士—高职高专）②；三是功能—职能（研究—教学—社会服务）③；四是人才培养类型（学术—行业职业）④；五是入学选拔的竞争强度（精英—大众）。⑤各家观点不乏真知灼见，且有诸多共同点，但尚无公论、亦无定论；尽管这些研究成果已经成为思考和讨论中国高等学校分类问题必不可少的基础性观念，但各种分类体系的分类标准是否合理、分类结构是否准确等问题尚待验证；在某些分类体系中，绕开了高校分类发展的问题，将研究话题转换到了高校分层发展上，且明显地存在着“重高校分层轻高校分类、以高校分层代高校分类”的问题⑥，比如有研究者强调高校分类是高校选优、排序的基础。⑦另有研究者认为，高校分类可划分为规划性分类和描述性分类，加州高等教育总体规划及其相应的分类体系、卡内基高等教育机构分类分别是

---

① 潘懋元，陈厚丰．高等教育分类的方法论问题[J]．高等教育研究，2006(03): 8-13；刘献君．建设教学服务型大学——兼论高等学校分类[J]．教育研究，2007(07): 31-35.

② 张振刚，杨建梅，司聚民．中美高等教育机构分类、布局和规模的比较研究[J]．清华大学教育研究，2002(01): 83-91；戚业国，杜瑛．试探我国高等学校分类思路及方法[J]．教育发展研究，2005(23): 61-64；刘少雪，刘念才．我国普通高校的分类标准与分类管理[J]．高等教育研究，2005(07): 40-44.

③ 武书连．再探大学分类[J]．科学学与科学技术管理，2002(10): 26-30；马陆亭．高等学校的分层与管理[M]．广州：广东教育出版社，2004.

④ 刘澍，郭江惠．现行高校分类模式：局限与超越[J]．河北大学学报（哲学社会科学版），2006(04): 78-82.

⑤ 陈敏．大众化视野中的高等学校分类[J]．现代大学教育，2002(01): 64-68.

⑥ 陈伟．高等学校的差序格局及其变革[J]．高等教育研究，2015, 36(06): 1-8.

⑦ 何万宁．论我国高校的分类、选优与排序[J]．黑龙江高教研究，2000(04): 18-20.

其典型代表。[①]就我国目前情况而言，有关高等学校分类的理论研究大都表现为描述性分类，旨在说明不同类型高校应该是什么；而有关高校分类的政策探索大多表现为规划性分类，即教育行政部门探讨如何针对不同类型高校开展管理、高校探讨如何根据自身的分类定位确定办学方向和发展战略。[②]不过，属于描述性分类的理论研究，其逻辑自洽性尚待提高，而作为规划性分类的政策探索仍处于起步阶段、尚待深化细化并增强可操作性，总之，需要继续探讨中国高校分类之道。

（二）高等学校分类模式的“理想类型”：“优、雅、实、用”

“理想类型”是马克斯·韦伯据以客观地呈现、清晰地分析复杂社会的研究工具。[③]借鉴“理想类型”的分析方法对高等学校进行分类，要坚持返本开新的原则，既恪守高等教育的本质又针对实践中的问题及发展需要，既立足于现实又彰显理想、指向未来；要坚持明体达用的原则，在分类依据上紧扣高等教育的核心要素和根本职能，在分类形式上精练准确、删繁就简以求合乎政策管理、实践发展之用。伯顿·克拉克认为，在高等教育系统中，“不管我们的定义是广义的还是狭义的，知识就是材料。研究和教学是主要的技术”。[④]这表明，知识是高等教育的“材料”之本、教学和研究是高等教育的技术（或工具）之“本”，它们都可看作高等学校分类的根本维度。

其一，知识的维度。高等学校是一个以知识为载体的特殊组织；人才培养、科学研究、社会服务以及新兴的文化传承创新使命等，都是基于知识、围绕知识而展开，“高等教育与中等、初等教育的主要差别在于教材的不同：高等教育研究高深的学问……或者还处于已知与未知之间的交界处，或者虽然已知，但由于它们过于深奥神秘，常人的才智难以把握”。[⑤]高等教育所操作的知识是高深知识和高等文化。

其二，职能的维度。在雅斯贝尔斯看来，大学是学者与学生求真的共同体，具有研究、学术传播、文化教育三大不可分离的职能，且享有不可剥夺

---

① 赵婷婷，汪乐乐. 高等学校为什么要分类以及怎样分类?——加州高等教育规划分类体系与卡内基高等教育机构分类的比较[J]. 北京大学教育评论, 2008(04): 166-178, 192.

② 赵庆年，祁晓. 高等学校分类管理：内涵与具体内容[J]. 教育研究, 2013, 34(08): 48-56.

③ 马克斯·韦伯. 社会科学方法论[M]. 杨富斌译. 北京：华夏出版社, 1999: 185.

④ 伯顿·R. 克拉克. 高等教育系统——学术组织的跨国研究[M]. 王承绪，徐辉，殷企平，等译. 杭州：杭州大学出版社, 1994: 12.

⑤ 约翰·S. 布鲁贝克. 高等教育哲学[M]. 3 版. 王承绪，郑继伟，张维平，等译. 杭州：浙江教育出版社, 2001: 2.

的学术自由特权[①]；相应地，教学、科研、直接服务社会是高等学校的三大基本职能[②]。随着高等教育的变革与发展，“国际合作（国际化）”、“创造新产业（参与社会生产）”、“技术创新”、“改造社会”[③]以及“社会阶层的再生产”[④]等被不同学者界定为高等学校的“第四职能”。高等学校的职能拓展是历史的必然，但是，自19世纪以来，教学（人才培养）与科研（知识创新）一直是高等学校的两大根本支撑；从逻辑上看，相对于教学、科研两大根本职能而言，所有其他职能要么只是它们的延伸，要么是为之服务，且都不能脱离教学与科研职能独立存在，因此可以将这些“新”（新出现的或被新界定的）职能涵括到教学、科研职能之中而无须单列。

其三，人才培养的类型维度。人才培养永远是高校的核心职能，永远是其他职能据以衍生的原点。在不同的历史时期，高校的人才培养目标各有不同。中世纪大学的人才培养割不断与宗教的关系；纽曼的“大学理想”旨在培养自由的“绅士”，强调通过教学对人进行理智训练以达至自我完善；德国古典大学重在培养研究型人才，焦点在于借助科学探究训练学生的心智；美国的研究型大学旨在培养学术创新人才，秉承“威斯康星精神”的高校则旨在培养应用型人才；现代的“多元巨型”大学推崇培养适应社会发展所需的各个层次和类别的人才，而各“创业型大学”则积极培养能加强学术与市场的联系、促进科技产业化的创业型人才。尽管人才培养旨趣内涵丰富且屡有变迁，但不外乎两大核心目标：一是培养学术创新能力，二是培养知识应用能力——前者注重“学以致学”的循环，既为彰显高等学校的社会价值奠定学术基础，也旨在保证高等教育系统能够自我循环；后者关注“学以致用”，进而体现出高等学校的社会价值。

有学者建议，基于知识活动能力把高等学校划分为“知识创造导向型、知识应用导向型和知识传播导向型”等三种类型。[⑤]其实，知识创造、知识应用、知识传播之间并非知识活动能力高下之别，而是知识操作方式之异；知识活动能力是同类高等学校进行纵向分层的依据，知识操作方式则是高等学校横向分类的依据——具言之，体现知识操作方式形态特征的是高等学校的“研究、开发、教学”等职能，它决定高等学校“能做什么”；体现诸种

① 张岂之，谢阳举. 西方近现代大学理念评析[J]. 高等教育研究, 2003(04): 1-8.

② 潘懋元. 高等学校的社会职能[J]. 高等工程教育研究, 1986(03): 11-17.

③ 薛秀珍. 高等学校“第四职能”述评[J]. 清华大学教育研究, 2005(03): 104-108.

④ 闫飞龙. 高等学校的“第四职能”——社会阶层的再生产[J]. 江苏高教, 2007(05): 15-17.

⑤ 潘黎. 基于知识活动能力的普通高校分类研究[D]. 大连: 大连理工大学, 2009: 86-91.

知识操作方式之根本目的的则是“学术、应用”等人才培养类型，它表征高等学校“应做什么”。据此，可依靠两大维度细分高等学校的类型：一是高等学校职能维度，主要有“研究（开发）—教学”两个基点；二是人才培养类型维度，主要有“学术—应用”两个基点。按照这两大维度、四个基点画出坐标的纵横轴，恰好揭示了高等学校发展的四大价值旨趣——“优、雅、实、用”，进而可划分出四类高等学校——学术类高校、通识类高校、应用技术类高校、技术技能类高校，从而形成独具特色的高等学校分类体系（图 3-2）。

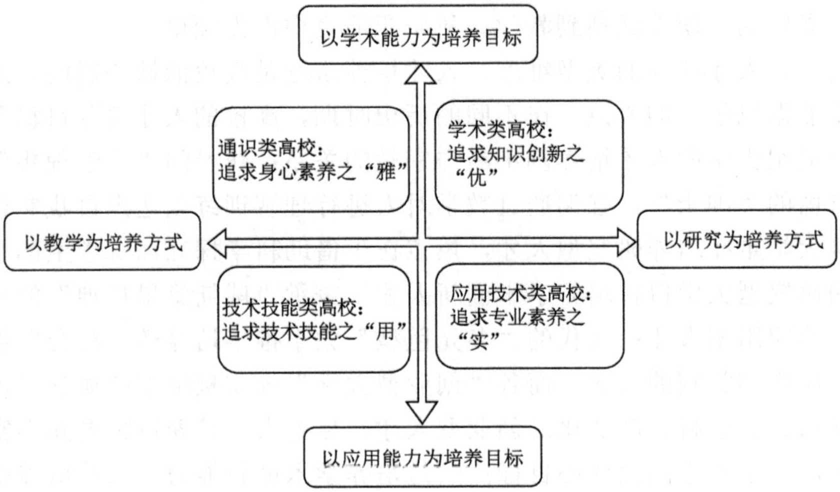

图 3-2　高等学校的“优、雅、实、用”分类法

侧重以研究（开发）为人才培养方式、以学术创新能力为核心、以领袖人才为培养目标的高校是典型的学术类高校，这类高校要“优”，“优”在教师和学生的知识创新、精神创新——这类似于柏拉图“理想国”中培养“哲学王”的古老构想；主要以教学为人才培养方式、以学术理解能力为培养目标的高校是典型的通识类高校，这类高校要“雅”，“雅”在学生的身心素养——英国牛津大学、剑桥大学中古老的住宿制学院、美国的文理学院大多如此；强调以研究（开发）为人才培养方式、以开发型应用能力为培养目标的高校是典型的应用技术类高校，这类高校重在“实”，“实”在师生的应用型专业能力；侧重以教学为人才培养方式、以操作型应用能力为培养目标的高校是典型的技术技能类高校，这类高校要重“用”，“用”在学生的技术技能。四类高等学校分别重点追求“知识创新之优、身心素养之雅、专业

素养之实、技术技能之用”；借助四类高等学校的整体协同，使高等教育系统完整承担起培养“优、雅、实、用”多样化人才队伍的职能，适应经济社会发展对毕业生提出的“创新、创造、创业”等多类型、多层次需要，全面回应《中华人民共和国教育法》规定的“培养社会主义建设者和接班人”的教育宗旨。

如果对目前高等学校进行粗略分类，大部分曾入选“985 工程”的本科高校、在中央“统筹推进世界一流大学和一流学科建设”过程中能被遴选为“双一流”的本科高校，可以归入“学术类高校”；曾入选“211 工程”的本科高校可以归入“学术类高校”或“通识类高校”；具有较强学术实力的综合性、师范类本科高校（包括前身为师专类、新升格为本科的院校）可归入“通识类高校”；专科性（与综合性相对应）、应用类本科院校可发展为“应用技术类高校”；高职类院校可归为“技术技能类高校”。

上述类型划分，立足于高等学校的分类发展，着眼于高等学校的结构-功能调整与社会需求之间的匹配。这套分类体系的应用，需要坚持两大原则。一是高等学校功能的全面涵盖原则。对于高等学校，上述四类划分只是相对的，仅侧重于界定其主要特征。事实上，所有高校的办学都需程度不同地关注“优、雅、实、用”四大旨趣（表 3-3）。与此相关联，各种类型的高等学校，都需也皆应程度不同地关注“教学-科研”两大根本职能、关注培养学生的知识创新能力和知识应用能力（技术技能），各校之间的差别不在于“研究（开发）-教学”“学术-应用”等二元组合单元中不同基点的有无之分，而在于它们对待不同基点的轻重之别。二是高等学校发展的个性化选择原则。各高等学校理应而且必须根据自己的发展定位做出个性化选择，国家也可以借助自由竞争、自主定位的开放性政策引导高校做出符合自身办学实际和发展期望的个性化选择。另外，上述四类高校可分别根据办学水平、能授学位的高低，在同类高校中再进行层次划分，进而形成分类与分层衔接沟通、立体完整的高等教育系统。

表 3-3　“优、雅、实、用”四类高等学校的比较

类型	特征	核心标识	办学定位	学校主要来源
学术类高校	优	知识创新之优	侧重以研究（开发）为人才培养方式，以学术创新能力、领袖人才为培养目标	曾入选“985 工程”和“211 工程”的高校；在中央“统筹推进世界一流大学和一流学科建设”过程中的“双一流”本科高校

续表

类型	特征	核心标识	办学定位	学校主要来源
通识类高校	雅	身心素养之雅	主要以教学为人才培养方式，以学术理解能力为培养目标	曾入选“211 工程”的高校；其他具有较高学术实力的综合性、师范类本科高校
应用技术类高校	实	专业素养之实	强调以研究（开发）为人才培养方式，以开发型应用能力为培养目标	专科性（与综合性相对应）、应用类本科院校
技术技能类高校	用	技术技能之用	侧重以教学为人才培养方式，以操作型应用能力为培养目标	高职类院校

（三）建构高等学校“理想类型”的价值分析

把我国高等学校划分为“优、雅、实、用”四种类型，也许有理由批评它诗意气质较强而科学严谨性尚待论证、主观性较强而理性中立特征尚待突显，但是，从彰显高等教育“明明德、亲民、止于至善”等“大学之道”及其所兼具的“学以致学”“学以致用”等多元价值旨趣的角度看，这非但不是缺点，反而有助于契合大学精神；本书从理论上建构高等学校的“理想类型”，尽管还未深入到探讨有关实践建构的基础条件、制约因素等具体细节，但它有助于拓展问题解决的思路、探索问题解决的多种可能性，据此而形成或受此启发而建构的解决方案能在综合平衡中国高等教育系统内部结构的“学—术”“普—职”“应用—通识”等多元关系的基础上，较妥善地涵盖和平行整合（而非纵向分层定位）目前理论界高度关注的“研究型—教学型”“精英型—大众型”“学术型—职业型”等各种不同类型高等学校，直接而言有助于解决某些高等学校“有类不愿归”“无类可归”等现实问题，促使不同高校“有位可安”且“各安其位”，从根本上讲则有助于反思中国高等教育应该如何全方位地承担起复杂多样且繁重紧迫的发展使命。

发展，是改革开放以来中国的重大主题。中国的内部发展，已经从延安时期强调“经济、政治、文化”三个方面的建设，升级和发展到十八届五中全会的“统筹推进经济建设、政治建设、文化建设、社会建设、生态文明建设和党的建设”“六位一体”的新阶段，发展任务日益繁重、复杂；中国的外部发展，需在展示道路自信、理论自信、制度自信、文化自信的基础上，实现大国复兴的目标。中国内、外部的协同发展，离不开文化软实力的提升，离不开高等教育的智力支撑，亟须早日建设成为高等教育强国。20 世纪 90 年代以来中国大力建设与发展学术类高校，直接目标在于建设世界一流大学、高水平大学，根本目标则旨在提升服务于发展的强大创新能力，并在世界民族之林赢得、展示中国基于发展的强大文化自信。建设与发展应用技术类、技术技能类高校，旨在回应中国作为后发国家既要适应甚至争取引领信息化变革又要快速补上工业化变革之课以追赶先发国家的现实需求。在中国，由于鸦片战争以来基于救国图强等现实需要而非常重视教育的功利与实用，由于社会主义计划体制强调人才培养能岗适应、专业对口的传统惯性强大，也由于高等教育大众化时代，或者说步入后高等教育大众化时期以来毕业生就业、经济社会发展以及新常态下亟待调整优化的社会公平与效率关系等压力交织在一起，中国高等教育因应“大众创业、万众创新”的外部需求，日益重视“就业教育”“创业教育”。有鉴于此，应用技术类、技术技能类高校的建设与发展具有历史与现实的双重必然性，已成为现代中国高等教育发展不可回避的历史使命。

但是，在积极彰显高等教育的现实功利价值之时，更需要防止过犹不及、物极必反。有批判者认为，在急需提升民族国家的文化自信、全力满足后发国家快速工业化等发展需求的过程中，人文素质教育、人的精神健全和人格的和谐熏陶等遭遇漠视，教育丢了“心”、不姓“人”、远嫁“他者”、失了“身”[①]，其结果是大量培养了“精致的利己主义者”[②]。重新细分高等学校的类型，特别是倡导增加“通识类高等学校”、突显“身心素养之雅”的人文价值，不仅有助于弥补此前高等学校建设和发展的类型缺失，保证那些学科实用性不强但人文底蕴深厚、人文教育价值充盈的高等学校从中找到自己的位置、避免陷入缺位和失位的尴尬；更重要的是，它适应了中国目前亟须提高文化软实力，实现“从富强走向文雅”[③]的发展需求，能针对目前经济建设成就巨大但“人”本身遭遇漠视、人文精神渐为迷失的困境，为培养身心既美且善的公民提供可供选择的良方。

追求“身心素养之雅”，是中西方教育共同的历史传统。在西方，古希腊时期的自由教育、英国近代的博雅教育、美国的通识教育，都强调人、人文、公民素养等非功利的教育目标；在中国的教育传统中，崇尚“内圣、外王”两大目标，注重“立德、立功、立言”（《左传•襄公二十四年》）等三大实现途径，倡导“为天地立心，为生民立命，为往圣继绝学，为万世开太

① 张祥云，刘献君. 人文教育：超越对象化回归本体性[J]. 高等教育研究，2014, 35(12): 53.

② 刘铁芳，刘艳侠. 精致的利己主义症候及其超越：当代教育向着公共生活的复归[J]. 高等教育研究，2012, 33(12): 1-8.

③ 甘阳. 文明·国家·大学[M]. 北京：生活·读书·新知三联书店，2012: 293-301.

平”（宋·张载）等四大使命。尽管世易时移，但中西方的传统不灭，且通过借鉴、继承等途径，都已积淀为现代教育的基因。因此，在人类发展史中尽管不时会有崇拜教育的经济功利价值倾向占据上风，但总会有崇尚教育的人文主义的声音予以纠偏。以世界教育在近七十年间的发展为例，联合国教科文组织继 1972 年发布《学会生存：教育世界的今天和明天》（即富尔报告）和 1996 年发布的《教育，内在的财富》（即德洛尔报告）之后，2015 年发布了第三份重要的报告《反思教育：向“全球共同利益”的理念转变？》——该报告在反思此前强调教育追求个体的现实功利等倾向的基础上，特别提出教育和学习要超越功利主义和经济主义，要以人文主义为基础、尊重生命和人类尊严，并认为这是全球共同利益。[①]与此相呼应，哈佛大学教育学院在 2016 年初发布了一份得到了广泛响应、名为《扭转趋势》的报告，呼吁美国大学的招生应适度弱化标准化考试（SAT/ACT）成绩的重要性、强化对入学申请者在关心公共事务和担当社会责任等方面的考察。[②]这些变化趋势都突显了对教育从功利走向人文的重视。据此看来，在高等学校分类体系中特意单列通识类高校、倡导培养身心素养之雅，符合教育的本真要求和发展走向、暗合人类共同且永恒的利益！

① 顾明远. 对教育本质的新认识[N]. 光明日报, 2016-01-05(14).

② The Harvard Graduate School of Education. Turning the tide: Inspiring concern for others and the common good through college admissions[EB/OL]. (2016-01-20)[2024-02-20]. http://mcc.gse.harvard.edu/files/gse-mcc/files/20160120_mcc_ttt_report_interactive.pdf?m=1453303517.

第四章　教师与大学关系的变革逻辑

大学的内部治理制度，特别是大学与其教师之间的关系，与大学与政府之间的关系存在着明显的同构性——公立大学尤其如此，因此，建设现代大学制度的问题，在中国极具政治意蕴、极富学术讨论空间；但是，相关讨论日益激烈之时，也是最为彷徨待解之日。加剧这种彷徨氛围的重要原因就是，在中国特色的现代大学制度建设方式日益强劲、日益盛行的背景下[①]，出现了学术界的长期信仰与政治话语的变革导向之间的重新调适。长期以来，学术界坚信“学者”身份的神圣性，但大学的世俗化变革不断加强对学术生活的绩效评估；学术界一直流传着“教授治校”的传统，在此基础上，《国家中长期教育改革和发展规划纲要（2010—2020 年）》进而提炼出“教授治学”理念，并强调这是建设中国特色现代大学制度的重要内容[②]。理想与现实之间的差异、现实对理念的发展，缘起于大学治理方式的变革，与世界高等教育的总体变革趋势相连，更与中国高等教育当前深层次的改革紧密相关，因此不能等闲视之。教师与大学之间关系变革中所折射出来的实践逻辑，是高等教育发展之中国逻辑的重要组成部分。

第一节　从身份到契约：历史中的变革逻辑

大学产生后，身份逐渐成为所有从事学术职业者引以为豪的象征性标志之一。但随后的社会发展，却凭借契约的力量，通过瓦解身份传统、打破身份等级、革除身份特权而开辟其发展道路。有鉴于此，英国学者梅因甚至认为，“‘身份’这个字可以有效地用来制造一个公式以表示进步的规律……所有进步社会的运动，到此处为止，是一个‘从身份到契约’的运动”。[③]在

① 陈平原．大学何为[M]．北京：北京大学出版社, 2006；赵婷婷．大学何为：理想与现实间的冲突及协调[M]．北京：高等教育出版社, 2005.

② 国家中长期教育改革和发展规划纲要（2010—2020 年）[EB/OL]．(2010-07-29)[2024-02-20]．http://www.moe.gov.cn/jyb_xwfb/s6052/moe_838/201008/t20100802_93704.html.

③ 梅因．古代法[M]．沈景一译．北京：商务印书馆, 1959: 97.

学术职业领域，打破身份隔离、彰显契约精神的变革，尽管稍迟于社会、政治、经济领域，但仍然不可阻挡地体现在其变化和发展进程之中，并且影响广泛而深刻。①

一、学术职业的身份传统

身份，是社会学的核心概念。马克斯·韦伯认为，身份是在社会声望方面可以有效地得到肯定和否定的特权；它的建构基础有：生活方式，正式的教育过程，特殊出身（血缘），特殊职业及其声望，等等。以身份为基础，进而借助法律、法规、规范的规定和认可而建立起来的制度体系就是身份制。②表示“身份”的英文单词有两个：identity 和 status。从语用角度看，identity 重在表达身份的形式，指的是个人、群体或组织得以被识别的社会特征；status 更重身份的实质，它往往与职业、名分、威望、权力、权利和资格等相关联，意味着差别待遇和特权。传统意义上的身份主要是指 status 所包含的实质性内涵，一般被界定为可能是人生而有之、用以确定人们地位高低、权力（权利）大小、义务多少的根据和标准。身份，与地位、角色等构成三位一体关系。具体而言，地位是身份和角色的内在依据，身份是地位的外在标志，角色则是地位和身份的动态表现。③实质意义上的身份，是一种资源，是可使拥有者增值并获得优先发展之特权的社会资本。

（一）学术职业的原初身份：行会身份

自从以欧洲大陆为模板的现代大学和学院产生之后，学术职业越来越密切地依托于这类特殊组织。为了赢得自己的生存空间与发展机遇，从事学术职业的大学和学院教师，非常重视营构自己的身份特征。从历史进化的时序看，学术职业最早依托的是行会身份。

大概从 11 世纪起，西欧行会组织开始盛行，并依次经历了三个发展阶段：商人行会、手工业行会和公会。行会组织普遍具有四大特性：脱离自然经济的轨道，步入了商品经济范畴；劳动资料属于行会成员个人所有；单个生产单位内部没有分工；享有封建特权，且相对封闭。④西欧大学产生之时，恰

① 陈伟. “从身份到契约”：学术职业的变化趋势及其反思[J]. 高等教育研究, 2012, 33(04): 65-71.

② 李强. 转型时期的中国社会分层结构[M]. 哈尔滨：黑龙江人民出版社, 2002: 8.

③ 胡平仁. 对平等与身份的法社会学分析[J]. 湘潭大学学报（哲学社会科学版）, 2004(05): 22-25.

④ 金志霖. 论西欧行会的组织形式和本质特征[J]. 东北师大学报（哲学社会科学版）, 2001(05): 71-77.

好是欧洲手工业行会组织盛行之际，知识分子群体按照城市的惯例采用了行会组织方式。手工业行会内部的结构关系特征主要是：行会由城市中同行业的手工作坊组成，手工作坊主们按照“一人一票”的原则民主表决行会事务；在每一个手工作坊内部，作坊主是作坊财产的拥有者，扮演师傅角色，学徒地位低下，期满学成后还要免费为师傅担任帮工一段时间，“师傅—帮工—学徒”构成了手工作坊内部的等级关系。行会及手工作坊内部的身份等级关系，被搬用到大学行会群体之中，成为文学、神学、法学、医学不同学部之间，不同教师之间，以及教师和学生之间等级身份关系的参照。大学和学院的行会组织特性及教师的行会等级身份，使学术职业中的“行会权力”延绵至今，[①]并逐渐演变成如下学术生活规则：拥有更多知识、拥有更高知识创新能力者，拥有更大的学术权力。

（二）学术职业的庇护身份：宗教身份

学术职业早期主动依附并善加利用的是宗教身份。西欧中世纪的大部分时间都呈现为二元分裂状态。“在它的政治意识和理智意识的中心，是基于教皇杰拉西乌斯一世的双剑说的二元论，即世俗的与宗教的、帝国的与教皇的，神圣罗马帝国与罗马主教管区，两者都声称是古代罗马皇帝的合法继承者。这种二元论把中世纪社会从头到脚一分为二，从皇帝与教皇开始，通过国王与大主教，直至贵族与住持以至庄园主与教区牧师。”[②]在教权与王权的对抗中，掌握精神力量的教会，戏剧性地挫败了掌握武力的世俗政权。罗马法律集《狄奥多西法典》380 年的一项法律要求，“受我仁慈之恩者，要皈依于一种宗教”，即基督教。罗马帝国须“承认并服从、效忠于‘众王之王’，把他们自己的奴隶称为‘穷兄弟’，而且常常也称他们为‘灵界的长者’”。从此，“帝国的存在主要不是靠官吏、劳动和汗水，而是靠宗教”。教会的教士身份逐渐与特权和豁免权联系在一起。担任神职的人，也就是那些叫做教士的人应免去一切社会义务，不然他们会受到别人的恶意打扰，不能全心全意地履行神职。[③]

在教会逐渐成为西欧的主宰性力量时，新兴的大学和学院，以及其中从

① 伯顿·R. 克拉克. 高等教育系统——学术组织的跨国研究[M]. 王承绪，徐辉，殷企平，等译. 杭州：杭州大学出版社，1994: 126-128.

② 伯顿·克拉克. 高等教育新论——多学科的研究[M]. 王承绪，徐辉，郑继伟，等译. 杭州：浙江教育出版社，2001: 28.

③ Cubberley E P. Readings in the History of Education[M]. Boston: Houghton Mifflin Company, 1920: 49-52.

事学术职业但尚缺乏有力保护的教师，不失时机地选择依附于教会，借助教士身份谋求庇护。“教师与学生明白留在教会符合自身利益，以躲避国王的警察和司法，因此他们并不反对教会权威把学生定为教士。”[①]雅克·勒戈夫甚至断定，就其社会性质和组织特征而言，大学社团组织“首先是个宗教组织。虽然它的成员很久以来就不全都属于一个教团，虽然它的队伍里纯世俗教徒的数目越来越多，大学的成员仍全部被当作教士看待，接受教会的管辖，并且更要接受罗马教廷领导”。[②]为了享受教士身份所带来的诸种好处，许多从事学术职业者甚至积极恪守教士的形式特征，比如保持独身——这项制度要求在牛津大学直到 1871 年才逐渐放开。此前之所以坚持独身制度，是因为相关人员相信，独身条件下的会士（fellow）可以排除任何世俗责任，还能维持独立身份和高贵地位，“独身禁欲并不必然是纯洁，也必然不是自我否定，但它常常可保持超然和理想主义”。[③]

（三）学术职业的现代身份：公职身份

927 年，英格兰王国建立；13 世纪初，法国逐渐统一。以英法为代表，新兴的民族国家（王权）逐渐从教会一统天下的欧洲权力版图（教权）中挣扎出来。随着民族国家的兴起，基于学术和知识世俗化发展逻辑的内在要求，学术职业开始转向依附于王权，利用由世俗政府确认的公职（或者说政府公务人员）身份为自己的存在赢得新的合法性。

这类变化的最早典型，并不是老牌的英法等国，而是一些相对后起的民族国家，比如德国（表 4-1）。18 世纪的哥廷根大学、哈勒大学，19 世纪初的柏林洪堡大学，都是由世俗王权建立，它们的教师具有非常强的官僚化身份特征[④]，教授们拥有所在州公务员身份，甚至被称为“政界要员、高级官吏”（mandarins）[⑤]。与德国相类似，在其他许多现代民族国家里，学术职业都倾向于依托公职身份。在中国，早在秦朝就开始形成“以吏为师”“以法为教”的制度，学术职业的公职身份可谓历史悠久。

---

① 雅克·韦尔热. 中世纪大学[M]. 王晓辉译. 上海：上海人民出版社, 2007: 23.

② 雅克·勒戈夫. 中世纪的知识分子[M]. 张弘译. 北京：商务印书馆, 1996: 65.

③ Engel A J. From Clergyman to Don: The Rise of the Academic Profession in Nineteenthth-century Oxford[M]. Oxford: The Clarendon Press, 1983: 108.

④ 弗兰斯·F. 范富格特. 国际高等教育政策比较研究[M]. 王承绪，等译. 杭州：浙江教育出版社, 2001: 205.

⑤ Clark B R. The Academic Profession: National, Disciplinary, and Institutional Settings[M]. Berkley: University of California Press, 1987: 64.

表 4-1　20 世纪之前英国、德国学术职业的身份状况

项目	英国学术职业	德国学术职业
身份模式	神圣身份模式：依附于政教合一的社会治理模式，学术人拥有宗教身份，神圣性极强，并据此获得了精英身份、绅士身份、自治身份	政治阶层模式：依附于世俗国家，学术人作为一个政治特权阶层而存在，学术职业的世俗性极强，学术自治力量强大
组织依托	传统的寄宿制学院	讲座制度
政学关系	受政教合一的国教改革影响，学术职业的世俗化变革非常有限	国家主义与民族主义在 18 世纪迅速兴起，大学建制的公立性质、知识操作的世俗化变革、学术生活的国家化，使得学术职业的官僚化特征明显

资料来源：陈伟. 西方大学教师专业化[M]. 北京：北京大学出版社，2008：185-223.

二、身份传统的黄昏：学术职业的契约化变革

以商品交换为起点、以市场经济为支撑的资本主义，不断强化契约在社会生活中的影响力；随着市场经济的扩张，契约规则逐渐成为普适法则，契约精神甚至被尊奉为市场经济的基石和精髓。而政治生活中的民主化、平等化运动，进而巩固和强化了契约在整个社会中的影响。在此背景下，学术职业开始了契约化变革，并且势头迅猛。

（一）学术生活契约化变革的先锋：美国学术人的自由专业身份

美国学术生活的变革，恰是学术职业从身份到契约转变的早期代表和典型模式。虽然与欧洲的文化、精神联系甚多，但移民文化最终导致产生了与欧洲重视身份传统完全不同的“美利坚气质”。它认为，制度、行动并不一定要以思想和理论为基础，“人们为其行动提出的理由远不如行动本身重要；为错误或未知的理由而行动得当胜过以模棱两可的结论去掩盖一种体系化的‘真理’；深沉的反思并不一定产生最有效的行动”。“经验的新颖之处必须自由地融入人们的思想。为何要用旧世界的哲学滤网来过滤新大陆？假如哲学否定经验的提示，必须摒弃的就不是经验，而是哲学。”①美利坚气质的核心是坚持“有用即真理”的实用主义理念。由于在价值倾向上注重经验和行动而不是理论逻辑和内在自明的知识论，美国学术生活很自然地打破和抛弃了欧洲的身份传统，引进市场机制，突显竞争、分层、开放、流动等特征，并在 19 世纪晚期形成了契约化学术生活方式。如果仍然要为这种学术生活方

① 丹尼尔·J. 布尔斯廷. 美国人——殖民地历程[M]. 上海：上海译文出版社, 1997: 198-200.

式界定一种身份的话，那么它是一种以契约为根基的“自由专业身份”。[①]针对美国学术生活的变革，克拉克·克尔做出了这样的总结：“高等教育曾经由多半独立的行会组成，现在越来越变得易受外界公众的检查和控制。而且，旧时的规范不再那么有控制作用，因为在大学内部发展了新的文化行为方式。……现在需要新的规则和机制，用更加明确的契约和更加公正的内部的学术法律制度取代行会的规范和实践。”[②]

与 19 世纪的欧洲状况不同的是，契约化的学术生活方式使美国学术职业并未与某种特权身份相对应，自由专业身份要求他们承担的仅是一种基于市场契约的委托信用责任。美国大学教授协会认为，在院校委托人与从事学术职业者之间的委托信用关系中，后者是受委托人（appointee），但在任何意义上都不是前者的雇员（employee）。一旦接受委托，学者就拥有行事的专业职权，而委托人既无专业能力亦无道德权力予以干预。教授和委托人的关系，犹如联邦法院的法官与任命他们的政府之间的关系。在教学和科研等方面，大学教师并不会比法官做出判决时受到更多的控制；同理，委托人在对待教授的观点和言论方面，并不会比总统对待法官享有更多的权力。[③]

美国学术职业基于委托信用关系，在 19 世纪末 20 世纪初建构起来的“自由专业身份”，明显地具有“从身份到契约”的过渡性特征。一方面，大学仍是伟大且必不可少的组织，在其中，委托人占据了根本且高贵的位置，但教师也拥有独立的位置、担负相等的责任，而且在纯粹科学和教学问题方面还担负了首要责任。另一方面，作为“受委托人”的学者们，尽管仍然拥有相对宽松自由的学术生活环境，但已经隐蔽且也不可逆转地开始受制于市场契约规则；学术生活的旨趣，开始从价值理性向工具理性转变，学术生活的规范，开始从信念伦理向责任伦理转变。

（二）学术生活契约化变革的总体特征

借助二战之后美国的世界学术中心地位，也由于各国对学术工作绩效评估日益迫切的需求，契约化学术生活方式迅速产生了世界性影响，进而演变为学术职业变革的普遍潮流和总体趋势。从学术职业的契约类型看，终身教

---

① 陈伟. 西方大学教师专业化[M]. 北京: 北京大学出版社, 2008: 223-246.

② Kerr C. Higher Education Cannot Escape History: Issues for the Twenty-first Century[M]. Albany: State University of New York, 1994: xiv.

③ Hofstadter R, Smith W. American Higher Education: A Documentary History[M]. Chicago and London: The University of Chicago Press, 1968: 865-866.

职轨的全职教师尽管仍然占据学术生活的核心地位，但人数比例越来越小，全职的固定合同制教师越来越多，兼职教师非常普遍。[①]从契约方式看，世界各地的学术职业演绎出了多种引人关注的共同变化。

第一，在学术职业的任用资格方面，日益重视评聘协调。西方大学借助聘任制度，将职衔与岗位合而为一，同时又把教授、副教授等工作岗位与博士、硕士等学术身份明显区分。从根本上讲，学术岗位的获得决定于学术能力、学术水平，但许多国家也非常重视资历因素，并且可能因资历因素的影响而部分地模糊了工作岗位与学术身份、学术能力、学术水平之间的功能区分。重视资历，有助于维持学术人对院校的组织忠诚，但对资历的过度重视，易强化论资排辈现象，职务能上不能下、待遇能高不能低，影响学术公平、压抑学术创新能力。这在中国尤其突出。自 1986 年起开始试行的以“评聘合一”为主要特征的专业技术职务聘任制度，日渐暴露了资历制度的不良惯性。基于效率的考虑，中国学术职业改革的基本方向被确定为，根据“按需设岗、按岗聘任、竞争上岗、优胜劣汰”的原则，进一步协调专业技术职称评审与职务聘任之间的关系；改革的特点有二：一是专业技术人员的资格评价与职务聘任分开、职称与岗位相对分离；二是打破以职称为核心、把岗位捆绑到职称上的传统做法，转而淡化职称的身份属性，以岗位为核心，注重但不局限于职务任职资格，强调任职资格与工作岗位的两位一体，根据所在岗位确定实际聘任职务及工资福利待遇。

第二，在学术职业的晋升方面，强调“非升即走”（up-or-out）。处于职业发展过程中的教师，若在讲师、副教授（副研究员）岗位上连续任职超过规定年限仍未实现学术晋升，必须接受被解聘的命运。在美国，宾夕法尼亚大学的丹尼尔博士案就是很好的例证。丹尼尔博士虽然毕业于名校——普林斯顿大学，并且在国际关系专业领域拥有较高的知名度，教学也深受学生欢迎，但他在 1998 年 3 月还是被学校解聘了，原因是他在校任教七年期间未能独立出版一本专著、没有获得终身教职。[②]受“非升即走”评价规则的影响，“重科研轻教学”的倾向被逐渐放大。重视教学和人才培养，是学术职业在恪守身份传统时期的典型特征，而重视科研、强调知识生产，高度依赖“不出版即死亡”的游戏规则，[③]则是学术职业契约化变革的必然趋势。

---

① Finkelstein M J. Diversification in the academic workforce: The case of the US and implications for Europe[J]. European Review, 2010, 18(S1): 141-156.

② 赵丹龄. 从宾夕法尼亚大学拒聘丹尼尔教授看美国大学终身职位制[J]. 中国高等教育, 2000(03): 46-47.

③ 阎光才. “要么发表要么出局”：研究型大学内部的潜规则[J]. 比较教育研究, 2009(02): 1-7.

第三，在职业评价方面，日益强调终身教职的聘任后评价。在契约化时代，赢得终身任职并不意味着学术人已经完全排除了职业压力，聘任后评价如同“上帝之鞭”，不断抽打着学术人继续前行。聘任后评价主要有三类。一是面向所有教师的年度评议，评议结果将决定教师的收入及其可控制的经费等；二是对所有教师进行的定期（一般是3—5年）评议；三是仅针对问题教师开展的特别评议。[①]终身教职的聘任后评价已不仅仅着眼于师资管理，在许多高校，其促进教师发展的功能日益受到重视。在目前中国，年度评价是常规，不过，与岗位聘任制相配套的周期性评价也日益受到重视。

第四，在职业稳定性方面，越来越倾向于末位淘汰。即使所有从事学术职业者都能达到前述三项要求，他们也不能掉以轻心，因为各院校追求卓越的竞争心态已经促使他们运用最后一道撒手锏：末位淘汰。对于研究型大学而言，末位淘汰的标准是学术生产力。加州大学伯克利分校原校长田长霖认为，“学校要发展自己的特色……一定要有特色！一定要有重点，那几个学科要重点发展，不行的要慢慢淘汰掉。当然要取消学科是很难的，在Berkley也很难，我发明了很多新的方法，其中一个就是半饥饿法，对全美学科评比中第5名以下的，且是不可救药的学科，不说马上取消，这样会‘革命’、会‘流血’，就采取每年减10%的经费的办法，渐渐地教授就流走了，学生也不多了，慢慢地系就没有了”。[②]对于教学型大学和职业院校而言，招生竞争能力降低、就业竞争力下降，往往是特定专业及其教师遭遇裁减命运的理由。此外，经费紧张、财务危机，已成为西方大学规避终身教职制度、启动末位淘汰机制、解聘终身教授最常用且好用的借口。

三、从身份到契约：学术职业变革反思

从身份到契约，是一种不可逆转的社会发展趋势，也是学术生活变革的基本走向。如上所述，学者们从19世纪之前高度自主的行会身份、宗教身份、公职身份，在1900年前后逐渐下滑到“受委托人”地位，虽然仍旧拥有相对宽松自由的学术环境，但已经受到契约规则的影响；作为这种影响日益扩大的结果，二战之后，特别是20世纪80年代以来，学者们逐渐地但也是越来

---

① Tierney G W. The Responsive University: Restructuring for High Performance[M]. Baltimore: The Johns Hopkins University Press, 1999: 52.

② 田长霖. 知识经济、高等教育与科学技术[J]. 高等教育研究, 2000(06): 1-4.

越深刻地沦落到蓝领工人般的“被雇佣者”境地，学术职业陷入了“寒冷的冬天”。“从身份到契约”的变革，恰好发生在学术职业快速发展和数度繁荣的近两百年间——这真是一个巨大的历史悖论。使这个历史悖论的负面影响发酵甚至膨胀的因素则是，在目前的学术职业变革中，普遍存在着偏激倾向，即，过度贬低甚至全盘否定学术职业的身份传统，极度崇拜契约规则，高度强调按照数字化的绩效评估规则，日益苛刻地量化评估学术人的教学、科研工作。

学术职业的身份传统和当前的契约化变革，在所处社会环境、工作重心、地位特征、职业状况等方面，毫无疑问存在较大的差异（表 4-2）。不过，对于学术生活而言，这些差异不但不意味着契约化变革可以完全取代身份传统，反而因为两者分别具有不同特性而能够彼此互补。

表 4-2　学术职业的身份传统与契约化变革比较

项目	学术职业的身份传统	学术职业的契约化变革
社会环境	信仰高于一切； 理性至上，知识本身即目的； 崇尚信念伦理和价值理性； 宗教、政府及其他投资人被要求且大多能无条件地资助但不干预学术生活	市场契约成为社会的基本法则； 学术系统必须证明自身的有用性； 崇尚责任伦理、工具理性； 政府及其他投资人积极且日益严重地干预学术生活
工作重心	重视通识教育； 强调知识的本体性价值，高扬学以致学的旗帜；强调知识的象征性价值，学历主义、文凭主义盛行	重视专业教育、职业教育； 强调知识的实用价值，高扬学以致用的旗帜，强调有用学习，自觉警惕过度教育
地位特征	神圣性强； 崇尚学术自由、学术自治、学术中立； 高度重视教授治校（教授通过选举校长、组建校务委员会行使治校权）； 享有垄断性特权	世俗化色彩浓郁； 摆脱不了受控、尽责的要求； 倾向于校长治校，校长权力往往与大学之外的政治、行政权力同构、共谋； 开放、平等、竞争
职业状况	全职； 终身化； 稳定、高贵； 享受中产阶级以上甚至贵族般待遇； 专注于学术共同体的生活； 在无序中实行粗放式管理	兼职的比例渐高； 非终身制的比例渐高； 职业的流动性不断加大； “无产阶级化”的倾向明显； 不仅重视学术共同体的生活，也越来越重视建构与市场、政府之间的关系； 运用竞争式的合同化管理，通过成本-收益分析，实施绩效评估，进行精细化管理

对于学术职业而言，身份传统至今仍然具有现实意义。首先，身份传统

有助于学术职业获得稳定。身份制其实是一种超稳定的社会结构，能给拥有身份者以稳定的保障，而这种稳定对于探索未知、培养人才的学术人而言，至关重要。依赖这种超稳定结构，学术生活才能真正彰显出“简单、高贵、超脱”的特殊魅力。[①]即使与其他行业相比，其收入较低、进入的门槛更高，但这种借助身份制而具备的超稳定结构，仍能为进入学术场域者提供较高的职业满足感、使学术职业具有较强的吸引力。其次，身份传统有助于学术职业彰显自身的精神信仰、构建自身的价值基础。不管是依附于教会而获得的神圣身份，还是依附于国家而形成的政治阶层身份，它都为学术职业借助特权保护及对学术资源、政治资源的控制，逐渐建构起学术自由、学术自治、学术中立等难能可贵的精神传统，提供了必要的庇护。因此，身份传统尽管在学术生活中逐渐被边缘化，但远未终结，而且还须继续张扬其合理内核。

当然，在现代民主社会，身份传统确有其遭遇诟病之处。美国社会学家弗兰克·帕金（Frank Parkin）认为，身份传统其实是一种“社会屏蔽”（social closure）机制，它使多种社会集团按照程序获得某些资源的可能性限定在具备特定资格的小群体内部。这类程序的共同点是，选定民族、语言、社会出身、地域、宗教、教育程度等社会的或自然的属性作为排斥他人、形成社会屏蔽的理由。受社会屏蔽机制的影响，各种不同身份之间的差异明显，不同身份的社会成员分别获得差异化甚至等级化的资源、权利及发展机会。个人一旦获得某种社会身份，在很大程度上将终身拥有。屏蔽制度渗透到社会的各个角落，个体的力量无法予以改变。国家、党派、政府等威权力量严格控制各种身份之间的差别和转换，身份也就成了人们获得某种职业和地位、享有相应的社会资源、取得相应的社会声望的前提条件。[②]对于学术职业而言，身份传统同样是“社会屏蔽”机制，且很早就开始发挥其作用。比如早在14世纪末，在波伦那大学、帕多瓦大学，博士们（当时的大学教师）获得了一项特权，即他们的儿子能够，甚至必须被允许免费参加大学的各项考试。这种大学寡头政治“赋予大学人员一个真正的贵族特征：可继承性”。[③]

契约化变革，部分地矫正了身份传统的“社会屏蔽”倾向，保证了学术民主、强化了学术责任，能够较好地回应现代社会的价值诉求。但是，契约

① 亚伯纳罕·弗莱克斯纳. 现代大学论——美英德大学研究[M]. 徐辉，陈晓菲译. 杭州：浙江教育出版社，2001: 263.

② 李路路. 中国非均衡的结构转型[M]//袁方等. 社会学家的眼光：中国社会结构转型. 北京：中国社会出版社，1998: 208.

③ 雅克·勒戈夫. 中世纪的知识分子[M]. 张弘译. 北京：商务印书馆，1996: 110.

只能规定契约之内的事项，却无法防止、杜绝学术职业在契约外那些看似合法实际上并不合理的隐性渎职，契约不但无法保持并张扬，反而可能损害和削弱学术职业的神圣与崇高。学术职业，是一种典型的"良心活"。包括契约在内的任何外在干预和控制，都并不必然地导致学术生产力的提高和学术质量的提升；而学术人"出工不出力"的消极怠工，往往会无形地但也是根本地消减学术发展的动力。学术生活的内在性、自律性，决定了契约化变革对学术职业的正面影响相对有限，但因此而诱致的负面影响却可能至今也无法全面厘清。所以，即使是在学术职业契约化变革极为充分的美国，克拉克•克尔也高度重视身份传统留下的丰厚精神财富，呼唤学术职业的"希波克拉底誓言"，因为"'要是人是天使，将不会需要政府。'同样，要是教授是天使，将不会需要道德规则"[①]，所以，学术职业契约化变革的旨趣在于革除身份传统的弊端，但并不是亦不能完全斩断学术职业的身份传统。

综合上述分析，可以得出三点结论。其一，"从身份到契约"，是近代以来人类社会的基本发展趋势；身份传统与契约化变革，是学术职业在不同历史阶段的存在样态，是学术生活方式的两种不同选择；学术职业"从身份到契约"的变革，与人类社会通过"祛魅"而不断进化的历史进程存在逻辑上的一致性，有其不可阻挡的必然性。学术人在坚守身份特征、享受身份特权的同时，已被迫日益深入地接受学术契约的影响。

其二，高等教育的变革往往以"积淀"而非简单替换的方式前进。[②]在"从身份到契约"的变革大势下，学术职业的进化并不是简单地以契约化变革取代身份传统，而是从以身份特权为核心逐渐向以学术契约为核心转变；而且，由于身份传统和契约化变革在工作重心、学术人的地位特征等方面存在着明显的互补性，因此身份传统和契约化变革将在一定时期内"和而不同"地共存于学术生活之中，在学术生活的不同领域及不同层次和类型的院校中，分别发挥其主导作用。

其三，对于中国当前的改革而言，比如学术评价、学术晋升、学术奖励、学术资源分配改革以及具体的人事制度改革，单纯崇拜契约化变革，肯定会因"革命性流血"而酿成恶果；片面固守身份传统，则会因过度保守而丧失活力、面临责难。有鉴于此，中国学术生活的变革，须建构"身份+契约"

① Kerr C. Higher Education Cannot Escape History: Issues for the Twenty-first Century[M]. Albany: State University of New York, 1994: 134.

② 伯顿 • R. 克拉克. 高等教育系统——学术组织的跨国研究[M]. 王承绪, 徐辉, 殷企平, 等译. 杭州: 杭州大学出版社, 1994: 245.

的整合型发展模式，在兼顾身份传统与契约化变革的基础上，推动学术生活逐渐实现“从等级身份向职业身份”“从特权化契约到平等型契约”的转换，并且，这个转换过程宜中庸勿偏激、宜稳健勿激进、宜综合平衡勿强求“片面的深刻”。

第二节　从教授治校到教授治学：现实的变革逻辑

从晚清到民国，中国大学自治信奉的是教授治校，以蔡元培为代表的老一辈教育家为此付出了大量的心血，并且备受后世尊崇。2010年发布的《国家中长期教育改革和发展规划纲要（2010—2020年）》根据时代的发展、中国高等教育的变革提出了新的观点：“完善中国特色现代大学制度。完善治理结构。公办高等学校要坚持和完善党委领导下的校长负责制。健全议事规则与决策程序，依法落实党委、校长职权。完善大学校长选拔任用办法。充分发挥学术委员会在学科建设、学术评价、学术发展中的重要作用。探索教授治学的有效途径，充分发挥教授在教学、学术研究和学校管理中的作用。”从信奉教授治校，到倡导教授治学，中国大学治理的逻辑发生了变化，并引起了学术界和社会的激烈讨论；尽管实践中的探索尚未完成、尽管相关学术争论尚无公认的结论，但可以肯定的是，从信奉教授治校到倡导教授治学的变化本身，已经很好地折射了教师与大学之间关系变革的现实逻辑。①

一、教授治校与教授治学：语用分析

字面上的语义分析，虽然关注了语言形式上的意义，但由于缺乏对语境的关注，可能会导致交流中的误解、接受过程中的误读。基于特定语境阐释概念的语用意义，是深入理解教授治校、教授治学两大争论焦点的基本要求，因此，为了明晰相关言说，首先需要从语用的角度对教授治校、教授治学的概念，进行必要的语用分析。据此可以提出的问题有，在教授治校、教授治学等概念中，教授指的是个体还是群体？如何区分作为治理对象的“校”与“学”，是前者包含后者，还是两者彼此并立，抑或后者在内涵与外延上广于前者、在价值上重于前者、在重要性排序上优先于前者？对于这些语义层面的问题，有许多论文给予了关注。但是，如果从语用角度进行深层次的分析，

① 陈伟. 从教授治校到教授治学：话语转换的历史与逻辑[J]. 湛江师范学院学报, 2013, 34(04): 9-15.

争论的问题则可细化为，大学该如何治理？教授能否参与治校？教授该拥有何种权力，是治校权还是治学权？教授如何治校，是直接决策还是参与咨询？教授如何治学，是否有必要借助对治校权的掌控，保障其治学权？相比于语义层面的初步分析而言，语用层面的挖掘更为深入，更能彰显争论背后的实际内涵。

不过，由于语义层面的分析多于语用角度的研究，目前有关争论的相关研究大多并没有真正厘清处于争论旋涡之中的核心概念。在中文语境中区分教授治校、教授治学等两个概念，确实有较大的难度，而且区分也非常含混。而使这个难题简化并准确揭示概念内涵的途径之一就是查看相关论文的英文关键词（表 4-3）。梳理近年的中文文献发现，对于“教授治校”的英译，faculty governance 最常使用，但也有论文甚至将它理解为“教授治学”。全面对比五花八门的英译关键词可知，教授治校、教授治学，在英文文献中并无直接对应的专用名词，它们是典型的、极具中国特色的新词；而且，近年来相关的中文论文对它们的理解及英文翻译并未形成统一的意见，也没有形成约定俗成的经典定义。

表 4-3　中文文献中“教授治校、教授治学”的英译

教授治校的英译	教授治学的英译
faculty governance	faculty governance
domination of faculty	professor scholarship;
management by professors	professor's academic governance;
professor autonomy	faculty governing academic affairs
professor governance	faculty-led academic governance
professor government professor school governance	professor's academic governance
university management by professors	professorate governance
	professors taking charge of academic study
	professors academic management
	professors' academic governance
	professors researching
	professors' academic governance

教授治校、教授治学是两种不同的治校方式，都属于大学治理范畴的问题；其“问题的共同基点”[①]都在于：大学及学术事务究竟该由谁（哪些人

① 约翰·S. 布鲁贝克. 高等教育哲学[M]. 3 版. 王承绪，郑继伟，张维平，等译. 杭州：浙江教育出版社，2001: 11.

或哪些群体）采取何种方式进行治理？对此问题，从中西比较的角度看，中国语境的语义分析和语用状况，与西方有非常明显的区别。

基于欧洲中世纪的大学传统，美国大学治理体系中最终形成了著名的“三 A”原则：学术自治（academic autonomy）、学术自由（academic freedom）、学术中立（academic neutrality）。[①]而在中国不太长的高等教育史中，学术界围绕大学治理问题形成了三大律令：学术自由、大学自治、教授治校。

在美国的“三 A”原则体系中，学术自治是大学治理的关键；学术自由是学术生活的最高准则和终极保护带，是保证学术自治的依据；学术中立，则是学术、学者通过自我约束避免陷入社会（包括政治、宗教、经济等各个方面）争端、保持相对超然并运用理性客观反思、居中评判各类理论争讼和实践争论的基础，如果学术不能保持中立和超然，学术生活就会缺乏争取学术自治、学术自由的根基。学术自治、学术自由、学术中立，讨论的都是大学治理之“道”，或者说，它们是大学治理的三大哲学基础。

在中国大学治理的三大律令中，学术自由的原则试图体现中国大学与西方大学之间的一脉相承；但与美国“三 A”原则体系不同的是，中国大学治理并未全部关注大学治理之“道”，而是在极为简便地强调了学术自由之后，就非常突兀地从大学治理之“道”转向了大学自治、教授治校等大学治理之“术”。中国语境下所强调的大学自治与西方语境下所强调的学术自治，是两个不同层次的概念。学术自治，是以“学术”为思考和论争的承载体，基于学术的尊严和价值而强调大学作为学术机构赖以争取自治的根基；学术自治是本、是体，大学自治是末、是用；没有学术自治，大学自治就难以为继。大学自治，与校外威权力量治校相对应。校外威权力量至少有两种治校方式：理事会（董事会）等校外机构的治校（如美国大学）；政府通过兼具举办者、管理者、办学者三重身份而治校（如计划体制时代的中国大学）。大学自治可以有多种实现形式，简言之，一是校长治校，二是教授治校。学术自由，并不能必然地培育出大学自治，也不会将教授治校作为大学自治的唯一选择。“学术自由—大学自治—教授治校”之间的链条，并不具有逻辑上的唯一性，而是一种在发展可能性上逐渐收紧，且基于中国国情的“理想类型”式的主观选择；它之所以在中国广受关注，并成为大学治理中的律令，是与中国长期以来主要由政府举办大学的独特高等教育发展史密切相关。而发展到 21

① 魏世平，卓光俊. 美国高等教育“三 A”原则及其对重构中国大学精神的启示[J]. 重庆大学学报（社会科学版），2008(05): 139-142.

世纪初，在“学术自由—大学自治”的逻辑链条第三个节点，尝试以“教授治学”取代“教授治校”，也是中国国情变化的自然反应，既具历史性，也有其逻辑必然性。

二、教授治校的困境

教授治校，尽管在中西方大学治理的历史中确实一直存在，且在中国深受重视，但从客观上看，教授治校的制度安排及其影响力已呈现出式微的趋势。

欧洲于 12 世纪左右萌芽了大学社团组织。在学生大学时代，教授是随机聘任、随时解聘的对象，无权治理以学生为主体的大学；只有在教师大学中，教授（或者说教师）才有治校的机会。而在当时的大学内部，治理模式的基本特点是：教师控制学部，学部管理学术事务；学生自主组成民族团，民族团自主管理学生事务。教师对民族团中的学生事务缺乏管理的兴趣，而对于学部中的学术事务，神学教授借助中世纪时代的神权社会背景，拥有至高无上的权力，甚至在事实上垄断了治校的特权。因此，在大学初创的欧洲中世纪，不但仅将教授治校作为权宜之计，而且极有可能并不是教授治校的制度最为完备、地位最为崇高、权力最为显赫的黄金时期。

此后，教授治校的传统不断地因时、因势而变，且日益收缩其治理范围、日益缩小其决策权力。14 世纪左右，既是欧洲大学的第一个繁荣时期，也是宗教化、功利化最强的时代。这些变化，甚至导致了大学自此之后的几百年衰退。到了 17 世纪西方近代科学兴起之时，大学不但没有如同科学社团那样成为近代科学发展的推动力，反而成了阻碍其发展的反动力量。[①]教授群体的影响力显著下降。资本主义的兴起，特别是 18 世纪以来教育领域国家主义思潮的迅速兴起、工业革命的日益强劲，一方面要求终结以神学教授为治校载体的古老模式和狭隘做法，另一方面借助科学的力量和理性的旗帜，探索新的教授治校模式。在 19 世纪初的德国，基于理性是最高原则、国家必须服从理性、大学掌控理性、国家必须全力供养大学而不能控制大学的文化国家观，建立了以柏林洪堡大学为代表的新式大学、开启了教授治校的崭新传奇，柏林洪堡大学演变成了教授治校传统的精神家园。但教授治校，绝不是现代西方大学治理的全部要义。19 世纪的美国，是德国高等教育模式的绝对崇拜

① 史蒂文·夏平. 真理的社会史——17 世纪英国的文明与科学[M]. 赵万里，等译. 南昌：江西教育出版社，2002: 121-180.

者和最为忠实的学习者。但实用主义精神日渐成熟的美国，在大学治理领域并未照搬德国的治校传统，却极合时务地变革为校外董事会治理模式，甚至凭借 19 世纪最后 25 年间以校外董事会治校、校长掌校为特征的治理模式创新，开创了美国的“大学校长时代”。这个时代尽管探索形成了美国特色的高等教育模式，为在 20 世纪提升美国大学的学术能力、赢得至高无上的世界影响力奠定了重要基础，但毫无疑问，美国大学教授并未获得治校的“特权”，甚至连治校的“权力”也被校外董事会剥夺得非常干净。为了赢得、捍卫自己的基本权利，以杜威等知名学者为首，1915 年成立了“美国大学教授协会”（American Association of University Professors，AAUP），并发布《1915 年关于学术自由和终身任职原则宣言》(1915 Declaration of Principles on Academic Fredom and Academic Tenure），强调大学教授的“受委托人”（appointee）身份，以摆脱“雇员”（employee）身份；1940 年该协会与美国大学院校协会联合发布《关于学术自由和终身任职基本原则的声明》（Statement of Principles on Academic Freedom and Tenure），进一步强调其“受委托人”身份所必须拥有的终身任职资格。①美国大学教授的上述抗争，反映的是教授对自身基本的生存权、发展权的无奈抗争，而治校的特权早已如镜中花、水中月般虚幻缥缈、遥不可及了。

教授治校所遭遇的挑战，进入 20 世纪之后尤为残酷、尤其突出。二战之后的欧美高等教育尽管短暂地赢得了规模扩张的黄金时期，但 20 世纪 70 年代之后却因人口出生率下降、经济危机、政府财政赤字等多种因素的影响而快速陷入“寒冷的冬天”。基于绩效、问责、竞争等因素的考虑，20 世纪 80 年代的欧美国家高等教育日益盛行新公共管理主义，教授治校的传统被批评为效率低下、缺乏竞争、保守自肥等，大学校长不再仅仅由德高望重的学者担任，教师的终身任职也不再是保障职业安全的保护伞。曾经盛传为“大学的主人”的教授，日益“无产阶级化”，甚至还不得不借助蓝领工人的工会力量来保护自己。②

在中国塑造了教授治校传奇之丰碑者，当属蔡元培及其北京大学。但究其实际，蔡元培时代的北京大学之所以积极倡导教授治校，目的是对抗北洋政府的控制和干预。值得注意的是，这种以蔡元培等著名校长的个人人格魅力和社会影响力为基础、旨在对抗外部威权干预的教授治校，在当时社会背

---

① 王定华. 美国高等教育：观察与研究[M]. 北京：人民教育出版社, 2021: 240-242.

② 陈伟. 论西方学术专业的工会化变革[J]. 比较教育研究, 2005(02): 18-23.

景下，尽管合情合理甚至可歌可泣，但既因缺少学术自治的文化根基而缺乏持久的支撑，也因教授群体尚不具备治校的意识和能力、留有文人相轻学阀学霸习气而诱生出“教授中的政客，政客中的教授”。有鉴于此，曾沐浴过北京大学蔡元培掌校及教授治校时代遗风的周辅成教授，甚至明确表示，“不赞成重提旧日‘教授治校’的口号”。①

教授治校，尽管是中西方大学一种不可遏制的持久冲动和永恒梦想，但它不可阻挡地渐行渐远，教授权力日渐收缩至治学领域。这种变化趋势，不仅仅根源于教授群体本身在治校能力和意识方面的天然不足，而且根源于社会及大学本身的变革，特别是大学与国家关系的变革、大学与市场关系的强化。

国家对大学的重视，决定了教授治校并不能在实践中占据主导地位。以史为证。欧洲中世纪大学的宗教性极强，世俗性较弱，与国家的关系相对疏远。直到 18 世纪，大学与国家关系才真正开始转变。新兴的民族国家逐渐将教育确认为公共事业，教育系统的国家主义思潮迅速涌起。从此，大学尽管仍然能在此后的一定时期内保持独立和超然，但也埋下了大学受控于国家的伏笔，大学与国家的结构同构和功能互补势成必然。这种必然性，在国际交往与竞争日益强化的背景下，很快就从可能转化为现实。

资本主义兴起之前，世界各国的发展是各行其是，彼此既缺乏交往，也少有竞争。而在欧洲，尽管有一些民族国家逐渐兴起，但借助罗马教廷而保持着精神的统一，也限制了国际竞争。资本主义的发展，海外殖民地的拓展，进而是工业革命的推波助澜，使得国际范围的全球交往日益强化。进入 20 世纪以来，全球性交往的方式日益多元、程度日益加深。有交往就会有比较，就会产生竞争。为了赢得竞争的胜利，处于交往旋涡的各国从早期强调富国强兵逐渐转移到科学立国、技术立国，日益依赖教育，特别是高等教育。大学成了世界各国在全球化竞争背景下培养国家核心竞争力的基础，成了大国竞争、民族崛起、弱国复兴的依据和支撑。

大学与国家关系的调整、大学成为实现国家目标之工具的变革，弱国、小国早于强国、大国。比如，19 世纪初的德国，政治上分裂、经济上封建性极强，无论是政治制度还是工业革命，都远远落后于先发的英国、法国。以哥廷根大学、哈勒大学为起点和基础，以柏林洪堡大学为核心，德国经过百余年的努力，最终在 19 世纪末实现了大国崛起的梦想，赶超了英国、法国，成为仅次于美国的世界第二大强国、欧洲的第一大强国。再看二战之后。韩

---

① 周辅成. 不赞成重提旧日“教授治校”的口号[J]. 人民教育, 1980(05): 24-25, 19.

国、中国台湾、中国香港、新加坡等“亚洲四小龙”，以及战后废墟中重建的日本，都通过推行科技创业政策，将大学纳入经济和社会发展的轨道，实现了国家和地区的复兴。为了保持竞争和发展的优势，大国、强国也竞相调整大学与国家的关系。以美国为例。建国之初，多次否决了建立国家大学的提案，宪法也将教育事务留归各州自行处置。但随后的发展日益要求国家调控教育。1867 年，美国建立了联邦教育部；到了 21 世纪初，联邦政府颁布了《美国 2000 年教育目标法》，美国联邦教育部发布了《美国教育部 2001—2005 年战略规划》《美国教育部 2002—2007 年战略规划》等；而“9 • 11”事件后，美国联邦教育部迅速废止了刚刚发布的《美国教育部 2001—2005 年战略规划》，新出台了《美国教育部 2002—2007 年战略规划》，以便集中表达美国教育战略的“国家利益”取向。①

纵观中国百余年的大学发展史，由于大学与国家的关系非常密切，“校国同构”的特性贯穿了东方的发展史，因此，教授治校尽管一向备受重视，但从根本上讲往往被镶嵌到国家主义运动之中。鸦片战争失败之后，早期的军事失败诱致了政治领域的危机和文化领域的自卑。为了民族复兴、国家崛起，教育被选择为救国之道，教育救国思潮在建国之前非常流行。但毛泽东认为，单纯凭借教育不能救国，革命才是救国之道。改革开放之后，在“科学技术是第一生产力”的新观念支撑下，科教兴国成为主题；以据此取得的发展成就为基础，建设教育强国、通过教育实现大国崛起的梦想，在 21 世纪初渐成共识。中国大学的百余年努力，历经“教育救国—教育革命—科教兴国—教育强国”等不同阶段，从总体上彰显了教育的重大战略价值，但其相对强劲的求用旨趣与教授治校的理念和制度之间可能在实践操作上诱致某些冲突或不协调。

与国家日渐重视大学的变革相呼应，同时也是受大学与国家关系变化的影响，进入 20 世纪中叶之后，大学与市场之间的关系也日益强化。在市场经济盛行的西方国家，“知识工业化”的发展趋势不但导致大学组织方式的公司化变革，而且也从深层次上强化了外部力量对大学治理的影响，并进一步削弱了教授治校的根基。在中国，市场力量对大学治理方式的影响、对教授治校传统的削弱，主要从两个方面得到实现。其一，在中央政府宏观指导、省级地方政府全面统筹高等教育的体制下，供求机制、价格机制、竞争机制、

① 冯大鸣，赵中建．“9.11”后美国教育战略调整的两个标志——对美国教育部新版战略规划及布什政府决定重返联合国教科文组织的评论[J]．教育发展研究，2003(03): 71-73.

绩效评估及问责机制等市场机制越来越多地被政府借鉴和运用以不断创新高等教育管理方式和大学治理模式，从而间接挤压了教授治校的权力空间；其二，政府逐步允许市场力量进入高等教育领域（其中重点进入高职教育领域，也可部分地进入本科教育领域），在某些领域、某些方面默许资本的力量高于、强于学术的力量，受此影响而变革了的大学治理模式必然直接挤占教授治校的权力空间。

三、教授治学的挑战

大学-国家、大学-市场关系的调整，不但可能会削弱教授治校的根基，而且也在消减教授治学的基础。

首先，大学组织从学者社团转变为公共组织。欧洲中世纪时期的大学，主要是师生共存的社团组织。这种社团借鉴当时社会中流行的行会组织方式，内部自治。每一所大学中的不同学部，俨然一个小型的手工作坊。教授是至高无上的作坊主，拥有统领一切的权力；学生和初级学者分别是学徒、帮工。与学科或学部中严格的等级关系不同的是，在由多个学部或学科所组成的学者行会层面，来自不同学科、学部的教授们，犹如不同手工作坊主们一样，按照一人一票的原则，平等治理行会内部事务。大学内部早期作为学者社团的内部自治，借鉴行会模式，并且在行会组织逐渐丧失其在经济管理领域的主导权之后，仍然沿袭下来。但在国家主义思潮的影响下，大学不再仅仅是教师和学生的群体性社团，它变成了具有极强外部性的公共组织，不但必须接受国家的被动安排，而且应该主动承担起社会公共服务的职责，并与其他公共组织一起接受社会公众的绩效评估和问责监督。

其次，大学的功能从学以致学转变为学以致用。当大学仅作为学者社团而存在时，大学的功用主要体现为学术系统内部的自我循环，学以致学是学者们赢得声誉、体现自身价值的重要标杆。但转换成公共组织之后，大学必须强调学以致用。最早实现从学以致学向学以致用转变的 19 世纪下半叶的美国大学，积淀形成了威斯康星精神，新创了大学的社会服务职能。

再次，大学的治理逐渐从政学分离、威权特许、社团自治转变为政学协同、校国同构、法人治理。作为学者社团组织的大学，借助教皇—大主教、国王—公候的特许，赢得了特殊形式的自治，政学分离甚至被认为是异常高尚的事，“以政治为业”“以学术为业”可以分行并立。而国家主义思潮影响下的大学，通过渐进但累积的变革，实现了与国家威权结构的同构，法人化治理日渐流行。在日本，近年来曾积极推动大学法人化改革[①]；而在中国，大学的法人化改革非常早且异常快，大学内部党委领导下的校长负责制，与中国的宏观治理结构相契合，并吸纳了世界各国大学强调利益相关者多元共治的有益经验。

最后，大学所操作的材料——知识，从“上帝赐予的财富”转变为“第一生产力”。在大学里，“不管我们的定义是广义的还是狭义的，知识就是材料。研究和教学是主要的技术”。[②]作为大学工作之材料的知识，其性质随着历史的变化而不断变迁。在中世纪，许多大学教师认为知识是“上帝赐予的财富”，因此不能凭借传播知识的工作而获利，应该坚持“教学无偿”的原则。但近代以来，知识的有用性被快速地挖掘和释放。大学被民族国家当作社会发展的“动力站”和创新的枢纽，知识、科学技术被看作为最具潜力的新型生产力。邓小平甚至进而强调：“科学技术是第一生产力。”到目前为止，教授更多是关注知识之生产，国家、社会关注知识之消费。不过，受“谁付账、谁点唱”原则的影响和买方市场的支配，消费不但影响生产甚至能够决定生产，而且知识生产由于具备生产力的功能而担负着政治和道义的责任，教授所治之“学”不再仅仅是教授的个人事务，也不再仅仅是大学组织的内部事务。

四、从教授治校到教授治学：对变革的理解

从情感角度看，教授治校是许多人的心中圣地，颇能让人动情，尤其能让教授和有着学术情怀的管理者浮想联翩。如果说悲剧就是把有价值的东西毁灭给人看的话，那么教授治校这块圣地，注定要陷入悲剧。一方面，教授治校本身在历史上一直备受挑战，甚至可能并没有如同某些仅持道德论、知识论观点者所愿，教授治校从未真正地存在过；另一方面，也是更为根本的原因，完全变革了大学，不可能再为教授治校的治理模式和权力机制提供沃土，并进而诱致教授治校本身逐渐发生一系列本质性变革。

首先，教授治校逐渐从实质治校转变为程序治校。教授委员会、校务委员会、理事会、董事会等机构中，尽管仍然有保持纯粹教授身份者，但他们

① 李守福. 日本国立大学将不再姓“国”——日本国立大学独立行政法人化述评[J]. 比较教育研究, 2000(05): 11-14.

② 伯顿 • R. 克拉克. 高等教育系统——学术组织的跨国研究[M]. 王承绪, 徐辉, 殷企平, 等译. 杭州: 杭州大学出版社, 1994: 12.

在上述组织中，仅限于象征性质和保障程序正义。

其次，在治校组织、制度和运行机制中，教授的影响逐渐从决策转变为咨询。从权力的影响力角度看，可划分为决策和咨询两种类型。黄金时期或者说理想类型的教授治校，强调的是教授决策，但在现实中，教授治校的咨询特征日益明显，参与校务决策组织的教授，被知会并进而知会其他教授已成为他们的重要职责。

再次，在治校的决策和咨询活动中，教授的影响力日益从议程设置转变为议题跟从。研究发现，能否影响政策的决策及执行调整固然重要，但能否影响政策的议程设置，即决定哪个或哪些议题能够得到关注并进入决策视野，同样重要，有时甚至更为重要，因为不管实践中的某些问题如何重要，如果进入不了议事日程，它就永远也不能得到政策层面的解决。[①]在大学的校务治理中，以咨询身份进入决策程序的教授，尽管在大学章程等学校制度顶层设计中获得了治校权力的规定，但他们越来越深入地关注相对独立于现实世界的文本世界，往往缺乏设置议程的能力和权力，而跟随行政力量的议题设置并为之提供咨询意见，渐成常态；行政力量（包括董事会、校务委员会、校长系统等）却在借助其执行的便利获得了事实上的决策权之后，逐渐拥有了议程设置的便利和权力。

最后，在对相关议题进行咨询的过程中，教授们逐渐从学校全局整体关注校务治理转变为分散关注不同学科、学科分支。随着单所大学办学规模的扩张、办学事务的复杂化，大学内部分化为日益多样化的学院、学部等二级组织，教授治校的理念及相关的制度安排主要在学院、学部等二级组织层次得到落实。不同学科、学部的教授思考着不同的“治校”问题。教授治校过程中所涉问题的分散化、教授治校影响力的碎片化，在事实上使教授治校的传统理念退化到了教授治学（甚至是教授仅能影响其所在学科）的现实。

由于教授治校的理念渐成虚幻，教授治学被广泛地看作捍卫教授权力、坚守学术阵地的最后防线。所以，东北师范大学在2000年成立教授委员会并宣布其教授治学的理念时，在国内确实引起了不小的震动。[②]不过让人难以接受的是，教授治学同样面临着变革所带来的严峻考验；层出不穷的变革，尽管没有完全剥夺教授治学的价值，却在不断缩小教授治学的领域、削弱教授治学的社会影响力。

---

① Bachrach P, Baratz M S. Two faces of power[J]. The American Political Science Review, 1962, 56(4): 947-952.

② 史宁中. 实行教授委员会制凸显“教授治学”[J]. 中国高等教育, 2005(Z1): 27-28.

首先，教授治学的目标，逐渐从立法下滑为阐释。立法与阐释，是学术的两大功能。①在古希腊，崇尚“人是万物的尺度”“知识即美德”，要“认识你自己”，因为“未经审视的生活是不值得过的生活”。这种信念流传至弗朗西斯·培根时代则演化为“知识就是力量”。人能够且应该为自然、社会等各个方面立法，这被看作近代人类理性的胜利。在中国古代，犹如张载所言，治学是“为天地立心，为生民立命，为往圣继绝学，为万世开太平”。古典时代的治学目标，实质是广义的立法，确立人类社会的运行法则。但在现代社会，治学的目标发生了变化。18 世纪英国哲学家休谟提出的事实与价值两分的思想，与马克斯·韦伯所强调的学术中立理念相一致。保持价值中立、与价值思考相分离的事实判断，使得现代学术陷入了无目的论，沦为阐释者的角色，陷入过度诠释的风险大增。

其次，教授治学的旨趣，日益从理想收缩至理性。治学，自古以来就与人类的理想追求天然地联系在一起。而执着于阐释的治学倾向，其实是一种极度精致的理性主义。理性主义尽管可以使学术更为专业、更加客观——因为学者们在单纯讨论“是什么”的过程中规避了“应该怎么样”的主观纠缠，②但也矮化了治学的价值，抛弃了构建理想世界的冲动。从柏拉图的《理想国》，到康帕内拉的《太阳城》，再到托马斯·莫尔的《乌托邦》，他们所建构的理想尽管难以全面实现，但其中所折射出的思想的光辉，总是具有强大的精神力量。

再次，治学的对象逐渐从世界转移到文本。放弃立法责任、抛弃理想建构的治学活动，为安全、简便起见，更愿意局限于文本本身，而不是面向世界以认识世界并尝试提供改造世界的方案。“索卡尔事件”对此做了深刻的揭示。1996 年，纽约大学量子物理学家艾伦·索卡尔在著名的文化研究杂志《社会文本》上蓄意发表了一篇结构精巧、格式规范、参考文献繁多但充满逻辑悖论且观点错误的诈文《超越界线：走向量子引力的超形式的解释学》。在得到了很高的评价之后，索卡尔在《大众语言》杂志发表了《曝光：一个物理学家的文化研究实验》，主动披露了诈文事件。③索卡尔以看似努力但

① 齐格蒙·鲍曼. 立法者与阐释者：论现代性、后现代性与知识分子[M]. 洪涛译. 上海：上海人民出版社，2000.

② 张楚廷. 教育研究中一个难以无视的问题——教育学最好少说“必须”、“应当”之类[J]. 教育研究，2010，31(02): 34-40.

③ 索卡尔，等. “索卡尔事件”与科学大战——后现代视野中的科学与人文的冲突[M]. 南京：南京大学出版社，2002.

几近荒诞的“学术研究”，令人震撼地昭示了教授治学对象从世界转移到文本之后的某些后果，也进而揭示了其中的集体腐败堕落的逻辑：发现真理的活动十分辛苦且投入大、收益难以控制，于是学术界逐渐有意地集体默认形式化的知识操作，准许修辞化的“研究成果”赢取承认，从而使学术界的生存环境更为宽松。诈文、学术修辞化乃至游戏化倾向在中国学术界同样存在，且因与政治-伦理型文化传统相契合而根深蒂固。重书本而轻实物、重翻译而轻研究、重文字而轻思想等问题[①]，成了变革背景下学术发展的三大病根，成了削弱教授治学之价值的致命病毒。

最后，治学者本身也面临着从身份到契约[②]的转变。学术职业领域打破身份隔离、彰显契约精神的变革，已不可阻挡地体现在其变化和发展进程之中，并且影响广泛而深刻。当然，神圣的身份尽管不合时宜，但有其精神象征价值。比如，1871 年之前的牛津大学各学院的会士（fellow）一直坚持神职身份以保证彰显其“纯洁”“超然和理想主义”等特征[③]。缺失身份光环的教授，面对契约化变革所带来的深刻影响，必然会不自觉地放弃治校的要求，并按照“求用”的标准调整其治学模式。

事实证明，教授治校已经渐行渐远，而教授治学因其连续不断的主动或被动变革，也已经变得面目模糊了。对于身处变革大势中的大学，不可能再按照固有的思维去讨论是否该由教授治理的问题，也不适宜继续争论教授该治校还是该治学的无解之题。与其在教授治校、教授治学的二元对立中执着于非此即彼的选择，倒不如通过这场争论，进而从宏大的历史视角，观察高等教育变革的力量是如何全面、深刻地影响着历史进程的。据此可以发现，尽管确实存在着“从教授治校到教授治学”的历史线索，但从根本上讲，教授治校或教授治学，都不应成为争论的最后目标，因为教授治校、教授治学两者都处于变化过程之中，都因不断且急剧的变革而面临着危机和挑战。同样身处变革之中且面临危机和挑战的“教授治校”“教授治学”，已如流沙之上的两块浮石，危机重重且不可靠；而尝试在两者之间做出非此即彼式选择的争论，无异于小儿辩日，荒诞可笑。

大学组织，必须借助“教师-学生-知识-专业的知识操作方式”等关键因素才能得以存在。在大学组织中，传统的大学教授借助掌握知识、掌握知

① 唐钺. 中国学术的最大病根[C]//徐如麒. 中国现代知名学者传世文典. 北京: 团结出版社, 1999: 279-282.

② 陈伟. “从身份到契约”: 学术职业的变化趋势及其反思[J]. 高等教育研究, 2012, 33(04): 65-71.

③ Engel A J. From Clergyman to Don: The Rise of the Academic Profession in Nineteenth-Century Oxford[M]. Oxford: The Clarendon Press, 1983: 108.

识操作方式的专业技术以及具备一定程度的美德而赢得其合法性。遭遇危机、面临挑战的教授治校、教授治学理念，以及两者所诱发的争论，明确无误地揭示了大学、大学教授在信息技术快速变革、生成式人工智能快速进化的新时代的合法性危机。证据在于，在现代信息技术日益发达、知识不再仅仅受到部分人员专属控制、教师也不再既具知识威权又具道德权威的背景下，大学教师的知识操作（包括教学和科研），不但在效率、效益等方面面临挑战，而且被迫接受日益苛刻的评估和问责。与此相关联，研究者不再从“大学是如何产生的”等问题中寻找大学的光荣与骄傲，社会也越来越缺少耐心去追问大学的发展历史与理想类型，“大学会消亡吗”之类的新型拷问非常迅猛地搅动着本已不安的高等教育系统。①

“沉舟侧畔千帆过，病树前头万木春。”尽管大学教师的权力处于变化和调整过程之中、面临着各类压力和挑战，但仍可肯定的是，这些困难并不能也不会导致大学的消亡，既不会也不能导致大学教职的消失；大学及其教师必然会迎难而上，通过探索、创新以及引领大学之外广阔社会的高质量发展，进而以新的方式、在新的领域为自己的学术权力赢得足够的合法性。

① 薛涌. 大学会消亡吗？[R]. 南方都市报, 2011-08-12(B17).

后　记

鸦片战争以来的中国，一直面临着传统与现代、东方与西方两维关系的冲突与纠结，一直在这套两维关系中进行权衡与选择，也一直在这套两维关系中探寻改革与发展的方向和路径。唯其如此，在中国学者的学术视域中，中国发展的关键问题和核心难题都在于如何处理“古今”“中西”关系——这种认知，对于处于迷惘和困顿之中的民国学者而言，影响尤其深刻。自鸦片战争以来 180 多年的发展，或直接或间接地导致教育地位和作用的不断上升，“教育兴则国家兴”“教育强则国家强”的规律日益广泛地受到肯定和赞同，而高等教育作为彰显教育系统的人才培养成效、突显“教育-人才-科技”关系的关键性环节，因其本身就是在西方冲击下通过放弃以书院作为组织载体、以科举考试制度作为人才培养选拔制度的传统教育体系并从西方移植借鉴而建构起来的产物，尤其深受“古今”“中西”关系不同处理方式的影响。相应地，中国高等教育研究尤其适合运用“古今”“中西”关系维度开展纵向历史比较、横向空间比较；借助“古今”“中西”关系维度的比较研究，极有助于深入理解中国高等教育的历史和逻辑，极有助于挖掘和阐释中国高等教育发展的模式和特色、道路及智慧。

基于上述思想认识和研究方法论，笔者自 1996 年开始初窥高等教育研究殿堂以来，一直尝试按照“基于全球视野、探索本土智慧、理解中国逻辑”的原则，在“古今”“中西”关系框架中探究中国高等教育发展的逻辑和规律。据此而持续撰写、陆续发表的学术论文总计 100 多篇，提交给省、市各级党政管理部门并获得采纳的咨询报告 10 多项。基于上述研究经验和思想认识成果，以“中国高等教育发展逻辑”为主题公开出版本书，既是对相关研究的一次总结，也是对高等教育在新时代背景下的新的探索。

当今时代，倡导产教融合，要求高等教育与职业教育共同致力于促进产教融合型城市建设。基于这个时代背景，笔者主持了国家社会科学基金“十四五”规划 2021 年度教育学一般课题“高等教育促进产教融合型城市建设的机制创新研究”（BIA210157）。以此课题为依托，笔者整理、出版这部著作，既是对时代命题的积极回应，也算是向学术界汇报了本课题研究的部分阶段性成果。

本书中的部分内容，曾于新冠疫情期间在教育部的在线专家会议中发表，也非常幸运地得到了广东省人民政府主要领导的批示、得到了广东省教育厅等相关部门的肯定。

本书的出版，有幸得到了科学出版社的支持。在此谨致以最崇高的敬意、最诚挚的谢意！

时代变革，日新月异，令人目不暇接。随着中国综合国力的不断增强，随着中国高等教育实力及其国际影响力的持续提升，中国与世界学术中心之间的位置在发生变化，不少学者甚至在思考“中国将在何时、以何种方式接近、赢得、占领世界学术中心地位”的问题。在此背景下，未雨绸缪地思考和探索“中国高等教育发展逻辑”，不但具有理论意义，而且具有重要的实践价值。本书的论题虽具一定的意义和价值，但相关研究可能仍较薄弱、仍显粗浅，其中若有不当之处，祈请方家不吝指正。

陈　伟

于怡心阁